Contextos

Contextos: Curso Intermediário de Português é um curso envolvente e motivador que leva os alunos do nível intermediário ao nível avançado.

O curso permite que os alunos pratiquem sistematicamente todas as quatro habilidades linguísticas, ao mesmo tempo que desenvolvem a sua percepção e consciência intercultural.

Cada unidade apresenta claramente os seus objetivos de aprendizagem, os quais correspondem a critérios de desenvolvimento de proficiência reconhecidos internacionalmente. Todas as unidades apresentam, também, listagens de conteúdos para autoavaliação e propostas de planejamento de revisão. Tal conteúdo possibilita o desenvolvimento de aprendizes autônomos, que sabem acompanhar o seu próprio progresso e concentrar-se em áreas específicas de dificuldade. Um site complementar oferece atividades extras sobre gramática e vocabulário apresentados no livro, bem como sugestões de respostas para as atividades propostas em *Contextos*, além de acesso aos áudios que acompanham o curso.

Contextos leva os alunos do nível intermediário baixo ao nível avançado baixo, de acordo com as diretrizes de proficiência do ACTFL e dos níveis A2 a B, de acordo com o CEFR.

Denise Santos é escritora de materiais didáticos e pesquisadora independente no Reino Unido.

Gláucia V. Silva é professora do Departamento de Português da Universidade de Massachusetts em Dartmouth, EUA.

Viviane Gontijo coordena e ensina Português no Departamento de Línguas e Literaturas Românicas da Universidade de Harvard, EUA.

Contextos

Curso Intermediário de Português

Denise Santos, Gláucia V. Silva e Viviane Gontijo

Routledge
Taylor & Francis Group

LONDON AND NEW YORK

First published 2019
by Routledge
2 Park Square, Milton Park, Abingdon, Oxon OX14 4RN

and by Routledge
52 Vanderbilt Avenue, New York, NY 10017

Routledge is an imprint of the Taylor & Francis Group, an informa business

British Library Cataloguing-in-Publication Data
A catalogue record for this book is available from the British Library

Library of Congress Cataloging-in-Publication Data
Names: Santos, Denise, 1963– author. | Silva, Gláucia V. (Gláucia Valeria), 1963– author. |
    Gontijo, Viviane, author.
Title: Contextos : curso intermediário de português / Denise Santos, Glâaucia V. Silva and
    Viviane Gontijo.
Description: New York : Routledge, 2019. |
Identifiers: LCCN 2018042083 (print) | LCCN 2018046268 (ebook) | ISBN
    9781315454566 (pdf) | ISBN 9781315454559 (ePub) | ISBN 9781315454542 (Kindle) |
    ISBN 9781138210738 (hardback : alk. paper) | ISBN 9781138210721 (pbk. : alk. paper) |
    ISBN 9781315454573 (ebook)
Subjects: LCSH: Portuguese language—Textbooks for foreign speakers—Spanish.
Classification: LCC PC5075.S6 (ebook) | LCC PC5075.S6 S26 2019 (print) |
    DDC 469/.824—dc23
LC record available at https://lccn.loc.gov/2018042083

ISBN: 978-1-138-21073-8 (hbk)
ISBN: 978-1-138-21072-1 (pbk)
ISBN: 978-1-315-45457-3 (ebk)

Typeset in Times New Roman
by Apex CoVantage, LLC

Visit the companion website: www.routledge.com/cw/santos

Índice

Introdução

Bem-vindo/a a *Contextos*!

Contextos: Curso intermediário de português foi criado para acompanhar aprendizes de português do nível intermediário básico ao nível intermediário avançado. Nesta trajetória, *Contextos* oferece oportunidade de desenvolvimento das quatro habilidades linguísticas (ouvir, ler, falar e escrever), bem como de vocabulário, gramática e aspectos culturais relativos ao mundo lusófono.

A palavra-chave neste livro é contexto: todas as atividades propostas são contextualizadas levando em conta a experiência prévia do/a aluno/a com relação ao conteúdo apresentado e também aos temas das unidades.

Cada uma das doze unidades componentes do livro contém as seguintes seções:

▶ **Primeiras impressões**

Perguntas para contextualização do tema da unidade, associadas à apresentação de um estímulo visual e à listagem dos objetivos da unidade.

▶ **À escuta**

Prática de compreensão oral, com atividades para antes, durante e depois da escuta. Os áudios apresentam diversidade de gêneros textuais (podcast, boletim de notícia de rádio, enquete, parlenda, entre outros) e vozes representativas de diferentes variedades do português. As atividades de compreensão oral aqui apresentadas são acompanhadas de um trabalho que pretende ajudar os/as alunos/as a aprenderem a ouvir melhor, com foco no desenvolvimento de estratégias de escuta. O símbolo ◀))) aparece no livro quando há um áudio acompanhando a atividade.

▶ **Nas entrelinhas**

Prática de compreensão escrita, com atividades para antes, durante e depois da leitura. Os textos apresentados ilustram vários gêneros textuais relevantes (postagem de blogue, notícia de jornal, anúncio publicitário, resenha, entre outros) e as atividades incluem não apenas compreensão dos textos, mas, também, desenvolvimento de estratégias de leitura. O objetivo é, pois, não apenas ajudar o/a aluno/a a compreender os textos apresentados mas, sobretudo, ajudá-lo/a a se tornar um/a leitor/a competente em português.

▶ **Palavras etc.**

Esta seção tem como objetivo o desenvolvimento de vocabulário e aparece duas vezes em todas as unidades, após as seções *À escuta* e *Nas entrelinhas*. O conhecimento é desenvolvido a partir do vocabulário apresentado nos textos ouvidos e lidos: o/a aluno/a é convidado/a a observar o vocabulário e refletir sobre o seu uso em contexto, para posteriormente aplicar esse conhecimento. Nesta seção há informações sobre vocabulário frequentemente usado na língua portuguesa e trabalho com palavras que costumam causar confusão aos/às aprendizes.

▶ **Descobrindo a gramática**

Esta seção aparece duas vezes em cada unidade, após as seções *À escuta* e *Nas entrelinhas*. O conhecimento gramatical dos/as alunos/as é desenvolvido a partir da observação e reflexão de trechos dos textos lidos ou ouvidos. Depois de chegarem às suas conclusões sobre como funciona a gramática, os/as alunos/as aplicam os seus conhecimentos em uma sequência de atividades em crescente grau de dificuldade.

▶ **Tomando a palavra**

Aqui, desenvolve-se a produção oral dos/as aprendizes. A seção começa com um trabalho em pronúncia e em seguida oferece atividades para antes, durante e depois da fala. As atividades envolvem vários gêneros textuais (entrevista de emprego, troca de informações, rap, interação digital, entre outros) e oferecem instruções detalhadas para a produção oral, incluindo trabalho sistemático com estratégias de fala.

▶ **Mãos à obra**

O objetivo desta seção é o desenvolvimento de produção escrita, com foco em diversos gêneros textuais (relato pessoal, resenha, fórum de discussão online, ficha informativa, entre outros) e apresentação de estratégias de escrita. Há atividades para antes, durante e depois da escrita, com sugestões detalhadas para o processo de produção textual.

▶ **Diálogos multiculturais**

Esta seção foi desenvolvida com o objetivo de desenvolver a competência intercultural dos/as aprendizes. Pretende, pois, discutir aspectos da cultura do mundo lusófono de forma situada, levando em conta a experiência cultural de cada aluno/a.

▶ **Aprendendo a aprender**

Aqui se oferece oportunidade de desenvolvimento da aprendizagem autônoma. Cada unidade trata de um aspecto que possa desenvolver a independência de cada aprendiz: como usar um dicionário, como usar técnicas de memorização, como usar erros como fonte de reflexão e aprendizagem, entre outros.

▶ **Autoavaliação**

Ao final de cada unidade há uma listagem do respectivo conteúdo para autoavaliação da aprendizagem. A autoavaliação inclui reflexão sobre o que foi aprendido e plano de ação para desenvolvimento do conhecimento e desempenho de áreas que requerem prática adicional.

Além das seções listadas anteriormente, as 12 unidades que compõem *Contextos* apresentam alguns quadros informativos, conforme detalhado a seguir:

▶ **Estratégia**

Presentes nas seções *À escuta*, *Nas entrelinhas*, *Tomando a palavra* e *Mãos à obra*, estes quadros apresentam informações e dicas sobre estratégias de escuta, leitura, fala e escrita, respectivamente. Os/As alunos/as aplicam tais estratégias para ouvir, ler, falar e escrever nas atividades subsequentes.

▶ **Você sabia?**

Estes quadros trazem informações adicionais sobre algum aspecto relevante à unidade, por exemplo: detalhes sobre nomes de documentos de identificação em países lusófonos, sobre os gêneros textuais trabalhados, sobre filmes, sobre formas de se cumprimentar, entre outros.

▶ **Corpus**

Acompanhando a seção *Palavras etc.*, estes quadros se apoiam em pesquisa sobre a língua portuguesa em contexto, trazendo informações sobre usos frequentes da língua.

▶ **Palavras que causam confusão**

Também parte da seção *Palavras etc.*, aqui se discutem as diferenças entre palavras que costumam causar dificuldade ao/à aprendiz de português (p. ex., "ver" e "vir", "pedir" e "perguntar", "a" e "para", entre outras). Após os quadros há atividades para prática sobre o assunto.

▶ **Sons do português**

Parte do trabalho sobre pronúncia na seção *Tomando a palavra*, estes quadros trazem explicações e exemplos sobre sons em português. São acompanhados por atividades em que se pode praticar o assunto.

Após as 12 unidades, há informações adicionais sobre a gramática da língua portuguesa na seção *Referência Gramatical*.

Contextos inclui material digital disponibilizado na internet para os/as alunos/as. No site há acesso aos áudios que no livro são classificados com o símbolo ◀))) e também ao roteiro desses áudios. O material disponível no site também contém respostas para as atividades propostas no livro impresso, bem como atividades extras correspondentes às remissões acompanhadas com o símbolo 🌐 no livro impresso.

Algumas perguntas e respostas sobre *Contextos*

▶ **Contextos apresenta o português usado em que parte do mundo?**

Contextos está escrito em português brasileiro, mas, quando relevante, apresenta pontos em que o português do Brasil difere da variedade europeia da língua. A sigla PB corresponde a "português brasileiro" e a sigla PE, a "português europeu" (ou português de Portugal). Quando pertinente, também são utilizadas as iniciais B (para sinalizar palavra usada no Brasil) e P (para indicar palavra usada em Portugal). Também há referências a variedades do português de outras partes do mundo lusófono.

▶ **As atividades requerem resposta oral ou escrita?**

Há atividades que devem ser realizadas oralmente, outras que podem ser escritas. Procura-se sugerir a modalidade (escrita ou oral) pensada quando a atividade foi idealizada, mas cabe aos/às usuários/as de *Contextos* (alunos/as, professores/as) decidirem o que é mais apropriado no seu próprio contexto.

▶ **Por que *Contextos* começa apresentando conteúdo básico como "ser" e "estar"?**

À primeira vista, conteúdo como os verbos "ser" e "estar" parece básico. No entanto, *Contextos* vai além da apresentação dos verbos e convida a uma análise mais ampla, seguida de reflexão sobre os seus usos na língua portuguesa. O mesmo comentário vale para outros tópicos de vocabulário, gramática, pronúncia e outras áreas: ao apresentar tópicos que os/as alunos/as já possam ter encontrado ao percorrer o nível básico, *Contextos* aborda tais tópicos com complexidade extra, adequada ao nível intermediário. Nesta abordagem, os/as aprendizes são convidados/as a observar, analisar e refletir sobre usos da língua, consolidando e ampliando o seu conhecimento.

▶ **Há sugestões de respostas para as atividades propostas no livro?**

No material online que acompanha o livro podem-se encontrar respostas para a maioria das atividades propostas. Algumas atividades permitem várias respostas diferentes. Nesses casos, sempre que possível, são oferecidos exemplos de respostas.

▶ **Como *Contextos* evita linguagem sexista?**

Ao longo do livro, faz-se referência aos gêneros masculino e feminino através do uso de barras (/), como em "um/a colega", "eles/as" ou "angolano/a".

Palavras finais das autoras

Na aprendizagem de uma língua estrangeira, a saída do nível básico e a trajetória pelo nível intermediário trazem novos desafios: os tópicos passam a ser mais abstratos; as interações devem ser mais fluentes e espontâneas, ao mesmo tempo que ganham complexidade; os textos produzidos de forma oral ou escrita também requerem mais detalhes, articulação de pontos de vista, defesa de argumentos, entre outros. *Contextos* foi criado com o objetivo de ajudar você, aprendiz de português, a enfrentar esses desafios de forma motivadora, relevante e prazerosa. Bons estudos!

Sumário

Unidade	Título	Vocabulário		Gramática	Compreensão Oral	
		Geral	Corpus		Gênero Textual	Habilidades & Estratégias
1	**O Mundo Lusófono**	Adjetivos pátrios (países/alguns estados e cidades brasileiras); Diferenças entre as variedades brasileira e portuguesa; Formação de substantivos; Letras maiúsculas; *Ficar*	Corpus; Nuvem de palavras; Frequência	*Ser/estar (com)*; Acentuação	Conversa informal	Fazendo e monitorando previsões
2	**Viagens e Migrações**	Documentos de identificação; Adjetivos e advérbios; *Por* e *para; Ter/haver* com expressões de tempo; Algumas expressões idiomáticas	Colocações	Presente do indicativo	Narrativa pessoal	Identificando sotaques; Identificando detalhes
3	**Escolhas e Decisões**	Palavras de origem indígena; *A* e *para;* Palavras de origem africana	Categorias de buscas em corpus linguístico	Pretérito perfeito; Discurso direto e indireto	Lenda	Identificando o assunto e a ideia geral
4	**Para Além da Sétima Arte**	Terminação *-inho/a;* Expressões com *dar* e *tomar; Pouco* e *um pouco;* Conectivos	Ferramentas de busca online para pesquisar sobre expressões	Pretérito imperfeito; Pretérito perfeito e pretérito imperfeito: interfaces e contrastes; O presente e os pretéritos	Roteiro de peça teatral	Prestando atenção a aspectos contextuais: participantes e tom de voz; Prestando atenção a grupos de palavras; Vocalizando o que se ouve

(Continua)

(Continuação)

Unidade	Título	Vocabulário		Corpus	Gramática	Compreensão Oral	
		Geral				*Gênero Textual*	*Habilidades & Estratégias*
5	**Talentos Musicais**	*Muito(s) e pouco(s)*; Palavras com sentido de negação; *O e ó*; *Alguém, todo (o) mundo, qualquer um e a gente*; Sufixos formadores de substantivos		Substantivos mais frequentes terminados em *-ura*	Particípio passado; *Ter* + particípio passado; Voz ativa e passiva	Podcast	Identificando as palavras-chaves; Prestando atenção a palavras negativas e tempos verbais
6	**Tradições Populares**	Neologismos; *Tudo e todo(s)/toda(s)*; Orelhas e ouvidos; Vocabulário relativo a casamentos; *Pedir e perguntar*		Frequência de vocabulário que se refere a partes do corpo	Imperativo; Pontuação; Complementos pronominais	Parlendas	Lidando com vocabulário desconhecido
7	**Vida Profissional**	*Tão e tanto*; Expressões com cores; Vocabulário relativo ao mundo do trabalho; Vocabulário relativo a diversidade e inclusão; Palavras e expressões vagas		Frequência de vocabulário que se refere a cores	Presente do subjuntivo: alguns usos; Regência verbal	Boletim de notícias de rádio	Monitorando a escuta
8	**A Era Digital**	*Saber, conhecer e encontrar*; Vocabulário relativo a tecnologias digitais; Abreviaturas; Emojis; Provérbios		Linhas de concordância	Presente do subjuntivo: outros usos; O presente do subjuntivo e o presente do indicativo	Conversa online	Identificando as trocas de turno em uma interação; Identificando as fronteiras entre palavras
9	**Estilo de Vida e Saúde**	Doenças e outros males; *Bem e então*; Vocabulário relativo a alimentos; Embalagens; Expressões com *fazer*; Risos e gargalhadas		Colocações de vocabulário relativo a alimentos	Imperfeito do subjuntivo: alguns casos; Condicional / Futuro do pretérito; Imperfeito do subjuntivo: mais casos	Aula formal	Prestando atenção a conectivos; Tomando notas

10	**Comunicação e Mídia**	*Ver, vir* e derivados; Títulos impactantes; Expressões com nomes de animais; Adjetivos para descrever objetos	Frequência de verbos em diferentes gêneros textuais	Futuro do subjuntivo; Construções impessoais	Reportagem	Refletindo sobre a correspondência entre o que se ouve e o que se lê; Identificando diferentes pontos de vista
11	**Desafios**	Barulhos e sons; Sentimentos e atitudes; Verbo *passar* e expressões; Vocabulário que indica aumento, diminuição e estabilidade	Adjetivos frequentes após *estar, ficar* e *sentir-se*	Gerúndio; Preposições após substantivos e adjetivos; Pronomes relativos *que, quem, onde, cujo*	Enquete	Lidando com barulhos ao fundo ao ouvir; Refletindo sobre potenciais dificuldades ao ouvir e contemplando soluções para essas dificuldades
12	**Aprendizagem Contínua**	*Meio/a, médio/a* e *metade;* Vocabulário relacionado a numerais; Vocabulário relacionado à educação e aprendizagem	Revisão de conceitos e ferramentas para a pesquisa de corpus com foco em usos de *cem, centena* e *cento*	Infinitivo impessoal; Infinitivo pessoal; Futuro do indicativo	Discurso	Avaliando a seleção e o uso de estratégias

(Continua)

(Continuação)

Unidade	Produção Oral		Compreensão Escrita		Produção Escrita	
	Gênero Textual	Habilidades & Estratégias	Gênero Textual	Habilidades & Estratégias	Gênero Textual	Habilidades & Estratégias
1	Troca de informações	Pedindo repetição; Dando exemplos; Pedindo esclarecimentos	Artigo acadêmico	Identificando cognatos e falsos amigos; Apoiando-se em partes das palavras para compreender o seu significado	Carta	Preparando-se para escrever
2	Relato oral	Monitorando o entendimento do/a interlocutor/a	Postagem de blogue	Ativando conhecimento prévio	Postagem de blogue	Gerando ideias
3	Roleplay	Considerando formas de concordar e discordar; Pedindo a opinião do/a interlocutor/a	Crônica	Visualizando-se o que se lê	Relatos pessoais	Considerando as características do gênero textual
4	Discussão informal	Justificando opinião; Fazendo referência a elementos componentes do que se fala	Resenha	Fazendo uma leitura rápida; Prestando atenção a conectivos; Prestando atenção a marcadores temporais	Resenha	Considerando o suporte do texto ao escrever; Pensando nos/as leitores/as potenciais; Considerando o registro: formal ou informal?
5	Rap	Considerando aspectos paralinguísticos	Poema	Lendo com diferentes objetivos	Biografias	Considerando o conteúdo e a organização do texto
6	Análise de obra de cordel	Iniciando um novo assunto; Elaborando em cima do que é dito por outra pessoa	Conto	Identificando detalhes	Ficha informativa	Considerando modificações ao escrever; Refletindo sobre o processo de formulação

7	Entrevista de emprego	Fazendo inferências; Fazendo autocorreção; Hesitando; Usando formas de manutenção e alocação de turno	Gráficos; Currículos	Identificando pontos principais	Carta de apresentação acompanhando um currículo	Monitorando a escrita
8	Interação digital	Retificando posicionamentos que levaram ou podem levar a mal-entendidos	E-mail: Mensagem instantânea	Identificando pontos de vista	Fórum de discussão online	Considerando a modalidade a ser usada
9	Brainstorm	Selecionando estratégias; Desenvolvendo um argumento	Artigo de revista	Distinguindo fatos de opiniões	Carta de reclamação	Usando e monitorando colocações
10	Comercial	Considerando a modalidade (verbal, visual, verbo-visual) mais adequada	Anúncio publicitário	Considerando o que pode e o que não pode ser inferido	Folheto de museu	Fazendo uma revisão sistemática do texto
11	Entrevista	Lidando com quebras na comunicação	Notícia de jornal	Distinguindo causas, consequências e implicações	Proposta	Selecionando e avaliando estratégias
12	Apresentação oral	Usando diferentes formas para apresentar ideias potencialmente difíceis de serem compreendidas	Editorial	Selecionando estratégias e avaliando a seleção e implementação	Escrita criativa	Consultando fontes para informação e inspiração

(Continua)

(Continuação)

Unidade	Pronúncia	Estratégia De Aprendizagem	Cultura
1	[t]/[d]; [tʃ]/[dʒ]	Aprendendo novo vocabulário	Conceitos traduzíveis e intraduzíveis; Língua crioula
2	[b]/[v]	Usando um dicionário	Migrações do passado e do presente; Choque cultural
3	[s]/[z]	Usando erros como fonte de reflexão e aprendizagem	Estereótipos, preconceitos e discriminações; Racismo e formas de combatê-lo
4	[e]/[ɛ]; [o]/[ɔ]	Lendo e ouvindo para reparar linguagem em uso	Novelas e seu impacto na disseminação da cultura; A influência da TV na formação de opinião
5	Estrangeirismos	Ouvindo músicas para aprender português	Papel e relevância da música para os indivíduos e a sociedade; Preferências musicais; Teor emocional das músicas
6	Sons associados às letras *e* e *o* em sílabas finais átonas	Avaliando traduções automáticas	Tradições culturais: sua preservação e impacto; O carnaval
7	Ditongos	Identificando e solucionando as suas dificuldades	Benefícios do voluntariado para os indivíduos e para a sociedade; Participação em trabalho voluntário em diferentes países
8	[g]/[ʒ]/[ʃ]	Identificando fontes de aprendizagem confiáveis	Impacto das novas tecnologias nas relações humanas; Exclusão digital em países lusófonos e no mundo
9	Pronúncia de *nh* e *lh*	Tomando notas	Comportamentos e processos relacionados ao estilo de vida e seu efeito na saúde do indivíduo e da sociedade
10	Sons nasais	Usando técnicas de memorização	Reality shows em países lusófonos e no mundo; Compartilhamento de vídeos
11	Sons correspondentes à letra *x*	Resumindo um texto	Desafios enfrentados pelo Brasil e outros países lusófonos e como eles se relacionam a desafios mundiais
12	Sons correspondentes à letra *r*	Delineando planos de curto e médio prazo para aprendizagem contínua da língua portuguesa	Relação entre aspectos políticos e aspectos educacionais; Causas e consequências do analfabetismo no mundo lusófono

1 | O Mundo Lusófono

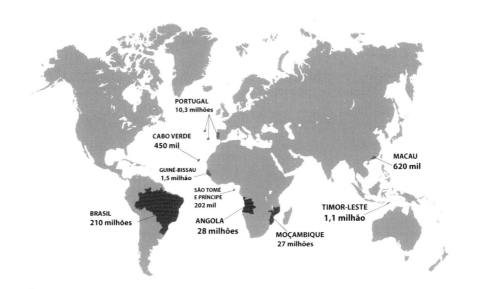

NESTA UNIDADE VOCÊ VAI

- ▶ Ouvir uma conversa informal, fazendo previsões antes da escuta
- ▶ Falar sobre países, pessoas e cultura lusófona
- ▶ Rever usos de **ser** e **estar (com)**
- ▶ Rever e aprender palavras e expressões brasileiras e portuguesas
- ▶ Ler um texto acadêmico, identificando cognatos e falsos amigos e usando partes de palavras para apoiar a sua leitura
- ▶ Identificar elementos formadores de substantivos
- ▶ Praticar o uso de letras maiúsculas e minúsculas
- ▶ Explorar a ideia de frequência de uso de vocabulário, incluindo as suas representações em nuvens de palavras

continua

- ▶ Praticar o verbo **ficar** em vários contextos
- ▶ Praticar o uso de acentuação
- ▶ Praticar os sons [t], [d], [tʃ] e [dʒ]
- ▶ Trocar informações sobre países lusófonos, dando exemplos, solicitando repetição e pedindo e dando esclarecimentos ao falar
- ▶ Escrever cartas, considerando aspectos de preparação da escrita
- ▶ Discutir conceitos "traduzíveis" e "intraduzíveis"
- ▶ Aprender sobre o conceito de "língua crioula"
- ▶ Explorar formas de aprender novo vocabulário

PRIMEIRAS IMPRESSÕES

1 Você já ouviu falar em lusofonia? O que acha que o termo significa?

2 Fale sobre países lusófonos que você conhece ou gostaria de conhecer.

3 Fale sobre pessoas lusófonas que você conhece.

 Para sugestões de material adicional sobre o assunto desta unidade, visite www.routledge.com/cw/santos.

À escuta

Preparando-se para escutar

1 Em grupos, discutam.

    a O que vocês sabem sobre variedades e sotaques da língua portuguesa?

    b Quais são algumas diferenças entre o português brasileiro e o português europeu?

    c O que vocês sabem sobre sotaques do português africano?

Escutando

 1 Você vai ouvir o início de uma interação oral. Ouça e marque a opção que melhor descreve a interação. Depois, compartilhe a sua resposta em duplas, justificando-a.

    a ( ) uma aula

    b ( ) uma conversa informal

    c ( ) uma discussão formal

2 Responda.

   a Qual é o assunto do áudio?

   b Quantas pessoas podem ser ouvidas?

   c Qual é a relação entre elas?

 3 Leia o roteiro da interação e verifique as suas respostas nas atividades 1 e 2. Depois, completo o diálogo com o que você acha que será dito no restante da interação. Ouça o áudio e verifique as suas previsões.

ESTRATÉGIA: FAZENDO E MONITORANDO PREVISÕES

Antes de ouvir, pense: que palavras serão provavelmente ditas no diálogo? O que pode me ajudar a fazer essas previsões (por exemplo, conhecimento de mundo ou conhecimento prévio de elementos do texto)? Ao ouvir, verifique continuamente as suas previsões.

Tiago: Olá, Diana!

Diana: Oi, Tiago, tudo bem?

Tiago: Tudo bem, e tu, como estás?

Diana: Tudo certo. Eu precisava mesmo falar com você. É o seguinte: você já foi a Moçambique, né?

Tiago: Já, sim. A minha esposa é moçambicana e vivi lá alguns meses. Precisas de alguma coisa?

Diana: Eu tô precisando saber mais sobre o sotaque moçambicano, mas não conheço ninguém de lá.

Tiago: Bem, para mim, o _____ moçambicano é quase uma _____ entre o sotaque português e o brasileiro.

Diana: Ah, é? E por quê?

Tiago: Porque _____ eles pronunciam o **t** e o **d** como nós em Portugal. Por exemplo, o teu nome lá também seria pronunciado Diana como eu digo, e não como é pronunciado no Brasil.

Diana: Ah, _____. Então eles não dizem "_____" com "dj" e "tch". Mas o que é que se parece com a pronúncia brasileira?

Tiago: Eu penso que as vogais são mais parecidas com o que os brasileiros _____.

Diana: Sei . . . E o **s**? É _____ com o **s** em Portugal?

Tiago: É, sim. Eles também dizem "três", como nós. Ah, e claro que há palavras específicas. Por exemplo, eles dizem "machimbombo" em vez de "autocarro".

Diana: Hein? _____ o quê?

Tiago: Machimbombo. Significa autocarro, ou ônibus como se diz no Brasil.

Diana: Ah, tá! Machimbombo! Que _____! E me diz mais uma coisa: o que é que você acha do sotaque moçambicano?

Tiago: Acho muito bonito! Parece-me suave e tem uma musicalidade especial. Adoro ouvir a minha família e os meus amigos moçambicanos!

VOCÊ SABIA?

Em perguntas usa-se **porque** grafado como uma palavra em português europeu ("Porque acontece isso?") e **por que**, duas palavras, em português brasileiro ("Por que acontece isso?"). Se a interrogação vier no final da frase, há acento gráfico nas duas variedades linguísticas ("Isso acontece porquê/por quê?").

4 Agora, responda às seguintes perguntas. Tome nota das suas respostas e compare-as com as de seus/suas colegas.

a De onde são o Tiago e a Diana?

b Como o Tiago define o sotaque moçambicano?

c Segundo o Tiago, quais são as características do sotaque moçambicano?

d Qual é a opinião do Tiago sobre o sotaque moçambicano?

e Que exemplo é dado no áudio de variação de pronúncia entre o português de Moçambique e o do Brasil? Que exemplo é dado de variação de vocabulário?

f Diante do conteúdo do diálogo, como você interpreta a diferença entre o português do Brasil e o de Moçambique?

Refletindo sobre a escuta

1 Reflita ou discuta em duplas.

a O uso de previsão e monitoramento de vocabulário específico no áudio auxiliou o seu entendimento do diálogo? Justifique a sua resposta.

b Em que outras situações de escuta em língua portuguesa você acha que previsões de vocabulário a ser ouvido podem ajudar e por quê?

 Em www.routledge.com/cw/santos você encontra mais atividades relativas a previsões de vocabulário.

B **6** Palavras etc.

Adjetivos pátrios: países

1   Complete o trecho abaixo com outras formas de dizer o mesmo que está entre parênteses. Depois, confira as suas respostas no diálogo da página 3.

> "O sotaque (de Moçambique)_____ é quase uma mistura entre o sotaque (de Portugal) _____ e o (do Brasil) _____."

2   Complete o quadro com base nas respostas da atividade 1. Cada linha mostra um tipo de formação de adjetivos. Em duplas, analise oralmente: como podemos descrever esses tipos de formação?

angolano/a; cabo-verdiano/a; _____
guineense; são-tomense; timorense
_____
_____

3   Pesquise sobre os assuntos listados no Quadro 1 e forme frases oralmente combinando os elementos dos três quadros apropriadamente. Observe o exemplo.

Exemplo: *Katxupa é um prato típico cabo-verdiano.*

Quadro 1	Quadro 2	Quadro 3
Afonso Busa Metan Flora Gomes **Katxupa** Marrabenta Ossame Pérola	cantora diretor de cinema escritor fruta **prato típico** ritmo	Angola **Cabo Verde** Guiné Bissau Moçambique São Tomé e Príncipe Timor-Leste

4 Em duplas, conversem sobre características de países lusófonos usando os adjetivos do quadro da atividade 2 para falar sobre um ou mais dos assuntos a seguir.

> sotaques   comida e bebida   literatura música   pessoas famosas

 Para mais atividades sobre adjetivos pátrios, visite www.routledge.com/cw/santos.

Adjetivos pátrios: alguns estados e cidades brasileiras

1 Leia a piada abaixo e responda oralmente em duplas.

30°C ou mais

► Baianos vão à praia, dançam, cantam e comem acarajé.

► Cariocas vão à praia, caem na água e jogam futevôlei.

[. . .]

► Todos os paulistas vão para a praia e enfrentam quilômetros de congestionamento e 2 horas de fila nas padarias e supermercados da região.

► Gaúchos esgotam os estoques de protetor solar e isotônicos da cidade.

[. . .]

15°C

► Baianos tremem incontrolavelmente de frio.

► Cariocas se reúnem para comer fondue de queijo.

[. . .]

► Paulistas ainda estão presos nos congestionamentos na volta do litoral.

► Gaúchos dirigem com os vidros abaixados para refrescar.

[. . .]

continua

0°C

► Não existe mais vida na Bahia. Nem animal, nem vegetal, nem mineral.

► No Rio, o prefeito veste 7 casacos e lança o "Ixxnoubórdi in Rio".

[...]

► Paulistas não saem de casa e dão altos índices de audiência a Gilberto Barros, Gugu Liberato, Luciana Gimenes e Silvio Santos.

► Gaúchos aproveitam o friozinho gostoso para [namorar].

Referência: "Estereótipos e anedotas regionais: como os brasileiros reagem às flutuações do clima", http://estereotipos.net/tag/piadas/. Data de acesso: 7/2/2018.

a   De acordo com a piada, como é possível descrever o perfil e comportamento dos cariocas? E dos baianos? E dos paulistas? E dos gaúchos?

b   Vocês acham que a piada descreve com exatidão o perfil e comportamento de todas as pessoas dessas regiões? Ou são estereótipos a serem evitados? Justifiquem as suas opiniões com base em elementos da piada e em pessoas que vocês conhecem, originárias dessas regiões.

c   É possível encontrar estereótipos associados a pessoas de certas regiões no(s) seu(s) país(es) de origem? Quais? Exemplifiquem e compartilhem com os seus colegas, comentando sobre pessoas que vocês conhecem que não correspondem a esses estereótipos.

2   Associe os adjetivos aos estados ou cidades.

a   Bahia   ( )   catarinense

b   Brasília   ( )   paulistano/a

c   Espírito Santo   ( )   mineiro/a

d   Minas Gerais   ( )   paulista

e   Rio Grande do Sul   ( )   baiano/a

f   Rio de Janeiro (cidade)   ( )   brasiliense

g   Rio de Janeiro (estado)   ( )   capixaba

h   Santa Catarina   ( )   carioca

i   São Paulo (cidade)   ( )   gaúcho/a

j   São Paulo (estado)   ( )   fluminense

7

3   Localize e identifique os estados brasileiros em um mapa. Converse com um/a colega a respeito de brasileiros/as que você conhece e inclua os adjetivos relacionados aos estados de origem deles/as, como no exemplo. O/A seu/sua colega vai fazer perguntas sobre a pessoa de quem você fala.

Exemplo:

Você: *O meu cunhado Geraldo é potiguar.*
Colega: *Ele ainda mora no Rio Grande do Norte?*
Você: *Não. Ele agora mora em Belo Horizonte. E você? Você conhece algum brasileiro?*
Colega: *Eu conheço uma pessoa chamada Paula. Ela é piauiense.*
Você: *Ela mora no Piauí? [. . .] E o que é que ela gosta de fazer?*
        [. . .]

Descobrindo a gramática

Ser/Estar

Mais informações na seção Referência Gramatical

1   Leia e repare o uso das palavras destacadas.

▶ O Tiago **é** estudante de Economia. Ele **é** português e **é** casado com a Paula, que **é** moçambicana.

▶ O Tiago **esteve** alguns meses em Moçambique, que **é** no leste da África.

▶ A Diana **está** interessada no sotaque moçambicano.

▶ A Diana e o Tiago **são** pessoas calmas, mas eles **estão** tensos por causa dos exames finais.

2   Relacione os verbos com as ideias que eles indicam.

a   ser   b   estar

( ) atribuição de uma qualidade não definidora (p. ex., um estado ou situação temporária).

( ) definição de alguém ou alguma coisa (p. ex., profissão ou estado civil).

( ) situação permanente de algo ou alguém (p. ex., localização ou origem).

( ) situação temporária de algo ou alguém (p. ex., presença em um lugar).

3 Sublinhe os usos de **ser** e **estar** no diálogo da seção *Escutando*. Analise: os usos correspondem às funções listadas na atividade 2?

4 Complete usando uma forma de **ser** ou de **estar**. Em seguida, compare as suas respostas em duplas, justificando-as com as funções listadas na atividade 2.

   a   O Tiago e a Diana _____ na universidade.

   b   No campus, a biblioteca não _____ perto do refeitório.

   c   O Tiago acha que o campus _____ muito bonito, mas atualmente os jardins
       _____ um pouco negligenciados.

   d   Ontem, os alunos que falam português _____ em um evento dedicado
       à lusofonia.

   e   Todos dançaram ao som da kizomba, que _____ um ritmo angolano.

Para mais atividades sobre **ser/estar**, visite www.routledge.com/cw/santos.

Estar com

Mais informações na seção Referência Gramatical

1 Leia e repare o uso das palavras destacadas.

> Os estudantes **estavam com fome** quando chegaram ao evento, mas comeram várias comidas típicas. Apesar do dia frio, eles dançaram muito e no final do evento **estavam com calor!**

2 Responda.

   No trecho da atividade 1, **estar com** refere-se a uma ideia de:

   (a) companhia   (b) estado   (c) posse

3 Complete os trechos usando a forma apropriada de **ser**, **estar** ou **estar com**. Depois, converse com um/a colega sobre cada um dos verbos usados: que ideias eles indicam?

   a   Você sabia que em Angola "biricoca" _____ "cerveja"?

   b   Os madalas _____ moçambicanos idosos e sábios. Os jovens geralmente
       _____ impacientes, mas os madalas nunca _____ pressa.

c

No Brasil, a mandioca tem vários nomes. No Rio de Janeiro, _____ "aipim", enquanto em algumas partes do Nordeste a mandioca _____ "macaxeira". Agora eu _____ fome e quero mandioca frita!

d

Eu _____ português, mas _____ no Brasil. Aqui, as pessoas dizem que _____ na fila, mas em Portugal muita gente diz "bicha" em vez de "fila".

A B C Palavras etc.

Algumas diferenças de vocabulário entre as variedades brasileira e portuguesa

1 Complete as listas com as palavras do quadro.

autocarro	banheiro	café da manhã	endereço	equipa	fato	fila
geladeira	legal	sumo	tela	telemóvel	trem	

Brasil	*Portugal*
ônibus	
	comboio
carona	boleia
	bicha
grama	relva
	morada
	casa de banho/quarto de banho
terno	
	frigorífico
suco	
	pequeno-almoço
arquivo	ficheiro
	ecrã
(telefone) celular	
time	
torcedor	adepto
	giro/a, fixe

2   Forme frases com o vocabulário da atividade 1 utilizado em Portugal. Em seguida, troque as suas frases com um/a colega, que vai reescrevê-las usando o português brasileiro. Você então verifica a versão em português brasileiro preparada pelo/a colega.

3   Relacione as imagens com o vocabulário destacado a seguir. Em seguida, pesquise e responda às perguntas.

( )

( )

( )

( )

a   Em Portugal usa-se um **penso rápido** para cobrir pequenos ferimentos, como um corte no dedo. O que se usa no Brasil?

b   Quando estão com pressa para almoçar, os brasileiros comem um **sanduíche**. O que comeriam em Portugal?

c   No Brasil, a **camiseta** é uma peça de vestuário informal. Como se chama essa peça em Portugal?

d   Quando faz calor, os portugueses tomam **gelados** de vários sabores, como morango, chocolate e limão. O que é que os brasileiros tomam?

 ## Nas entrelinhas

Preparando-se para ler

1   Observe rapidamente o texto "Lusofonia" na seção *Lendo*. Durante essa observação inicial faça o que se pede a seguir.

ESTRATÉGIA: IDENTIFICANDO COGNATOS E FALSOS AMIGOS

Quando você lê em português, é aconselhável apoiar a sua leitura em vocabulário cognato, isto é, vocabulário que tem forma semelhante à sua língua nativa ou outra língua que você conhece. Também é importante saber identificar quais dessas palavras se parecem com outras de outro idioma mas têm sentidos diferentes. Essas palavras são os falsos amigos. Como exemplos de falsos amigos temos: "parentes" em português e "parents" em inglês; "osso" em português e "oso" em espanhol; ou "depois" em português e "depuis" em francês.

   a   Sublinhe palavras cognatas.

   b   Circule palavras que você acredita serem "falsos amigos".

2   Observe as palavras que você destacou na atividade 1. Com base nessas palavras, complete.

   a   O assunto do texto é _____.

   b   A ideia principal apresentada no texto é _____.

Lendo

1   Leia o texto e, em seguida, decida se cada afirmativa é verdadeira (V) ou falsa (F).

Lusofonia

M. C. da Silveira

O conceito de "Lusofonia" está relacionado à língua portuguesa. No entanto, a noção de Lusofonia não fica restrita à língua: de acordo com Pereira (2008), também pode ser interpretada como um sentimento ou mesmo como o conjunto de Estados e organizações que trabalham para desenvolver a língua e as sociedades e que almejam afirmar uma identidade comunitária.

Mesmo que o conceito de Lusofonia não esteja restrito ao âmbito linguístico, Neves (2003) considera que a Lusofonia envolve a valorização da língua portuguesa, que, segundo o autor, deve ser ensinada pelo mundo e utilizada em encontros internacionais. Neves defende que a língua portuguesa é uma das grandes riquezas dos países lusófonos, e, como tal, esses países devem investir na sua difusão. Para Neves, esse tipo de investimento é vital para que os países lusófonos fiquem mais fortes no cenário mundial. Entre os países lusófonos,

Neves destaca o papel que o Brasil e Portugal devem desempenhar na difusão da língua portuguesa e lamenta que muitas vezes as pessoas com poder de decisão não compreendam a necessidade de impulsionar a Lusofonia através da promoção da língua portuguesa.

É importante, porém, ressaltar que a Lusofonia hoje é vista como um fenômeno social, não apenas linguístico (Maciel, 2010). Na opinião de Sousa (2013), a Lusofonia está ligada à interculturalidade e pressupõe papéis semelhantes para todos os países lusófonos. Assim como Pereira (2008), Sousa considera ainda que a Lusofonia é marcada pela globalização e integra as diferentes identidades locais.

Tanto Pereira (2008) como Sousa (2013) reconhecem que o termo "Lusofonia" pode gerar controvérsias. Ribeiro (2013) expressa opinião bastante diversa daqueles que defendem a Lusofonia como ligação cultural entre os países onde se fala a língua portuguesa. Para Ribeiro, a Lusofonia está associada a um império que já não existe e chega mesmo a prejudicar um "trabalho adulto sobre as múltiplas identidades dos países que falam português". O autor considera que Lusofonia é um conceito vago que remete à relação de Portugal com suas ex-colónias. Ribeiro defende que tanto o Brasil quanto os países africanos de língua portuguesa estão reconstruindo as suas identidades e que a ideia de Lusofonia, valorizada pelos portugueses, é rejeitada pelos africanos.

Como se pode constatar, o conceito de Lusofonia não é unânime. No entanto, é inegável que a língua portuguesa funciona como elo entre os países onde é oficial. O debate sobre a Lusofonia é mais uma maneira de esses países e seus cidadãos discutirem as suas identidades e a inter-relação entre elas.

Referências

Maciel, Cármen (2010). *A construção da comunidade lusófona a partir do antigo centro: Micro-comunidades e práticas da lusofonia.* Dissertação de doutoramento em Sociologia, Lisboa: Universidade Nova de Lisboa.

Neves, Fernando (2003). *Lusofonia não é só a língua e a literatura.* Palestra proferida no Congresso Internacional de Literaturas Africanas, Coimbra, 8–11 de outubro.

Pereira, Domingos Simões (2008). *O conceito de Lusofonia e a cooperação na promoção e difusão da Língua Portuguesa.* Palestra proferida nos Encontros de Lusofonia em Torres Novas, 10–15 de novembro.

Ribeiro, António Pinto (2013). Para acabar de vez com a lusofonia. *Público,* 18 de janeiro.

Sousa, Vítor de (2013). O difícil percurso da lusofonia pelos trilhos da "portugalidade". *Configurações, 12,* 89–104.

1 a ( ) Há uma introdução e uma conclusão.

   b ( ) Indica-se o nome do/a autor/a do texto.

   c ( ) Mencionam-se textos escritos por outras pessoas que não o/a autor/a.

   d ( ) O texto contém citações de outras pessoas.

   e ( ) O texto é escrito em linguagem informal.

   f ( ) O texto é escrito em primeira pessoa.

   g ( ) O texto é relativamente complexo.

   h ( ) O texto inclui opiniões sem justificativas.

2 Escolha a alternativa que melhor descreve o texto "Lusofonia".

   a ( ) É um texto académico.

   b ( ) É um texto jornalístico.

   c ( ) É um texto literário.

3   Relacione os autores das referências apresentadas no texto às suas ideias.

  a   António Pinto Ribeiro

  b   Cármen Maciel

  c   Domingos Simões Pereira

  d   Fernando Neves

  e   Vítor de Sousa

      (d) A língua portuguesa é um patrimônio que merece investimentos.
      (a) A Lusofonia está ligada ao passado colonial de Portugal.
      (b) A Lusofonia evoluiu e hoje é entendida como manifestação social.
      (c) A Lusofonia pode ser algo que se sente.
      (e) Todos os países de língua portuguesa devem ter participação semelhante na Lusofonia.

4   Respondam oralmente em grupos.

  a   Além da própria língua portuguesa, a que se relaciona a ideia de Lusofonia?

  b   Por que é importante, segundo Neves, investir na divulgação da língua portuguesa? O que vocês acham dessa ideia?

  c   Nas suas próprias palavras, expliquem a opinião de Sousa a respeito da Lusofonia. Depois, expliquem como vocês reagem a essa opinião.

  d   A posição de Ribeiro ilustra a controvérsia que existe em torno da Lusofonia. Expliquem a posição de Ribeiro. Vocês estão de acordo com ele? Por quê (não)?

  e   Com base na leitura do texto, como vocês definiriam a Lusofonia?

Refletindo sobre a leitura

1   Reflita e discuta com um/a colega.

  a   Quais destes adjetivos vocês usariam para descrever textos acadêmicos como "Lusofonia"? Por quê?

| informativos | confusos | monótonos | importantes | interessantes |

  b   Houve exemplos de cognatos no texto que facilitaram o seu entendimento? Houve exemplos de "falsos amigos"? Se sim, como vocês lidaram com eles? Justifiquem as suas respostas.

15

A B C Palavras etc.

Formação de substantivos

1   Leia e repare os "pedaços" componentes da palavra **Lusofonia**.

Luso + fon + ia → Lusofonia

ESTRATÉGIA: APOIANDO-SE EM PARTES DAS PALAVRAS PARA COMPREENDER O SEU SIGNIFICADO

Muitas palavras são compostas por "pedaços" que trazem novos sentidos e classificações (como, por exemplo, substantivos ou adjetivos). Conhecer os sentidos desses "pedaços", assim como as classes gramaticais que eles formam, ajuda o/a leitor/a a entender o que lê.

2   Responda.

   a   Que ideia é indicada pelo "pedaço" "Luso" na palavra?

   b   Que ideia é indicada pelo "pedaço" "fon"?

   c   Que ideia é indicada pelo "pedaço" "ia"?

   d   Qual classe de palavra (substantivo, adjetivo ou verbo) é indicada pela terminação "ia"?

 Para mais atividades sobre formação de substantivos, visite www.routledge.com/cw/santos.

3   Releia os seguintes trechos do texto "Lusofonia" e separe as palavras destacadas em partes. Depois responda: que ideias são indicadas por cada uma dessas partes?

▶   "O debate sobre a **Lusofonia** é mais uma maneira de esses países e seus cidadãos discutirem as suas **identidades** e a **inter-relação** entre elas."

▶   "Na opinião de Sousa (2013), a Lusofonia está ligada à **interculturalidade** [. . .]."

▶   "**Dissertação** de **doutoramento** em Sociologia [. . .]."

---

4   Seguindo o exemplo, forme substantivos a partir dos verbos e adjetivos abaixo. Use os sufixos do quadro a seguir.

-ção	-(i)dade	-mento	-eza	-ada	-ia

VOCÊ SABIA?

Sufixos são elementos adicionados ao final da parte mais essencial da palavra (a que contém o seu sentido básico), trazendo novos sentidos e formando novas palavras.

Exemplo: *ligar → ligação*

    a   sentir   →_____
    b   intercultural →_____
    c   valorizar   →_____
    d   rico   →_____
    e   investir   →_____
    f   globalizar →_____
    g   caminhar →_____
    h   belo   →_____
    i   lusófono   →_____
    j   monótono →_____
    k   batucar   →_____
    l   igual   →_____

5   Escreva uma frase usando uma das palavras que você escreveu na atividade anterior. Em seguida, leia a frase para um/a colega, omitindo a palavra (diga X no lugar da palavra). O/A colega vai adivinhar a palavra.

Letras maiúsculas

1   Leia e repare o uso de letras maiúsculas.

"**Entre os países lusófonos, N**eves destaca o papel que o **B**rasil e **P**ortugal devem desempenhar na difusão da língua portuguesa."

2   Marque as alternativas que descrevem o uso de letras maiúsculas no trecho da atividade
    anterior.

    a   (   ) início da frase.

    b   (   ) nome de país.

    c   (   ) nome de idioma.

    d   (   ) nome de pessoa.

VOCÊ SABIA?

Algumas palavras em português podem iniciar com letra maiúscula ou com letra minúscula,
como as palavras associadas ao saber, a cursos e a disciplinas (p. ex., História ou história,
Medicina ou medicina). Também é o caso da palavra **Lusofonia**, que pode iniciar com letra
maiúscula ou minúscula. Segundo o Acordo Ortográfico de 1990, que entrou em vigor no
Brasil, Portugal e Cabo Verde em 2009, os nomes de meses passam a ser grafados com iniciais minúsculas. Antes do Acordo Ortográfico, os nomes de meses começavam com letras
minúsculas no Brasil e com letras maiúsculas em Portugal e na África lusófona.

3   Complete o trecho abaixo usando uma das opções sugeridas. Depois responda oralmente às
    perguntas em duplas.

Apesar dos climas diferentes, várias tradições (portuguesas/Portuguesas) relacionadas a
certas épocas do ano foram adotadas no (brasil/Brasil). (por/Por) exemplo, nos dois (países/
Países) é comum celebrar o (natal/Natal) com (peru/Peru) assado, bacalhau, castanhas e

continua

bolo. (essas/Essas) comidas são perfeitas para um clima ameno ou frio, como é o (inverno/Inverno) em (portugal /Portugal). No entanto, (dezembro/Dezembro) marca o começo do (verão/Verão) no (brasil /Brasil) e assar um (peru/Peru), que leva algumas horas no forno, não parece apropriado para um clima (tropical/Tropical). Algumas famílias (brasileiras/Brasileiras) preferem comer bacalhau. E o (papai noel/Papai Noel) também se veste como se estivesse no (inverno/Inverno) (europeu/Europeu)!

   a   O que vocês acham da ceia natalina no Brasil?

   b   Vocês gostariam de participar das festas de fim de ano no Brasil? Em Portugal? Por quê (não)?

4   Escreva um pequeno texto sobre as comidas tradicionais de datas festivas no seu país de origem. Depois, troque o texto com o de um/a colega e verifique se as letras maiúsculas foram usadas apropriadamente pelo/a colega. Em seguida, converse com o/a colega sobre as tradições que vocês descreveram.

Vocabulário frequentemente usado

1   Observe a seguinte nuvem de palavras e responda.

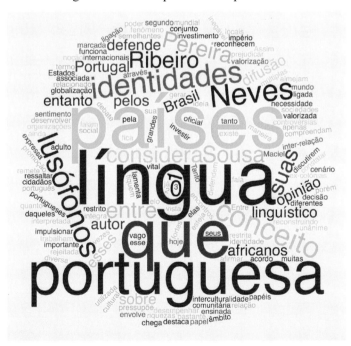

Referência: Nuvem de palavras extraída em www.wordclouds.com/ em 11/5/2018.

a   O que a nuvem de palavras representa?

b   Que palavras aparecem em destaque? O que tal destaque significa?

CORPUS

Um corpus (plural: corpora) linguístico consiste de um banco de dados (ou seja, um conjunto de exemplos) de uma determinada língua. Esses dados podem vir da língua falada (entrevistas, filmes, programas de rádio ou TV etc.) ou da língua escrita (jornal, revista, textos literários etc.). Esse repertório de informações, oriundas de situações de uso em contexto de uma língua, permite-nos entender melhor como os/as usuários/as de uma língua a utilizam. Por exemplo, podemos saber quantas vezes uma palavra aparece em um corpus e, a partir daí, ter uma ideia da frequência dessa palavra.

2   Observe a lista das dez palavras mais frequentes em português. Compare a lista com o vocabulário apresentado na nuvem de palavras na atividade 1. A que conclusões você chega?

1	o	6	ser
2	de	7	um
3	em	8	por
4	e	9	para
5	que	10	a (prep.)

Referência: Davies, Mark e Preto-Bay, Ana Maria Raposo (2008). *A frequency dictionary of Portuguese*. Nova York/Londres: Routledge.

3   Complete o trecho utilizando palavras listadas na atividade 2.

Ritmos angolanos

____ semba ____ ____ ritmo mais tradicional ____ Angola. Acredita-se ____ esse ritmo foi levado ____ escravos ____ ____ Brasil ____ deu origem ao samba. Hoje, ____ kuduro é ____ dos ritmos mais populares no país, mas não está restrito ____ Angola: ouve-se kuduro ____ Portugal, no Brasil ____ ____ muitos outros lugares.

Ficar

1 Leia os seguintes trechos do texto "Lusofonia" (p. 13) e escolha as alternativas que melhor descrevem o significado das palavras destacadas.

a "[. . .] a noção de Lusofonia não **fica** restrita à língua [. . .]."

( ) estar   ( ) permanecer, não sair de   ( ) hospedar-se

b "[. . .] para que países lusófonos **fiquem** mais fortes [. . .]."

( ) apossar-se   ( ) tornar-se   ( ) sobrar

PALAVRAS QUE CAUSAM CONFUSÃO

Ficar

O verbo **ficar** tem muitos significados e é o 11° verbo mais comum da língua portuguesa. Além dos dois sentidos acima, outros significados de **ficar** são:

▶ Apossar-se: Ele **ficou com** o meu livro.

▶ Assentar: Esse terno **fica** muito bem em você.

▶ Estar localizado/a: A biblioteca **fica** ao lado do museu.

▶ Hospedar-se: Nós **ficamos** quatro dias naquele hotel.

▶ Namorar sem compromisso: A Laís **ficou com** o Jorge na festa.

▶ Responsabilizar-se: O Mário **ficou de** terminar o relatório.

▶ Sobrar: Ela gastou a tinta, não **ficou** quase nada.

Referência: Davies, Mark e Preto-Bay, Ana Maria Raposo (2008). *A frequency dictionary of Portuguese*. Nova York/Londres: Routledge.

---

2 Leia as frases e responda: qual o sentido de **ficar** em cada uma delas?

a Eles ficaram de completar as reservas.

b Eu soube da notícia e fiquei triste.

c Quanto tempo você vai ficar no Brasil?

d Onde fica o supermercado?

e Você acha que essa cor fica bem em mim?

f Só ficou um pedacinho do bolo. Você quer?

g Ela pediu o meu caderno emprestado e ficou com ele.

Descobrindo a gramática

Acentuação

Mais informações na seção Referência Gramatical

VOCÊ SABIA?

A palavra **acento** designa os sinais gráficos usados sobre as letras, por exemplo, acento agudo (′) ou circunflexo (ˆ).

1 Leia e repare a acentuação no texto abaixo.

O português é a língua oficial de sete países. Além disso, compartilha estatuto de língua oficial em Timor-Leste (com o tétum) e na Guiné Equatorial (com o espanhol e o francês). Também é língua oficial na região administrativa de Macau, na China (além do chinês). A língua portuguesa é a sexta mais falada nativamente no mundo e a quinta mais usada na internet. Assim, podemos dizer que o português constrói comunidades (virtuais e não-virtuais). O português está também entre as dez línguas mais importantes para o Reino Unido, segundo relatório do Conselho Britânico em 2013. Os últimos índices econômicos e de população reforçam a relevância do português no cenário mundial.

Referência: *Languages for the future: Which languages the UK needs most and why*, www.british council.org/sites/default/files/languages-for-the-future-report.pdf. Data de acesso: 7/2/2018.

2 Leia algumas regras de acentuação gráfica em português. Depois, ilustre cada regra com exemplos encontrados no texto da atividade 1.

VOCÊ SABIA?

Em português, a acentuação tônica de uma palavra pode estar presente: na última sílaba; na penúltima (isto é, antes da última) sílaba; ou na antepenúltima (isto é, antes da penúltima) sílaba. Essas palavras são caracterizadas, respectivamente, como oxítonas, paroxítonas e proparoxítonas. Veja os exemplos, em que o círculo indica a sílaba tônica:

proparoxítona			paroxítona			oxítona		
•				•				•
trân	si	to	tran	si	ta	tran	si	tar

	As palavras são acentuadas:	Exemplos
a	sempre que são proparoxítonas.	
b	quando são paroxítonas e terminam em ditongo crescente, como **-ua, -ia, -io**.	
c	quando são oxítonas e terminam em **-a(s), -e(s), -o(s), -em, -ens**.	
d	quando são paroxítonas e terminam em **-l, -n, -um, -uns**, entre outras terminações.	
e	quando o **i** ou **u** tônico forma hiato com a vogal anterior (ou seja, há duas sílabas), se não for seguido por **nh**.	
f	quando são monossílabos tônicos.	
g	quando são oxítonas terminando nos ditongos **éi, éu, ói** com pronúncia aberta.	

3 Encontre mais exemplos para as regras listadas na atividade anterior no texto "Lusofonia" (página 13).

4 Leia em voz alta as seguintes palavras para um/a colega, que vai escrevê-las colocando acentos onde for preciso. Verifique as respostas consultando as regras listadas na atividade 2.

    a   agua   b   familia   c   proximo   d   ingles   e   importancia

    f   ferias   g   topico   h   saude   i   cafe   j   papeis

 5 Ouça o áudio e leia o roteiro, acentuando as palavras quando necessário.

> A importancia do portugues no cenario mundial e cada vez mais reconhecida. Como uma das linguas mais faladas no mundo e associada a economias emergentes, e inegavel que o portugues tenha hoje em dia um papel de relevancia, em referencia tanto a negocios quanto a relações interculturais. Alem disso, como lingua oficial em quatro continentes (Africa, America, Asia e Europa), o portugues tem valor irrefutavel e esta literalmente presente nos quatro cantos do mundo!

VOCÊ SABIA?

Certas palavras levam acento agudo (´) em Portugal e acento circunflexo (ˆ) no Brasil. Essa diferença ocorre por causa das pronúncias distintas. Por exemplo, a palavra **económico** é pronunciada com o segundo **o** "aberto" em Portugal, e por isso leva o acento agudo. Já no Brasil, a mesma sílaba tem uma pronúncia "fechada", o que significa que a palavra tem acento circunflexo: **econômico**. Outros exemplos são **académico/acadêmico, tónico/tônico, ténis/tênis, António/Antônio** etc.

 Em www.routledge.com/cw/santos há atividades extras sobre acentuação gráfica em português.

Tomando a palavra

Como se diz?

1 Ouça novamente o áudio da atividade 5 da seção *Descobrindo a gramática: Acentuação*. Depois, escolha a opção entre parênteses que completa cada frase.

a A letra **t** corresponde a (somente um som/mais de um som).

b A letra **d** corresponde a (somente um som/mais de um som).

c A letra **t** em **tanto** tem (o mesmo som que a/um som diferente da) letra **t** em **emergentes**.

d A letra **d** em **cada** tem (o mesmo som que a/um som diferente da) letra **d** em **mundial**.

SONS DO PORTUGUÊS

Em certos dialetos do português brasileiro, como o falado no Rio de Janeiro, aparecem os sons [tʃ] (como na palavra **prese͟nte**) e [dʒ] (como na palavra **di͟a**). Esses sons são produzidos quando o som que se segue é [i], representado pela letra **e** (geralmente em posição átona final) e pela letra **i.** Nos dialetos portugueses e africanos, as letras **t** e **d** correspondem aos sons [t] e [d] sem depender da vogal seguinte.

---

2 Determine se as letras sublinhadas correspondem a [t], [d], [tʃ] ou [dʒ]. Depois, ouça o áudio para conferir as suas respostas.

O Brasil recebeu influências portuguesas e africanas. Hoje em dia, a cultura brasileira reflete muitas características do contato com povos africanos. Do idioma à comida, da música a manifestações religiosas, a presença africana se faz sentir em todo o Brasil: em quitutes de origem africana, no som e movimentos do samba e da capoeira, nas divindades do candomblé.

Preparando-se para falar

1 Ouça novamente o áudio da seção *À escuta* (faixa 3). Complete a segunda coluna do quadro com as formas usadas no diálogo para realizar as funções linguísticas listadas na primeira coluna.

Dar exemplos Pedir repetição Pedir esclarecimento	

2   Em duplas, adicionem as formas listadas a seguir no quadro da atividade 1. Depois conversem: vocês se lembram de outras formas para realizar as funções linguísticas listadas no quadro? Adicionem tais formas no quadro também.

▶   A título de exemplo, (formal)

▶   Como assim?

▶   O que é que você disse?

▶   Por que você diz isso?

▶   (Mas) Por que mesmo?

Falando

1   Converse com um/a colega sobre um país onde se fala português. Decida se você fará o papel (A) ou (B) e siga as instruções abaixo.

A: Você vai escolher um dos países do quadro e falar sobre ele, respondendo às perguntas de seu/sua colega. Peça repetição se necessário e dê exemplos para garantir que o/a colega entenda o que você vai explicar.

B: Você vai fazer perguntas sobre o país descrito por seu/sua colega (p. ex., atividades econômicas, clima, população etc.), sem olhar as informações do quadro. Peça repetição se necessário e peça esclarecimentos para entender bem a informação.

ESTRATÉGIA: PEDINDO REPETIÇÃO

Ao pedir repetição de algo que é dito, é necessário escolher um bom momento para fazer tal pedido; é importante também prestar atenção ao nível de formalidade da interação e usar formas adequadas.

ESTRATÉGIA: DANDO EXEMPLOS

O uso de exemplos na nossa fala ajuda os/as nossos/as interlocutores/as a entenderem melhor o que queremos dizer. Ao falar, identifique que aspectos podem ficar mais claros com a adição de exemplos, e use diferentes maneiras de dar exemplos para tornar a sua fala mais variada e interessante.

ESTRATÉGIA: PEDINDO ESCLARECIMENTOS

Em uma interação, é importante pedir esclarecimentos (e fornecê-los) para garantir o entendimento. Exemplos e repetições são formas de esclarecimentos, mas esclarecimentos podem envolver outros detalhes sobre o conteúdo do que é dito ou sobre a opinião de quem fala, entre outros. Ao pedir esclarecimentos mostramos que estamos ouvindo com atenção, contribuindo para o envolvimento entre todos os participantes da interação.

País	Guiné-Bissau	Angola	Timor-Leste	São Tomé e Príncipe
Clima	Tropical; duas estações: quente e época de chuvas (monções de junho a novembro)	Semiárido no sul; duas estações no norte (seca e chuvosa)	Tropical; estações: seca e chuvosa (monções de dezembro a março; chuvas até maio)	Tropical; chuvas de outubro a maio
Economia	Pesca e agricultura; exportação de peixe, castanha-de-caju, madeira	Petróleo, diamantes; agricultura de subsistência	Petróleo, café; agricultura de subsistência	Cacau, café, óleo de palma (azeite de dendê), petróleo
População	Cerca de 1.700.000; vários grupos étnicos (p. ex., balantas, bijagós, fulas, mandingas, papéis)	Cerca de 25.000.000; mais de 60% com menos de 25 anos de idade	Cerca de 1.200.000; malaio-polinésios, papuas	Cerca de 195.000; vários grupos étnicos (p. ex., angolares, forros, mestiços, europeus)
Língua(s)	Crioulo, português (oficial), línguas africanas (balanta, ejamat, kobiana, papel, entre outras)	Umbundu, kimbundu, kikongo, português (oficial)	Tétum (oficial), português (oficial), indonésio	Português (oficial), crioulos (como forro, angolar, crioulo cabo-verdiano)
Música e dança	Gumbé	Semba, kuduro	Tebe, tebedai, dansa, cansaun	Ússua, socopé, dêxa

Referências: "Planeta Vida", http://vida1.planetavida.org/; "The World Factbook", www.cia.gov/library/publications/resources/the-world-factbook/. Data de acesso: 7/2/2018.

Refletindo sobre a fala

1   Em grupos, discutam.

a   Vocês acham que saber dar exemplos, pedir repetição e/ou esclarecimento é uma habilidade importante em conversas em português? Justifiquem a sua resposta.

b   Vocês fizeram a distinção entre [t]/[d] e [tʃ]/[dʒ] ao conversar? Encontraram dificuldades nessas pronúncias? Se sim, quais? Como lidaram com elas?

c   O que vocês acharam da experiência de trocar informações com os/as colegas? Qual foi o ponto forte de cada um/a na conversa? Qual foi a maior dificuldade de cada um/a? O que vocês podem fazer para superar tais dificuldades em conversas futuras?

Mãos à obra

Preparando-se para escrever

1 Leia as cartas a seguir e observe as características listadas abaixo. Depois responda: o que as cartas têm em comum? Em que aspectos diferem?

	Carta 1	Carta 2
Como a carta começa e qual é a função desse(s) elemento(s) inicial(is)		
Qual é o objetivo da carta		
Qual é o tempo verbal mais utilizado		
Como a carta termina		

Carta 1

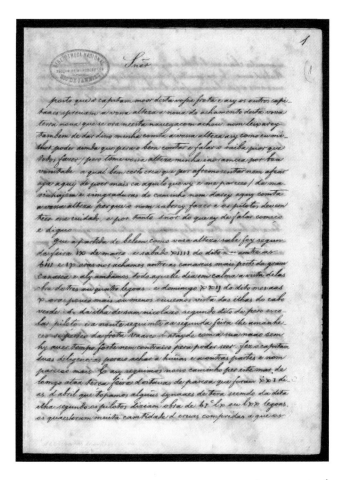

Carta de Pero Vaz de Caminha, escrivão português que acompanhou a frota de Pedro Álvares Cabral ao Brasil em 1500, para o Rei de Portugal após a chegada ao Brasil.

Referência: Domínio público. Extraído de http://objdigital.bn.br/acervo_digital/div_manuscritos/mss1277755/mss1277755.pdf. Data de acesso: 7/2/2018.

Transcrição:

> Senhor:
>
> [. . .]
>
> Eles não lavram, nem criam. Não há aqui boi, nem vaca, nem cabra, nem ovelha, nem galinha, nem qualquer outra alimária, que costumada seja ao viver dos homens. Nem comem senão desse inhame, que aqui há muito, e dessa semente e frutos, que a terra e as árvores de si lançam. E com isto andam tais e tão rijos e tão nédios, que o não somos nós tanto, com quanto trigo e legumes comemos.
>
> [. . .]
>
> E nesta maneira, Senhor, dou aqui a Vossa Alteza do que nesta vossa terra vi. E, se algum pouco me alonguei, Ela me perdoe, que o desejo que tinha, de Vos tudo dizer, mo fez assim pôr pelo miúdo.

Carta 2

Díli, 15 de agosto de 2018

Car@s alun@s,

Queria entrar em contato com tod@s, mas ainda não tenho acesso à internet. Por isso, envio-lhes uma carta junto com um postal da bela Díli. Como sabem, estou aqui há duas semanas e até agora está tudo muito bem! As minhas primeiras impressões são muito positivas. O lugar é belíssimo! Para começar, a aurora e o pôr-do-sol são espetaculares! (Pelo menos na época seca.) A paisagem é linda, com praias fenomenais e uma vegetação incomum.

Os timorenses em geral são bastante simpáticos, mas um pouco tímidos a princípio. Eu não tenho muitos problemas de comunicação, mas é bom saber algumas palavras em tétum (como vocês sabem, o tétum é o outro idioma oficial em Timor-Leste, além do português). Na culinária, usam bastante o tamarindo, o leite de coco e um molho picante chamado "ai-manas". Um dos pratos típicos é a "katupa", que é uma espécie de bolinho de arroz feito com leite de coco e embrulhado em folhas de palmeira. Entre outras bebidas típicas, os timorenses tomam o "tua mutin", que é um tipo de vinho de palmeira.

Bem, por hoje fico por aqui. Envio mais notícias em breve e aguardo notícias de vocês.

Um abraço a tod@s,

Lívia

Referências: "Díli por quem lá vive: Carmen Berimbau", www.fmgomes.com/dili-carmen-berimbau/; "Katupa: culinária do Timor Leste", http://paquetaense.blogspot.com/2015/09/katupa-culinaria-do-timor-leste.html. Data de acesso: 7/2/2018.

2   Você vai escrever uma carta sobre um local em que se fala português. Antes de escrever, decida quem receberá a sua carta. Depois responda: das alternativas a seguir, quais incluem sugestões que poderiam ajudá-lo/a a se preparar melhor para a sua escrita?

ESTRATÉGIA: PREPARANDO-SE PARA ESCREVER

Um processo de escrita não tem início em um vácuo. Bons/Boas escritores/as preparam--se para escrever, por exemplo: pensando em para quem se escreve (e por quê) ou refletindo sobre o suporte (digital, papel, tecido etc.) utilizado. É importante também considerar características do texto, como por exemplo como deve começar e terminar, que tipo de vocabulário deve conter, como deve ser organizado etc.

a   ( ) Ter certeza de que entende "o que" deve ser escrito e as características (de conteúdo, de organização) desse texto.

b   ( ) Avaliar o tempo dedicado à escrita e alocar esse tempo na sua agenda.

c   ( ) Pensar no tamanho do texto.

d   ( ) Usar textos semelhantes como referência e inspiração (sobre o conteúdo, sobre a organização).

e   ( ) Avaliar quais pesquisas (a dicionários, a enciclopédias, a outros materiais de referência) serão necessárias e como elas serão feitas.

f   ( ) Refletir sobre aspectos que possam causar ansiedade (por exemplo, receio de cometer erros gramaticais na escrita, insegurança quanto ao conhecimento de vocabulário relevante) e pensar como esses aspectos podem ser minimizados.

VOCÊ SABIA?

Toda carta deve incluir um cumprimento inicial a quem ela se dirige; deve também incluir uma despedida. Ambos os elementos podem ser formais ou informais, dependendo do contexto da carta.

continua

Cumprimentos iniciais formais	Cumprimentos iniciais informais
Caro/a . . .,	Querido/a . . .,
Prezado/a . . .,	Olá, . . .
Estimado/a . . .,	Oi, . . .
Exmo./a. Senhor/a . . .,	(nome próprio),
Despedidas formais	**Despedidas informais**
(Cordiais) Saudações,	Um beijo/Beijos,
Atenciosamente,	Um abraço/Abraços,
Cordialmente,	Com saudades,
Melhores cumprimentos,	Até breve,

Escrevendo

1 Escolha um local onde se fala português. Anote algumas características desse local. Se precisar de ideias ou informações, faça uma pesquisa sobre o lugar da sua escolha.

2 Inicie o rascunho da sua carta. Inclua local e data; inclua um cumprimento inicial adequado, usando um dos exemplos do quadro *Você sabia?*.

3 Dê continuidade ao seu rascunho. Descreva o local escolhido usando o tempo verbal apropriado.

4 Termine o seu rascunho. Use uma despedida apropriada para o/a destinatário/a, escolhendo um dos exemplos do quadro *Você sabia?*.

5 Revise o rascunho da sua carta. Verifique se ele contém todos os elementos necessários, se tem bom início, desenvolvimento e fechamento, e se os tempos verbais são bem utilizados.

6 Passe a carta a limpo. Depois, entregue-a ao/à destinatário/a. Peça a ele/a que leia e responda com outra carta.

Refletindo sobre a escrita

1 Em grupos, discutam.

a O que vocês acharam da etapa de planejamento da escrita? Ela contribuiu para tornar a escrita melhor e mais fácil? Em caso afirmativo, de que forma? Em caso negativo, por que não?

b Vocês encontraram alguma dificuldade durante o planejamento da escrita da carta? Em caso afirmativo, quais foram e como lidaram com elas? Em caso negativo, por que não?

c O que vocês acharam da experiência de escrever uma carta (e responder a outra) sobre um país onde se fala português? Justifiquem as suas opiniões.

Diálogos multiculturais

Culturalmente falando

1 Em grupos, discutam.

    a   Há alguma palavra "intraduzível" na(s) sua(s) língua(s) nativa(s)? Qual(is)? Como vocês a(s) explicariam em português?

    b   Vocês conhecem a palavra **saudade**, utilizada frequentemente em poemas e músicas em português? Vocês podem dar algum exemplo usando essa palavra? O que ela significa?

    c   Muitos argumentam que não há tradução literal da palavra **saudade** para outras línguas e que esta palavra representa uma característica cultural daqueles que falam a língua portuguesa. Vocês concordam? Por quê (não)?

    d   Como vocês traduziriam a palavra **saudade** para um falante das suas línguas nativas que começou a aprender português recentemente?

Dialogando com a imagem

1 Observe a imagem e responda.

    a   A que país corresponde o mapa da imagem? Em que continente fica?

    b   Quantas ilhas são habitadas?

    c   Que língua(s) é(são) falada(s) nesse país?

Em contexto

1 Em grupos, discutam e respondam.

   a O que vocês sabem sobre as línguas faladas na África lusófona?

   b Vocês sabem o que é uma língua crioula (um crioulo)?

   c Vocês já ouviram uma língua crioula? Se sim, onde ouviram? O que vocês sabem sobre essa língua?

 Em www.routledge.com/cw/santos você encontra mais informações sobre línguas crioulas.

Lendo e interpretando

VOCÊ SABIA?

Cesária Évora (1941–2011) nasceu em Mindelo, na ilha de São Vicente, em Cabo Verde. Ela passou a ser conhecida como a Diva dos Pés Descalços por se apresentar sempre sem sapatos. O seu álbum "La Diva aux Pieds Nus" (1988), gravado em Paris, fez grande sucesso. Cesária era considerada a Rainha da Morna, um estilo musical das ilhas cabo-verdianas. Cesária foi uma estrela internacional que celebrou a cultura da sua terra natal ao cantar em crioulo cabo-verdiano. A sua linda voz e o seu estilo único lhe renderam um *Grammy* de melhor música contemporânea em 2004. Os críticos comparam o seu talento ao de Edith Piaf e Billie Holiday.

1 Faça uma pesquisa para ler a letra e ouvir a música *Sodade* de Cesária Évora.

2 Leia os seguintes trechos da letra da música *Sodade*, sublinhando as palavras que você reconhece e circulando as que desconhece. Em seguida, responda: em que língua esta música foi escrita? Justifique.

> Trecho da música *Sodade* (Cesária Évora)
>
> [. . .]
>
> Si bo 'screve' me
>
> 'M ta 'screve be
>
> [. . .]
>
> Até dia
>
> Qui bo voltà
>
> [. . .]

continua

Sodade

Dess nha terra Sao Nicolau

[. . .]

Referência: *Lyrics translate*, http://lyricstranslate.com/en/Sodade-lyrics.html. Data de acesso: 8/2/2018.

3 Respondam oralmente em duplas.

a   De que maneira o seu conhecimento prévio de língua portuguesa ajuda a entender partes da letra da música *Sodade*? Quais palavras vocês conseguiram entender com base nesse conhecimento? Quais palavras vocês não entenderam?

b   A que som a letra **d** corresponde na pronúncia de Cesária Évora? A que variedade do português a pronúncia dela se assemelha mais?

c   Após ouvir a música *Sodade*, é possível afirmar que há semelhanças de pronúncia entre o crioulo cabo-verdiano e o português (brasileiro ou europeu)? Em caso afirmativo, que palavras ilustram essas semelhanças?

4 Com base nas suas respostas na atividade 3, responda.

a   Qual é o assunto da música? Justifique com elementos do texto.

b   A que se refere "Sao Nicolau" na música?

VOCÊ SABIA?

O cenário linguístico cabo-verdiano é caracterizado pela diglossia, ou seja, uma situação em que duas ou mais línguas são utilizadas e uma língua tem mais prestígio que a(s) outra(s). Em Cabo Verde, o português é a língua oficial, mas a língua nacional e mais falada é o crioulo cabo-verdiano. Nas ilhas cabo-verdianas, ouve-se português em órgãos oficiais do governo, na mídia e nas escolas, mas a língua mais usada para comunicação é o crioulo. É a língua dominante nos lares cabo-verdianos, um instrumento legítimo de comunicação, que nas últimas décadas tem se tornado tópico de grandes debates e controvérsias.

Extrapolando

1   Leia e identifique a informação que acha mais interessante. Comente tal informação com um/a colega, justificando a sua escolha.

> Atualmente Cabo Verde tem mais de meio milhão de habitantes, mas grande parte da população natural das ilhas vive fora delas. Os EUA são o país que mais tem acolhido cabo-verdianos. Além dos Estados Unidos, a população de Cabo Verde tem emigrado também para Portugal, França, Espanha e Brasil, entre outros países. Em resultados de recenseamento, a população cabo-verdiana pode ser identificada de maneiras diferentes. A peculiaridade e a importância histórica da população originária de Cabo Verde foram ilustradas através do documentário "Um tipo engraçado de porto-riquenho?" (*Some kind of funny Porto Rican?*), dirigido por Claire Andrade-Watkins, lançado em 2006.
>
> Referências: *The World Factbook*, www.cia.gov/library/publications/the-world-factbook/geos/cv.html; "Migração em Cabo Verde", www.un.cv/files/Cape_Verde_Profile_2009.pdf; "Cape Verdeans face identity problem in the US", goo.gl/2XbWNj. Data de acesso: 14/2/2018.

2   Pesquise e responda.

  a   Que fatores influenciaram os cabo-verdianos na escolha dos seus países de destino?

  b   A que fator(es) podemos atribuir a escolha do título do documentário "Um tipo engraçado de porto-riquenho?"?

Aprendendo a aprender

Aprendendo novo vocabulário

1   Sublinhe no texto a seguir as palavras que você não conhece. Pesquise os sentidos dessas palavras em um dicionário ou perguntando a um/a colega ou professor/a.

> São Tomé e Príncipe é um arquipélago situado próximo à costa oeste africana, perto da linha do Equador. O clima do país é quente e úmido, mas o arquipélago encerra vários microclimas devido a seu relevo montanhoso, que acarreta um efeito orográfico. Nas regiões mais elevadas, constata-se um alto índice de pluviosidade, que pode atingir os 7.000 mm. A economia do país depende de seus recursos naturais e a maior parte das receitas de exportação advém da cultura do cacau. Cerca de 70% dos víveres são importados. O turismo vem despontando no cenário econômico e o governo começa a tomar medidas de incentivo ao desenvolvimento do setor turístico.
>
> Referência: "São Tomé e Príncipe – o país", http://vida1.planetavida.org/paises/s-tome-e-principe/o-pais/. Data de acesso: 13/2/2018.

2   Escolha três estratégias na seguinte ficha. Use as estratégias escolhidas para aprender as palavras que você sublinhou na atividade 1.

Como aprender vocabulário

▶ *Escrever a palavra nova algumas vezes*

▶ *Escrever a palavra nova e o seu sentido em um glossário pessoal*

▶ *Repetir a palavra nova oralmente*

▶ *Traduzir a palavra nova*

▶ *Usar a palavra nova em situações de fala*

▶ *Escrever frases usando a palavra nova*

▶ *Criar uma memória visual para a palavra nova*

▶ *Criar um exercício usando a palavra nova*

▶ _____

3   Em grupos, discutam: na opinião de cada um de vocês, que estratégia(s) funciona(m) bem? Qual(is) não funciona(m) tão bem? Por quê?

Autoavaliação

1   Como você avalia a sua aprendizagem e o seu desempenho nessas áreas?

		Muito bem. ☺	*Bem.* 😐	*Preciso melhorar.* ☹
VOCABULÁRIO	Usar adjetivos pátrios			
	Identificar e usar palavras e expressões brasileiras e portuguesas			
	Identificar sufixos formadores de substantivos			
	Usar letras maiúsculas e minúsculas			
	Compreender a noção de "frequência de uso" e a sua representação em nuvens de palavras			
	Compreender e usar o verbo **ficar** em diferentes contextos			
GRAMÁTICA	Expressar definição, atribuição e situação usando **ser** e **estar**			
	Expressar estado usando **estar com**			
	Usar acentos gráficos			

(Continua)

35

		Muito bem. ☺	Bem. ☺	Preciso melhorar. ☹
PRONÚNCIA	Identificar e produzir os sons [t], [d], [tʃ] e [dʒ]			
ESCUTA	Ouvir uma conversa informal			
	Fazer e monitorar previsões ao ouvir			
LEITURA	Ler um texto acadêmico			
	Identificar cognatos e falsos amigos ao ler			
	Apoiar-se em partes de uma palavra para inferir o seu significado			
FALA	Trocar informações sobre países lusófonos			
	Dar exemplos ao falar			
	Solicitar repetição do que é dito			
	Pedir esclarecimentos			
	Dar esclarecimentos			
ESCRITA	Escrever cartas			
	Preparar-se para escrever			
CULTURA	Discutir conceitos "traduzíveis" e "intraduzíveis"			
	Compreender características de "língua crioula"			
APRENDIZAGEM AUTÔNOMA	Aprender novo vocabulário			

2   Elabore um plano de ação para lidar com as áreas que precisam de mais prática, listando o que você vai fazer (coluna da esquerda) e em que prazo (coluna do meio). Depois de cumprir o seu plano, avalie os novos resultados (coluna da direita).

O que vou fazer?	Prazo	Nova avaliação sobre a minha aprendizagem e desempenho

3   Folheie a próxima unidade do livro e responda.

   a   Quais são os assuntos principais na próxima unidade?

   b   Como você pode praticar as áreas listadas na atividade 1 na próxima unidade?

2 | Viagens e Migrações

NESTA UNIDADE VOCÊ VAI

► Ouvir narrativas pessoais, identificando detalhes

► Identificar diferentes sotaques do português

► Aprender sobre documentos de identificação no mundo lusófono

► Praticar usos de adjetivos e advérbios

► Rever e usar o presente do indicativo

► Ler uma postagem de blogue, ativando conhecimento prévio antes da leitura

► Compreender usos de **por** e **para** e utilizar essas preposições

► Falar sobre duração de tempo usando **ter** e **haver**

continua

▶ Conhecer e praticar o conceito de colocações (no contexto de viagens)

▶ Aprender algumas expressões idiomáticas

▶ Praticar os sons [b] e [v]

▶ Fazer um relato oral, monitorando o entendimento das pessoas com quem você fala

▶ Escrever uma postagem de blogue, gerando ideias antes da escrita

▶ Refletir sobre razões que levam pessoas a viajar ou migrar

▶ Compreender aspectos de choque cultural

▶ Explorar procedimentos que ajudam nas consultas a um dicionário

PRIMEIRAS IMPRESSÕES

1 Que pensamentos vêm à sua mente ao observar a imagem na página anterior? Dê detalhes.

2 Você gosta de viajar? Justifique a sua resposta.

3 Que semelhanças você identifica entre "viajar" e "migrar"? Quais são as principais diferenças entre essas duas ações?

4 O que motiva algumas pessoas a viajar? O que leva pessoas a migrar a outros lugares? Justifique as suas respostas.

 Para sugestões de material adicional sobre o assunto desta unidade, visite www.routledge.com/cw/santos.

 À escuta

Preparando-se para escutar

1 Em duplas, leiam os seguintes cenários e respondam. Em seguida, comparem as suas respostas com as de outra dupla.

a O que os cenários têm em comum? Em que aspectos diferem?

b Como vocês acham que as pessoas envolvidas em cada cenário se sentem? Por quê?

Cenário 1: Empresário português muda-se com a sua família para Angola, onde pretende se estabelecer por um longo prazo.

Cenário 2: Cientista de uma instituição estadunidense viaja para o Brasil para desenvolver a sua pesquisa sobre a dengue.

Cenário 3: Jovem brasileira com cidadania europeia vai para a Itália à procura de oportunidades.

Cenário 4: Veterinário moçambicano recém-formado obtém visto de noivado para a Austrália, onde planeja residir depois de se casar.

Escutando

 1   Ouça o áudio e numere as alternativas de acordo com o cenário (1, 2, 3 ou 4, na seção *Preparando-se para escutar*) a que cada narrativa corresponde. Uma dica: os sotaques das pessoas que falam podem ajudar na realização da atividade.

ESTRATÉGIA: IDENTIFICANDO SOTAQUES

Saber identificar o sotaque de quem fala pode facilitar a escuta de algumas maneiras, entre elas: pode-se ficar mais atento a aspectos de pronúncia que causam dificuldades (por exemplo, o uso de [tʃ] em palavras como **tia** pela maioria dos brasileiros, ao contrário do [t] produzido por portugueses) e a vocabulário que corresponde ao sotaque ouvido (em falas sobre transportes, os termos **trem** e **comboio** são usados, respectivamente, por brasileiros e portugueses). A identificação do sotaque pode, também, apoiar inferências necessárias, como, por exemplo, em "A minha bolsa de estudos é paga pelo governo do **meu** país".

( ) Narrativa 1

( ) Narrativa 2

( ) Narrativa 3

( ) Narrativa 4

 2   Ouça o áudio mais uma vez e responda às perguntas. Compartilhe as suas respostas com um/a colega, justificando-as. Se necessário, ouça o áudio mais uma vez para verificar as suas respostas.

ESTRATÉGIA: IDENTIFICANDO DETALHES

Em muitas situações de escuta é importante saber identificar detalhes do que é ouvido, por exemplo, em anúncios públicos (associados a transportes, esportes, emergências etc.), em

continua

recados gravados no telefone, em programas de notícias, entre outros. Saber ouvir bem requer atenção a informações centrais (por exemplo, números, datas, nomes de pessoas). Em atividades de múltipla escolha, as opções dadas podem servir de "guia" para orientar a escuta.

a   O que a cientista usa para se identificar no dia a dia no Brasil?

( ) O passaporte americano.

( ) A carteira para funcionários.

( ) A carteira de identidade.

b   Por que é bom ter uma carteira de estudante?

( ) Porque é preciso ter um documento de identificação.

( ) Porque os estudantes têm direito de trabalhar.

( ) Porque a carteira dá direito a descontos.

c   O que é o cartão de cidadão?

( ) É um documento único de identificação dos portugueses que também lhes permite transitar por muitos países europeus.

( ) É um documento exigido de brasileiros e portugueses que moram na Itália.

( ) É a carteira de identidade que os brasileiros precisam apresentar quando vão à Europa.

d   O que é preciso para um/a estrangeiro/a exercer a sua profissão em Angola?

( ) O bilhete de identidade angolano.

( ) Um visto de trabalho para estrangeiros.

( ) Uma declaração de uma empresa de construção.

VOCÊ SABIA?

No Brasil, a carteira de identidade, também chamada RG (registro geral), é o documento de identificação mais comum e pode ser usada para entrar em países do Mercosul. Em Portugal, o cartão de cidadão, emitido a partir de 2006, vem substituindo o bilhete de identidade e vários outros documentos.

Refletindo sobre a escuta

1   Reflita ou discuta em duplas.

a   Que elementos das narrativas ajudaram na identificação de diferentes sotaques? De que forma essa identificação auxiliou a compreensão do áudio?

b Em que outras situações de escuta em língua portuguesa você acha que a identificação de sotaques pode ajudar? Em que outras situações é importante saber identificar detalhes ao ouvir? Justifique as suas respostas.

 Em www.routledge.com/cw/santos você encontra sugestões de fontes de pesquisa sobre os sotaques do português.

A B C Palavras etc.

Documentos de identificação

1 Leia o roteiro do áudio da seção *Escutando* e sublinhe os documentos de identificação mencionados em cada narrativa. O roteiro está disponível online. Em seguida, use os termos sublinhados para dar o nome dos documentos descritos a seguir.

a Documento usado para viajar entre países; pode ser usado como identificação dentro e fora do país que emite o documento.

b Substitui outros documentos e pode ser usado por portugueses para transitar na maior parte da Europa.

c Usado em Angola para identificação dos seus cidadãos.

d Documento obrigatório no Brasil, em forma de caderneta, para todos os trabalhadores. Nele se registram empregos, salários, férias, entre outros.

e Documento oficial, em forma de cartão, que um profissional pode usar como identificação.

f Com este documento as pessoas matriculadas em escolas e universidades brasileiras podem pagar menos em várias situações.

2 Relacione as imagens a seguir às suas descrições na atividade anterior.

( )

( )

3 Abaixo encontram-se descrições de outros documentos usados no mundo lusófono. Use o vocabulário do quadro para escrever os nomes dos documentos descritos.

Cadastro de Pessoas Físicas (CPF)   Carteira de motorista/Carta de condução
Certidão de casamento   Certidão de nascimento   Título de eleitor

a

_____

Documento que comprova a habilitação do/a portador/a para dirigir um veículo motorizado.

b

_____

Para votar em eleições oficiais no Brasil, é necessário obter este documento.

c

_____

O papel que mostra a data, local e horário em que uma pessoa nasce.

d

_____

Documento brasileiro que identifica uma pessoa para fins de impostos e tributos federais. É usado para financiamentos, compras a prazo etc.

e

_____

Documento que comprova que duas pessoas se uniram pelo matrimônio.

4   Em duplas ou em pequenos grupos, conversem sobre o(s) seu(s) país(es) de origem.

    a   Quais são os documentos de identificação existentes?

    b   Que tipos de documentos é preciso apresentar para começar a trabalhar?

    c   É preciso cadastrar-se como eleitor? Se sim, que documento é necessário apresentar para votar?

    d   Para cruzar fronteiras com países vizinhos, que documentos são necessários?

 Para mais atividades sobre documentos de identificação em países lusófonos, visite www.routledge. com/cw/santos.

Adjetivos e advérbios

1   Complete os trechos abaixo com uma das palavras do quadro.

bem	bom	magnífica	mal	mau	transmissor	único

    a   A minha noiva passou um ano no Brasil e fala português _____.

    b   Ter descontos com a carteira de estudante é muito _____.

    c   Eu estudo inglês porque ainda falo _____ a língua.

    d   Eu trabalho num museu e o salário não é _____: dá para pagar todas as contas.

    e   Para controlar a dengue, é importante reduzir a população do mosquito _____.

    f   O cartão de cidadão é um documento de identificação _____.

    g   Viver em outro país é uma experiência _____.

VOCÊ SABIA?

▶ **bom/mau** → adjetivos; são flexionados (ou seja, têm feminino e plural)

▶ **bem/mal** → advérbios; são invariáveis

▶ O adjetivo **mau** e o advérbio **mal** costumam ser pronunciados da mesma maneira no Brasil. Geralmente, para saber se a palavra é escrita com **l** ou com **u**, substitui-se a palavra por outro adjetivo (p. ex., **claro/a**) ou por outro advérbio (p. ex., **claramente**). Se o adjetivo for possível, a palavra é **mau**; se o advérbio for possível, temos **mal**.

2   Complete com **bem, bom, mal** ou **mau**.

No Brasil, imigrantes e refugiados que ainda não dominam _____ o português podem estudar o idioma em cursos oferecidos por programas do governo. Os alunos gostam das aulas e consideram que é muito _____ aprender a língua do país de acolhida. Saber _____ o português é importante também para conseguir trabalho. Quando se fala _____ a língua, não é possível entender os direitos do trabalhador. Com um _____ salário e sem os benefícios a que tem direito, o imigrante _____ conseguiria se integrar à sociedade brasileira.

 Em www.routledge.com/cw/santos você encontra mais atividades para praticar adjetivos e advérbios.

3   Em duplas ou pequenos grupos, discutam.

a   Nas suas opiniões, é importante aprender a língua de um lugar para onde se viaja como turista? Por quê?

b   Qual é a relevância da aprendizagem da língua local em situações de imigração?

 ## Descobrindo a gramática

Presente do indicativo: primeiras reflexões

Mais informações na seção Referência Gramatical

1 Leia os seguintes trechos das narrativas que acompanham a seção *À escuta*. Em seguida, responda.

> ► "Há muito tempo que eu **estudo** o controle de doenças infecciosas."
>
> ► "[. . .] e **vivo** relativamente bem."
>
> ► "[O cartão de cidadão] **permite** o trânsito entre a maioria dos países europeus."
>
> ► "Já **tenho** o visto de trabalho [. . .]."
>
> ► "[. . .] a minha família **vai** comigo."
>
> ► "[. . .] se calhar **dão**-nos o bilhete [. . .]."

    a   Quais são as semelhanças entre os verbos destacados? Quais são as diferenças?

    b   O que você sabe sobre o presente do indicativo? Anote algumas ideias principais e compare-as com as de um/a colega. Considere características sobre **forma** (isto é, os elementos componentes) e **função** (ou seja, para que é usado) desse tempo verbal.

2 Leia o roteiro integral da faixa 6 e circule todos os verbos que ilustram o uso do presente do indicativo.

3 Analise os usos dos verbos destacados na atividade 2. Em seguida, escolha **é** ou **não é** nas alternativas a seguir, completando-as corretamente.

O presente do indicativo. . . .

    a   (é/não é) usado para indicar uma situação habitual e descrever uma qualidade ou estado permanente.

    b   (é/não é) usado para indicar uma situação em progresso no passado.

    c   (é/não é) usado para expressar um evento que começa no passado e vem até o presente.

    d   (é/não é) usado para narrar eventos passados.

    e   (é/não é) usado para descrever situações e ações no futuro.

    f   (é/não é) usado para indicar uma hipótese no passado.

    g   (é/não é) usado para expressar dúvida.

4 Ilustre todas as alternativas que descrevem o uso do presente do indicativo (as que foram completadas com "é" na atividade anterior) com um exemplo do roteiro da faixa 6.

VOCÊ SABIA?

Em português e em várias outras línguas (como inglês, espanhol e alemão), pode-se narrar eventos no passado usando o presente do indicativo. Esse uso do presente se chama "presente histórico". Na sua língua materna existe um uso correspondente ao presente histórico?

5   Complete os trechos abaixo usando o presente do indicativo de um dos verbos dados à direita de cada trecho. Se necessário, consulte um dicionário para esclarecer significados.

O governo português _____ estabelecer a liberdade de circulação e residência para cidadãos dos Estados-membros da CPLP (Comunidade de Países de Língua Portuguesa) sem necessidade de visto. Segundo o primeiro-ministro português, essa liberdade _____ o movimento de bens e pessoas: para ele, as barreiras _____ o desenvolvimento econômico e o contato cultural entre esses países. Por enquanto, o Brasil _____ a iniciativa com cautela.	dificultar garantir querer tratar
A Confederação Empresarial da CPLP _____ a liberdade de circulação de pessoas, bens e capitais originários de países lusófonos e _____ lobby com os políticos para isso acontecer. O Brasil, no entanto, não _____ a CPLP como uma nova versão do Mercosul ou da União Europeia. Para o Brasil, a CPLP _____ uma plataforma de cooperação e de promoção da língua portuguesa e _____ a uma organização multilateral convencional.	apoiar constituir equivaler fazer ver

Referência: "Portugal quer liberdade de circulação e residência entre países lusófonos", www.bbc.com/portuguese/noticias/2015/12/151217_portugal_circulacao_paises_rm. Data de acesso: 8/2/2018.

6   Em duplas, joguem o jogo da velha. Para marcar X ou O em uma casa o/a jogador/a deve fazer uma frase sobre a liberdade de circulação entre países usando o verbo da casa no presente do indicativo.

( ) ajudar	( ) construir	( ) dar
( ) estabelecer	( ) sair	( ) permitir
( ) facilitar	( ) evitar	( ) trazer

 Em www.routledge.com/cw/santos você encontra mais atividades para praticar o presente do indicativo.

Nas entrelinhas

Preparando-se para ler

1   Observe rapidamente o texto na atividade 1 da seção *Lendo* e marque as alternativas corretas.

ESTRATÉGIA: ATIVANDO CONHECIMENTO PRÉVIO

Antes de uma leitura, vale a pena pensar sobre o que sabemos sobre aspectos contextuais do texto, entre eles o assunto do texto, características do suporte (p. ex., jornais impressos, telas de computador ou celular, caderno) em que costumamos encontrar textos semelhantes, o tipo de vocabulário e estruturas normalmente usados em tais textos, e como as informações são normalmente organizadas nesses textos. Ao ativar esses conhecimentos que já temos, estamos de certa forma nos relacionando com o texto ainda antes de começar a leitura e nos preparando mentalmente para ela.

a   O texto ilustra:

( ) um diário.

( ) uma homepage.

( ) uma postagem de blogue.

b   O texto é sobre:

( ) a rotina de um imigrante.

( ) planos de migração futura.

( ) uma viagem que está ocorrendo.

2   Respondam oralmente em duplas.

a   O que vocês sabem sobre a organização e o conteúdo de textos como o escolhido na atividade 1a?

b   O que sabem sobre o assunto escolhido em 1b e sobre formas de descrever tal assunto por escrito?

Lendo

1   Leia o texto e, em seguida, complete as afirmativas escolhendo uma das opções entre parênteses.

VOCÊ SABIA?

"Por aí" é uma expressão que indica lugar incerto, desconhecido e/ou pelo mundo afora.

POR AÍ: OBSERVAÇÕES DE UMA VIAJANTE CURIOSA

Na Praia

20 de julho de 2018

Não, não falo de uma praia paradisíaca no nordeste brasileiro ou no sudeste da Ásia. A Praia é uma cidade, a capital de Cabo Verde, um país-arquipélago no Oceano Atlântico, a mais ou menos 570 km do Senegal, e ainda pouco explorado pelos brasileiros. E tem, sim, praias paradisíacas! A Praia fica em Santiago, a maior ilha do arquipélago. Eu estou em Cabo Verde há três semanas, numa visita inesperada, mas muito contente por ter a oportunidade de conhecer este país e o seu povo.

Um pouco sobre Cabo Verde

Cabo Verde tem muitas coisas em comum com o Brasil. Para começar, vê-se a mistura de costumes africanos e europeus por todas as partes. Da culinária à arquitetura, o encontro das culturas fica evidente. Passeando pela Praia encontramos o Palácio Presidencial, imponente prédio construído pelos portugueses, que lembra vários edifícios do mesmo período no Brasil (século XIX). Pelo porto da Praia exporta-se café, cana de açúcar e frutas tropicais.

Para conhecer bem um lugar é preciso interagir com os que vivem lá, não é mesmo? Os cabo-verdianos tornam essa interação fácil por serem extremamente simpáticos, por falarem

49

português (além do crioulo cabo-verdiano) e por gostarem muito dos brasileiros! Por onde eu passo, encontro pessoas curiosas sobre o Brasil ou que têm parentes que emigraram para lá.

Três das dez ilhas

A Praia oferece belezas naturais e opções culturais aos visitantes. O Museu Etnográfico merece uma visita. Até agora, além de Santiago, eu conheço as ilhas do Fogo e do Maio.

No Fogo os visitantes sobem ao cume do vulcão ou passeiam pelos seus arredores.

Por toda a ilha do Maio há areais extensos e praias com areia fina e branca. É uma ilha ideal para tomar sol, relaxar e curtir o Oceano Atlântico.

Transporte e hospedagem

Para viajar do Brasil a Cabo Verde, há voos de Fortaleza e Recife direto para a Praia. Na Praia há várias opções de hospedagem, de hotéis de luxo a quartos em casas de família. Pode-se alugar apartamentos inteiros por preços bastante razoáveis. Eu estou num apartamento ótimo a US$ 35/ noite. A conexão entre as ilhas é feita por aviões ou por ferries, mas os horários e a frequência dos ferries podem depender da demanda. Tem dois dias que um amigo meu está tentando pegar o ferry da Brava para o Fogo.

Um ponto importante para finalizar: se você é brasileiro e não tem visto para Cabo Verde, tem que tirar antes da viagem!

Na próxima postagem, dou detalhes sobre a cozinha cabo-verdiana. Até lá!

<u>≤ anterior</u>   <u>próximo ></u>

Postar um comentário

Escreva aqui o seu comentário

<u>Enviar</u>

1 a Cabo Verde é um país (muito/pouco) visitado por brasileiros.

   b A interação com os habitantes locais permite conhecer um país (bem/bom).

   c A autora do post menciona (semelhanças/diferenças) entre o Brasil e Cabo Verde.

   d Os cabo-verdianos são descritos como pessoas (de extremos/amigáveis).

2 Leia a postagem de novo e responda às perguntas. Em seguida, crie uma pergunta adicional e peça a um/a colega para respondê-la.

   a O que Cabo Verde e o Brasil têm em comum?

   b Por que a interação dos cabo-verdianos com os brasileiros é fácil?

   c O que há para fazer na Praia?

   d Quais são as atrações da ilha do Fogo e da ilha do Maio?

   e Que tipos de hospedagem há na Praia?

   f Como se pode viajar de uma ilha para a outra? Que irregularidades pode haver?

   g _____?

3 Relacione as frases da esquerda com os verbos que as completam à direita. Procure no dicionário as palavras que ainda não conhece.

   a Cabo Verde _____ café a outros países.   ( ) dependem
   b Na cultura cabo-verdiana _____-se uma mescla de costumes.   ( ) descansam
   c O Palácio Presidencial na Praia _____-se com outros no Brasil.   ( ) interage
   d A autora do blogue _____ com os habitantes locais.   ( ) parece
   e A Praia _____ opções culturais.   ( ) percebe
   f No Fogo os turistas _____ os arredores do vulcão.   ( ) percorrem
   g No Maio os visitantes _____ nas praias.   ( ) proporciona
   h Algumas conexões marítimas _____ da procura.   ( ) vende

51

4 Discutam em grupos.

    a   Vocês gostam de viajar? Por quê (não)? Se gostam, que tipo de destino, hospedagem e transporte vocês preferem?

    b   Que ilha vocês acham que preferem conhecer, o Fogo ou o Maio? Por quê?

    c   O que vocês acham sobre a ideia de se estabelecer contatos com os habitantes do lugar que vocês visitam? Expliquem.

Refletindo sobre a leitura

1 Releia as suas respostas na atividade 2 da seção *Preparando-se para ler* e responda em grupos:

    a   As suas respostas ajudaram de alguma forma a realização das atividades na seção *Lendo*? Se sim, como?

    b   De que forma "o que sabemos" (sobre o assunto de um texto, sobre a sua organização etc.) pode auxiliar as nossas leituras? Dê exemplos com leituras feitas recentemente.

A B C   Palavras etc.

Por e para

1 Leia os seguintes trechos da postagem de blogue na p. 50 e escolha a alternativa que melhor explica o sentido indicado por cada palavra destacada.

    a   "**Por** toda a ilha do Maio há areais extensos [. . .]."

        ( ) duração   ( ) localização

    b   "[. . .] um amigo meu está tentando pegar o ferry da Brava **para** o Fogo."

        ( ) destino   ( ) comparação

Para

▶ Em termos gerais, a palavra **para** indica meta, objetivo, destino.

▶ A meta pode ser um espaço físico ("O avião vai para Cabo Verde") ou temporal ("Comprei o bilhete para amanhã").

▶ A meta pode ser indicada com o uso de verbos: "Para ir ao vulcão é preciso um guia".

continua

Por

▶ A preposição **por** indica:

▶ em geral, ideia de contato ou de passagem através de algo ou alguém: "O voo vai por São Nicolau" (ou seja, o voo faz uma parada em São Nicolau antes de seguir ao seu destino final);

▶ troca ou substituição: "Comprei o bilhete por um bom preço";

▶ duração temporal: "Vou ficar aqui por duas semanas";

▶ motivo, razão pela qual: "Eu viajo por ansiar liberdade"; "Ele me agradeceu por escrever sobre viagens".

▶ A ideia de contato se aplica à voz passiva (discutida na Unidade 5), em que alguém ou algo é o meio de realização da ação: "O Palácio Presidencial foi construído pelos portugueses".

2   Complete os comentários sobre a postagem "Na Praia" (p. 49) escrevendo **para, por, pelo(s)** ou **pela(s)**. Lembre-se que **por** se contrai aos artigos **o(s)**, **a(s)** formando **pelo(s)**, **pela(s)**. Em seguida, escreva seu próprio comentário e nele use pelo menos uma das palavras destacadas.

4 comentários

Ana25   8 de agosto de 2018

Obrigada _____ ótimo post! Eu gosto de viajar _____ Brasil mas também quero passear _____ Cabo Verde. Só que ainda não possuo os meios necessários _____ realizar a viagem (ou seja, grana! rsrs)

Marquinhos   25 de agosto de 2018

Excelente! Cabo Verde não fica tão longe e tem excelentes opções _____ quem busca um destino diferente. Eu recomendaria também um passeio _____ ilhas do Barlavento. É possível comprar um air pass _____ um preço razoável _____ voar entre as ilhas.

João Augusto   15 de setembro de 2018

Bom texto, mas faltou detalhes sobre Santiago. Além da Praia, há mais alguma coisa _____ ver ou fazer na ilha? Quais são os melhores lugares _____ experimentar os sabores locais?

(Seu Nome) _____   (Data) _____

 Em www.routledge.com/cw/santos você pode praticar mais o uso de **por** e **para**.

VOCÊ SABIA?

A contração entre **por** e **o(s)/a(s)**, formando **pelo(s)/pela(s)**, é obrigatória. Mas lembre-se que nem toda contração entre preposição e artigo é necessária: na língua falada, é frequente haver contração entre a preposição **em** e os artigos **um, uma, uns, umas,** resultando em **num, numa, nuns, numas.** No entanto, no Brasil atualmente essas contrações são evitadas em textos escritos, especialmente os mais formais. Em Portugal, por outro lado, essas contrações são usadas tanto na fala quanto na escrita.

Referência: "'Num' ou 'em um': entrando numa boa discussão", http://veja.abril.com.br/blog/sobre-palavras/consultorio/num-ou-em-um-entrando-numa-boa-discussao/. Data de acesso: 9/2/2018.

Ter/Haver com expressões de tempo

1   Leia e repare os trechos destacados.

▶ "Eu estou em Cabo Verde **há três semanas** [. . .]."

▶ "**Tem dois dias** que um amigo meu está tentando pegar o ferry da Brava para o Fogo."

2   Marque as alternativas que correspondem ao que se observa nos trechos da atividade 1.

( ) As situações descritas começam no passado e vêm até o presente.

( ) Os eventos descritos já foram completados.

( ) As partes destacadas indicam a duração do evento até este momento.

( ) As partes destacadas sinalizam a duração futura da situação.

VOCÊ SABIA?

Em geral, o verbo **haver** tem uma conotação mais formal no Brasil do que o verbo **ter**. Isso se aplica também às situações em que os verbos são empregados com expressões temporais ("Tem dois dias que . . ."). Em Portugal, existe uma tendência geral a utilizar o verbo **haver** tanto no sentido existencial ("Há dez ilhas em Cabo Verde") como com expressões de tempo ("Estou aqui há um ano"), seja em situações formais ou informais. Lembre-se que **ter** e **haver** em expressões temporais e existenciais ficam sempre no singular.

3　Converse com um/a colega, dando detalhes.

Há quanto tempo você estuda português?

Tem quantos anos que você mora em ....?

Vocabulário frequentemente usado

1　O trecho abaixo faz parte da postagem de blogue da p. 51. Complete-o com um dos verbos do quadro e em seguida confira a sua resposta no trecho original.

levar　　montar　　tirar　　tomar

"[. . .] se você é brasileiro e não tem visto para Cabo Verde, tem que ＿＿＿＿＿＿ antes da viagem!"

2　Forme combinações relacionando os verbos à esquerda aos seus possíveis complementos à direita.

a　fazer　　　　( ) avião
b　arrumar　　　( ) carona (B)/boleia (P)
c　pegar　　　　( ) mala
d　tirar　　　　( ) passaporte
　　　　　　　　( ) reserva
　　　　　　　　( ) visto

CORPUS

▶　Em linguística, uma **colocação** é uma combinação de palavras usada frequentemente ou de modo preferencial. Um exemplo é "**fazer** uma **reserva**". Não se diz, por exemplo, "preparar uma reserva", ou seja, "preparar (uma) reserva" não é uma colocação em português.

▶　Embora outras combinações com o substantivo **reserva** sejam possíveis (p. ex., "realizar uma reserva"), os verbos mais usados nesses casos são **fazer** e **cancelar**.

▶　Note que tanto "arrumar a mala" como "fazer a mala" são colocações possíveis.

55

3   Complete o trecho usando os verbos do quadro. Lembre-se: alguns verbos podem ser usados mais de uma vez e algumas opções permitem o uso de mais de um verbo.

dar	fazer	pegar	tirar	tomar

Se você pretende viajar para outros países, verifique se é preciso _____ visto: muitos países exigem apenas um passaporte válido. Mas, claro, se o seu passaporte está vencido ou se você não tem passaporte ainda, vá agora mesmo _____ o seu! Para alguns destinos, é aconselhável _____ certas vacinas, que também podem ser recomendadas para os que saem de certas regiões (como medida de controle). Para _____ reservas, às vezes vale a pena telefonar e falar diretamente com o atendente do hotel ou pousada. Dessa maneira, evitam-se problemas com websites que podem _____ mais de uma cobrança no seu cartão de crédito. E o estabelecimento ainda pode _____ um desconto no preço se você pedir! (Com jeitinho, claro.) Depois, é só _____ as malas e _____ o avião!

Algumas expressões idiomáticas

VOCÊ SABIA?

Há várias expressões em português relacionadas ao significado de **viagem** ou **viajar** que não usam essas palavras necessariamente. Por outro lado, há expressões que usam essas palavras mas não se relacionam ao sentido de viajar: por exemplo, a expressão brasileira "viajar na maionese" não tem nenhuma relação de significado com viajar (nem com maionese).

1   Combine as frases.

   a   O meu irmão vive com o pé na estrada.

   b   O prefeito viajou na maionese na entrevista que deu.

   c   O Pedro foi pagar a conta, mas perdeu a viagem.

      (   ) Ele parece não conhecer as estatísticas de trânsito da cidade.
      (   ) Quando ele chegou, o expediente já tinha encerrado.
      (   ) Ele chegou ontem do Chile e amanhã já vai para o Canadá.

2   Explique o significado de cada expressão.

   a   Pé na estrada

   b   Viajar na maionese

   c   Perder a viagem

3   Trabalhe com um/a colega. Inicialmente, cada um/a produz uma pequena história em que uma das expressões destacadas nesta seção seja usada. Depois, cada um/a faz o relato oral de sua história, substituindo a expressão por "palavras secretas". O/A colega adivinha a expressão utilizada.

Descobrindo a gramática

Presente do indicativo: reflexões adicionais

Mais informações na seção Referência Gramatical

1   Leia e repare os verbos destacados.

Os movimentos migratórios **estão** relacionados às condições e possibilidades econômicas em determinados períodos. Durante grande parte do século XX, Portugal **vê** muitos dos seus cidadãos partirem em busca de oportunidades em outros países, como o Brasil. No final do século XX e começo do século XXI, esse padrão se inverte e muitos brasileiros **vão** para outros países, inclusive Portugal, à procura de trabalho e melhores condições de vida. No final da primeira década do século XXI, no entanto, muitos brasileiros emigrados **vêm** para o seu país de origem na esteira de uma recuperação econômica. Enquanto isso, a Europa **cai** em uma crise e a emigração portuguesa **sobe** novamente. Em meados da segunda década do século, o Brasil **tem** de novo sérias dificuldades econômicas e sociais e mais uma vez parte da sua população **põe** o pé na estrada.

De forma similar, uma parcela de africanos lusófonos também **vai** em busca de melhores chances quando possível. Um caso a destacar **é** Cabo Verde: com tanta gente que **sai** das ilhas, **há** mais cabo-verdianos emigrados do que residentes. Os que **saem** contribuem para a economia do país com remessas monetárias. Entre os destinos mais escolhidos pelos cabo-verdianos estão os Estados Unidos, Portugal, Holanda e Suíça. O Brasil, a Argentina e o Chile também são rumos dos emigrados. O sociólogo Francisco Avelino Carvalho **dá** um exemplo: tem um irmão na Holanda, outro na França, um em Portugal e duas irmãs nos Estados Unidos.

Referências: "Portugal é o 12º. país com mais emigração", www.publico.pt/sociedade/noticia/portugal-e-o-12-pais-do-mundo-com-mais-emigracao-1712667;
"Cabo Verde: o país que tem mais gente fora do que dentro", www.publico.pt/mundo/noticia/o-pais-que-tem-mais-gente-fora-do-que-dentro-1700904. Data de acesso: 9/2/2018.

2   Marque a opção verdadeira sobre os verbos destacados na atividade anterior.

a   ( ) Eles ilustram verbos regulares no presente do indicativo.

b   ( ) Eles ilustram verbos irregulares no presente do indicativo.

c   ( ) Eles ilustram verbos regulares e irregulares no presente do indicativo.

3   Complete o quadro a seguir e depois faça o que se pede.

	eu	*tu*	*você, ele/ela**	*nós*	*vocês, eles/elas***
conseguir	_____	consegues	_____	conseguimos	_____
dormir	durmo	_____	dorme	dormimos	_____
fazer	_____	fazes	_____		_____
ir	vou	_____	_____	_____	vão
ouvir	_____	ouves	ouve	_____	ouvem
pedir	peço	_____	_____	pedimos	pedem
pôr	_____	pões	_____	pomos	põem
preferir	prefiro	_____	prefere	_____	_____
sair	_____	sais	_____	_____	_____
trazer	trago	_____	traz	trazemos	_____
ver	vejo	_____	_____	vemos	veem
vir	_____	vens	_____	vimos	vêm

* Conjugação verbal usada também com **o senhor, a senhora** e **a gente**.
** Conjugação verbal usada também com **os senhores** e **as senhoras**.

a   Sublinhe as conjugações regulares.

b   Circule as conjugações irregulares.

c   Compare os verbos: o que os verbos **conseguir, dormir** e **preferir** têm em comum? E quais são as semelhanças entre verbos como **ouvir** e **pedir**?

d   Identifique os dois verbos do quadro que têm mais conjugações irregulares.

4   Complete o texto utilizando os verbos do quadro no presente do indicativo.

ir   pôr   sair   ser   ver

Os fluxos migratórios não ocorrem apenas em uma direção. Enquanto muitos portugueses _____ para outros países europeus, há africanos que partem para Portugal; se há brasileiros que _____ o pé na estrada, haitianos e sírios buscam o Brasil como destino; enquanto há angolanos que partem, portugueses e outros _____ oportunidades em Angola. Cada pessoa que _____ do seu país está à procura de uma vida melhor. E os países de língua portuguesa _____ destinos para muitas dessas pessoas.

5 Em pequenos grupos, discutam as seguintes afirmativas. Usando o presente do indicativo, criem uma nova afirmativa sobre migrações para debate.

a Todos têm o direito de ir e vir e podem escolher onde viver.

b As pessoas devem permanecer nos seus países de origem.

c É necessário acolher e ajudar os imigrantes.

d A imigração é um dos maiores problemas atuais.

e _____.

Tomando a palavra

Como se diz?

1 Observe as imagens. Qual delas ilustra a produção do som [b] em **bem**? Qual ilustra [v] em **vem**?

a

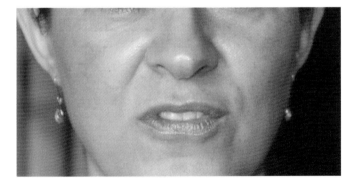

b

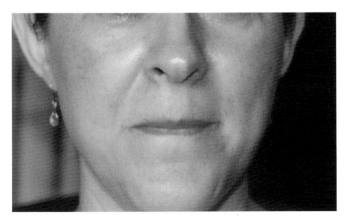

2   Relacione as colunas.

a   Para produzir [b] . . .   (   ) o ar passa entre o lábio inferior e os dentes superiores.

b   Para produzir [v] . . .   (   ) os dois lábios obstruem a passagem do ar; depois, solta-se o
ar para produzir o som.

3   Ouça o áudio e escreva as palavras que faltam. Depois, escreva essas palavras no quadro de
acordo com os sons que elas ilustram.

_____, pessoal, a aula de hoje _____ ser sobre a imigração
no Brasil. O Brasil _____ imigrantes desde 1530, quando os portugueses
começam a colonizar o território, mas é a partir do século XIX que o país _____
imigração em maior e mais ampla escala. Vocês entendem a palavra "escala"? Entendem?
Ótimo. Então, _____ para o Brasil _____ grupos além de portugueses
e africanos, que eram trazidos à força. À força? Tudo _____ ? Bom, os portugueses continuam _____ para o Brasil até o século _____, mas
no início do século XIX chegam suíços e alemães. Os primeiros grupos _____
as portas para muitos outros que se _____ a seguir. Entre meados do século
XIX e o começo do século XX chegam imigrantes chineses, espanhóis, _____,
russos e, claro, italianos e japoneses, além de outros grupos. _____ estão enten-
dendo o que eu estou dizendo? Ótimo. Bom, depois de longas _____ de
_____, os imigrantes _____ trabalho logo e iniciam a sua importante
_____ para o _____ do _____ país. É isso.
Deu pra entender? Alguma _____ ?

SONS DO PORTUGUÊS

Em português, a letra **b** equivale ao som [b] e a letra **v** equivale ao som [v] (com possível
exceção de alguns dialetos, como por exemplo no norte de Portugal), independente de onde
apareçam na palavra ou na frase. Neste sentido, português difere de espanhol, em que o som
equivalente às letras **b** e **v** depende de onde essas letras ocorrem.

Palavras que contêm o som [b]	
Palavras que contêm o som [v]	

VOCÊ SABIA?

Em 1980 identificou-se a primeira corrente emigratória do Brasil. Desde então, estima-se que até 2008 cerca de 4,5 milhões de brasileiros tenham escolhido viver no exterior. Mas o Brasil não é um país de emigrantes apenas: a história demonstra que a nação tem recebido milhares de imigrantes desde o século XVI. Em 2011, cerca de 30% dos mais de 320.000 brasileiros que viviam no Japão voltaram para o Brasil. Nesse mesmo ano, o Brasil voltou a receber imigrantes da África, América, Ásia e Europa. De acordo com os dados da Polícia Federal, o número de imigrantes no Brasil chegou a 1.847.274 em 2015.

Referências: "O panorama da imigração no Brasil", http://exame.abril.com.br/brasil/noticias/o-pano rama-da-imigracao-no-brasil;
"Do Haiti para o Brasil: o novo fluxo migratório", https://goo.gl/y4awq7. Data de acesso: 9/2/2018.

Preparando-se para falar

1   Ouça novamente o áudio da seção *Como se diz?*. Identifique e anote as formas usadas para verificação de entendimento do que se diz.

2   Em duplas, complete o quadro com alguns exemplos.

Como verificar o entendimento de quem nos ouve

Falando

1   Faça um relato oral sobre um texto que trate de um dos assuntos abaixo.

> O movimento de um grupo de imigrantes para um país lusófono
>
> Os requerimentos necessários para se migrar para um país lusófono

Os seguintes passos (a-e) podem orientar a atividade.

a   Pesquise sobre o assunto e vocabulário relevante.

b   Faça anotações sobre as principais ideias.

c   Prepare o roteiro do seu relato (como vai começar, como vai terminar, que ideias serão apresentadas e em que sequência).

d   Pratique o seu relato oral (com você mesmo/a, com um/a colega ou familiar).

e   Faça o seu relato oral. Durante o relato, verifique se os seus colegas compreendem o que você diz.

ESTRATÉGIA: MONITORANDO O ENTENDIMENTO DO/A INTERLOCUTOR/A

Ao interagirmos oralmente com outras pessoas, é boa ideia verificar sempre que possível se o/a nosso/a interlocutor/a compreende o que dizemos. Isso pode ser feito de várias maneiras, entre elas: fazendo perguntas que verificam o entendimento, usando repetições e entonação destacada em termos potencialmente causadores de confusão, mantendo contato visual. Muitas vezes esse monitoramento requer pausas (por exemplo, após uma pergunta para verificação de entendimento).

f   Responda às perguntas de seus/suas colegas sobre o seu relato oral. Se não souber respondê-las, pesquise mais.

Refletindo sobre a fala

1   Em grupos, discutam.

a   Em que momentos da sua fala foi importante monitorar o entendimento dos seus interlocutores e por quê? Como vocês encaminharam esse monitoramento? Os objetivos do monitoramento foram alcançados? Dê detalhes.

b   Em que momentos dos seus relatos foi necessário fazer a distinção entre [b] e [v]? Vocês articularam tais sons corretamente? Se tiveram dificuldades, quais foram e como lidaram com elas?

c   Qual etapa dos seus relatos orais foi a mais agradável? Qual foi a mais desafiadora? E a mais fácil? Por quê? O que vocês fariam da mesma forma em relatos orais no futuro? O que fariam de forma diferente?

d   O que cada um de vocês aprendeu ao pesquisar o tema do seu relato? E após o relato dos colegas?

Mãos à obra

Preparando-se para escrever

1   Leia a postagem de blogue na p. 49 e complete as informações na coluna à direita.

Elementos do texto	
	Título do blogue:
	Título da postagem:
	Data:
	Títulos de seções:
	Hiperlinks:
	Outros:

2   Você vai escrever uma postagem em um blogue de viagens. Reflita e responda. Depois, compare as suas respostas com as de um/a colega.

    a   De que forma a análise feita na atividade 1 pode auxiliar a geração de ideias para a sua escrita? Considere os elementos listados e a ordem em que aparecem no blogue da p. 49.

    b   Há vocabulário no texto da página 49 que pode apoiar a geração de ideias para a sua postagem de blogue? Há elementos gramaticais (tempos verbais, sequências de preposições + substantivo etc.) que podem inspirá-lo/a? Liste o vocabulário e elementos gramaticais que você considera relevantes.

ESTRATÉGIA: GERANDO IDEIAS

A geração de ideias antes da escrita propriamente dita pode tornar o texto mais criativo, amplo e profundo. Gerar ideias antes de escrever pode, também, contribuir para uma produção escrita coesa (isto é, com boa relação entre ideias) e coerente (isto é, que faz sentido).

3   Os itens (a-f) a seguir listam formas de gerar ideias antes de um processo de escrita. Quais dessas formas você gostaria de usar para gerar ideias para a sua postagem de blogue?

    a   (   ) Conversar com colegas e/ou professores.

    b   (   ) Consultar outros blogues de viagem.

c ( ) Consultar outros blogues de assuntos diversos.

d ( ) Ler textos impressos ou online sobre o assunto da postagem.

e ( ) Fazer um brainstorm.

f ( ) Outra: _____.

VOCÊ SABIA?

Brainstorm (também chamado **chuva de ideias** ou **tempestade de ideias**) é uma forma de geração de ideias individualmente ou em grupo antes de começar a escrita: neste processo registram-se ideias (de conteúdo, de organização, de vocabulário, de estruturas gramaticais relevantes etc.) que podem ser utilizadas ao escrever. Uma ideia puxa a outra e durante o brainstorm também já se pode ir organizando a sequência de ideias do texto.

Escrevendo

1 Gere ideias e anote-as. Comece a organizar a sequência de ideias, considerando os/as seus/ suas leitores/as potenciais.

2 Escreva um rascunho. Inclua um título, data e subtítulos. Decida como a sua postagem deve ser iniciada, desenvolvida e finalizada.

3 Leia o seu rascunho e consulte as suas anotações ao gerar ideias. Avalie se há algo que deve ser adicionado, eliminado ou modificado no seu rascunho.

4 Finalize o rascunho, efetuando as mudanças identificadas no item anterior.

5 Revise o rascunho. Verifique se o texto flui de maneira lógica e se faz sentido. Faça quaisquer mudanças que sejam apropriadas.

6 Poste o seu texto.

Refletindo sobre a escrita

1 Em grupos, discutam.

a O que vocês acharam do processo utilizado para gerar ideias para o texto? O brainstorm contribuiu para a geração de ideias sobre o conteúdo do texto? Em caso afirmativo, de que forma? Em caso negativo, por que não?

b Houve dificuldades para organizar as ideias? Em caso afirmativo, quais foram e como vocês lidaram com elas? Em caso negativo, por que não?

c Foi fácil ou foi difícil escolher um título para a postagem? Vocês ficaram satisfeitos/as com o título escolhido? Por quê (não)?

d   Vocês já tinham experiência em escrever postagens de blogue na(s) sua(s) língua(s) materna(s)? O que acharam de escrever uma postagem para um blogue em português?

Diálogos multiculturais

Culturalmente falando

1   Responda e compartilhe as suas respostas em duplas.

    a   Você já visitou ou morou em algum país estrangeiro? Em caso afirmativo, como você se preparou para viajar ou para se mudar? Dê detalhes.

    b   Você aprendeu a língua predominantemente usada nos locais que visitou? De que forma saber (ou não saber) o idioma local influenciou as suas decisões antes e durante a viagem?

    c   Você teve alguma dificuldade para se adaptar a lugares que visitou ou onde morou? Dê detalhes.

    d   Você já visitou algum país lusófono? Qual(is)? Na época da visita, você já tinha começado a aprender português? Dê exemplos e comente o impacto dessa experiência ou da falta dela para a sua jornada como aprendiz de português.

2   Compartilhe as suas reflexões e respostas com as de colegas de outras duplas.

Dialogando com a imagem

1   Observe a imagem e responda oralmente em duplas.

a   Quais aspectos da imagem dialogam com os temas do quadro? Explique as suas respostas.

barreira linguística	diversidade étnica	migração	viagem

b   Diversidade étnica e/ou barreira linguística estiveram presentes em alguma viagem que você fez recentemente? Dê detalhes.

2   Em grupos, compartilhem as respostas da atividade 1. Anotem os fatos e ideias mais interessantes para compartilhar depois com o resto da turma.

Em contexto

1   Leia as seguintes informações sobre choque cultural. Depois, com um/a colega, descreva cada fase apontada por Oberg e responda: é possível estabelecer paralelos entre essas fases e as experiências descritas na atividade 1b da seção *Dialogando com a imagem*? Dê detalhes.

▶   Choque cultural se define através do nível de isolamento social, do acúmulo de sentimentos como incerteza, surpresa, medo, e das dificuldades que uma pessoa enfrenta enquanto tenta se adaptar a um contexto sociopolítico e cultural diferente daquele vivenciado no seu país ou cidade de origem. O choque cultural pode ser minimizado se o/a imigrante ou viajante não tiver que lidar com barreiras linguísticas.

▶   De acordo com um famoso estudo sobre comportamento humano feito por Kalervo Oberg (1960), há semelhanças na maneira em que muitas pessoas reagem ao vivenciar costumes e ambientes que diferem daqueles a que se está acostumado. Especificamente, as reações a essas diferenças envolveriam quatro fases: (1) lua de mel, (2) hostilidade/choque cultural, (3) restabelecimento e (4) ajuste.

Referência: Oberg, Kalervo (1960). "Culture shock: adjustment to new cultural environments". *Practical Anthropology*, 7, 177–182. Citado em: Davidson, Michael (2009). "Culture shock, learning shock and re-entry shock", www.nottingham.ac.uk/pesl/internationalisation. Data de acesso: 9/2/2018.

2   Em grupos, discutam.

a   Que aspectos da(s) sua(s) cultura(s) de origem vocês acham que poderiam desencadear choque cultural em imigrantes ou visitantes? Esses aspectos tendem a envolver costumes (hábitos alimentares, transporte, horários etc.) ou formas de comunicação? Justifiquem as suas respostas.

b   Nas suas opiniões, que aspectos da cultura em um país lusófono poderiam provocar choque cultural em visitantes ou imigrantes vindos dos seus países de origem? Deem exemplos concretos e expliquem porquê.

3 Faça uma pesquisa sobre traços culturais de um país lusófono. Depois, crie uma lista com cinco dicas para dar a pessoas que planejam se mudar para o local que você escolheu.

Lendo e interpretando

1 Leia abaixo um trecho da música *Iracema voou* e responda.

Iracema voou (Chico Buarque)

Iracema voou

Para a América

Leva roupa de lã

E anda lépida

Vê um filme de quando em vez

Não domina o idioma inglês

Lava chão numa casa de chá

[. . .]

É Iracema da América

Referência: "Iracema voou", www.letras.mus.br/chico-buarque/45137/. Data de acesso: 9/2/2018.

---

a Após ouvir a música, é possível concluir que Iracema é viajante ou imigrante?

b Que partes do texto podem ser usadas para confirmar a sua resposta?

VOCÊ SABIA?

Iracema, anagrama da palavra "América", é o título de um importante romance de José de Alencar (1865). *Iracema* é uma das primeiras obras literárias que traz uma alegoria do processo de colonização do Brasil e de toda a América por europeus, apresentando a construção romântica da identidade brasileira. Através da narrativa, nota-se também a valorização do índio (de forma idealizada) e a exclusão do negro na formação da mestiçagem. Em *Iracema*, pode-se atestar um etnocentrismo europeu usado no projeto do Romantismo brasileiro para sensibilizar a burguesia e tentar formar uma identidade nacional sem especificar as características da população brasileira.

Referência: Silva, Darlene. (2012). *José de Alencar: (Des)construção da identidade nacional*. Trabalho apresentado no IV SEPEXLE (Seminário de Pesquisa e Extensão em Letras), Universidade Estadual de Santa Cruz, 21–23 de maio, www.uesc.br/eventos/sepexle/ivsepexle/artigos/art5_silva.pdf. Data de acesso: 9/2/2018.

---

2   Identifique as seguintes informações no trecho da atividade 1.

    a   Uma expectativa de Iracema antes da viagem

    b   O destino de Iracema

    c   Duas características que descrevem a vida de Iracema depois de chegar ao seu destino final

3   Em duplas ou pequenos grupos, façam uma pesquisa para ler toda a letra e ouvir a música *Iracema voou*. Depois, discutam.

    a   De que forma a sua experiência com a cultura brasileira e com imigrantes lusófonos pode apoiar a compreensão da música *Iracema voou?*

    b   Nas suas opiniões, por que a música termina com o verso "é Iracema da América"?

4   O texto narra a experiência de Iracema em terceira pessoa. Dê voz a Iracema: reescreva a sua história em primeira pessoa para uma postagem em um blogue sobre viagens.

Extrapolando

1   Em duplas, leiam as informações abaixo e respondam à pergunta final oralmente, justificando as suas opiniões.

As décadas de 80 e 90 do século XX foram marcadas pela saída de brasileiros em busca de uma vida melhor no exterior. Naquela época muitos emigraram para os Estados Unidos, formando uma das maiores correntes emigratórias na história da diáspora brasileira. Neste caso, é possível afirmar que o lançamento da música *Iracema voou* em 1998 seria mera coincidência? Explique.

2   Pesquise e responda.

    a   Que fatores socioeconômicos, históricos e políticos contribuíram para que muitos brasileiros rompessem o sentido de pertencimento com o seu país de origem e "voassem" para o outro extremo da América?

    b   De que forma o contato com outra(s) língua(s) pode afetar o português falado pelos emigrantes?

VOCÊ SABIA?

Fora dos países lusófonos, a língua portuguesa tem recebido influências de várias outras línguas enquanto viaja o mundo com as pessoas que falam português. O idioma é falado em lugares onde grandes comunidades lusófonas se estabeleceram: na Inglaterra, na França,

continua

nos Estados Unidos e no Japão, só para citar alguns. A língua portuguesa cruza oceanos e é uma língua nacional e internacional. Nesse processo, não se manteve intacta. Em suas novas "casas", o contato com outras línguas resultou em novas palavras e em estruturas inovadoras. A pluralidade da língua portuguesa pode ser atestada, por exemplo, através da existência dos chamados *portinglês*, *portu-francês* e *portunhol*, que são variedades do português em contato com outras línguas.

 Em www.routledge.com/cw/santos você encontra sugestões de leitura sobre *portinglês* e *portunhol*.

Aprendendo a aprender

Usando um dicionário

1   Leia e sublinhe o vocabulário que você não compreende.

As viagens bem aproveitadas resultam na ampliação de horizontes pessoais e culturais. No limiar do século hodierno, é mister compreender culturas distintas das nossas para podermos acolher e ser acolhidos. Embora ainda haja empecilhos ao trânsito físico de pessoas, a tecnologia nos coloca a todos muito próximos uns dos outros e facilita o entendimento entre indivíduos oriundos de lugares e culturas distintas. No entanto, nada substitui a experiência que o contato físico com uma cultura e com um povo proporciona. Conhecer, admirar e aceitar novos lugares, pessoas diferentes e costumes inusitados pode nos tornar verdadeiramente cidadãos do mundo.

2   Consulte um dicionário para verificar o sentido das palavras sublinhadas. Use uma ou mais dicas abaixo na sua consulta.

Dicas de consulta a dicionários

▶ *Checar se o significado faz sentido no contexto de busca*

▶ *Verificar se há exemplos em colocações e estruturas similares às que geraram a consulta*

▶ *Confirmar se a classe de palavra (verbo, substantivo etc.) corresponde à palavra que gerou a consulta*

▶ *Comparar o que diferentes dicionários trazem sobre a palavra*

3   Pense em um assunto sobre o qual você quer escrever um pequeno parágrafo. Decida que palavras precisarão ser consultadas em um dicionário. Faça a consulta e escreva o seu parágrafo. Depois, peça a um/a colega para ler o que você escreveu, consultando um dicionário nessa leitura se necessário. Finalmente, conversem sobre o assunto do parágrafo.

4   Em grupos, discutam.

   a   De que forma um dicionário pode ajudar no processo de leitura e escrita em português?

   b   Que dificuldades vocês costumam encontrar ao consultar dicionários? O que pode ser feito para minimizar tais dificuldades?

Autoavaliação

1   Como você avalia a sua aprendizagem e o seu desempenho nessas áreas?

		Muito bem. ☺	Bem. 😐	Preciso melhorar. ☹
VOCABULÁRIO	Compreender características de documentos de identificação no mundo lusófono			
	Identificar e usar adjetivos e advérbios (incluindo **bom**, **bem**, **mau** e **mal**)			
	Usar **por** e **para**			
	Compreender e usar **ter** e **haver** em expressões de tempo			
	Identificar e usar colocações (p. ex., fazer reserva, tirar visto)			
	Reconhecer algumas expressões idiomáticas relativas a viagens/viajar			
GRAMÁTICA	Reconhecer formas e funções do presente do indicativo			
	Usar o presente do indicativo			
PRONÚNCIA	Identificar e produzir os sons [b] e [v]			
ESCUTA	Ouvir uma narrativa pessoal			
	Identificar diferentes sotaques do português			
	Identificar detalhes ao ouvir			
LEITURA	Ler uma postagem de blogue			
	Ativar e aplicar conhecimento prévio ao ler			

(Continua)

		Muito bem. ☺	Bem. ☺	Preciso melhorar. ☹
FALA	Produzir um relato oral			
	Monitorar o entendimento das pessoas com quem você fala			
ESCRITA	Escrever uma postagem de blogue			
	Gerar ideias antes de escrever			
CULTURA	Refletir sobre razões que levam uma pessoa a migrar ou viajar			
	Compreender aspectos de choque cultural			
APRENDIZAGEM AUTÔNOMA	Consultar um dicionário			

2　Elabore um plano de ação para lidar com as áreas que precisam de mais prática, listando o que você vai fazer (coluna da esquerda) e em que prazo (coluna do meio). Depois de cumprir o seu plano, avalie os novos resultados (coluna da direita).

O que vou fazer?	Prazo	Nova avaliação sobre a minha aprendizagem e desempenho

3　Folheie a próxima unidade do livro e responda.

　　a　Quais são os assuntos principais na próxima unidade?

　　b　Como você pode praticar as áreas listadas na atividade 1 na próxima unidade?

71

3 | Escolhas e Decisões

NESTA UNIDADE VOCÊ VAI

- ▶ Ouvir lendas, identificando o assunto e a ideia geral

- ▶ Aprender sobre vocabulário de origem indígena

- ▶ Compreender e contrastar usos de **a** e **para**

- ▶ Rever e usar o pretérito perfeito

- ▶ Ler crônicas, visualizando o que é lido

- ▶ Aprender sobre vocabulário de origem africana

- ▶ Consultar um corpus linguístico para tirar algumas conclusões sobre o termo pesquisado

- ▶ Contrastar e usar o discurso direto e indireto

- ▶ Praticar os sons [s] e [z]

- ▶ Participar de um roleplay sobre patrimônio histórico-cultural, concordando e discordando e pedindo a opinião de outras pessoas

- ▶ Escrever um relato pessoal, considerando as características do gênero textual

continua

> ▶ Identificar e distinguir os conceitos de estereótipo, preconceito e discriminação

> ▶ Discutir aspectos de racismo no mundo lusófono

> ▶ Considerar formas de combater a discriminação racial

> ▶ Utilizar erros como fonte de reflexão e aprendizagem

PRIMEIRAS IMPRESSÕES

1 O que está acontecendo na imagem na página anterior? Em que você acha que a pessoa retratada está pensando? Como ela está se sentindo? Por quê?

2 Há na vida escolhas mais fáceis ou mais difíceis do que outras? Dê exemplos em diferentes áreas, por exemplo: no trabalho, na alimentação, no lazer, em família etc.

3 Descreva uma situação pessoal recente em que você teve que fazer uma escolha: quais eram as suas opções? O que você escolheu? Que fatores determinaram a sua escolha? Quais foram as consequências das suas escolhas?

 Para sugestões de material adicional sobre o assunto desta unidade, visite www.routledge.com/cw/santos.

 À escuta

Preparando-se para escutar

1 Em duplas, discutam. Em seguida, relatem as suas conclusões para o resto da turma.

    a Há situações de escuta em língua materna ou língua estrangeira em que é necessário apenas identificar o assunto do que é dito? Justifiquem.

    b Há situações de escuta que requerem apenas identificação da ideia geral? Justifiquem.

Escutando

 1 Ouça o título e as duas primeiras frases do áudio e registre os seus pensamentos iniciais no quadro.

ESTRATÉGIA: IDENTIFICANDO O ASSUNTO E A IDEIA GERAL

Os seguintes elementos de um texto oral ou escrito podem apoiar a identificação do assunto: títulos e subtítulos, frases iniciais e finais, trechos destacados (por meio de ênfase ou repetição, por exemplo). Lembre-se: o assunto de um texto refere-se a sobre o que ele é. A ideia principal de um texto refere-se ao(s) ponto(s) principal(is) que o texto apresenta.

Assunto do áudio	
Ideia geral do áudio	

 2 Ouça o áudio na íntegra, com atenção especial para a frase final. Em seguida, escolha a opção entre parênteses que completa cada alternativa.

a A frase final (está/não está) relacionada aos pensamentos iniciais na atividade 1.

b A frase final (traz/não traz) novos elementos aos pensamentos iniciais.

c A frase final (ajuda/não ajuda) a melhor identificar o assunto e a ideia geral do áudio.

3 Complete as alternativas. Se necessário, ouça de novo.

a O assunto do texto é:

( ) a criação de um pássaro.

( ) as características de uma floresta.

( ) o relacionamento de um casal.

b A ideia geral do texto é:

( ) a floresta amazônica contém áreas perigosas que devem ser evitadas até mesmo por bravos guerreiros.

( ) as características do pássaro uirapuru (a sua cor, o seu canto) estão relacionadas às origens da sua criação.

( ) o amor proibido pode ter consequências dramáticas para todos os envolvidos.

VOCÊ SABIA?

Em um texto oral ou escrito, as repetições não envolvem necessariamente a repetição exata de uma ou mais palavras. Pode-se repetir uma mesma ideia (por exemplo, "a onça") substituindo-a ou fazendo referência a ela por meio de substantivos (p. ex., o animal, o felino), pronomes (p. ex., ele, ela, seu, sua, dele, dela), adjetivos (p. ex., veloz, esperto, esperta).

4   Ouça o áudio mais uma vez e complete o quadro com palavras ou grupos de palavras que substituem o termo "uirapuru" ou fazem referência a ele.

pássaro, vermelho e amarelo, com asas pretas,

5   O que o texto do áudio ilustra? Justifique a sua resposta.

( ) uma fábula   ( ) uma lenda

VOCÊ SABIA?

Tanto fábulas quanto lendas envolvem narrativas e ambas têm a função de transmitir um ensinamento, mas há diferenças entre esses textos. Na **fábula**, os personagens muitas vezes são animais que falam e é comum uma fábula ter uma "moral da história". A **lenda**, por sua vez, pode se associar a eventos ou personagens reais, mas é um relato recontado em um povo através de gerações e que aborda temas religiosos, fenômenos da natureza (por exemplo, como a fauna e flora local foram criados), entre outros.

6 Você vai ouvir um áudio sobre outra narrativa de origem amazônica. Qual das imagens ilustra o assunto do áudio? Como você sabe?

a

( )

b

( )

c

( )

Referência do roteiro do áudio: "Guaraná – Lendas e Mitos", www.sohistoria.com.br/lendasemitos/guarana/. Data de acesso: 18/7/2018.

Refletindo sobre a escuta

1 Escolha a opção que melhor descreve a sua opinião sobre cada uma das alternativas. Em seguida, converse com seus/suas colegas sobre as suas opiniões, justificando-as.

a É importante saber identificar o assunto do que ouvimos.

Concordo plenamente	Concordo	Não concordo nem discordo	Discordo	Discordo plenamente

b Repetições, substituições e palavras que se referem ao que é repetido podem auxiliar o/a ouvinte a identificar o assunto do que se ouve.

Concordo plenamente	Concordo	Não concordo nem discordo	Discordo	Discordo plenamente

c Títulos e frases iniciais e finais podem auxiliar o/a ouvinte a identificar a ideia geral do que se ouve.

Concordo plenamente	Concordo	Não concordo nem discordo	Discordo	Discordo plenamente

 Para mais atividades contendo lendas e mitos brasileiros, visite www.routledge.com/cw/santos.

B C Palavras etc.

Palavras de origem indígena

1 Leia os seguintes trechos dos áudios. O que as palavras destacadas têm em comum?

> ▶ "[. . .] um jovem guerreiro apaixonou-se pela esposa do **cacique**."
>
> ▶ "[. . .] um canto mais belo que o do **sabiá**."
>
> ▶ "Lá, viu muitas outras aves contra o azul do céu: **tucanos, araras, sanhaços, arapongas**."
>
> ▶ "[. . .] tropeçou num **jabuti**, enfrentou uma **jiboia**, deparou-se com um **tamanduá**, caiu sobre um **tatu**."
>
> ▶ "Comeu muitas frutas: **maracujá, caju, pitanga, açaí**."
>
> ▶ "Usando **cipós**, subiu nas árvores mais altas [. . .]."
>
> ▶ "Certa vez, o menino foi à floresta para colher **cupuaçu** e **murici**."
>
> ▶ "Foi quando Jurupari, transformado em **sucuri**, atacou o menino, que morreu sufocado."
>
> ▶ "Imediatamente, o **pajé** interpretou a mensagem de **Tupã**."

2   Agora, associe as palavras destacadas acima aos seus significados. O número de traços equivale ao número de letras. Use os trechos da atividade 1 como apoio. Se necessário, busque o vocabulário na internet ou em um dicionário impresso.

a   Animal cujo corpo é coberto por uma armadura. ___ ___ ___ ___

b   Animal parecido com a tartaruga. ___ ___ ___ ___ ___ ___

c   Animal que come formigas. ___ ___ ___ ___ ___ ___ ___ ___

d   Ave conhecida pelo seu grito alto e estridente. ___ ___ ___ ___ ___ ___ ___ ___

e   Ave de bico curvado e plumagem colorida. ___ ___ ___ ___ ___

f   Ave de bico grosso e comprido. ___ ___ ___ ___ ___ ___

g   Ave que possui um canto melodioso. ___ ___ ___ ___ ___

h   Chefe político. ___ ___ ___ ___ ___ ___ ___

i   Cobra anaconda; a maior cobra do Brasil. ___ ___ ___ ___ ___ ___

j   Cobra que mata as suas presas por constrição; a segunda maior cobra do Brasil. ___ ___ ___ ___ ___ ___

k   Entidade da mitologia tupi-guarani. ___ ___ ___ ___

l   Fruta amarela usada para acalmar os nervos. ___ ___ ___ ___ ___ ___ ___

m   Fruta com castanha. ___ ___ ___ ___

n   Fruta de cor roxa rica em proteínas e minerais. ___ ___ ___ ___

o   Fruta geralmente vermelha e rica em cálcio. ___ ___ ___ ___ ___ ___ ___

p   Fruta muito usada em doces, sucos e sorvetes, parente do cacau. ___ ___ ___ ___ ___ ___ ___

q   Fruta pequena de cor amarela e sabor intenso. ___ ___ ___ ___ ___ ___

r   Misto de sacerdote e curandeiro. ___ ___ ___ ___

s   Pássaro de peito azulado ou esverdeado. ___ ___ ___ ___ ___ ___ ___

t   Planta trepadeira que cai, pendurada, das árvores. ___ ___ ___ ___

VOCÊ SABIA?

O português brasileiro possui várias palavras de origem indígena (entendendo-se por "indígena" o que é natural ou nativo de um país ou região). A família linguística indígena que mais emprestou palavras ao português foi o tupi-guarani. Embora a influência indígena na língua portuguesa seja restrita ao léxico, ela se faz presente no dia a dia, já que muitos nomes de frutas, árvores, raízes, animais e lugares derivam das línguas faladas pelos povos indígenas. Além de vocábulos relacionados à flora e à fauna brasileiras, palavras como **xará** (que tem o mesmo nome), **catapora** (varicela), **mirim** (pequeno, infantil) e muitas outras entraram no português devido ao contato com as línguas indígenas.

3   Categorize as palavras abaixo como (a) fruta, (b) animal ou (c) lugar.

Paraná	Abacaxi	Capivara	Bagé	Siri	Guarulhos	Jabuticaba
Gambá	Buriti	Jacaré	Sergipe	Cajá		

4   Para cada uma das afirmativas abaixo, escolha a opção entre parênteses que melhor descreve a sua opinião ou percepção. Depois, converse com colegas sobre as suas frases. Explique o seu ponto de vista e peça que seus/suas colegas façam o mesmo.

a   (Há/Não há) palavras de origem indígena na minha língua nativa.

b   Eu (sei/não sei) outras palavras de origem indígena em português.

c   (É/Não é) importante ter conhecimento sobre culturas indígenas dos locais onde nascemos ou vivemos.

d   (É/Não é) importante resgatar línguas indígenas que já não são faladas nativamente.

A e para

1   Leia e repare as palavras destacadas. Depois, complete o quadro com usos de **a** e **para** ilustrando as ideias das colunas. Observe os exemplos.

▶   "Por não poder estar **ao** lado da sua amada, o guerreiro pediu ao deus Tupã **para** transformá-lo num pássaro."

▶   "Daquele momento em diante, passou a cantar **para** a sua amada, sempre **à** noite."

▶   "A intenção do cacique era aprisionar a ave **para** ouvir o seu mavioso canto o tempo todo. Assim, entrou pela floresta **para** persegui-la."

▶   "Usando cipós, subiu nas árvores mais altas **para** tentar encontrar o pássaro do canto singular."

▶   "Com a sua canoa, desceu os rios e foi **a** vários lugares."

▶   "[. . .] o guerreiro transformado em pássaro voltou **para** onde vivia a sua amada e continuou cantando **para** ela todas as noites."

▶   "Jurupari, o invejoso deus do mal, quis matá-lo e, **para** isso, virou uma serpente."

▶   "Certa vez, o menino foi **à** floresta **para** colher cupuaçu e murici."

▶   "**Ao** encontrá-lo morto, todos ficaram muito tristes [. . .]."

tempo	localização ou movimento	finalidade
	ao lado	*para transformá-lo*

PALAVRAS QUE CAUSAM CONFUSÃO

Ambas as preposições **a** e **para** podem ser usadas para indicar movimento:

▶ **a** indica curta permanência: "Eu fui à praia hoje";

▶ **para** denota um movimento de longa permanência: "Ela se mudou para Portugal".

No Brasil, essa distinção nem sempre é feita, havendo preferência de uso de **para** em ambas as situações (no caso de curta permanência, a preposição **em** também pode ser usada no lugar de **a** no Brasil: "Eu fui na praia hoje").

Em outros contextos, é preciso usar **a** ou **para**, como nos exemplos abaixo. Lembre que a preposição **a** contrai-se aos artigos definidos **a(s)**, **o(s)**, formando **à(s)**, **ao(s)**.

A

Eles foram à escola **a** pé.

O João gosta de andar **a** cavalo.

A aula começou **às** 14 horas.

Para

Eu liguei **para** a Fundação.

São quinze **para** as sete (horas).

O relatório é **para** a semana que vem.

2 Complete os trechos usando **a** ou **para**. Efetue a contração com o artigo se necessário. Em seguida, forme frases usando os itens de cada quadro.

_____ prazo	fica _____ 2 km

um presente _____ mim	_____ pé

_____ vista	_____ saber mais

10 _____ as 3 (horas)	telefonou _____ mim

Descobrindo a gramática

Pretérito perfeito

> Mais informações na seção Referência Gramatical

1 Leia o roteiro do áudio sobre a lenda do uirapuru, disponível online, e complete o quadro com frases ilustrativas sobre as situações ou problemas vividos por cada personagem, bem como as suas decisões ou escolhas. Use os seguintes verbos no pretérito perfeito.

apaixonou-se

atendeu

decidiu

escutou

pediu

percebeu

perseguiu

recebeu

	Situação/problema	Decisão ou escolha
Jovem guerreiro	*Ele* . . .	*Ele* . . .
Cacique		
Tupã		

2 Leia o roteiro do áudio sobre a lenda do guaraná (disponível online). Usando o pretérito perfeito dos verbos listados à esquerda, forme frases recontando o que cada um dos personagens listados à direita fez na história.

Verbos	Personagens
crescer dar entender enterrar	casal Tupã menino Jurupari
ir pedir tomar transformar-se virar	pajé moradores da aldeia

3 Reconte a lenda do guaraná como se você fosse um dos personagens a seguir. Faça quaisquer adaptações necessárias aos verbos e justifique as suas decisões e escolhas. O vocabulário do quadro *Você sabia?* pode servir como referência.

a O pai ou a mãe do menino

b Tupã

c Jurupari

VOCÊ SABIA?

Decidir = Tomar uma decisão. "Tomei uma decisão: vou plantar uma árvore".

Escolher = Fazer uma escolha. "Você já fez a sua escolha? Que opção você prefere?"

4 Complete o quadro com um/a colega. Use os verbos das atividades 1 e 2 e o seu conhecimento prévio como referência.

Como se forma o pretérito perfeito			
1ª conjugação (and**ar**)	2ª conjugação (com**er**)	3ª conjugação (decid**ir**)	Verbos irregulares, alguns exemplos

5 Marque as opções que descrevem as funções do pretérito perfeito.

a ( ) Descrever uma ação habitual/uma rotina no passado.

b ( ) Delimitar temporalmente um evento ou uma situação no passado.

c ( ) Exprimir a continuidade de eventos ou estados que já ocorreram.

d ( ) Descrever eventos e condições vistos como completos.

 Em www.routledge.com/cw/santos você encontra atividades adicionais para prática do pretérito perfeito.

6 Em duplas, preencham as lacunas usando o pretérito perfeito dos verbos dados. Usem cada verbo somente uma vez. Depois, respondam oralmente, justificando as suas respostas: o que vocês acham sobre a decisão do governo brasileiro de prestar serviços de saúde diferenciados aos indígenas?

começar	dizer	ir	receber	receitar	solicitar	ter

O meu povo faz parte de um grupo de povos indígenas que _____ ao governo brasileiro serviços de saúde diferenciados, isto é, voltados para a proteção, promoção e recuperação da saúde. Segundo o governo, as nossas terras não estavam demarcadas e muitos de nós não morávamos nas aldeias. Por isso, durante muito tempo nós não _____ atendimento de saúde. Finalmente o Ministério Público Federal _____ que a demarcação de terras e a residência dos indígenas não eram critérios suficientes para negar os serviços. O cadastramento _____ há dois meses e na semana passada eu _____ um cartão para acesso aos serviços de saúde. Hoje eu _____ ao médico e ele me _____ vitaminas.

 Em www.routledge.com/cw/santos você encontra mais atividades sobre direitos indígenas no Brasil.

Nas entrelinhas

Preparando-se para ler

1 Faça uma leitura rápida da crônica na seção *Lendo* e escolha as opções que completam as alternativas.

   a   O texto descreve eventos que ocorrem durante (uma viagem/uma situação de trabalho).

   b   O texto apresenta personagens (comuns/com poderes supernaturais).

   c   Os eventos narrados descrevem cenas (da vida cotidiana/de ficção científica).

   d   A narração dos eventos (segue/não segue) uma sequência cronológica.

   e   A linguagem é caracterizada como (uma conversa/uma aula) envolvendo o autor e o/a leitor/a.

VOCÊ SABIA?

A crônica é um estilo literário caracterizado por uma narração curta, frequentemente escrita na primeira pessoa, que descreve acontecimentos do dia a dia. A narração muitas vezes incorpora um aspecto humorístico ou satírico. Pode também haver um elemento de crítica social no texto. Na crônica, usa-se um estilo linguístico que tende ao coloquial. O nome do estilo está relacionado à apresentação dos fatos, que são ordenados cronologicamente.

Referência: "Crônica", http://brasilescola.uol.com.br/redacao/cronica.htm. Data de acesso: 10/2/2018.

Lendo

1   Leia a crônica, visualizando os eventos narrados. Depois, numere os eventos em (a) até (n) em ordem de ocorrência de acordo com a crônica.

ESTRATÉGIA: VISUALIZANDO O QUE SE LÊ

Saber visualizar o que se lê pode auxiliar a leitura de alguns textos. As visualizações podem ser estáticas (como se fossem fotografias) ou dinâmicas (como se fosse um filme). Alguns exemplos de elementos que podem orientar a visualização durante a leitura são: verbos de ação (p. ex., abraçar, olhar, tomar banho, vestir-se); descrição de sentimentos (p. ex., contente, com medo); ou descrições de pessoas (como são fisicamente, como se vestem), lugares ou sons.

Paraíba, 28 de janeiro, 3 da madrugada

(Mário de Andrade)

Este primeiro dia de Paraíba tem que ser consagrado ao caso da aranha. Não é nada importante porém me preocupou demais e o turismo sempre foi manifestação egoística e individualista.

Cheguei contente na Paraíba com os amigos, José Américo de Almeida, Ademar Vidal, Silvino Olavo me abraçando. Ao chegar no quarto pra que meus olhos se lembraram de olhar pra cima? Bem no canto alto da parede, uma aranha enorme, mas enorme.

Chamei um dos amigos, Antônio Bento, pra indagar do tamanho do perigo. Não havia perigo. Era uma dessas aranhas familiares, não mordia ninguém, honesta e trabalhadeira lá ao jeito das aranhas. Quis me sossegar e de-fato a razão sossegou, mas o resto da minha entidade sossegou mas foi nada! Eu estava com medo da aranha. Era uma aranha enorme . . .

Tomei banho, me vesti, etc. fui jantar, voltei pro quarto arear os dentes, ver no espelho se podia sair pra um passeinho até a praia de Tambaú, mas fiz tudo isso aranha. Quero dizer: a aranha estava qualificando a minha vida, me inquietava enormemente.

Passeei e foi um passeio surpreendente na Lua-cheia. Logo de entrada, pra me indicar a possibilidade de bom trabalho musical por aqui, topei com os sons dum coco. O que é, o que não é: era uma crilada gasosa dançando e cantando na praia. Gente predestinada pra dançar e cantar, isso não tem dúvida. Sem método, sem os ritos coreográficos do coco, o pessoalzinho dançava dos 5 anos aos 13, no mais! Um velhote movia o torneio batendo no bumbo e tirando a solfa. Mas o ganzá era batido por um piazote que não teria 6 anos, coisa admirável. Que precocidade rítmica, puxa! O piá cansou, pediu pra uma menina fazer a parte dele. Essa teria 8 anos certos mas era uma virtuose no ganzá. Palavra que inda não vi, mesmo nas nossas habilíssimas orquestrinhas maxixeiras do Rio, quem excedesse a paraibaninha na firmeza, flexibilidade e variedade de mover o ganzá. Custei sair dali.

Os coqueiros soltos da praia me puseram em presença da aranha. O passeio estava sublime por fora mas eu estava impaciente, querendo voltar pra ver se acabava duma vez com o problema da aranha. Nuns mocambos uns homens metodicamente vestidos de azulão, dólmã, calça e gorro. Eram os presos. São eles que fazem as rodovias do Estado e preparam os catabios. Não fogem. E não sei porque não fogem.

E fiquei em presença da aranha outra feita. Olhei pro lugar dela, não a vi. Foi-se embora, imaginei. De-repente vi a aranha mais adiante. Está claro que a inquietação redobrou. De primeiro ela ficara enormemente imóvel, sempre no mesmo lugar. Agora estava noutro, provando a possibilidade de chegar até meu sono sem defesa. Pensei nos jeitos de matá-la. Onde ela estava era impossível, quarto alto, cheio de frinchas e de badulaques, incomodar os outros hóspedes, fazer bulha. A aranha deu de passear, eu olhando. Se ela chegar mais perto, mato mesmo. Não chegou. Fez um reconhecimentozinho e se escondeu. Deitei, interrompi a luz e meu cansaço adormeceu, organizado pela razão.

Faz pouco abri os olhos. A aranha estava sobre mim, enorme, lindos olhos, medonha, temível, eu nem podia respirar, preso de medo. A aranha falou:

– Je t'aime.

Referência: Domínio público. Extraído de https://revistamacondo.wordpress.com/2011/09/16/cronicas-o-caso-da-aranha-mario-de-andrade/. Data de acesso: 15/7/2017.

a (૩) Chamou um amigo para perguntar se a aranha era perigosa.

b (୨) Viu pessoas dançando e cantando.

c (┐) Saiu para jantar.

d (୲) Chegou à Paraíba.

e (૨) No quarto, olhou para cima e viu uma aranha.

f (₦) Acordou e viu a aranha em cima dele.

g (૧) Deu um passeio.

h (੫) Tomou banho e se vestiu.

i (௬) Viu a aranha em outro lugar.

j (↖) Escovou os dentes.

k (૧) A aranha disse: Je t'aime.

l ( ) Voltou, procurou a aranha e não encontrou.

m ( ) Deitou e adormeceu.

n ( ) A aranha começou a andar.

2 Marque as alternativas verdadeiras sobre a crônica.

a ( ) A narrativa relata os eventos seguindo a ordem cronológica em que eles ocorreram.

b ( ) O autor não estabelece com clareza a ordem de ocorrência dos eventos narrados.

c ( ) O uso de palavras ou grupos de palavras como "ao chegar no quarto", "logo de entrada", "de primeiro", "agora" e "faz pouco" auxilia o/a leitor/a a compreender a sequência de eventos na narrativa.

d ( ) Os parágrafos ajudam a diferenciar eventos distintos e a sequência desses eventos.

VOCÊ SABIA?

Em uma narrativa, há palavras ou grupos de palavras que ajudam a relatar uma sequência de eventos (o que aconteceu antes e depois) e a determinar em que tempo (passado, presente ou futuro) uma situação ocorre. Em português, palavras como **agora**, **antes**, **depois**, **mais tarde** e muitas outras podem cumprir a função de marcar o tempo em uma narrativa.

 Para mais atividades sobre marcadores temporais, visite www.routledge.com/cw/santos.

3 Relacione os trechos abaixo com os seus significados. Verifique as suas respostas em duplas, justificando-as com elementos do texto e o seu conhecimento prévio de português.

a "Quis me sossegar [. . .]."

b "[. . .] o resto da minha entidade sossegou mas foi nada!"

c "[. . .] topei com os sons dum coco."

d "[. . .] uma crilada gasosa [. . .]."

e "[. . .] um piazote que não teria 6 anos [. . .]."

f "Palavra que inda não vi [. . .]."

g "[. . .] vestidos de azulão, dólmã [. . .]."

h "[. . .] preparam os catabios."

i "[. . .] cheio de frinchas e de badulaques [. . .]."

( ) encontrei sons de uma dança de roda

( ) com muitas fendas e enfeites

( ) Desejei tirar as preocupações da cabeça

( ) usando roupa de algodão azul, casaco abotoado
( ) constroem os obstáculos nas estradas
( ) eu não fiquei nada tranquilo
( ) um menino com menos de seis anos de idade
( ) Juro que ainda não encontrei
( ) um grupo de crianças muito animadas

VOCÊ SABIA?

Várias das palavras encontradas na crônica de Mário de Andrade não são mais usadas. O texto foi escrito no final da década de 1920 e, portanto, contém termos que são agora raramente ou quase nunca utilizados, como por exemplo "catabio", "dólmã", "crilada" e "piazote".

4   Determine se as afirmativas sobre a opinião e os sentimentos do narrador da crônica são verdadeiras (V) ou falsas (F).

a   ( ) O turismo sempre foi uma expressão coletiva.

b   ( ) O tamanho da aranha era ameaçador.

c   ( ) O grupo de crianças dançando fascinou-o.

d   ( ) Ao ver as árvores na praia, ele se esqueceu da aranha.

e   ( ) Era importante eliminar a aranha se ela se aproximasse.

f   ( ) Ao final, os sentimentos em relação à aranha eram mistos.

5   Leia de novo o seguinte trecho da crônica e responda.

"Não fogem. Não sei porque não fogem."

a   A quem se refere o trecho "não fogem"?

b   Na sua opinião, por que eles/as não fogem?

c   Por que você acha que o autor fez esse comentário?

6   Conversem em duplas.

a   Ao ver a aranha, o protagonista decidiu chamar os amigos para perguntar sobre possíveis perigos. Vocês tomariam a mesma decisão nessa situação? Se sim, por quê? Se não, por que não e o que fariam?

b   Vocês acreditam que "incomodar os outros hóspedes, fazer bulha" foram os únicos motivos do turista para não tentar matar a aranha? Justifiquem.

c   Muitos significados simbólicos são atribuídos a aranhas. Leiam a lista abaixo e decidam quais vocês acham que deveriam ser atribuídos a esse animal. Em seguida, expliquem as opções que vocês decidiram não atribuir. Tomem notas.

- ▶ avisa o perigo
- ▶ é símbolo solar
- ▶ é tecelã do destino
- ▶ é um deus infernal
- ▶ indica narcisismo
- ▶ mostra introspecção
- ▶ representa a criação cósmica
- ▶ representa excitabilidade e inquietação
- ▶ simboliza o mito dos mortais
- ▶ tem o privilégio de decifrar o futuro

Referências: "Aranha", www.dicionariodesimbolos.com.br/aranha/; "Aranha", http://pt.fantasia.wikia.com/wiki/Aranha. Data de acesso: 10/2/2018.

7   Discutam em grupos.

a   Até que ponto a aranha interferiu na viagem do turista? Vocês teriam a mesma reação e atitude diante de situação semelhante? Por quê (não)?

b   Que outros animais causariam o mesmo tipo de inquietação em um/a turista?

c   Vocês já viveram alguma situação parecida com a da crônica? Compartilhem as suas experiências.

d   Nas suas opiniões, a que se deve o uso da expressão em francês " – Je t'aime. " ao final da crônica?

e   Compartilhem as suas respostas da atividade 6c e revejam a lista integral de símbolos. Em seguida, apontem dois símbolos que poderiam ser usados para se referir à aranha da crônica de Mário de Andrade e justifiquem as suas escolhas.

f   Como vocês acham que o turista respondeu à declaração de amor da aranha? Acrescentem a resposta como um novo final à crônica.

Refletindo sobre a leitura

1   Discuta em pequenos grupos.

a   De que forma as visualizações feitas na atividade 1 da *seção Lendo* contribuíram para a sua interpretação do texto? Quais visualizações foram mais vívidas para você?

b   O que você sabe sobre crônicas e as suas características? Que conexões podem ser feitas entre a crônica na p. 84 e as características de crônicas de uma forma geral?

B C Palavras etc.

Palavras de origem africana

1   Leia os seguintes trechos da crônica na p. 85 e relacione as palavras destacadas com as suas definições.

▶ "Mas o **ganzá** era batido por um piazote que não teria 6 anos, coisa admirável."

▶ "Palavra que inda não vi, mesmo nas nossas habilíssimas orquestrinhas **maxixeiras** do Rio [. . .]."

▶ "Nuns **mocambos** uns homens metodicamente vestidos de azulão, dólmã, calça e gorro."

---

a   ganzá   ( ) habitação rústica e pobre

b   maxixe   ( ) tipo de chocalho ou de tambor

c   mocambo   ( ) relativo a um ritmo rápido

VOCÊ SABIA?

Com a chegada de africanos, levados à força para o Brasil, chegam também as suas línguas. O contato entre as línguas africanas e o português se faz sentir no expressivo número de palavras de origem africana encontradas na língua portuguesa, como atestamos no português do Brasil e da África lusófona. Indivíduos provenientes de vários povos (e, portanto, falantes de várias línguas) foram levados para o Brasil. Algumas das línguas que entraram em contato com o português foram o quicongo, o umbundo e o iorubá. No entanto, a língua mais representada no Brasil foi o quimbundo, uma língua da região central de Angola, que foi o foco do tráfico de escravos a partir do século XVII. É do quimbundo que vem a maior parte dos vocábulos de origem africana (embora não todos) encontrados no português brasileiro.

Referência: Yoshino, Julia; Soga, Luciana; Reis, Marília e Nakasche, Raquel (2009). A influência das línguas africanas no português do Brasil. *Entretextos*, www.usp.br/cje/entretextos/exibir.php?vtexto_id=90. Data de acesso: 10/2/2018.

2 Resolva as palavras cruzadas usando vocábulos de origem africana.

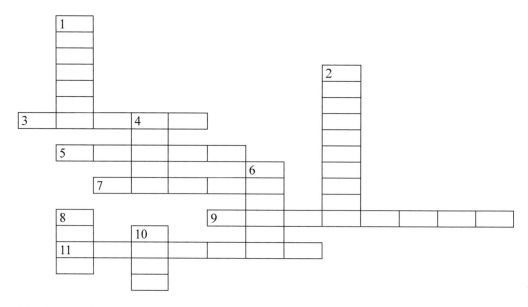

Horizontal

3 O mais famoso ritmo brasileiro

5 Insultar com palavras

7 "Este é o meu ___, o mais novo dos meus filhos".

9 Triste

11 Instrumento musical usado na roda de capoeira

Vertical

1 "Esta sala está uma ___! Tudo fora do lugar".

2 Rato pequeno

4 Nádegas

6 Prato típico feito com farinha de mandioca torrada

8 Farinha de milho

10 Fruto do jiloeiro

3 Conversando com um/a ou mais colegas, responda às perguntas a seguir.

   a   Quantas e quais palavras das atividades 1 e 2 vocês já conheciam?

   b   Vocês aprenderam essas palavras em sala de aula ou em outra(s) situação(ões)? Qual (quais)?

c   Há vocábulos de origem africana na(s) sua(s) língua(s) nativa(s)? Mencionem alguns exemplos se houver.

Vocabulário frequentemente usado

1   Leia o trecho da crônica. Em duplas, respondam oralmente: o que vocês acham que a palavra destacada significa? Confiram a sua resposta em um dicionário.

> "Um velhote movia o torneio batendo no bumbo e tirando a **solfa**."

2   Abaixo temos um resultado (parcial e adaptado) da busca da palavra **solfa** em um corpus da língua portuguesa. Com um/a colega, discuta o que você observa nesses resultados (os registros com 19 são do século XX, com 18 são do século XIX, e assim por diante).

1	19:Fic:Pt:Ribeiro:Avia	Sobre o silêncio universal, a fonte dos monges levantava aquela **solfa** maviosa que media o escoamento do tempo
2	18:Paiva:Enfermidades	tem o bem composto das letras por menos necessario do que o bem feito da **solfa**.
3	18:Alencar:Senhora	duvido; mas eu é que não me casei para fazer de minha vida uma **solfa** de música.
4	17:FMMelo:Cabala	fazem os destros Compositores, quando tomão hu thema, sobre que vão compondo sua **Solfa**; o qual thema sempre he huma palavra
5	17:FXOlveira:Cartas	nao sabemos em Portugal que cantasse **solfa**; porém! sendo tao; insigne como te disseram, meteu-se-lhe na cabeça formar
6	17:Costa:Cartas	dois velhos venerandos, que já não podem caminhar bem com tanto pêso de **solfa** dentro da cabeça, ambos discípulos do grande Corelli.
7	16:Costa:Furtar	com escritos, que se passaõ de parte a parte, cuja letra, ou **solfa**, nem eu a sey descantar, nem o diabo lhe entende o compasso:
8	16:Lobo:Aldeia	a carta regras direitas, que há alguns que escrevem em escadas como figuras de **solfa**; letras juntas e razões apartadas,
9	16:FMMelo:Hospital	, se deleitava com demasia no sarau, e el-Rei D. Filipe IV na **solfa**. [Autor] Ainda ele não tinha visto o de Portugal, perfeitamente sabio
10	16:BPereira:Pros4	Cantar suavemente, ou por compasso, ou compor **solfa**. 1.l.2.3.b. Ovid. 1. Amor. 1.!! * Emola,ae,f.g. || Panela de cobre.

Referência: *Corpus do Português*. www.corpusdoportugues.org. Data de acesso: 22/7/2016.

CORPUS

Hoje em dia pode-se acessar vários corpora eletronicamente. Dependendo do corpus que se acesse, é possível estreitar a pesquisa definindo alguns critérios como época (p. ex., somente século XIX), variedade linguística (português brasileiro ou europeu) ou gênero textual (ficção, notícias, oral etc.). Esse tipo de busca permite determinar, por exemplo, se uma palavra ocorre mais frequentemente no Brasil ou em Portugal, se era usada mais no passado do que é hoje (ou ao contrário), ou se aparece mais na língua escrita do que na língua falada.

3   Acesse o Corpus do Português (www.corpusdoportugues.org). Busque as palavras **bagunça** e **caçula**. Tire uma conclusão sobre o uso de cada uma das palavras e compartilhe as suas conclusões com colegas.

Descobrindo a gramática

Discurso direto e indireto

Mais informações na seção Referência Gramatical

1   Observe os exemplos e numere as descrições a seguir de acordo com os exemplos a que elas se referem.

Exemplo 1

"A aranha falou:

– Je t'aime."

Exemplo 2

Exemplo 3

A aranha falou que amava o protagonista da crônica.

a ( ) Há uso de discurso direto, isto é, o narrador dá voz a uma personagem e cita literalmente o que ela diz.

b ( ) Há uso de discurso indireto, isto é, o narrador usa as suas próprias palavras para relatar o que uma personagem diz.

2 Leia a crônica e observe com atenção os trechos destacados. Em seguida, responda.

A cozinheira Celestina
(Machado de Assis)
Agora que cada médico apresenta o seu remédio contra a febre amarela, não é fora de propósito mencionar um que a cozinheira Celestina descobriu.
O qual foi exposto do seguinte modo:

—**Para a febre amarela não há como refrescos e limonadas.**
—**Limonadas e refrescos? Disse o moleque.**
—**Sim, senhor; não há como isso. Em 1850 a filha do major B., onde eu estava, caiu com a febre amarela; deram-lhe logo uma limonada, que se foi repetindo de hora em hora. Não tomou outra coisa até o dia em que morreu.**

Referência: "Badaladas", http://machado.mec.gov.br/images/stories/pdf/cronica/macr06.pdf. Data de acesso: 16/7/2016.

a Os três trechos destacados são exemplos de discurso direto ou de discurso indireto? Como você sabe?

b O que se pode observar no segundo trecho destacado (" – Limonadas e refrescos? Disse o moleque. ") que não aparece nos outros dois?

3 Na atividade 1, encontramos o verbo **falou**. Na atividade 2, temos o verbo **disse**. Pode-se substituir um pelo outro? Explique.

4 Com um/a colega, sublinhe três verbos do quadro que poderiam ser usados no lugar de **falou** na atividade 1. Circule outros três que podem ser usados no lugar de **disse** na atividade 2. Caso vocês não conheçam o significado de algum verbo, façam uma busca em um dicionário online.

acrescentar	afirmar	anunciar	comentar	confessar	contar	contestar
declarar	esclarecer	exclamar	explicar	expor	exprimir	indagar
informar	mencionar	narrar	pensar	perguntar	questionar	recomendar
referir	relatar	responder	revelar	sugerir		

5   Leia as informações sobre discurso direto e discurso indireto na seção Referência Gramatical. Em seguida, reescreva os trechos que estão em discurso direto na atividade 2 usando o discurso indireto.

6   Inspirando-se na crônica "A cozinheira Celestina", escreva uma pequena crônica sobre uma questão de saúde da contemporaneidade, incluindo como algumas pessoas lidam com essa questão. Use discurso direto e indireto.

7   Imagine os seguintes cenários e faça o que se pede.

    a   Escreva nos balões a decisão que você vai tomar diante de cada cenário.

Você tem férias planejadas daqui a um mês em um país onde apareceu um surto de febre amarela.

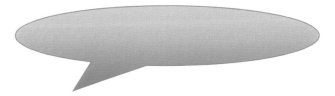

Há um mês você vem sentindo umas dores de cabeça que vão e vêm. Hoje a dor está especialmente forte.

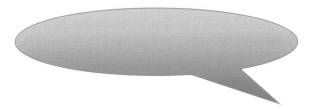

Você está tendo dificuldade em dormir quase todas as noites. O seu médico recomendou um medicamento, mas você fez uma pesquisa e descobriu que o remédio tem muitos efeitos colaterais.

b   Junte-se a dois/duas colegas, dando o seu livro a um/a deles/as. Relate o que foi dito nos balões do livro que tem às suas mãos. Use discurso direto e indireto.

c   Escolha a melhor decisão no seu grupo para cada um dos cenários, justificando a sua resposta.

Tomando a palavra

Como se diz?

1   Leia e ouça os seguintes trechos da crônica (p. 84) e responda: de que forma os sons associados às partes destacadas são semelhantes? De que forma são diferentes?

> ▶ "Este primeiro dia de Paraíba tem que ser consagrado ao caso da aranha."
>
> ▶ "Cheguei contente na Paraíba com os amigos, José Américo de Almeida, Ademar Vidal, Silvino Olavo me abraçando."
>
> ▶ "E de-fato a razão sossegou."
>
> ▶ "Foi um passeio surpreendente na Lua-cheia."
>
> ▶ "Era uma crilada gasosa dançando e cantando na praia."
>
> ▶ "O ganzá era batido por um piazote que não teria 6 anos."
>
> ▶ "Essa teria 8 anos certos mas era uma virtuose no ganzá."
>
> ▶ "Meu cansaço adormeceu, organizado pela razão."

2   Complete o quadro com as palavras destacadas na atividade 1. Em seguida, em grupos, comentem sobre possíveis grafias que correspondem aos sons [s] e [z].

Som	*Exemplos*
[s] (como em **s**im)	
[z] (como em **z**ebra)	

SONS DO PORTUGUÊS

Os sons correspondentes às letras **s** e **z** podem variar de acordo com os sons vizinhos e com a variedade da língua.

O som [z] ocorre:

▶ quando a letra **z** é seguida de uma vogal: pia**z**ote, ra**z**ão;

▶ quando a letra **s** aparece entre vogais (vogal-**s**-vogal): ga**s**osa, Jo**s**é;

▶ em certas variedades do português, quando a letra **s** ou **z** aparece antes de **b, d, g, l, m, n, v**: ra**s**gar, me**s**mo, pa**z** na Terra;

▶ em certas variedades do português, quando a letra **s** ou **z** é seguida de **r**: de**s**regrado;

▶ em algumas palavras em que a letra **x** aparece entre vogais (independente da variedade linguística): e**x**ame. Há mais informações sobre os sons da letra **x** na Unidade 11.

O som [s] ocorre:

▶ quando a letra **s** aparece no começo da palavra: **s**er, **s**urpreendente;

▶ quando há o dígrafo **ss**: so**ss**egou;

▶ quando há uso de **ç**: abra**ç**ando, can**s**aço;

▶ quando a letra **c** aparece antes das vogais **e** e **i**: aconte**c**eu, **c**erto, a**c**ima;

▶ quando a letra **s** aparece depois de uma consoante e antes de uma vogal: con**s**agrado;

▶ em PB, com os dígrafos **sc** e **xc** antes de **e** e **i** (na**sc**er, ex**c**eção), e com o dígrafo **xs** (e**xs**udação);

▶ em certas variedades de PB, quando a letra **s** ou **z** é seguida de **f, p, t** e **c** (quando a letra **c** corresponde ao som [k]): refre**s**co;

▶ em certas variedades de PB, quando a letra **s** ou **z** é seguida de pausa;

▶ em certas variedades de PB, quando a letra **s** ou **z** é seguida de **r**: de**s**regrado;

▶ em algumas palavras em que a letra **x** aparece entre vogais (independente da variedade linguística): pró**x**imo. Há mais informações sobre os sons da letra **x** na Unidade 11.

Quando a letra **s** ou **z** é seguida de consoante, o seu som também pode ser [ʒ] (como na palavra "**já**") se a consoante é **b, d, g, l, m, n** ou **v**: me[ʒ]mo. Se a consoante que segue **s** ou **z** é **f, p, t** ou **c** (com som de [k]) ou, ainda, se as letras aparecem antes de uma pausa, o som de **s** e **z** pode ser [ʃ] (como em "**chá**"): refre[ʃ]co. Se o som produzido é [z] ou [ʒ], [s] ou [ʃ] depende da variedade que se fale.

3 Leia o roteiro do áudio da atividade 6 da seção *À escuta/Escutando* (faixa 10) e preveja quando aparecem os sons [s] e [z]. Depois, ouça novamente o áudio para verificar as suas previsões. Há mais alguma grafia possível para esses sons em português brasileiro?

VOCÊ SABIA?

O som [s] pode ser representado graficamente de maneiras diferentes. Entre essas grafias encontram-se alguns dígrafos, ou seja, grupos de duas letras. O dígrafo **ss** é sempre pronunciado [s] em português. Já os dígrafos **xc** e **sc** são pronunciados [s] em português brasileiro, mas [ʃs] em português europeu (o som [ʃ] aparece em "**chá**").

 Em www.routledge.com/cw/santos você encontra atividades adicionais sobre os sons [s] e [z].

Preparando-se para falar

1 Leia as seguintes expressões em voz alta, com atenção às partes destacadas. Em seguida, responda.

(Eu) Acho que não.

(Eu) Acho que **sim**.

(Isso) É verdade, mas . . .

Absolutamente (não)!

Claro.

É mesmo!

É verdade.

Em **hipótese** alguma!

Estou de acordo.

Exatamente.

Isso não!

Isso nem **sempre** é verdade.

Isso!

Não **sei** não . . .

Que nada!

Se é!

Também acho.

Você tem **razão**.

VOCÊ SABIA?

Em português, **concordamos com** alguém ou alguma coisa e **discordamos de** alguém ou alguma coisa. No entanto, o uso do verbo **discordar** pode ser interpretado como indelicadeza. Dizer "não concordo" seria mais apropriado, e a inclusão de justificativas para discordâncias é sempre aconselhável.

---

a   Quais das palavras destacadas contêm exemplos de [s]?

b   Quais contêm exemplos de [z]?

c   O que todas as expressões têm em comum?

 Você pode ouvir um áudio com a gravação de todas as expressões listadas na atividade 1 em www. routledge.com/cw/santos.

2   Complete o quadro com as expressões listadas na atividade 1.

Formas de concordar	
Formas de discordar	

VOCÊ SABIA?

A palavra **absolutamente**, quando usada isoladamente em uma resposta, é percebida no Brasil como uma forma de discordar (equivalente a "absolutamente não"). Em Portugal, **absolutamente** em uma resposta traz sentido de concordância, equivalente a "absolutely" em inglês.

Outros termos que costumam causar confusão são **pois**, **pois sim**, **pois é** e **pois não**. Usa-se **pois** para se concordar com algo. **Pois sim** indica uma certa dúvida a respeito do que é dito; **pois é** indica confirmação ou resignação. **Pois não** é usado no Brasil para indicar disponibilidade para atender um pedido.

Referência: *Priberam dicionário*, www.priberam.pt/DLPO/pois. Data de acesso: 10/2/2018.

Falando

1 Leia com atenção o cenário a seguir. Em seguida, produza um roleplay em grupos seguindo os passos sugeridos.

Cenário:

Na cidade em que você mora há um grupo de casas centenárias de estilo colonial português. As casas precisam de obras, mas os seus moradores não têm condições financeiras de pagar pelo trabalho necessário. As casas ficam no centro da cidade, com fácil acesso. Há uma reunião na prefeitura para debater o melhor encaminhamento da questão, e você fará o papel de um dos personagens a seguir.

prefeito/a	historiador/a	agente de turismo
morador/a de uma das casas	empresário/a	estudante de arquitetura

a Com o seu grupo, decida o papel que cada aluno/a vai desempenhar.

b Cada participante lê as informações sobre o seu papel e prepara-se para o roleplay (revendo vocabulário relevante, lendo sobre situações semelhantes na internet etc.).

Prefeito/a	Você está preocupado/a com os custos de manutenção das casas. Como a cidade precisa ampliar e renovar o hospital, você prefere optar pela demolição das casas e investir na construção de um novo hospital no local.
Historiador/a	Você entende que há outras casas representativas do estilo arquitetônico na cidade, mas não há um grupo de casas lado a lado como essas e é importante preservar o grupo como um todo para futuras gerações.
Agente de turismo	Você acha que a restauração de uma das casas e revitalização das outras, transformando-as em espaços públicos (centro de arte, restaurante, loja, museu etc.), poderia atrair muitos turistas para a cidade.

Morador/a de uma das casas	A sua família mora em uma das casas há várias gerações. Você gostaria de ter apoio da prefeitura para conservar e renovar a casa, mas não quer sair dela.
Empresário/a	Você quer desenvolver um projeto comunitário para divulgar formas de artesanato local e quer usar uma ou duas casas para produção e venda de artesanato. Você pretende contribuir para o treinamento de novas gerações de artesãs/ãos e para os custos das obras de renovação.
Estudante de arquitetura	Você tem uma visão inovadora para as casas, e quer desenvolver um projeto de conservação que envolve restaurar o que é economicamente viável e reconstruir o que não é, usando técnicas e materiais de estilos contemporâneos.

c   Encaminhe o roleplay, apresentando a sua opinião, pedindo a opinião dos/as outros/as participantes e utilizando formas apropriadas para concordar e discordar. Preste atenção especial à produção dos sons [s] e [z]. Ao final do roleplay o grupo deve tomar uma decisão sobre o que deve ser feito com as casas.

ESTRATÉGIA: CONSIDERANDO FORMAS DE CONCORDAR E DISCORDAR

É importante saber expressar concordância e discordância em uma interação, mas é igualmente importante escolher o melhor momento para articular tais comentários, evitando interromper quem fala antes do final da sua fala. É também aconselhável expressar e justificar as discordâncias de forma respeitosa.

ESTRATÉGIA: PEDINDO A OPINIÃO DO/A INTERLOCUTOR/A

Uma interação oral torna-se mais envolvente quando os/as participantes sabem quando e como pedir a opinião das pessoas com quem interagem. Tais solicitações podem acontecer ao final da argumentação de um ponto, sinalizando que o/a interlocutor/a pode então expressar as suas ideias. Formas de pedir opinião incluem as seguintes: O que você acha (dessa ideia/disso tudo)? Essa ideia faz sentido? Como você vê/analisa essa ideia/perspectiva? Você concorda?

Refletindo sobre a fala

1   Em grupos, conversem sobre a experiência de produzir um roleplay.

a   Citem exemplos de bons usos dos fones [s] e [z], de formas de pedir a opinião de outras pessoas e de maneiras de concordar e discordar. Comentem sobre aspectos que podem ser melhorados sobre esses assuntos no futuro.

b   Discutam sobre a relevância de roleplays envolvendo tomadas de decisão no seu processo de aprendizagem de português.

c   Avaliem se roleplays sobre questões de patrimônio histórico-cultural podem ajudar a pensar sobre questões similares na cidade em que você mora.

Mãos à obra

Preparando-se para escrever

VOCÊ SABIA?

O relato pessoal é um gênero textual em que o/a autor/a narra a própria experiência. É um texto escrito em primeira pessoa, em que o/a autor/a descreve as suas emoções, sentimentos e reações diante de situações vivenciadas. Assim, o/a narrador/a é o/a protagonista do texto.

---

1   Leia o relato pessoal abaixo e observe as suas características. Em seguida, converse com um/a colega.

> – *Que calor infernal! Eu não entendo porque é que você me trouxe aqui.*
>
> *Ela não gostava de calor, mas finalmente apareceu a oportunidade de ir à Amazônia e eu achei que não podia perder a chance. Sabia que não poderia ir sozinha, e tinha que escolher quem iria comigo. A Marta, minha amiga de infância, seria ideal – já tínhamos viajado juntas, temos os mesmos gostos, mas ela já tinha ido à Amazônia e tinha outros planos para as férias.*
>
> *Tinha também a Rita, que não gostava de calor mas tinha férias na mesma época que eu e queria ir esquiar nos Alpes. Nunca tínhamos viajado juntas e na verdade não éramos tão ligadas assim. O que fazer? Desistir da Amazônia ou tentar persuadir a Rita e torcer para tudo dar certo? Poderíamos tentar nos conhecer melhor.*

> Introdução que prende o/a leitor/a, estimulando o seu interesse e curiosidade

> Apresentação do cenário e personagens principais

101

Falei com ela sobre as belezas da Amazônia, vimos umas fotos na internet, lemos uns blogues e ela se animou. Fizemos as malas e fomos. Ao chegar a Manaus, fomos recebidas pelo maior calor da minha vida. Era como se tivéssemos entrado em uma sauna, e não era uma sauna seca. Quente, muito quente. E úmido, impossivelmente úmido. As queixas começaram imediatamente.

Uso de verbos de ação, facilitando a visualização do/a leitor/a

Passamos dois dias em Manaus, a maior parte do tempo vendo televisão no hotel. Ela se recusou a conhecer o famoso Teatro Amazonas. "Posso ver as suas fotos", disse. "Não tem porque sair nesse calor". O ar condicionado do hotel era convidativo, eu tive que admitir.

Estímulo da percepção sensorial do/a leitor/a

No terceiro dia fomos para o hotel de selva. Encontramos com o nosso guia na recepção do hotel em Manaus e saímos por volta das oito e meia da manhã. O sol já ardia, mas a expectativa de estar na floresta tomou conta de mim. Ela continuava se queixando, mas eu só podia pensar nas árvores, nas flores, nas frutas, nos animais. Um mundo inteiro me esperando.

Transição suave entre parágrafos

Chegamos ao hotel de selva. Pela primeira vez, ela passou quinze minutos sem reclamar. Meia hora. Uma hora. Eu estranhei, mas não perguntei nada. Finalmente, ela disse:

– Obrigada por me trazer aqui.

Afinal, nós não éramos tão incompatíveis assim.

Fechamento com reflexão e análise do/a narrador/a

a   Onde podemos encontrar relatos pessoais?

b   Que semelhanças e diferenças você identifica entre crônicas e relatos pessoais?

c   Você leu algum relato pessoal recentemente (em português ou em outro idioma)? Dê detalhes.

Escrevendo

1 Você vai escrever um relato pessoal que trata de uma decisão ou escolha. Siga os passos abaixo, lembrando-se de incluir as características de relatos pessoais.

ESTRATÉGIA: CONSIDERANDO AS CARACTERÍSTICAS DO GÊNERO TEXTUAL

Quando escrevemos, é sempre bom conhecermos as características do gênero textual que vamos produzir. Gêneros textuais são produções escritas ou orais presentes em grupos sociais, por exemplo: poemas, diários, postagens em mídia social, debates, canções etc. Os gêneros textuais têm características próprias (organização, elementos componentes, nível de formalidade, contexto de uso, objetivo comunicativo, entre outros) e o conhecimento de tais características ajuda o/a escritor/a a tomar decisões relevantes ao escrever.

---

a Decida: quem serão os/as leitores/as do seu relato e onde o seu relato será publicado (no mural da sala de aula, em mídia social, em um blogue, em outro local)?

b Estabeleça a decisão ou escolha sobre a qual você vai escrever. Lembre-se: o assunto deve ser relevante para você e para os/as seus/suas leitores/as.

c Prepare um esquema sobre a organização do seu relato. Use o seguinte esquema como inspiração.

Introdução: o cenário
Onde / Quem / Quando

Desenvolvimento
Parágrafos (quantos?) com sequência de eventos (quais?)

Conclusão
Análise/ou efeito dos eventos; o que o/a autor/a aprendeu

d Adicione detalhes ao esquema acima nas partes relevantes: verbos que serão usados, diálogos (discurso direto ou indireto?), marcadores temporais, sentimentos dos personagens. Use as crônicas das páginas 84 e 93 e outros relatos pessoais (online ou impressos) como inspiração.

e Escreva o seu primeiro rascunho. Em seguida, avalie: a ordem dos eventos narrados está clara? As ações podem ser facilmente visualizadas por quem lê? O estilo está engajante?

f Escolha um título para o seu relato pessoal.

g   Peça a um/a colega que leia o seu rascunho e comente sobre (1) o que ele/a mais gostou; (2) aspectos que podem ser melhorados, e de que forma.

h   Escreva a versão final do seu relato pessoal e disponibilize-o a seus/suas leitores/as.

Refletindo sobre a escrita

1   Leia alguns relatos pessoais escritos por seus/suas colegas. Em seguida, em grupos, discutam.

a   Qual é o seu relato preferido? Por quê?

b   De que forma a qualidade dos relatos lidos está relacionada ao uso adequado das características de relatos pessoais?

c   O que vocês aprenderam a partir da experiência de ler e escrever relatos pessoais em português?

Diálogos multiculturais

Culturalmente falando

1   Reflita e responda.

a   Antes de começar a estudar português, que impressões você tinha dos falantes desse idioma (angolanos, brasileiros, cabo-verdianos, moçambicanos, portugueses etc.)?

b   Liste três impressões que não se confirmaram ao longo do seu processo de aprendizagem de português.

c   Na sua opinião, o que contribuiu para a reformulação dessas impressões?

2   Muitas vezes, quando conhecemos pessoas de etnias e nacionalidades diferentes da nossa, percebemos que tínhamos impressões equivocadas sobre essas pessoas, e que essas impressões mudam com o passar do tempo. Você já teve essa experiência? Fale sobre ela em duplas seguindo as sugestões dadas.

Apresente as suas ideias
- Descreva o grupo social, etnia etc.
- Fale sobre as impressões que você tinha antes de conhecer uma pessoa desse grupo e as mudanças que ocorreram posteriormente.

Responda
- Que impressões, percepções e sentimentos você acha que as pessoas de outra nacionalidade têm do seu grupo social?
- Você concorda com essas impressões, percepções ou sentimentos? Como você se sente com relação a isso?

Troque ideias
- Na sua opinião, que fatores determinam a construção dessas impressões, percepções e sentimentos? É possível fazer generalizações sobre pessoas de um mesmo grupo social?

VOCÊ SABIA?

Estereótipos baseiam-se em crenças e generalizações sobre comportamentos e características de um determinado grupo de pessoas, como aparência, maneiras de se vestir e se alimentar, classe social, etnia, gênero, religião etc. Os estereótipos podem ser negativos ou positivos.

Preconceitos envolvem opiniões, ideias ou conceitos formados antecipadamente sem necessariamente conter fundamentação. A **discriminação** é a concretização do preconceito, o ato de tratar um indivíduo ou um grupo de maneira desigual e injusta com base em preconceitos.

Referência: *Priberam dicionário*, www.priberam.pt/DLPO/. Data de acesso: 10/2/2018.

3   Observe a imagem. Qual é a sua opinião sobre as escolhas feitas para descrever cada lugar? Demonstre a sua opinião marcando o mapa com os símbolos da legenda.

Referência: http://bellamg07.blogspot.com/2011/09/o-mundo-segundo-o-sul-e-o-sudeste.html. Data de acesso: 19/7/2016.

LEGENDA
★ Concordo   ? Não concordo nem discordo   ⊘ Discordo

4   Na sua opinião, quem escolheu as palavras colocadas no mapa da atividade 1 e o que influenciou essas escolhas?

5   Em duplas, compartilhem e discutam as respostas das atividades 3 e 4, atribuindo **P** para cada descrição no mapa que represente um preconceito e **E** para ideias estereotipadas.

LUGAR (mapa)	IDEIA (nomes/qualidades)	P	E

6   Em grupos, compartilhem as experiências descritas na atividade 5 e completem o quadro, identificando algumas percepções e sentimentos inadequados e explicando que fatos poderiam ser usados para refutá-los. Depois, discutam: é possível dizer que as impressões ou percepções que temos de um povo, nacionalidade, situação, comportamento e coisas que não conhecemos são reforçadas por estereótipos? Expliquem e deem exemplos.

	Inadequações	Como refutar?
1		
2		
3		
4		

Dialogando com a imagem

1   Leia o cartaz e escreva duas perguntas sobre ele. Em seguida, faça as perguntas a um/a colega, que vai pesquisar mais, se preciso, para respondê-las.

a _____?

b _____?

SABIA QUE É LEI?

Crimes de discriminação ou preconceito de raça, cor, etnia, religião ou procedência nacional serão punidos.

Art. 1° da Lei n° 7.716/89

2 O Art. 1° da Lei n° 7.716/89 no Brasil não protege contra vários outros tipos de discriminação ou preconceito que são igualmente graves. Para que outros tipos de discriminação vocês gostariam de criar uma lei? Em duplas, criem uma lei e um cartaz para a sua divulgação.

Em contexto

1 Leia e responda. Pesquise sobre o assunto na internet se for necessário.

De acordo com uma psicóloga brasileira, racismo é um conjunto de estereótipos, preconceitos e discriminações baseados na crença que um grupo racial ou étnico é superior ou inferior a outro, em um contexto de dominância social.

Referência: "O racismo à luz de quatro autores 'lusófonos'", http://jornalcultura.sapo.ao/letras/o-ra cismo-lusofonia. Data de acesso: 10/2/2018.

a Você concorda com essa definição de racismo? Por quê (não)? Como essa definição poderia ser modificada ou ampliada?

b O que você sabe sobre o racismo nos países lusófonos?

c Na sua opinião, há diferenças entre o racismo em Angola, no Brasil, em Cabo Verde, em Moçambique e em Portugal? Explique.

Lendo e interpretando

1 Leia os relatos e responda.

Estava na fila do banco quando uma senhora que estava ao meu lado iniciou um diálogo:

— O que você faz?

— Sou estudante.

— O que você estuda? Sociologia?

— Não, faço medicina.

— Uma parente minha também faz medicina, mas ela tem cabelos lisos, olhos claros e é bem branquinha.

— E por que a senhora pergunta? Não pareço fazer medicina porque não tenho cabelos lisos?

— Não, é porque geralmente quem faz medicina se veste de outra maneira. Mas hoje em dia até filho de faxineiro pode estudar, não é?

Referência: "Estudante de Medicina sofre racismo por não ser branquinha de cabelos lisos", https://goo.gl/pmb67C. Data de acesso: 10/2/2018.

Um senhor cabo-verdiano, ex-combatente do PAIGC (Partido Africano para a Independência da Guiné e Cabo Verde), relata que, quando estava na escola, tinha um espelhinho no bolso, que usava para ver se o sol o estava a bronzear demais. Segundo ele, a tonalidade da pele era muito importante e por isso olhava o espelhinho de vez em quando para ver se estava a ficar mais branco ou mais negro. Conta também que a cor da pele era importante socialmente e para as candidaturas ao serviço administrativo nas colónias, e as famílias eram classificadas de acordo com o tom da pele.

Referência: "Cabo Verde: 'Ser africano em Cabo Verde é um tabu'", www.publico.pt/mundo/noticia/ser-africano-em-cabo-verde-e-um-tabu-1718673. Data de acesso: 10/2/2018.

a De que maneira os dois relatos se assemelham? De que forma diferem?

b Que aspectos explicariam e justificariam as experiências relatadas?

2   Você já tinha ouvido histórias de discriminação racial como as apresentadas na atividade 1? Compartilhe as suas respostas com seus/suas colegas.

Extrapolando

1   Em duplas, leiam as seguintes expressões que envolvem cor ou características raciais racistas na língua portuguesa. Depois, façam o que se pede.

A coisa tá preta – Lista negra – Não sou tuas negas – Beleza exótica – Humor negro

Dia de branco – Cabelo ruim

   a   Discutam: vocês conhecem alguma(s) das expressões listadas? Qual é o seu significado? Que expressões poderiam ser usadas para substituí-las?

   b   Respondam: há expressões racistas na(s) sua(s) língua(s) nativa(s)? Anotem as expressões e compartilhem a sua lista com colegas de outra dupla. Em seguida, tentem substituir as expressões por outras sem preconceito.

   c   Discutam: é importante evitar vocabulário racista? Justifiquem as suas respostas. Que formas de ação podem ser implementadas no combate ao racismo?

VOCÊ SABIA?

O racismo no Brasil não se deve simplesmente ao fato de o país ter sido o último nas Américas a abolir a escravidão, mas está ligado também ao fato de que, com a abolição, pouca coisa mudou na realidade. Especificamente, a essência das relações sociais não mudou no Brasil após a abolição da escravidão em 1888. O Estado tinha uma atitude omissa com relação ao negro liberto, que continuou sendo visto como material humilhado. Durante muitas décadas, diversos movimentos políticos e sociais e mesmo os estudos em ciências humanas se valeram do darwinismo social e do evolucionismo para tentar explicar o racismo no Brasil. Meio século depois da abolição da escravatura, a crescente tentativa de se negar a existência do racismo foi consagrada pela crença na teoria da democracia racial de Gilberto Freyre, apresentada no livro *Casa-Grande e Senzala*, publicado em 1933. Para Freyre, as relações próximas entre senhores e escravos antes da abolição teriam impedido o caráter maligno do imperialismo português, e a miscigenação entre brancos, indígenas e negros teria como resultado o surgimento de um convívio harmonioso entre as raças e o nascimento de uma "metarraça". Hoje em dia, a democracia racial funciona como um instrumento ideológico que mascara os preconceitos, dificulta transformações e fossiliza as desigualdades. A implementação da Lei Caó (Lei 7.716/1989), que pune atos de discriminação por raça e cor, assim como as discussões sobre as políticas de cotas em instituições de ensino superior, ilustram a existência do preconceito e criam oportunidades para debates.

2　Em grupos, discutam as afirmativas abaixo e concluam se concordam ou não com cada uma. Use estratégias para concordar e para discordar.

    a　O racismo institucionalizado é uma lenda.

    b　O racismo no Brasil é diferente do racismo em outros países lusófonos.

    c　O conceito de raça no Brasil difere do conceito de raça utilizado em outros países.

    d　Etnia e raça têm significados completamente diferentes.

 Para mais atividades sobre o combate à discriminação racial, visite www.routledge.com/cw/santos.

Aprendendo a aprender

Usando erros como fonte de reflexão e aprendizagem

1　Complete o quadro com erros que você cometeu durante o trabalho nesta unidade.

Erros que envolveram . . .	
o uso de vocabulário	
a aplicação de gramática	
a escuta	
a leitura	
a fala	
a escrita	

2   Em grupos de três, conversem sobre as possíveis causas dos erros listados na atividade 1. Usem a ficha a seguir como referência.

Possíveis causas de erros no uso da língua estrangeira

▶ *Vocabulário limitado*

▶ *Área gramatical desconhecida ou causadora de dificuldade*

▶ *Interferência da língua materna*

▶ *Dificuldade em perceber ou produzir sons*

▶ *Dificuldade em se concentrar na situação de uso (falar, ouvir, escrever, ler)*

▶ *Ansiedade*

▶ _____

---

3   Partindo da análise realizada na atividade 2, escolha um dos erros relacionados na atividade 1 e pense: como seria possível evitar erros semelhantes no futuro? Anote as formas possíveis para evitar esse tipo de equívoco.

4   Ponha em prática uma das ideias listadas na atividade 3 e avalie a sua experiência: ela ajudou a evitar erros? Descreva e justifique a experiência a seus/suas colegas.

Autoavaliação

1   Como você avalia a sua aprendizagem e o seu desempenho nessas áreas?

	Muito bem. ☺	Bem. ☺	Preciso melhorar. ☹
VOCABULÁRIO Compreender palavras de origem indígena			
Compreender palavras de origem africana			
Usar **a** e **para**			
Usar informações de um corpus para saber sobre usos de um termo			

(Continua)

111

	Muito bem. ☺	Bem. ☺	Preciso melhorar. ☹
GRAMÁTICA Usar o pretérito perfeito			
Usar discurso direto e indireto			
PRONÚNCIA Identificar e produzir os sons [s] e [z]			
ESCUTA Ouvir lendas brasileiras			
Identificar o assunto do que se ouve			
Identificar a ideia geral do que se ouve			
LEITURA Ler crônicas			
Visualizar o que é lido			
FALA Participar de um roleplay			
Concordar e discordar			
Pedir a opinião do/a interlocutor/a			
ESCRITA Escrever um relato pessoal			
Considerar características do gênero textual que se escreve			
CULTURA Identificar e distinguir as noções de estereótipo, preconceito e discriminação			
Reconhecer aspectos de racismo no mundo lusófono			
Considerar formas de combater a discriminação racial			
APRENDIZAGEM AUTÔNOMA Usar erros como fonte de reflexão e aprendizagem			

2   Elabore um plano de ação para lidar com as áreas que precisam de mais prática, listando o que você vai fazer (coluna da esquerda) e em que prazo (coluna do meio). Depois de cumprir o seu plano, avalie os novos resultados (coluna da direita).

O que vou fazer?	Prazo	Nova avaliação sobre a minha aprendizagem e desempenho

3   Folheie a próxima unidade do livro e responda.

   a   Quais são os assuntos principais na próxima unidade?

   b   Como você pode praticar as áreas listadas na atividade 1 na próxima unidade?

4 | Para Além da Sétima Arte

NESTA UNIDADE VOCÊ VAI

▶ Ouvir parte do roteiro de uma peça, prestando atenção a características sobre os personagens, prestando atenção a grupos de palavras e vocalizando o que ouve

▶ Compreender usos da terminação **-inho/a**

▶ Aprender e praticar expressões com **dar** e **tomar**

▶ Usar ferramentas de busca online para pesquisar sobre expressões

continua

▶ Rever e usar o pretérito imperfeito

▶ Distinguir e usar o pretérito perfeito e imperfeito para falar sobre o passado

▶ Narrar um evento passado

▶ Ler resenhas, prestando atenção a conectivos e marcadores temporais

▶ Contrastar usos de **pouco** e **um pouco**

▶ Identificar as funções de diferentes conectivos

▶ Contrastar usos do presente e dos pretéritos

▶ Praticar os sons [e], [ɛ], [o] e [ɔ]

▶ Discutir sobre um livro, fazendo referência a partes dele e justificando as suas opiniões

▶ Identificar e usar marcas de informalidade em uma interação oral

▶ Escrever uma resenha sobre um vídeo, considerando o suporte, o nível de formalidade e os leitores potenciais

▶ Discutir características das novelas e o seu impacto na disseminação da cultura

▶ Pesquisar sobre participação em atividades culturais na sua comunidade

▶ Examinar a influência da TV na formação de opiniões

▶ Praticar a escuta e a leitura com o objetivo de reparar usos do português

PRIMEIRAS IMPRESSÕES

1   Que tipos de manifestações artísticas a imagem na página anterior ilustra?

2   Que elementos da imagem mais chamam a sua atenção? O que eles representam?

3   O que você sabe sobre manifestações artísticas no mundo lusófono? Sobre que manifestações artísticas do mundo lusófono gostaria de saber mais? Dê detalhes e tome notas de alguns fatos e ideias.

 Para sugestões de material adicional sobre o assunto desta unidade, visite www.routledge.com/cw/santos.

À escuta

Preparando-se para escutar

1 Em grupos, leiam a minibiografia e respondam às perguntas.

> Luís Carlos Martins Pena nasceu em 1815 no Rio de Janeiro e faleceu em Lisboa em 1848. Era filho de João Martins Pena e Francisca de Paula Julieta Pena. Perdeu o pai com um ano de idade e a mãe, aos dez. Martins Pena foi educado por tutores, que o prepararam para a vida comercial. No entanto, cedeu à vocação de artista e frequentou a Academia de Belas Artes, onde estudou, entre outras coisas, línguas, história, literatura e teatro.
>
> A sua maior contribuição à literatura brasileira foi como teatrólogo. Martins Pena levou ao teatro brasileiro a comédia de costumes, na qual satirizava a sociedade da época. Em um estilo cômico, mostrou a realidade de um país considerado atrasado, fazendo a plateia rir de si mesma. Os seus textos contêm flagrantes da vida brasileira, do campo à cidade. Os seus temas principais eram os problemas familiares, casamentos, heranças, dotes, dívidas, corrupção, injustiças e festas populares. A sua galeria de tipos compreende, entre outros, funcionários públicos, padres, juízes, malandros, matutos, moças namoradeiras, guardas nacionais, mexeriqueiros e viúvas.
>
> Martins Pena escreveu cerca de 20 peças. "O Juiz de Paz na Roça", "Judas em Sábado de Aleluia", "Os Irmãos das Almas", "Quem Casa Quer Casa" e "O Noviço" são algumas das principais.
>
> Referência: "Martins Pena", http://educacao.uol.com.br/biografias/martins-pena.htm. Data de acesso: 11/2/2018.

a Vocês já tinham ouvido falar de Martins Pena? Se sim, o que já sabiam sobre ele? O que aprenderam com a leitura da minibiografia?

b O que vocês sabem sobre a sociedade brasileira do século XIX? Quais dos seus aspectos vocês acham que poderiam ser alvo da sátira do teatrólogo? Listem algumas ideias, justificando-as.

VOCÊ SABIA?

A comédia de costumes é caracterizada pela sátira a uma ou várias classes sociais, que são representadas por personagens estereotípicos. O assunto principal é normalmente a conduta dos personagens e a descrição da vida social cotidiana. A comédia de costumes se dirige ao próprio público que é satirizado.

 Para saber mais sobre outros teatrólogos do mundo lusófono, vá a www.routledge.com/cw/santos.

Escutando

 1 Ouça o áudio e responda às perguntas, indicando o grau de certeza que você tem para cada resposta. Verifique a atividade em duplas, justificando as suas respostas.

ESTRATÉGIA: PRESTANDO ATENÇÃO A ASPECTOS CONTEXTUAIS: PARTICIPANTES E TOM DE VOZ

Quando ouvimos em língua estrangeira, dificilmente podemos reagir comentando que não entendemos nada. Mesmo quando não compreendemos o vocabulário, é geralmente possível inferir algumas características do contexto da fala, por exemplo, quantos participantes há, se são homens ou mulheres, adultos ou crianças, se estão calmos, nervosos, zangados, preocupados, entre outros. Esses detalhes, por sua vez, contêm informações importantes sobre o que se ouve.

Perguntas	Respostas	Grau de certeza das respostas $\longleftarrow \qquad \longrightarrow$ Grande Médio Baixo
Quantas pessoas falam no áudio?		
Qual é a relação entre elas?		
O que pode ser inferido pelo tom de voz dessas pessoas?		

 2 Ouça de novo, prestando atenção aos trechos abaixo. Depois escreva V (verdadeira) ou F (falsa) sobre cada uma das alternativas.

Trecho 1

"Ai, amorzinho! Que marido!"

Trecho 2

"Quando eu te vi pela primeira vez não sabia que eras viúva rica. Se o sabia! Amei-te por simpatia."

a ( ) No Trecho 1 a atriz usa o mesmo tom de voz na primeira e na segunda frase.

b ( ) No Trecho 2 o ator usa diferentes tons de voz nas três frases.

117

3   Use as direções de palco no quadro a seguir para completar o roteiro correspondente às falas da atividade 2. Depois, complete as afirmativas selecionando uma das opções entre parênteses.

(Alto:)   (à parte:)   (à parte:)

    "FLORÊNCIA   – Ai, amorzinho! _____ Que marido!
                  [. . .]
    AMBRÓSIO   – Quando eu te vi pela primeira vez não sabia que eras viúva rica. _____ Se o sabia! _____ Amei-te por simpatia."

---

a   Diferentes tons de voz (podem/não podem) indicar maior ou menor ênfase na fala.

b   Diferentes tons de voz (podem/não podem) indicar que se fala com diferentes pessoas.

4   Ouça mais uma vez e complete o roteiro com grupos de palavras.

ESTRATÉGIA: PRESTANDO ATENÇÃO A GRUPOS DE PALAVRAS E VOCALIZANDO O QUE SE OUVE

A escuta de ouvintes bem-sucedidos/as não foca em palavras isoladas, mas, sim, em grupos de palavras. O sentido sobre o que se ouve é, pois, construído a partir da percepção de grupos de palavras e não a partir da soma dos sentidos individuais das palavras que compõem o grupo ouvido. Uma forma de lidar com grupos de palavras mais longos, ou que contêm vocabulário a princípio não reconhecido, é vocalizar tal grupo, isto é, repeti-lo mentalmente ou em voz baixa.

O NOVIÇO

Martins Pena

[. . .]
Cena ii
Florência: Ainda despido, Ambrósio?
Ambrósio: É cedo. São nove horas e o ofício de Ramos principia _____.
Florência: É preciso ir mais cedo _____.
Ambrósio: Para tudo há tempo. Ora, dize-me, minha bela Florência . . .
Florência: O que, meu Ambrosinho?

Ambrósio:	O que pensa tua filha do nosso projeto?
Florência:	O que pensa não sei eu, nem disso se me dá; quero eu – _____. E é seu dever obedecer.
Ambrósio:	_____ ; estimo que tenhas caráter enérgico.
Florência:	Energia tenho eu.
Ambrósio:	E atrativos, feiticeira . . .
Florência:	Ai, amorzinho! Que marido!
Ambrósio:	Escuta-me, Florência, _____ . Crê que ponho todo o meu pensamento em fazer-te feliz . . .
Florência:	_____ sou atenção.
Ambrósio:	Dois filhos te ficaram do teu _____ . Teu marido foi um digno homem e _____ ; deixou-te herdeira de avultado cabedal. Grande mérito é esse . . .
Florência:	Pobre homem!
Ambrósio:	Quando eu te vi pela primeira vez não sabia que eras viúva rica. Se o sabia! Amei-te _____ .
Florência:	Sei disso, _____ .
Ambrósio:	E não foi o interesse que obrigou-me a casar contigo.
Florência:	Foi o amor que nos uniu.
Ambrósio:	Foi, foi, mas agora que me acho casado contigo, é de meu dever zelar essa fortuna _____ .
Florência:	Que marido!
Ambrósio:	Que tola!
[. . .]	

Referência: Domínio público. Extraído de "O Noviço", www.bdteatro.ufu.br/download.php?pid=TT00422. Data de acesso: 11/2/2018.

5   Ambrósio diz: "Se o sabia!". Com essa fala, ele quer dizer que:

a   ( ) Não tinha ideia que Florência era viúva.

b   ( ) Suspeitava que Florência era rica.

c   ( ) Conhecia a situação financeira de Florência.

d   ( ) Desconhecia o estado civil de Florência.

6   Marque as alternativas que descrevem a fala final de Ambrósio ("Que tola!").

a   ( ) A fala é dita a Florência.

b   ( ) A fala é sobre Florência.

c   ( ) A fala não faz parte do diálogo entre Ambrósio e Florência.

d   ( ) A fala não precisa de direções de palco no roteiro.

e   ( ) A fala necessita de direções de palco esclarecendo que deve ser dita "à parte".

Refletindo sobre a escuta

1   Reflita ou discuta em duplas.

a   As peças de teatro têm o objetivo de serem vistas pelo público, não apenas ouvidas. Comente a respeito da experiência de ouvir a dramatização de parte de um roteiro e responda: que dificuldades podem ser encontradas pelos/as ouvintes? O que pode ser feito para superar tais dificuldades?

b   De que forma ouvir dramatizações de roteiros em português pode fortalecer a sua escuta nessa língua?

c   Quais estratégias vocês usaram ao ouvir o trecho do roteiro de "O noviço"? Comentem sobre os usos das estratégias selecionadas e os seus benefícios para a compreensão.

( ) Previsões antes de ouvir

( ) Identificação de sotaques

( ) Identificação do assunto e ideia geral

( ) Identificação de informações específicas

( ) Atenção ao tom de voz dos falantes

( ) Foco em grupos de palavras

( ) Vocalização

A B C Palavras etc.

Terminação -inho/a

1   Leia e repare as palavras destacadas. Que ideias são indicadas pelo uso de **-inho/a**?

> ▶ "O que, meu **Ambrosinho**?"
>
> ▶ "Sei disso, **vidinha**."

a   ( ) relação afetuosa

b   ( ) informalidade

c   ( ) formalidade

d   ( ) tamanho pequeno

e   ( ) desprezo, ironia

f   ( ) tratamento familiar

2   Qual dos seguintes usos ilustra as mesmas ideias selecionadas na atividade 1?

a   ( ) "Ora, dize-me, **minha** bela Florência . . ."

b   ( ) "Ai, **amorzinho**!"

VOCÊ SABIA?

O sufixo **-(z)inho/a** pode ser adicionado a substantivos e a adjetivos para indicar não apenas tamanho reduzido, mas também expressar afetividade (p. ex., "benzinho"), entre outras ideias. Quando adicionado a substantivos e adjetivos, o sufixo concorda em gênero e número com o substantivo. Em certos casos, pode ser adicionado também a advérbios para expressar o superlativo (p. ex., "devagarinho" ou "devagarzinho" = "muito devagar"). Nesses casos, o sufixo não apresenta variação: é sempre **-(z)inho** ("Ela caminha devagarzinho").

3   Leia a sinopse do livro *O beijo da palavrinha*, de Mia Couto, e sublinhe as palavras que contêm os sufixos **-(z)inho/a**. Em seguida, responda e compare as suas respostas com as de um/a colega.

Era uma vez uma menina que se chamava Maria Poeirinha. Ela era muito pobrezinha e nunca tinha visto o mar. Um dia, Maria Poeirinha ficou doente. O tio Jaime Litorânio pensou que o mar poderia curá-la. No entanto, Maria Poeirinha estava tão fraquinha que não pôde fazer a viagem. Então, o irmão dela teve uma ideia: ele escreveu uma palavrinha no papel: m-a-r. Maria Poeirinha passou os dedinhos em cima da palavra. Uma gaivota então ergueu-se da cama de Maria Poeirinha, que foi beijada pela palavra "mar", e afogou-se nela.

a   Em cada palavra sublinhada, o sufixo indica (i) tamanho pequeno, (ii) afetividade ou (iii) intensificação?

b   Como você interpreta o título do livro (*O beijo da palavrinha*)?

4   Em duplas ou em pequenos grupos, conversem sobre a(s) sua(s) língua(s) nativa(s).

a   Há elementos que podem ser adicionados a palavras para indicar uma das ideias listadas na atividade 1? Deem detalhes e exemplos.

b   Os aprendizes da(s) sua(s) língua(s) nativa(s) como língua estrangeira costumam ter dificuldades em perceber algum desses elementos? Por quê?

121

Expressões com dar e tomar

1 Leia os seguintes trechos do roteiro da faixa 12 e escolha a alternativa que melhor explica o sentido das expressões destacadas.

a

"AMBRÓSIO	– O que pensa tua filha do nosso projeto?
FLORÊNCIA	– O que pensa não sei eu, nem **disso se me dá**; quero eu – e basta. E é seu dever obedecer."

( ) com isso me importo ( ) isso me dá raiva ( ) disso eu gosto

b

"AMBRÓSIO	– É cedo. (Vendo o relógio.) São nove horas e o ofício de Ramos principia às dez e meia.
FLORÊNCIA	– É preciso ir mais cedo para **tomarmos lugar**."

( ) sair mais cedo ( ) nos sentarmos ( ) conversar com outros presentes

VOCÊ SABIA?

O verbo **dar** e o verbo **tomar** são muito frequentes na língua portuguesa. O primeiro é a 36ª palavra mais frequente no português, enquanto o último aparece na posição 163. Esses dois verbos são usados em muitas expressões, inclusive "toma lá, dá cá", que indica uma troca de favores. Destaca-se também outra expressão (mais utilizada em Portugal que no Brasil): "Tanto se me dá quanto se me deu". O verbo **tomar** também aparece em colocações como "tomar água" (ou café, chá, cerveja, vinho etc.), "tomar remédio", "tomar sorvete/gelado" e "tomar banho", e em expressões como "tomar liberdade", "tomar vergonha", "tomar juízo" e "tomar satisfação".

Referência: Davies, Mark e Preto-Bay, Ana Maria Raposo (2008). *A frequency dictionary of Portuguese*. Nova York/Londres: Routledge.

2 Primeiro, leia as frases. Depois, relacione as expressões destacadas aos seus significados. Por último, confira as suas respostas com um/a colega, respondendo: vocês estão de acordo? Como chegaram às respostas?

a Preciso levar este sofá para o palco. Você pode me **dar uma mão**?

b O ator tem que ficar pendurado por uma corda? Isso não vai **dar certo**. E se ele cair?

c   As luzes não funcionam? Isso não é problema meu. Vocês têm que **dar um jeito**!

d   O Mariano Medeiros não **se dá bem** com o Lucas Ladeira. Quem foi que escalou os dois para o mesmo filme?

e   Já são 6 horas e a peça começa às 7. Você tem certeza que vai **dar tempo de** chegar ao teatro?

f   O problema não é chegar. O que eu não sei é se vai **dar para** estacionar perto do teatro.

g   Ela queria trabalhar no cinema, mas como não **dá para** atriz, resolveu ser diretora. Ainda bem, porque os filmes dela são ótimos!

h   Esse set está completamente desorganizado! Chame alguém para **dar um jeito** aqui.

    ( ) ajudar

    ( ) arrumar, organizar

    ( ) funcionar, correr bem

    ( ) haver tempo para

    ( ) relacionar-se bem

    ( ) resolver um problema

    ( ) ser possível

    ( ) ter vocação para

3   Usando um dicionário ou uma ferramenta de busca online, procure o significado das expressões do quadro. Em seguida, forme frases com cada uma delas. Peça a um/a colega para ler e verificar as suas frases.

(não) dar em nada	dar garantia(s)	dar licença
dar notícia	dar para trás	dar trabalho

4   Complete usando um substantivo de modo que as frases façam sentido. Confira as suas respostas com as de um/a colega.

a   Está fazendo calor. Vamos tomar um _____ antes da peça? Eu vou pedir um de manga, e você?

b   Aquele cantor evita tomar _____ porque a cafeína pode prejudicar a voz.

c   Depois de gravar a cena da luta no meio de um pântano, os atores tiveram que tomar um _____ demorado para tirar toda a lama do corpo!

d   Como a peça é um monólogo, o ator toma _____ durante o espetáculo para não ficar com sede. Afinal, ele passa mais de uma hora falando!

e   José, eu tomei a _____ de comprar ingressos para o Mário e a Carla também. Espero que você não se importe.

f   A dublê estava com muitas dores, mas a filmagem não podia atrasar. Por isso, ela tomou um _____ para a dor e continuou filmando.

g   A atriz tomou várias _____ de canto para fazer o papel de Maria Callas.

h   O ator interrompeu a peça para tomar _____ com um espectador que gritava insultos.

123

5   Escreva um pequeno parágrafo sobre uma peça a que você assistiu ou gostaria de assistir. Use pelo menos uma expressão com **dar** e uma expressão com **tomar**.

Vocabulário frequentemente usado

1   Observe os resultados de uma busca online na seguinte imagem e converse com um/a colega: a que conclusões se pode chegar?

> tomei a liberdade   ⌨   🔍
>
> **Todas**   Notícias   Imagens   Vídeos   Shopping   Mais   Configurações   Ferramentas
>
> Aproximadamente 497.000 resultados (0,28 segundos)

Referência: https://goo.gl/hmTzCG. Data de acesso: 18/5/2018.

CORPUS

As ferramentas de busca disponíveis online podem fornecer informações sobre a frequência de uma palavra ou expressão. Podem também dar informações a respeito de colocações e contextos de uso da palavra ou expressão, além de tradução para várias línguas.

2   Leia alguns dos resultados de uma busca por "tomei a liberdade" e responda.

Anita Malfatti - Tomei A Liberdade De Pintar A Meu Modo - Luzia ...
https://www.fnac.pt/.../Anita-Malfatti-Tomei-A-Liberdade-De-Pintar-A-Meu-Modo ▾
Luzia Portinari Greggio, Anita Malfatti - **Tomei A Liberdade** De Pintar A Meu Modo, Luzia Portinari Greggio". Compre livros na Fnac.pt.

"Hoje, tomei a liberdade de reservar um jantar para um casal especial ...
https://www.psicologiarelaction.com/.../Hoje-tomei-a-liberdade-de-reservar-um-jantar-... ▾
25 de abr de 2017 - Tome a iniciativa. Surpreenda o seu companheiro amoroso ou a sua companheira amorosa. Crie um momento agradável para dois seres ...

Olá Danilo boa noite. Tomei a liberdade... - Marcia Sepulvedra ...
https://www.facebook.com/danilocorbasarquiteturasustentavel/posts/1052321634843581
Olá Danilo boa noite. **Tomei a liberdade** de lhe mandar uma solicitação em formato word. Se possível for avalie e me retorne por favor. Ante de mais nada...

Anita Malfatti: Tomei a Liberdade de Pintar a Meu Modo (Portuguese ...
https://www.amazon.com/Anita-Malfatti-Liberdade-Pintar-Portuguese/.../8598230170 ▾
Tomei a liberdade de pintar ao meu modo foi o título-desabafo que a própria Anita cunhou para uma exposição realizada por Bardi no Museu de Arte de São ...

Referência: https://goo.gl/hmTzCG. Data de acesso: 18/5/2018.

a   Qual é o assunto principal em dois dos resultados apresentados?

b   Quem é Anita Malfatti? Como você sabe?

c   O que os resultados podem lhe informar sobre colocações que costumam vir depois do uso de "tomei a liberdade"?

3   Escolha uma expressão com **dar** e pesquise essa expressão na internet usando uma ferramenta de busca. Depois responda.

a   É uma expressão muito frequente?

b   Em que contextos ela costuma ser usada?

c   Que colocações costumam ocorrer com a expressão?

d   O que mais você pode observar a partir dos resultados da sua pesquisa?

Descobrindo a gramática

Pretérito imperfeito

Mais informações na seção Referência Gramatical

1   Leia o seguinte trecho do roteiro da peça da seção *À escuta* e sublinhe os verbos. Em seguida, responda.

"Quando eu te vi pela primeira vez não sabia que eras viúva rica."

a   Qual(is) verbo(s) ilustra(m) o uso do pretérito imperfeito? Como você sabe?

b   A que pessoa (**eu** ou **tu**) esse(s) verbo(s) no pretérito imperfeito se refere(m)? Como você sabe?

c   Qual dos dois esquemas melhor representa os verbos no pretérito imperfeito? Justifique a sua resposta com base nos exemplos sublinhados no quadro.

(i)

125

(ii)

← —————— | —————— →
Passado   Presente   Futuro

2   Em duplas, completem a explicação sobre o pretérito imperfeito usando as opções do quadro.

com terminações irregulares	descrever características
é o tempo verbal usado	formado com as terminações
não se focaliza a completude no lugar do	o começo nem o fim

O pretérito imperfeito normalmente é _____ -ava/-avas/-ávamos/-a-vam e -ia/-ias/-íamos/-iam. Só há quatro verbos _____: pôr, ser, ter, vir. Com o pretérito imperfeito, _____ do evento, que é visto sem limites temporais (ou seja, o pretérito imperfeito não destaca _____ do evento ou da situação). Este tempo verbal é usado para expressar hábito, indicar progressividade e _____ no passado. Também é comumente usado _____ condicional/futuro do pretérito. Além disso, _____ para dizer horas e idade no passado.

3   Complete as frases usando os verbos do quadro no pretérito imperfeito. Um mesmo verbo pode ser utilizado mais de uma vez.

estar   ir   pôr   ser   ter   vir

a   Antigamente nós _____ ao teatro uma vez por mês.

b   Eu _____ procurando uma boa peça para ver esta semana. Você tem alguma sugestão?

c   Aquele teatro _____ poltronas desconfortáveis, mas está melhor depois da reforma.

d   Se os ingressos custassem menos, as pessoas_____ mais ao teatro.

e   _____ exatamente oito horas quando a peça começou.

f   A personagem principal _____ 70 anos, mas a atriz _____ mais jovem pelo menos uns 40 anos.

g   Este teatro não mudou nada. Quando nós _____ crianças, sempre _____ assistir a peças aqui. Continua tudo igual.

h   O José é ator e, quando estava casado comigo, nunca _____ para casa antes da 1 hora da madrugada.

i   No final daquela peça, gradualmente, cada personagem _____ a cabeça nos ombros de outra. Em seguida, todas começavam a chorar e a cortina se fechava.

4   Complete o quadro relacionando as seguintes funções do pretérito imperfeito com os exemplos da atividade 3. Observe que uma função pode ser associada a mais de um exemplo.

Funções	*Exemplos*
Descrição de características	
Hábito	
Horas	
Idade	
Progressividade	
Substituição do condicional	

5   Leia o texto a seguir e sublinhe os verbos que estão no pretérito imperfeito. Depois, responda às perguntas em duplas.

Cinematógrafo

A sétima arte

O cinema é conhecido como a sétima arte porque veio depois da arquitetura, dança, escultura, música, pintura e poesia. Já no século XVIII falava-se das belas artes, ou seja, artes que representavam a beleza e não tinham necessariamente uma utilidade prática. O cinematógrafo foi inventado no final do século XIX pelos irmãos Lumière, que tinham 31 e 33 anos em 1895, quando aconteceu a primeira sessão de cinema na França. Os filmes exibidos naquela altura eram curtos e retratavam a vida cotidiana. As pessoas iam ao cinema e até se assustavam: dizem que havia um filme em que uma locomotiva vinha se aproximando e o público ficava com medo de ser atropelado! Mais tarde, os filmes adquiriram um caráter narrativo e passaram a contar histórias. No começo do século XX, o intelectual Ricciotto Canudo propôs que o cinema fosse considerado a sétima arte: o cinema era a arte plástica em movimento. Se não fosse pelos irmãos Lumière, não tínhamos hoje mais de 120 anos de cinema.

Referências: "A origem da sétima arte", www.portaleducacao.com.br/cotidiano/artigos/53247/a-origem-da-setima-arte-cinema;
"Se o cinema é a sétima arte, quais são as outras?", http://mundoestranho.abril.com.br/materia/se-o-cinema-e-a-setima-arte-quais-sao-as-outras. Data de acesso: 11/2/2018.

a   Que exemplos do texto correspondem às funções listadas a seguir? Se não houver nenhum exemplo para alguma(s) das funções, indique "não há".

- ▶ Descrição de características
- ▶ Hábito
- ▶ Horas
- ▶ Idade
- ▶ Progressividade
- ▶ Substituição do condicional

b   Que usos do pretérito imperfeito você já conhecia? Que usos não conhecia? Você conhece algum uso do pretérito imperfeito que não está relacionado na atividade 5a?

6   Que informações contidas no texto "A sétima arte" você já conhecia? O que foi novidade para você? Converse com um/a colega sobre informações que vocês já sabiam e o que aprenderam ao ler o texto.

7   Complete as frases usando os verbos do quadro no pretérito imperfeito, adicionando quaisquer outros elementos e informações necessárias. Em seguida, compare as suas respostas com as de um/a colega e conversem sobre as suas experiências no passado.

achar (algo ou alguém interessante)   escrever (poemas, raps etc.)   pintar (quadros, objetos)
    ser   tocar (um instrumento musical)   ver (filmes, peças de teatro, shows etc.)

a   Quando eu era adolescente, eu _____.

b   Quando eu era criança, meus amigos _____.

c   Antigamente _____.

d   Tenho saudades do tempo em que eu e os meus amigos _____.

 Em www.routledge.com/cw/santos você encontra mais atividades para praticar o pretérito imperfeito.

Pretérito perfeito e pretérito imperfeito: interfaces e contrastes

---

Mais informações na seção Referência Gramatical

---

1   Releia o trecho do roteiro da peça da seção *À escuta*. Em seguida, responda.

"Quando eu te **vi** pela primeira vez não **sabia** que **eras** viúva rica."

a   Qual dos esquemas visuais melhor representa a relação entre os verbos "vi" e "sabia"?

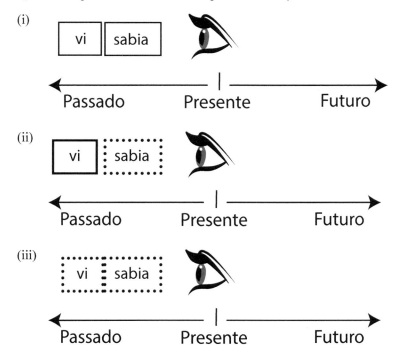

b   Qual esquema melhor representa a relação entre os verbos "vi" e "eras"?

(i)

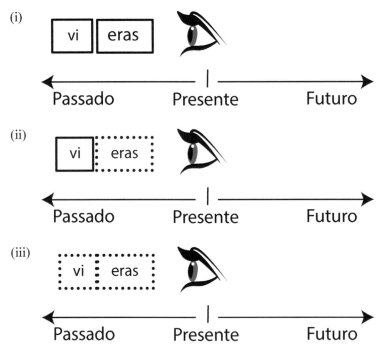

(ii)

(iii)

2   Escolha a melhor opção entre parênteses para completar o texto sobre o pretérito perfeito e o pretérito imperfeito.

A diferença entre o pretérito perfeito e o imperfeito está relacionada aos limites do evento ou da condição. Enquanto o pretérito (perfeito/imperfeito) delimita a situação temporalmente, o pretérito (perfeito/imperfeito) indica um evento que é percebido sem limites temporais. Com o pretérito imperfeito a situação é expressa (com/sem) ênfase ao seu início ou à sua conclusão. Já o uso do pretérito perfeito chama a atenção ao fato de que a situação está (completa/incompleta). Por não focalizar os limites de uma situação, o pretérito (perfeito/imperfeito) funciona como pano de fundo em uma narrativa, enquanto o pretérito (perfeito/imperfeito) é usado no primeiro plano, mostrando os eventos ocorridos.

3   Circule os exemplos do pretérito perfeito no texto "A sétima arte" na seção *Pretérito imperfeito*. Observe os usos desse tempo verbal e responda, justificando.

a   O pretérito perfeito indica situações percebidas como completas ou incompletas?

b   Com o uso do pretérito perfeito, mostra-se ou não se mostra o ponto inicial e/ou final de alguma situação?

4   Pratique o uso do pretérito perfeito e imperfeito com as três atividades que seguem. As atividades aparecem em ordem de dificuldade (da mais fácil à mais difícil). Escolha a ordem em que você quer praticar. Depois, converse com um/a colega sobre as atividades e a sua escolha. Você acha que a ordem escolhida foi a mais apropriada para você? Por quê (não)?

a   Complete o texto sublinhando a melhor alternativa entre os parênteses.

Nós (fomos/íamos) ao cinema ontem ver o último filme da Anna Muylaert. Quando (estivemos/estávamos) saindo de casa, (chegou/chegava) um amigo que (apareceu/aparecia) sem avisar. (Ficamos/Ficávamos) um pouco constrangidos, mas (explicamos/explicávamos) a situação e (convidamos/convidávamos) o nosso amigo para ir conosco. Afinal, (soubemos/sabíamos) que ele (gostou/gostava) de cinema. Ele (decidiu/decidia) não ir e (disse/dizia) que (voltou/voltava) outro dia para conversar, mas que dessa vez (avisou/avisava) antes!

b   Preencha as lacunas com as opções dadas no quadro.

atuava	aconteceu	continuei	correu	entrou	era	estavam
estávamos	fiz	ouvia	reagi	seguimos	tinha	viram

Quando eu _____ adolescente, _____ em peças na minha escola. Numa ocasião, eu _____ o papel principal e _____ tudo bem nas duas primeiras exibições. Na terceira, no entanto, _____ algo inusitado: um rato _____ no palco. Eu _____ muito medo de ratos, mas naquele momento _____ calmamente e _____ as minhas falas. Os outros participantes que _____ o rato _____ apavorados e eu _____ o burburinho nos bastidores. Mas nós que _____ no palco _____ até o final da cena sem nos deixar abalar.

c   Preencha as lacunas usando um dos verbos dados no pretérito perfeito ou no pretérito imperfeito.

conseguir	estar	ir	levar	morar	quebrar

Na minha juventude eu _____ num subúrbio longe dos cinemas. Para ver bons filmes, eu _____ quase duas horas para chegar ao cinema. Uma vez eu _____ com um grupo de amigos e o ônibus _____. Claro que não _____ chegar a tempo. Ainda bem que eu não _____ sozinha!

5   Narre um evento para um/a colega. Escolha um dos temas de (a) a (e).

a   Uma ida memorável ao teatro

b   Um recital especial em que tudo deu errado

c   Um show de rock inesquecível

d   Um concerto de música que foi cancelado em cima da hora

e   Um encontro com um/a artista famoso/a

 ## Nas entrelinhas

Preparando-se para ler

ESTRATÉGIA: FAZENDO UMA LEITURA RÁPIDA

Muitas vezes, o objetivo de uma leitura não é o entendimento de detalhes, mas apenas da ideia geral ou assunto do texto. Isso acontece, por exemplo, quando se tem acesso a muitas informações ao mesmo tempo; quando se navega na internet mais livremente antes de decidir os textos em que nossa atenção deve recair; quando se quer avaliar preliminarmente onde em um texto pode estar a informação que procuramos; quando fazemos testes formais que envolvem leituras e queremos ter uma ideia geral do texto antes de ler à procura das respostas necessárias; quando precisamos identificar a função comunicativa de um texto (informar, persuadir, narrar, argumentar), entre outros.

 Em www.routledge.com/cw/santos você encontra mais informações e sugestões de atividades para praticar a leitura rápida em português.

1   Leia as definições abaixo dos gêneros textuais sinopse e resenha. Em seguida, faça uma leitura rápida dos Textos 1 e 2 e responda: qual gênero textual é representado por cada um deles?

Uma sinopse é uma descrição abreviada de uma obra, como um filme, um livro ou uma peça de teatro. A sinopse destaca aspectos relevantes da obra e também é conhecida como "resumo".

Uma resenha é um texto que analisa uma obra. Além de conter um resumo, a resenha oferece também uma avaliação crítica e recomendações sobre a obra.

Texto 1: _____

     A ex-professora Dora (Fernanda Montenegro) ganha a vida na Central do Brasil, no Rio de Janeiro, escrevendo cartas para pessoas que não sabem escrever. Ela não envia todas as cartas e fica, então, com parte do dinheiro destinado ao correio. Um dia, um menino chamado Josué (Vinicius de Oliveira) perde a mãe em um acidente e Dora decide ajudá-lo a encontrar o pai no sertão nordestino.

Texto 2: _____

O filme de Walter Salles aborda a inesperada amizade entre Dora (Fernanda Montenegro), uma mulher que busca uma segunda chance, e Josué (Vinicius de Oliveira), um menino que quer encontrar as suas raízes. Dora escreve cartas para pessoas iletradas na Central do Brasil, uma estação de trens e ônibus no Rio de Janeiro. Uma das suas clientes, Ana (Sôia Lira), vai com o filho de nove anos de idade, Josué, e pede que Dora escreva uma carta ao pai do menino, que vive no Nordeste. Ao ir embora, Ana é atropelada e morre, deixando o filho sozinho e sem ter para onde ir. Devido a uma crise de consciência provocada pela vizinha (a magnífica Marília Pera em um papel coadjuvante, mas não menor), Dora decide ajudar o menino e viaja com ele em busca do pai. Com a viagem, explora-se não apenas a vida de Dora, como a do próprio povo brasileiro, a quem a pátria amada fica a dever tanto. Através dos obstáculos enfrentados pela dupla, o filme mostra as dificuldades das pessoas que migram por um país onde prevalece a injustiça social e a arbitrariedade de algumas autoridades. A própria Central do Brasil é uma metáfora para o país: pela estação passam pessoas do Brasil inteiro, com seus diferentes costumes e culturas, buscando melhores oportunidades. O desempenho de Fernanda Montenegro é magistral e Vinicius de Oliveira, mesmo tão jovem e inexperiente (ou talvez por isso mesmo), não se intimida por contracenar com a grande dama das artes cênicas e atua de forma bela e natural. O resultado é um filme que parece simples, mas que olha de forma penetrante não apenas para os seus personagens como para o Brasil. A direção de Walter Salles é precisa e leva o espectador junto com os personagens a uma viagem lírica repleta de ternura. Ao mesmo tempo, Salles apresenta uma crítica inequívoca às desigualdades sociais e a um sistema que insiste em uma política de exclusão, ignorando os contributos de uma parcela tão grande da população. É um filme importante para todos, de todas as idades e origens, que querem conhecer melhor o Brasil.

Referência: "Central do Brasil", www.adorocinema.com/filmes/filme-19250/. Data de acesso: 12/2/2018.

VOCÊ SABIA?

O filme "Central do Brasil" é uma coprodução franco-brasileira e concorreu ao Oscar de melhor filme em língua estrangeira em 1999. A atriz Fernanda Montenegro também foi indicada ao Oscar pela sua atuação no filme. Apesar de não ter recebido a estatueta máxima, o filme foi consagrado com o Globo de Ouro, o Urso de Ouro (Festival de Berlim), o BAFTA (prêmio britânico) e o prêmio de melhor filme do Festival de Havana. Fernanda Montenegro recebeu o Urso de Prata em Berlim e o prêmio de melhor atriz em Havana, entre outros.

2   Em duplas, comparem as suas respostas na atividade 1 e justifiquem-nas oralmente com base nas definições apresentadas.

3   Com seus/suas colegas, leia a afirmativa a seguir e dê a sua opinião sobre ela, justificando-a. Tome notas das suas ideias e das ideias de seus/suas colegas.

> A identificação do gênero textual de um texto em uma leitura inicial rápida pode auxiliar o leitor a ficar mais atento a aspectos importantes do texto em uma leitura posterior.

Lendo

1   Leia as resenhas abaixo e escreva R1, R2, NR ou AR de acordo com a que as alternativas se referem: Resenha 1 (**R1**), Resenha 2 (**R2**), nenhuma das duas resenhas (**NR**) ou ambas as resenhas (**AR**).

Resenha 1

> "A batalha de Tabatô" é uma mistura de documentário e ficção que saiu em DVD no mês passado. Tabatô é uma aldeia na Guiné-Bissau onde todos os habitantes são músicos. Depois de participar da guerra colonial, o personagem principal volta à aldeia para o casamento da filha. Assim, pode-se dizer que o filme representa a própria situação da Guiné-Bissau, refletindo sobre o passado colonial. De modo geral o filme é interessante e deixa a ideia de que a música pode vencer até os males da guerra (no melhor estilo do bem contra o mal). Eu acho que a mistura de ficção e documentário deu certo porque dá à história uma aura de verdade que a ficção pura não alcançaria. No entanto, não gostei muito do uso um pouco amador da iluminação (ou da falta dela), embora isso não chegue a afetar o resultado final. Eu recomendo o filme e ontem mesmo comprei o DVD para dar de presente a um amigo.

Resenha 2

> "Os Maias" foi adaptado da excelente obra de Eça de Queiroz e, em geral, segue a história do romance de Eça. Carlos da Maia foi criado pelo avô em Lisboa depois que a mãe fugiu com um amante, levando a filha e deixando o filho, e o pai se suicidou. Passados vários anos, Carlos parte para estudar Medicina em Coimbra. Depois de terminar a faculdade, Carlos volta a Lisboa, onde passa muito tempo com os amigos. Um dia, conhece e encanta-se com uma brasileira que ele acha que é casada. Algum tempo depois, o suposto marido da brasileira revela que ela era apenas sua amante. Todavia, mais tarde vem uma revelação

continua

realmente surpreendente e uma reação inesperada de Carlos. A história representa a situação de Portugal no final do século XIX tal como vista por Eça: uma família e um país cheio de mazelas com pouca chance de regeneração. O filme é bastante criativo esteticamente. O diretor resolveu usar pinturas em vez de cenários, como se fosse uma peça teatral, o que resultou em um efeito inovador e positivo, porque mantém a atenção no desenrolar da trama. Contudo, o excelente enredo e o cenário singular não chegam a justificar cinco estrelas. Na minha opinião, algumas das atuações deixam a desejar e o filme se arrasta em certas partes. Eu li o livro há muito tempo e depois vi a série de televisão, por isso tinha expectativas em relação ao filme, mas acabei me decepcionando um pouco. Porém, gostei da criatividade visual e, além disso, acho que é sempre bom escutar as falas de personagens de Eça de Queiroz. Depois de ver o filme fiquei curioso a respeito dos outros filmes desse diretor. Esta semana pretendo ver o "Filme do Desassossego", realizado quatro anos antes. Na semana que vem eu vou postar as minhas impressões sobre o "Filme do Desassossego".

a ( ) Contém informações sobre o diretor.

b ( ) Contém um resumo da história.

c ( ) Contém verbos na 1ª pessoa.

d ( ) Destaca aspectos positivos e negativos.

e ( ) Fornece opiniões pessoais.

f ( ) Inclui recomendações do/a autor/a.

g ( ) Traz detalhes específicos sobre o final do filme.

h ( ) Usa verbos somente na 3ª pessoa.

2   Leia novamente o seguinte trecho da Resenha 2. Depois, indique se as afirmativas sobre o trecho são verdadeiras (V) ou falsas (F).

"Porém, gostei da criatividade visual e, além disso, acho que é sempre bom escutar as falas de personagens de Eça de Queiroz."

a ( ) O comentário faz uma avaliação predominantemente negativa sobre o filme.

b ( ) O uso de "porém" indica que antes do trecho houve um comentário negativo.

ESTRATÉGIA: PRESTANDO ATENÇÃO A CONECTIVOS

A atenção a elementos conectivos em um texto pode levar a importantes conclusões. Elementos que indicam adição (p. ex., **e, além disso, também**) informam sobre a presença de ideias similares; elementos que indicam contraste (p. ex., **porém, mas, contudo, no**

continua

135

> **entanto, todavia**) sugerem ocorrência de ideias opostas. A presença de comparações pode ser inferida pelo uso de conectivos como **da mesma maneira** ou **como**; causa e consequência, por **porque**, **diante de**, **em virtude de**; finalidade, por **a fim de que**, **para**. Mesmo que você não entenda vocabulário específico ao ler, você pode inferir a relação entre as ideias apresentadas prestando atenção a conectivos.

 Em www.routledge.com/cw/santos você encontra atividades adicionais sobre conectivos.

3   Releia o seguinte trecho da Resenha 2. Depois, junte-se a um/a colega e responda oralmente.

> "Todavia, mais tarde vem uma revelação realmente surpreendente e uma reação inesperada de Carlos."

    a   O que o uso do conectivo "Todavia" sugere?

    b   O autor da resenha dá detalhes sobre o que acontece "mais tarde"?

    c   Por que vocês acham que o autor tomou tal decisão?

4   Leia novamente as resenhas 1 e 2, e nos parênteses escreva N se a resenha for predominantemente negativa; escreva P se for predominantemente positiva. Depois, complete o quadro.

| | Palavras e/ou expressões que indicam . . . ||
	reações positivas	reações negativas
Resenha 1: ( )		
Resenha 2: ( )		

5   Responda.

    a   Que gêneros cinematográficos são usados em "A batalha de Tabatô"? O que o/a resenhista acha do uso desses gêneros? O que você acha dessa combinação de gêneros? Por quê?

    b   Por que "A batalha de Tabatô" pode ser entendido como uma metáfora à situação da Guiné-Bissau? Há algum filme que represente uma metáfora sobre o seu país de origem? Dê detalhes.

    c   O que o/a resenhista de "A batalha de Tabatô" fez depois de ver o filme? Por que você acha que ele/a fez isso?

    d   Segundo o autor da Resenha 2, o que a história em "Os Maias" simboliza? Qual é a sua opinião sobre essa ideia? Por quê?

    e   Qual é a opinião do resenhista sobre a cenografia do filme "Os Maias"? O que justifica essa opinião?

f   Para o autor da Resenha 2, como deve ser o ritmo de um filme?

g   Antes de ver "Os Maias", o que o resenhista tinha feito?

ESTRATÉGIA: PRESTANDO ATENÇÃO A MARCADORES TEMPORAIS

A compreensão de marcadores temporais (p. ex., **antes (de), após, depois (de), durante, em [ano], enquanto, posteriormente**) permite que o/a leitor/a estabeleça a ordem dos eventos narrados. É importante lembrar que esta ordem não é necessariamente a mesma em que os eventos aparecem no texto.

6   Numere os eventos em "Os Maias" seguindo a ordem em que acontecem.

a   (   ) Carlos da Maia reage de forma inesperada.

b   (   ) Carlos regressa a Lisboa.

c   (   ) A mãe de Carlos foge com um amante.

d   (   ) Carlos descobre que a brasileira não é casada.

e   (   ) Carlos estuda Medicina em Coimbra.

f   (   ) Carlos vai viver com o avô.

g   (   ) Carlos conhece uma brasileira.

7   Liste os marcadores temporais que permitiram colocar os eventos em ordem na atividade anterior.

8   Discutam em grupos.

a   Qual dos dois filmes resenhados vocês escolheriam para ver? Por quê?

b   Vocês já viram filmes guineenses? Se sim, qual(is)? O que acharam? Justifiquem as suas opiniões.

c   Que filmes produzidos em Portugal vocês já viram? Qual é o favorito? Por quê?

d   Que filme em língua portuguesa vocês viram mais recentemente? O que acharam? Justifiquem.

Refletindo sobre a leitura

1   Reveja as notas que você tomou na atividade 3 da seção *Preparando-se para ler* e discuta com seus/suas colegas: vocês gostariam de reformular os seus pensamentos originais de alguma maneira? Se sim, de que forma e por quê? Se não, por que não?

2   A identificação de conectivos e marcadores temporais auxiliou a sua compreensão das resenhas? Explique.

3   Na sua opinião, prestar atenção a conectivos e marcadores temporais ao ler pode ser mais útil na leitura de alguns gêneros textuais do que de outros? Dê detalhes.

A B C Palavras etc.

Pouco e um pouco

1   Complete os trechos das resenhas da seção *Lendo* usando **pouco/a** ou **um pouco**. Depois, confira as suas respostas nas resenhas.

> ▶ "No entanto, não gostei muito do uso _____ amador da iluminação (ou da falta dela), embora isso não chegue a afetar o resultado final." (Resenha 1)
>
> ▶ "A história representa a situação de Portugal no final do século XIX tal como vista por Eça: uma família e um país cheio de mazelas com _____ chance de regeneração." (Resenha 2)
>
> ▶ ". . . tinha expectativas em relação ao filme, mas acabei me decepcionando _____." (Resenha 2)

PALAVRAS QUE CAUSAM CONFUSÃO

Pouco/Um pouco

▶ A palavra **pouco** pode caracterizar um verbo (p. ex., "Eu conheço pouco o cinema guineense") ou indicar quantidade (p. ex., "Na minha opinião, há poucos filmes tão bons quanto 'Central do Brasil'"). Nesses sentidos, **pouco** (ou **pouco(s)/a(s)**) remete à ideia de quase nada ou quase nenhum/a e opõe-se a **muito** (ou **muito(s)/a(s)**). Há informações sobre **muito** e **pouco** na Unidade 5.

▶ **Um pouco** refere-se a uma quantidade pequena e remete à ideia de alguma coisa ou algum/a, opondo-se assim à ideia de nada ou nenhum/a: "Ela estudou um pouco o cinema guineense e conhece alguns filmes". Note que **um pouco** é sempre invariável, mesmo quando modifica substantivos (e nesse caso é seguido da preposição **de**): "Eu comi um pouco de pipoca no cinema".

2   Complete as frases usando **pouco** ou **um pouco (de)**.

a   O Marcos tem _____ vergonha do primeiro filme que dirigiu, que de fato não era bom. Por isso, nunca fala nele.

b   A Clarisse vai _____ ao cinema e ainda não viu nenhum dos filmes que foram premiados este ano. Ela prefere ver filmes em casa.

c   Aquela atriz é talentosa, mas ainda é _____ conhecida. Eu só vi um filme com ela, e nenhum dos meus amigos sabe quem ela é.

d   Este crítico de cinema é _____ negativo, você não acha? Ele nunca gosta de nenhum filme!

Conectivos

1   Leia novamente os seguintes trechos das resenhas e repare as palavras destacadas. Depois, escreva-as no quadro de acordo com as suas funções.

▶   "Depois de participar da guerra colonial, o personagem principal volta à aldeia para o casamento da filha. **Assim**, pode-se dizer que o filme representa a própria situação da Guiné-Bissau [. . .]."

▶   "Eu acho que a mistura de ficção e documentário deu certo **porque** dá à história uma aura de verdade que a ficção pura não alcançaria."

▶   "**No entanto**, não gostei muito do uso um pouco amador da iluminação (ou da falta dela), **embora** isso não chegue a afetar o resultado final."

▶   "**Todavia**, mais tarde vem uma revelação realmente surpreendente e uma reação inesperada de Carlos."

▶   "**Contudo**, o excelente enredo e o cenário singular não chegam a justificar cinco estrelas."

▶   "**Na minha opinião**, algumas das atuações deixam a desejar [. . .]."

▶   "Eu li o livro há muito tempo **e** depois vi a série de televisão, **por isso** tinha expectativas em relação ao filme, **mas** acabei me decepcionando um pouco."

▶   "**Porém**, gostei da criatividade visual [. . .]."

▶   "[. . .] **além disso**, acho que é sempre bom escutar as falas de personagens de Eça de Queiroz."

Adição	Causa	Concessão	Conclusão	Consequência	Contraste	Opinião

2   Complete as frases usando os conectivos listados na atividade 1.

a   Eu gosto muito de teatro _____ prefiro cinema. Adoro a tela grande e a sala escura.

b   A personagem principal escrevia cartas para as pessoas _____ depois jogava as cartas fora.

c   O meu amigo não vê filmes estrangeiros _____ não gosta de ler legendas.

d   Esse filme foi feito com um orçamento baixo. _____, houve contratempos que forçaram várias improvisações.

e   Eu gostei do filme. _____, o ator principal estava excelente no papel de gênio.

f   Esse filme é muito bom, _____ seja bastante longo.

g   Eu não tenho paciência para filmes muito longos e _____ nunca vi ". . . E o vento levou".

h   Normalmente eu não gosto de filmes muito longos. _____, ". . . E o vento levou" é um dos meus filmes favoritos.

i   O cinema é acessível a muita gente. _____, é um tipo de arte que pode ser divulgada amplamente.

3   Escreva sobre você. Depois converse com um/a colega sobre as suas frases.

a   Eu gosto de cinema brasileiro, mas _____.

b   Na minha opinião, a literatura portuguesa _____.

c   Peças de teatro em língua portuguesa são _____. Por isso _____.

Descobrindo a gramática

O presente e os pretéritos

Mais informações na seção Referência Gramatical

1   Leia os seguintes trechos das resenhas apresentadas anteriormente e repare os verbos desta-
    cados. Em seguida marque a opção que melhor descreve o uso desses verbos.

> ▶   "Ao ir embora, Ana **é** atropelada e **morre** [. . .]."
>
> ▶   "Depois de participar da guerra colonial, o personagem principal **volta** à aldeia para o
>   casamento da filha."
>
> ▶   "Passados vários anos, Carlos **parte** para estudar Medicina em Coimbra."
>
> ▶   "Um dia, **conhece** e **encanta-se** com uma brasileira que ele **acha** que é casada."
>
> ▶   "[. . .] mais tarde **vem** uma revelação realmente surpreendente [. . .]."

a   ( ) Os verbos descrevem eventos que acontecem rotineiramente.

b   ( ) Todos os verbos referem-se a situações futuras.

c   ( ) Os eventos descritos pelos verbos já aconteceram.

2   Leia novamente as resenhas de "A batalha de Tabatô" e "Os Maias" e encontre exemplos de
    verbos no presente do indicativo que se referem a eventos no passado.

3   Primeiro, substitua pelo pretérito perfeito ou imperfeito os verbos que estão no presente no
    trecho a seguir. Depois, confira as suas respostas com as de um/a colega. Por fim, discuta
    com o/a colega: por que vocês acham que o autor da resenha decidiu usar o presente do indi-
    cativo e não os pretéritos neste trecho? Que efeito teria o uso dos pretéritos?

> "Carlos parte para estudar Medicina em Coimbra. Depois de terminar a faculdade, Carlos
> volta a Lisboa, onde passa muito tempo com os amigos. Um dia, conhece e encanta-se
> com uma brasileira que ele acha que é casada. Algum tempo depois, o suposto marido da
> brasileira revela que ela era apenas sua amante. Todavia, mais tarde vem uma revelação
> realmente surpreendente e uma reação inesperada de Carlos."

4   Faça uma breve apresentação oral sobre um filme, uma peça ou um livro realizado/escrito
    originalmente em língua portuguesa. Use os tempos verbais apropriados.

Tomando a palavra

Como se diz?

1   Ouça e leia os trechos do roteiro da peça "O Noviço", prestando atenção às palavras desta-
    cadas. Depois complete o quadro listando as palavras que ilustram cada som.

a

"AMBRÓSIO	– **É cedo**. São **nove horas** e o **ofício** de Ramos principia às **dez** e meia."

b

"AMBRÓSIO	– Para tudo há tempo. **Ora**, dize-me, minha **bela** Florência . . .
FLORÊNCIA	– O **que**, meu Ambrosinho?
AMBRÓSIO	– O que pensa tua filha do **nosso projeto**?"

c

"AMBRÓSIO	– Escuta-me, Florência, e dá-me atenção. **Crê** que ponho **todo** o meu pensamento em **fazer**-te feliz . . .
FLORÊNCIA	– **Toda** eu sou atenção."

d

"AMBRÓSIO	– E não foi o **interesse** que obrigou-me a casar contigo.
FLORÊNCIA	– Foi o **amor** que nos uniu."

e

"AMBRÓSIO	– Que **tola**!"

[e] como em enredo	[ɛ] como em peça	[o] como em ator	[ɔ] como em foto

2   Qual das imagens ilustra a produção de [e]? Qual ilustra [ɛ]?

   a   ( )

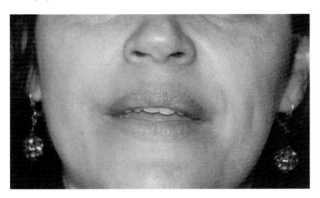

   b   ( )

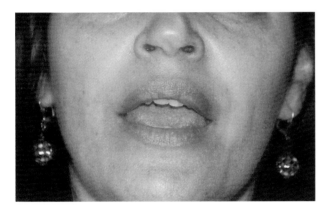

3   Marque a alternativa que melhor explica a diferença entre [e] e [ɛ].

   a   ( ) A vogal [ɛ] é produzida com a boca um pouco mais "aberta" do que a vogal [e].

   b   ( ) A vogal [ɛ] é produzida mais alongadamente que a vogal [e].

4   Qual das imagens ilustra a produção de [o]? Qual ilustra [ɔ]?

   a   ( )

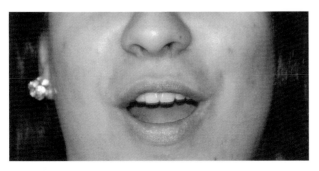

b ( )

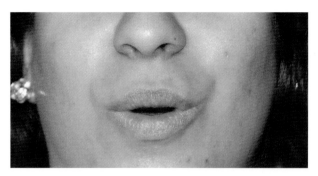

5   Marque a alternativa que melhor explica a diferença entre [o] e [ɔ].

a   ( ) A vogal [o] é produzida com os lábios arredondados, e a vogal [ɔ] não.

b   ( ) A vogal [o] é produzida com a boca um pouco mais "fechada" do que a vogal [ɔ].

6   Leia os trechos a seguir e faça previsões: qual dos sons ([e], [ɛ], [o] ou [ɔ]) corresponde às letras destacadas? Ouça o áudio e verifique as suas previsões.

a

Os azulejos são parte essencial da cultura portuguesa e vêm sendo usados por artistas portugueses desde o século XV. No começo, foram usados para decorar grandes paredes interiores, tendo passado mais tarde também ao exterior das edificações. Hoje os azulejos portugueses são exportados para várias partes do mundo, incluindo a África e as Américas.

Referência: "Azulejos", www.golisbon.com/culture/azulejos.html. Data de acesso: 12/2/2018.

b

O famoso fotógrafo Sebastião Salgado dedicou a sua carreira a questões sociais. Através da fotografia, documentou a luta e os esforços de populações desfavorecidas no mundo todo. As suas fotos, geralmente em preto e branco, causam forte impressão. Depois de correr mundo registrando a condição humana, regressou a Minas Gerais para cuidar da fazenda que herdou. Nesse processo, gerou empregos para muitos da região.

SONS DO PORTUGUÊS

▶ A acentuação pode ajudar a inferir o som que corresponde às letras **e** e **o**.

▶ Com o acento agudo (**é, ó**) a vogal representada é mais baixa (ou mais "aberta"): [ɛ], [ɔ].

▶ Com o acento circunflexo (**ê, ô**) as vogais são mais altas ou mais "fechadas": [e], [o].

▶ Note que, em alguns casos, a vogal tônica **o** no masculino singular é pronunciada [o], mas no feminino e no plural é pronunciada [ɔ]: **fam<u>o</u>so** [o], **fam<u>o</u>sa(s)/ fam<u>o</u>sos** [ɔ].

Preparando-se para falar

1 Em grupos, conversem sobre situações de fala formais e informais em que vocês participaram recentemente (em português ou em outro idioma). Sigam os seguintes passos.

    a Descrevam as situações: onde ocorreram, quem participou delas, qual era o seu objetivo comunicativo (informar, narrar, entreter, dar instruções, argumentar etc.).

    b Respondam: o que faz uma situação requerer linguagem formal? O que faz requerer linguagem informal?

145

c   O que acontece quando se usa linguagem informal em situações formais e vice-versa? Justifiquem as suas respostas.

2   Ouça e identifique as características de linguagem informal encontradas no áudio.

a   (   ) Uso de -inho.

b   (   ) Uso de gírias e expressões coloquiais.

c   (   ) Uso de formas reduzidas ou contraídas (p. ex., cê, tá bem, peraí, pra, tipassim).

d   (   ) Uso de marcadores conversacionais (p. ex., ééé, ãh, assim, né, sabe, (d)aí, então, olha).

e   (   ) Uso de "a gente" no lugar de "nós".

f   (   ) Pouca preocupação com correção gramatical.

g   (   ) Uso de repetições.

h   (   ) Presença de frases incompletas e falso começo.

Para mais atividades sobre marcas de formalidade e informalidade no discurso oral, visite www. routledge.com/cw/santos.

3   Leia o seguinte trecho do roteiro do áudio e responda oralmente em duplas: o que vocês acham da decisão da leitora de não comentar sobre o final do livro? Por quê?

—"Mas eles ficam curados?
—Ah, não vou te contar o final! 'Cê tem que ler o livro!
—Tá certo, vou ler."

4   Ouça mais uma vez e complete os quadros com alguns exemplos. Em seguida, leia o roteiro do áudio e verifique as suas respostas.

Vocabulário útil para se referir ao livro discutido

Vocabulário útil para justificar opiniões

Falando

1 Com dois ou três colegas, você vai encaminhar uma discussão informal sobre um livro da sua escolha. Os seguintes passos podem orientar a sua discussão. Pode ser boa ideia gravar a discussão em vídeo e depois identificar características da linguagem informal.

   a   Nos seus grupos, escolham um livro sobre o qual todos queiram trocar ideias.

   b   Antes da discussão, prepare-se para ela. Algumas ideias para a preparação:

      i   Selecione falas que você considera inspiradoras ou instigantes.

      ii   Elabore algumas perguntas sobre os personagens (as suas ações, sentimentos, opiniões e pensamentos); sobre o enredo; e sobre como o/a autor/a descreve o cenário e narra a ação.

   c   Durante a discussão:

      i   Lembrem-se de usar recursos que caracterizam a linguagem informal.

      ii   Usem estratégias trabalhadas em unidades anteriores.

      iii   Justifiquem os seus posicionamentos e façam referência a elementos do livro sempre que possível.

ESTRATÉGIA: JUSTIFICANDO OPINIÃO

Para tornar os nossos posicionamentos mais fundamentados, é importante saber justificar as nossas opiniões. O uso de conectivos como **porque**, **afinal**, **já que** e similares pode acompanhar tais justificativas. Outras formas de justificar opiniões são "Eu digo isso porque . . ."; "A razão pela qual eu digo isso é que . . ."; "A minha interpretação tem base na ideia de que . . .". É sempre aconselhável, paralelamente, apoiar as nossas opiniões em fatos, resultados de pesquisas e outras fontes confiáveis.

ESTRATÉGIA: FAZENDO REFERÊNCIA A ELEMENTOS COMPONENTES DO QUE SE FALA

Quando falamos sobre algo que tem várias partes (como um livro, uma pintura, uma música, entre outros), é necessário deixar claro sobre que partes do todo recai a nossa fala. Por isso, se comentamos algo como "O personagem faz reflexões importantes no livro", não podemos garantir que as pessoas com quem falamos vão entender o nosso comentário com precisão. Para tal, é aconselhável adicionar alguns detalhes, por exemplo: em que capítulo/página/parágrafo isso ocorre, como as reflexões são descritas ou que elementos do texto ressaltam a importância dessas reflexões.

Refletindo sobre a fala

1   Em grupos, discutam.

    a   Que ideias e/ou interpretações apresentadas pelos seus colegas lhes trouxeram novos entendimentos sobre o livro?

    b   De que forma as justificativas de opiniões fortaleceram as ideias apresentadas? De que forma as referências ao livro auxiliaram a troca de ideias?

    c   Em que situações de fala no futuro vocês podem praticar o uso de justificativas de opiniões? E o uso de referências a elementos sobre o que é falado?

Mãos à obra

Preparando-se para escrever

1   Leia as resenhas (p. 134). Onde essas resenhas poderiam ter sido publicadas? Para que tipo de público foram escritas? São textos formais ou informais (e como se pode saber)?

VOCÊ SABIA?

O nível de formalidade de um texto escrito varia de acordo com a situação. Um e-mail para um amigo, por exemplo, pode ser bastante informal e incluir características como vocabulário coloquial, contrações, pouca preocupação com correção gramatical, entre outras. Também são informais as comunicações escritas em redes sociais entre amigos e familiares, as mensagens em aplicativos eletrônicos, bilhetes e notas para amigos e familiares etc. Por outro lado, um e-mail para o gerente de uma empresa ou para alguém que não se conhece em pessoa deve ter um tom mais formal. Também formais são os textos acadêmicos, jornalísticos, técnicos, administrativos e, muitas vezes, os textos literários. Os textos escritos formais são normalmente caracterizados pelo uso de regras gramaticais normativas, períodos longos com presença de subordinação (ou seja, com orações que dependem de outras) e vocabulário apurado, entre outros. Esses textos evitam gírias, abreviações, clichês e outros traços informais.

---

2   Você vai escrever uma resenha sobre um vídeo da sua escolha. Primeiro, complete o quadro. Depois, responda às perguntas que seguem.

Onde a resenha será publicada	
Quem serão os leitores potenciais	

ESTRATÉGIA: CONSIDERANDO O SUPORTE DO TEXTO AO ESCREVER

Quando escrevemos, é sempre importante considerar o suporte textual, isto é, onde o nosso texto será publicado (por exemplo, um livro impresso, um site na internet, uma folha avulsa de papel, uma folha de cartolina) e que aspectos estão relacionados a tal suporte ou veículo de disseminação (por exemplo, uso de tinta, imagens, letras, símbolos, títulos, hiperlinks etc.). Pense: que decisões seriam diferentes durante a produção de uma resenha a ser publicada em um blogue se comparada a uma resenha a ser disseminada em uma revista impressa?

ESTRATÉGIA: PENSANDO EM LEITORES/AS POTENCIAIS

Durante o processo de escrita, isto é, no planejamento, preparação do rascunho, edição e revisão dos nossos textos, é importante considerar quem lerá o que escrevemos, incluindo respostas às perguntas: o que os/as nossos/as leitores/as potenciais já sabem sobre o que escrevemos? O que precisam saber? Que tipo de vocabulário e registro (formal ou informal) é adequado para nossos/as leitores/as?

a   Que características do suporte escolhido precisam ser levadas em conta ao escrever? De que forma tais características afetam as decisões que você vai tomar sobre a sua resenha?

b   O que os/as seus/suas leitores/as potenciais gostariam de ler na sua resenha? Que elementos podem ser omitidos devido ao conhecimento prévio de quem vai ler a resenha? Que cuidados precisam ser tomados ao se considerar quem são os/as seus/suas leitores/as?

c   Considerando as suas respostas em 2a e 2b, decida: a sua resenha será formal ou informal?

ESTRATÉGIA: CONSIDERANDO O REGISTRO: FORMAL OU INFORMAL?

Aspectos relacionados ao nível de formalidade de um texto incluem tipo de vocabulário, atenção a convenções gramaticais, necessidade de frases completas, adequação de elementos discursivos como marcas de hesitação e repetição (em linguagem oral) ou contrações (em linguagem escrita). O uso inadequado desses aspectos pode gerar constrangimentos e interpretações equivocadas, portanto é importante conhecer as convenções e aplicá-las adequadamente.

3　Pesquise e leia algumas resenhas publicadas no mesmo suporte escolhido em 2a, para os mesmos leitores potenciais, com o mesmo registro. Anote algumas ideias.

Como a resenha é iniciada	
Como termina	
Como é organizada (número de parágrafos, assunto de cada um)	
Uso de imagens	
Uso de recursos tipográficos (tipo e tamanho de fonte, cor, uso de negrito, itálico etc.)	
Uso de vocabulário	
Uso de tempos verbais (quais, com que função, em que pessoa)	

Escrevendo

1　Escreva o primeiro rascunho da sua resenha, levando em consideração as suas reflexões e pesquisa na seção *Preparando-se para escrever*.

2　Leia o seu rascunho e peça a um/a colega que o leia e comente como a sua resenha pode ser melhorada.

3　Finalize o rascunho, efetuando as mudanças necessárias.

4　Revise o rascunho usando a lista abaixo.

☐ Há inclusão de pontos positivos e negativos sobre o vídeo.

☐ Há cuidado para não se revelar surpresas sobre o enredo.

☐ As opiniões dadas são justificadas.

☐ Há referência a partes do vídeo.

☐ Há informação concisa sobre pessoas importantes (p. ex., atores e atrizes, diretores/as, autores/as).

☐ O registro (formal ou informal) está adequado aos/às leitores/as potenciais e ao suporte.

☐ O uso da gramática é adequado.

5   Faça uma leitura final verificando se o texto flui de maneira lógica e se faz sentido. Faça quaisquer mudanças que sejam apropriadas.

6   Disponibilize o seu texto no suporte escolhido.

Refletindo sobre a escrita

1   Em grupos, leiam algumas resenhas escritas pelos/as colegas e discutam.

a   A leitura de resenhas pode gerar interesse na leitura de alguns livros? Que aspectos vocês acham predominantemente importantes nas resenhas: comentários sobre o conteúdo do livro? Sobre os personagens? Sobre a organização do livro e da narrativa?

b   Quando vocês escrevem, costumam pensar nos/as leitores/as potenciais? Costumam pensar nos suportes (isto é, onde o texto será disponibilizado)? Costumam refletir sobre o nível de formalidade do texto e como ele afeta as suas escolhas ao escrever? Pensar sobre essas características contribuiu no processo de escrita da sua resenha?

Diálogos multiculturais

Culturalmente falando

1   Em duplas, respondam oralmente.

a   Vocês já assistiram a uma telenovela? Se sim, citem dois aspectos de que vocês gostaram mais e dois de que gostaram menos. Se não assistiram, juntem-se a colegas que já viram telenovelas e peçam informações e percepções sobre o assunto.

b   Há novelas disponíveis na TV na sua cidade/região? Elas contêm aspectos culturais importantes no seu meio social (p. ex., como se comportar em certos eventos, como se vestir, o que falar etc.)? Deem detalhes.

c   Vocês já ouviram falar de alguma telenovela brasileira? Deem detalhes.

Dialogando com a imagem

1 Observe cada imagem que compõe o mosaico abaixo. O que há de comum entre elas?

2 Diante das semelhanças encontradas no mosaico, o que se pode inferir sobre cada item listado a seguir? Escreva pelo menos uma inferência para cada item. Em seguida, compare as suas respostas com as de seus/suas colegas.

a As residências

b Os/As moradores/as das residências

3 Faça uma breve pesquisa sobre telenovelas, teledramaturgia e as suas características, e preencha o quadro a seguir. Compartilhe as suas respostas com seus/suas colegas.

Estrutura da narrativa	Público alvo	Duração e frequência	Temas recorrentes

Em contexto

1 Leia e responda.

As primeiras telenovelas brasileiras (normalmente chamadas apenas "novelas") foram ao ar na década de 1950 e baseavam-se na literatura de folhetim, nas *soap operas* americanas e em radionovelas latino-americanas. Destes produtos culturais as novelas brasileiras

continua

herdaram as seguintes características: histórias divididas e contadas em capítulos com o clímax reservado para o final; enredo destinado ao público feminino; o amor como temática comum; a presença de um narrador como estímulo para a curiosidade do telespectador; e a inclusão de comerciais de produtos para economia doméstica, como o de sabão que inspirou o nome do programa *soap opera*.

No começo, as telenovelas iam ao ar ao vivo, eram exibidas duas vezes por semana e tinham um narrador. Acostumado com as radionovelas da década de 1940, que iam ao ar diariamente, o público brasileiro inicialmente rejeitou a telenovela, cujos recursos de imagem eram ainda precários. No entanto, a televisão foi se tornando mais popular e, na década de 1960, as telenovelas passaram a ser transmitidas diariamente e alcançaram o sucesso entre o público. A partir do final da década de 1960, a teledramaturgia passou a abordar temas que se aproximavam da realidade brasileira, o que consolidou a popularidade das novelas.

Desde a década de 1970 as novelas brasileiras, tendo atingido um nível alto de qualidade em termos de produção, são exportadas para vários países. Hoje em dia, com a inclusão de temas políticos e sociais, as telenovelas compõem a principal indústria audiovisual e dramatúrgica do Brasil.

Referência: "Telenovelas: um panorama da produção brasileira e a representação do negro", www.rua.ufscar.br/telenovelas-um-panorama. Data de acesso: 12/2/2018.

    a   Que aspectos da história das telenovelas brasileiras mais o/a surpreenderam? Por quê?

    b   Que fatores podem ter contribuído para a escolha e inclusão de novas temáticas nas telenovelas?

    c   Que temas políticos e sociais você acha que podem ter sido abordados em novelas recentes e por quê?

2   Escreva C se você concordar com as afirmativas abaixo e D se discordar delas.

    a   ( ) A novela brasileira retrata a sociedade do país.

    b   ( ) A sociedade brasileira imita as novelas.

    c   ( ) A novela é apenas uma forma de distração.

    d   ( ) A teledramaturgia serve como meio de alienação social.

    e   ( ) A televisão pode servir de veículo de disseminação das artes.

    f   ( ) É possível promover as artes beneficiando-se de leis de incentivo à cultura.

3   Em grupos, discutam e justifiquem as respostas da atividade 2.

VOCÊ SABIA?

O desenvolvimento e a valorização da arte estão ligados às leis de incentivo à cultura. Essas leis promovem diversas manifestações artísticas, como dança, teatro, circo, música, literatura, artes plásticas e gráficas, artesanato, patrimônio cultural e audiovisual. Em Angola, a Lei do Mecenato beneficia os mecenas culturais através de incentivos fiscais, registros, controle, implementação de projetos e avaliação dos projetos e produtos. Em Macau, o decreto-Lei nº 43 de setembro de 1982 foi criado com função tríplice de organização, formação e promoção das realizações interculturais luso-chinesas.

Referências: "Mecenas culturais ganham incentivos com a regulamentação da Lei do Mecenato", www.portaldeangola.com/2015/10/mecenas-culturais-ganham-incentivos-com-a-regulamentacao-da-lei-do-mecenato/; Instituto Cultural da R.A.E. de Macau, www.icm.gov.mo/pt/cultura/luso-chinesa. Data de acesso: 12/2/2018.

Lendo e interpretando

1   Leia o texto e relacione as colunas.

Cultura pela TV

Em países lusófonos, a arte tem se tornado acessível na televisão, através de campanhas de popularização do teatro e através de leis de incentivo à cultura. Os dados do IBGE (Instituto Brasileiro de Geografia e Estatística) de 2009 mostram que 96% dos brasileiros não frequentam museus e 93% nunca estiveram em uma exposição de arte. Dados de 2009 também revelam que 14% dos brasileiros vão ao cinema uma vez por mês. Por outro lado, dados do IBGE de 2013 indicam que 42,3% da população brasileira assiste a pelo menos três horas de TV por dia. Em Portugal, pesquisas revelam que, entre outubro de 2012 e outubro de 2013, 71% dos cidadãos não foram uma única vez ao cinema. Nesse mesmo período, para 61% dos portugueses as atividades culturais mais comuns são assistir a programas na televisão ou ouvir rádio. Se a TV é o veículo mais usado para o acesso à cultura, o que os espectadores encontram nela? Em Portugal, depois da alta audiência dos jogos de futebol, as novelas (tanto as nacionais quanto as brasileiras) são as campeãs de audiência. O sucesso das novelas brasileiras não se limita ao continente europeu: telespectadores na África lusófona, na América Latina e em muitas outras partes do mundo também acompanham as tramas televisivas desenvolvidas no Brasil.

Referências: Sistema IBGE de Recuperação Automática, www.sidra.ibge.gov.br/; "Porque continuamos a não consumir Cultura? Falta de Educação e dinheiro", goo.gl/TppQgk; "Televisão ainda é o meio de comunicação predominante entre os brasileiros", goo.gl/FOmeUT; "Audiências TV Outubro: Futebol e novelas continuam a dominar", goo.gl/nu5NXB; "Mais de 90% dos brasileiros não vão a museus", goo.gl/bzlZtV. Data de acesso: 29/11/2016.

a   Parcela dos brasileiros que visita museus   (   ) 61%

b   Pessoas que veem televisão durante três horas ou mais   (   ) Quase ¾ da população
    por dia.

c   Parcela dos portugueses que passou um ano sem ir ao   (   ) 4%
    cinema.

d   Ver televisão e ouvir rádio são as atividades culturais   (   ) Mais de 40% dos brasileiros
    mais praticadas por _____ da população em Portugal.

2   Faça uma enquete na sua turma: quantas pessoas vão a museus? Com que frequência? Quantas pessoas veem televisão diariamente? Há alguém que não vê televisão? Compare os seus resultados com os apresentados no texto da atividade 1.

3   Complete o quadro abaixo sobre uma novela brasileira com um/a colega. Se necessário, faça uma pesquisa. Depois, discuta com o/a colega.

Título da novela			
Estrutura da narrativa	Público alvo	Frequência	Tema

a   De que forma a novela brasileira pode ser comparada com uma ou mais novelas (ou, se não há novelas, outros tipos de programas) populares na sua região?

b   De que maneira as novelas ou programas populares abordados em 3a revelam aspectos culturais das suas respectivas comunidades?

4   Em grupos, comentem sobre os seguintes argumentos, explicando se concordam ou não com eles.

   ▷   As novelas mostram o que está acontecendo na vida real.

   ▷   As pessoas imitam o que está nas novelas.

5   As estatísticas do texto "Cultura pela TV" indicam o perfil cultural e as preferências dos portugueses e dos brasileiros, mas não fornecem dados sobre os outros países lusófonos. Busque dados sobre eles e faça anotações para compartilhar com seus/suas colegas na próxima aula.

6   As leis de incentivo à cultura são mencionadas no quadro *Você sabia?* da página 154 e no texto "Cultura pela TV". Faça uma pesquisa sobre manifestações artísticas que tenham se beneficiado dessas leis. Compartilhe os resultados da sua pesquisa em aula.

Extrapolando

1   Em grupos, observem a imagem a seguir e discutam as afirmativas propostas.

Assisto, logo existo

a   A TV e os seus programas são apenas uma forma de entretenimento.

b   A TV e os seus programas são fortes formadores de opinião.

2   Nas suas próprias palavras, explique a que a frase "Assisto, logo existo" se refere. Depois, responda: você concorda com a ideia da frase? Justifique a sua resposta.

3   Leia o texto e discuta em duplas.

Há pouco mais de quatro décadas o Brasil tinha 90 milhões de habitantes e o televisor era inacessível para muitos. Segundo o IBGE, no Brasil em 2014 o televisor estava presente em 97,1% dos domicílios brasileiros. Dominando as telas, estão as redes Record, SBT e Bandeirantes, e sobretudo a Rede Globo, o principal canal de televisão aberta do Brasil. Segundo a própria emissora, a sua rede atinge 98,44% do território nacional, chegando a 5.482 municípios e 99,5% da população.

Referências: "40% dos brasileiros têm televisão digital aberta", goo.gl/SnBBrt; "TV Globo e você", goo.gl/9P83PM. Data de acesso: 29/11/2016.

a   De que forma a venda de uma novela brasileira envolve a venda de um retrato da cultura do Brasil?

b   Quais dos seguintes aspectos vocês acreditam que são promovidos a partir da disseminação de novelas brasileiras?

( ) Apologia ao consumo de bebida alcóolicas e drogas.

( ) Comportamento e padrão de consumo de um determinado grupo ou comunidade.

( ) Disseminação de imagens estereotipadas da sociedade.

( ) Erotização precoce de crianças.

( ) Incentivo à violência.

( ) Inversão de valores.

( ) Movimentos sociais e políticos da sociedade.

( ) Número de casamentos e divórcios em uma comunidade.

( ) Promoção de determinados padrões de beleza.

4   Em grupos, compartilhem as respostas da atividade 3b, apresentando os argumentos que fundamentaram as suas decisões. Expliquem porque não incluíram as outras alternativas.

Aprendendo a aprender

Lendo e ouvindo para reparar linguagem em uso

1   Leia mais uma vez um dos textos nesta unidade e observe com atenção o uso de algo que costuma lhe causar dificuldade em linguagem escrita (p. ex., escolha de tempos verbais, conjugações verbais, uso de preposições, uso de conectivos). As perguntas abaixo podem apoiar a sua observação.

a   Com que finalidade os elementos observados são utilizados?

b   Com que "vizinhos" eles são utilizados?

c   Como são escritos?

2   Ouça mais uma vez um dos áudios nesta unidade e preste atenção ao uso de algo que costuma lhe causar dificuldade em linguagem oral (p. ex., pronúncia de algum som, entonação, ênfase, combinação de sons quando duas palavras ocorrem juntas etc.). Durante a sua escuta, anote algumas conclusões a partir das suas percepções.

3   Em pequenos grupos, compartilhem as suas observações nas atividades 1 e 2.

4   Ainda nos seus grupos, conversem sobre possíveis maneiras de praticar o que vocês repararam ao ler e ouvir nas atividades 1 e 2. Usem a ficha a seguir como referência.

Possíveis formas de praticar o que se observa ao ler/o que se percebe ao ouvir

▶ *Usar o que foi aprendido o mais imediatamente possível*

▶ *Pesquisar em outros textos orais e escritos usos similares para confirmar observações/percepções*

▶ *Escrever o que se lê/Repetir o que se ouve*

▶ *Escrever um diário em que há um quadro com as colunas "Data"; "O que observei ao ler/O que percebi ao ouvir"; "Fonte de leitura/escuta"; "Como vou aplicar minhas observações/percepções"*

▶ _____

---

5   Partindo da conversa realizada na atividade 3, ponha em prática uma das ideias sugeridas e avalie a sua experiência: ela contribuiu para a sua aprendizagem? Descreva e justifique a experiência a seus/suas colegas. Em seguida, converse com eles/as: é possível ler e ouvir com o objetivo de aprender português?

Autoavaliação

1   Como você avalia a sua aprendizagem e o seu desempenho nessas áreas?

		Muito bem. ☺	*Bem.* ☺	*Preciso melhorar.* ☹
VOCABULÁRIO	Identificar usos da terminação **-inho/a**			
	Compreender e usar expressões com **dar** e **tomar**			
	Usar ferramentas de busca online para pesquisar sobre expressões			
	Usar **pouco** e **um pouco**			
	Identificar conectivos e as relações que indicam (p. ex. adição, contraste, causa, consequência)			
GRAMÁTICA	Distinguir usos do presente de usos dos pretéritos perfeito e imperfeito			
	Distinguir e usar o pretérito perfeito e imperfeito para falar sobre o passado			
PRONÚNCIA	Identificar e produzir os sons [e], [ɛ], [o] e [ɔ]			
ESCUTA	Ouvir roteiros de peça de teatro			
	Identificar características sobre quem fala (número de participantes, seu gênero, a relação entre eles, seu tom de voz etc.)			
	Identificar grupos de palavras			
	Vocalizar ao ouvir			
LEITURA	Ler resenhas (de livros, de filmes etc.)			
	Compreender a sequência de eventos narrados a partir da identificação de marcadores temporais			
FALA	Narrar um evento passado			
	Discutir sobre um livro lido			
	Fazer referências a partes de um livro lido			
	Justificar a sua opinião			
	Usar marcas de informalidade			

(Continua)

		Muito bem. ☺	*Bem.* ☺	*Preciso melhorar.* ☹
ESCRITA	Escrever uma resenha			
	Considerar implicações do suporte de um texto			
	Considerar implicações dos/as leitores/as potenciais			
	Considerar o nível de formalidade			
CULTURA	Compreender características das novelas e o seu impacto na disseminação da cultura			
	Avaliar a participação em atividades culturais na sua comunidade			
	Avaliar a influência da TV na formação de opiniões			
APRENDIZAGEM AUTÔNOMA	Ler e ouvir para reparar linguagem em uso			

2 Elabore um plano de ação para lidar com as áreas que precisam de mais prática, listando o que você vai fazer (coluna da esquerda) e em que prazo (coluna do meio). Depois de cumprir o seu plano, avalie os novos resultados (coluna da direita).

O que vou fazer?	*Prazo*	*Nova avaliação sobre a minha aprendizagem e desempenho*

3 Folheie a próxima unidade do livro e responda.

a Quais são os assuntos principais na próxima unidade?

b Como você pode praticar as áreas listadas na atividade 1 na próxima unidade?

5 | Talentos Musicais

NESTA UNIDADE VOCÊ VAI

▶ Ouvir um podcast, identificando palavras-chaves e prestando atenção a palavras negativas e tempos verbais

▶ Praticar o uso de **muito(s)** e **pouco(s)**

▶ Compreender e usar palavras com sentido de negação

▶ Compreender e praticar o particípio passado

continua

- ▶ Usar o particípio passado com apoio de **ter** e **ser**
- ▶ Ler um poema com diferentes objetivos
- ▶ Compreender e contrastar usos de **o** e **ó**
- ▶ Contrastar e usar **alguém**, **todo (o) mundo**, **qualquer um** e **a gente**
- ▶ Rever e ampliar o seu conhecimento sobre sufixos formadores de substantivo
- ▶ Praticar usos dos substantivos mais frequentes terminados em **-ura**
- ▶ Contrastar e usar as vozes ativa e passiva
- ▶ Conhecer e praticar a pronúncia de palavras que vieram de outras línguas para o português
- ▶ Criar e apresentar um rap, considerando aspectos paralinguísticos
- ▶ Escrever uma minibiografia, considerando o seu conteúdo e organização
- ▶ Discutir o papel e relevância da música para indivíduos e grupos sociais
- ▶ Examinar preferências musicais e o impacto do teor emocional de músicas nos seus ouvintes
- ▶ Ouvir músicas para aprender português

PRIMEIRAS IMPRESSÕES

1 Onde você acha que a foto na página anterior foi tirada? Qual é a relação entre as pessoas retratadas? O que elas estão fazendo e como estão se sentindo? Justifique as suas respostas.

2 Qual é a sua opinião sobre eventos musicais formais? E sobre eventos musicais informais? Quais são as vantagens e desvantagens de eventos musicais estruturados e de eventos improvisados? Dê exemplos.

3 Que ritmos, músicas e instrumentos musicais originários de países lusófonos você conhece? Dê detalhes.

 Para sugestões de material adicional sobre o assunto desta unidade, visite www.routledge.com/cw/santos.

À escuta

Preparando-se para escutar

1   Escolha a alternativa que contém respostas para cada uma das perguntas. Em seguida, compare as suas respostas com as de seus/suas colegas.

    a   Com que frequência você ouve podcasts?

        ( ) Nunca   ( ) Raramente   ( ) De vez em quando

        ( ) Frequentemente   ( ) Sempre

    b   Em que aparelho ou dispositivo você costuma ouvir podcasts? Se necessário marque mais de uma alternativa.

        ( ) No computador   ( ) No tablet   ( ) No telefone celular

        ( ) Outro(s): (Especifique) _____

    c   Sobre que assunto(s) você costuma ouvir podcasts?

        ( ) Artes   ( ) Ciências   ( ) Comida ( ) Entretenimento

        ( ) História   ( ) Natureza e meio ambiente ( ) Política ( ) Saúde

        ( ) Tecnologia ( ) Outro(s): (Especifique) _____

2   Em conjunto com a turma, troque ideias sobre o que vocês sabem a respeito das seguintes características de podcasts.

▶ Número de pessoas que falam e a função de cada pessoa na interação

▶ Registro: formal? Informal?

▶ Estrutura: como começa, como se desenvolve, como termina

▶ Objetivo: informar? Divertir? Instruir? Outro(s)?

▶ Elementos: vocabulário, música e outros recursos sonoros

VOCÊ SABIA?

A palavra **podcast** tem origem nas iniciais da expressão em inglês "portable on demand" (que significa "portável e disponível diante da demanda"), combinadas com a segunda parte da palavra inglesa "broadcast" (transmitir, transmissão).

Referência: *BusinessDictionary*, www.businessdictionary.com/definition/podcast.html. Data de acesso: 13/2/2018.

Escutando

1   Ouça o início de um podcast e complete o quadro. Compare as suas respostas com as de um/a colega e ouça mais uma vez para verificar as suas respostas. Preste atenção a palavras-chaves que podem ajudá-lo/a a responder.

ESTRATÉGIA: IDENTIFICANDO AS PALAVRAS-CHAVES

Na maioria das situações de escuta, não é necessário compreender todas as palavras que ouvimos. Isto é especialmente importante quando aprendemos uma língua estrangeira. Para lidar com desconhecimento de vocabulário, uma estratégia importante é focar a atenção em palavras-chaves, isto é, aquelas cujo entendimento é realmente necessário ao ouvir. Palavras-chaves incluem aquelas que são repetidas ou a que se fazem várias referências, termos que marcam o tempo ou indicam a organização do que se fala, entre outras.

Palavras-chaves que indicam a **organização** do podcast	
Palavras-chaves que indicam o **conteúdo** do podcast	

2   Ouça um trecho mais longo do podcast e, entre as alternativas (a-h), marque as que são verdadeiras de acordo com o áudio. Ao ouvir, preste atenção a palavras negativas e tempos verbais. Depois de ouvir, corrija as alternativas falsas.

ESTRATÉGIA: PRESTANDO ATENÇÃO A PALAVRAS NEGATIVAS E TEMPOS VERBAIS

Ao ouvirmos é importante percebemos os termos que indicam negação (o entendimento de "não" em "eu não gosto de funk" é essencial para o entendimento do que se diz!). É igualmente importante identificar os tempos verbais usados para compreender se o que é dito se refere ao presente, ao passado ou ao futuro – e se indica ações em progresso ou completas, por exemplo.

a   ( ) O podcast aborda o maracatu depois de falar de sertanejo.

b   ( ) É comum saber a origem da palavra "samba".

c   ( ) A bossa nova é o último ritmo discutido no podcast.

d   ( ) É fácil resistir a um bom samba.

e   ( ) O samba era popular entre todos desde o seu início.

f   ( ) O Hélio tocou pagode com amigos um pouco antes da gravação do podcast.

g   ( ) O Hélio disse no ar pela primeira vez que toca pagode.

h   ( ) A Maristela não pôde aceitar o convite para ouvir choro.

3   Marque a opção que completa cada afirmativa.

a   Para marcar corretamente a alternativa 2a é necessário . . .

( ) compreender o sentido de "a seguir".

( ) conhecer os ritmos brasileiros.

( ) identificar a palavra "forró".

b   A resposta da alternativa 2d depende de . . .

( ) conhecer bem a cultura brasileira.

( ) entender o que significa "resistir a".

( ) opor "é fácil" a "ninguém".

c   Para responder corretamente à alternativa 2e é preciso . . .

( ) perceber as nuances da sociedade brasileira.

( ) entender o que significa "associado a".

( ) compreender o sentido de "semba".

d   Para julgar a veracidade da alternativa 2f é necessário . . .

( ) saber a hora exata em que o podcast foi gravado.

( ) conhecer o uso de "ir" + verbo no infinitivo para falar sobre o futuro.

( ) somente ouvir as palavras "pagode" e "hoje" e compreender esta última.

e   Para acertar a alternativa 2g é necessário . . .

( ) associar "nunca tinha dito" a algo inédito.

( ) conhecer o significado de "pagode".

( ) saber que o Hélio gosta de pagode.

Para mais atividades sobre identificação de palavras-chaves, visite www.routledge.com/cw/santos.

4   Sublinhe os ritmos brasileiros que são mencionados no áudio. Depois, em duplas, conversem.

Axé	Baião	Bossa nova	Catira	Carimbó	Choro	Chula	Coco
Forró	Frevo	Lambada	Lundu	Maracatu	Maxixe	Pagode	Samba
Sertanejo	Xaxado						

a   O que é dito no áudio sobre cada um dos ritmos sublinhados?

b   O que mais você sabe sobre um ou mais desses ritmos?

Refletindo sobre a escuta

1   Complete as frases. Depois, compare o que você escreveu com as respostas de seus/suas colegas, justificando as suas escolhas.

    a   Para escutar podcasts em português é _____ compreender todas as palavras do que ouvimos.

    b   A identificação de tempos verbais é _____ quando ouvimos em português.

    c   Prestar atenção a palavras que indicam a organização do texto que ouvimos (por exemplo, _____) pode facilitar a compreensão.

    d   Outras palavras que podem trazer informações-chaves sobre o que escutamos são: _____.

⬡ ⬡ Palavras etc.

Muito(s) e pouco(s)

1   Relacione os seguintes trechos do podcast (faixa 17) com as descrições correspondentes das palavras destacadas em cada um.

    a   "[A catira] é **pouco** conhecida fora do Centro-Oeste."

    b   "[. . .] **poucas** pessoas sabem de onde vem a palavra 'samba'."

    c   "A Lúcia, que é **muito** talentosa, também vai."

    d   "[. . .] ritmo que foi gravado por **muitos** artistas fora do Brasil [. . .]."

( ) Indica grande quantidade de um substantivo e varia em gênero e número.

( ) Sinaliza pequena quantidade de um substantivo e varia em gênero e número.

( ) Demonstra algo realizado de modo limitado e não varia.

( ) Intensifica uma ação ou uma qualidade e é uma palavra invariável.

PALAVRAS QUE CAUSAM CONFUSÃO

Muito/Pouco

As palavras **muito** e **pouco** podem modificar uma ação, um estado ou uma qualidade. Como exemplos temos "Ela dança muito" ou "Eu sei pouco sobre o maxixe". Nesses casos, **muito** e **pouco** não variam.

continua

Muito(a); Muitos(as) / Pouco(a); Poucos(as)

Quando indicam quantidade, as palavras concordam em gênero e número com o substantivo que modificam, como nos exemplos a seguir:

"Aqueles jovens praticam com muito afinco".
"Ela toca cavaquinho tão bem porque tem muita disciplina".
"Muitas cantoras gravaram essa música".
"O repertório deles tem pouca variedade".
"Nós só tocamos essa música poucas vezes até agora".
"Essa música é fácil porque tem poucos acordes".

2 Complete o texto usando **muito(s)**, **muita(s)**, **pouco(s)** ou **pouca(s)**.

O mundo lusófono se estende da América à Ásia e, portanto, exibe _____ diversidade cultural com _____ ritmos e danças diferentes. Alguns ritmos são mais conhecidos do que outros. O samba brasileiro e o fado português são _____ famosos, mas _____ gente fora de Timor-Leste conhece o tebedai. Até dentro de um país há gêneros menos divulgados. Por exemplo, os turistas que vão ao Rio Grande do Sul veem apresentações de chula, mas a dança é _____ disseminada fora da região.

Alguns ritmos foram difundidos devido a movimentos migratórios. O funaná e a morna são exemplos de gêneros musicais cabo-verdianos hoje conhecidos por _____ pessoas pelo mundo todo, tendo sido divulgados por imigrantes e pelos próprios músicos.

Além disso, há inúmeros músicos lusófonos de fama internacional. No entanto, _____ cantoras lusófonas ficaram tão famosas como a cabo-verdiana Cesária Évora.

Para mais atividades com **muito(s)**, **muita(s)**, **pouco(s)** ou **pouca(s)**, visite www.routledge.com/cw/santos.

3 Determine se as frases do quadro abaixo são possíveis (P) ou impossíveis (I). Em seguida, decida se os opostos das frases são possíveis ou não.

	Possível ou Impossível?	E o oposto? Possível ou impossível?
a A TV está muito desligada.		
b O copo está muito vazio.		
c A luz está muito acesa.		
d A porta está muito trancada.		
e Esta sala está muito suja.		

(Continua)

Possível ou Impossível?   E o oposto? Possível ou impossível?

f   Este quarto é muito quente.
g   O meu professor é muito ocupado.
h   O aluno está muito aprovado.
i   A sua mãe é muito simpática.
j   Este exercício é muito fácil.

---

4   Use as palavras do quadro para completar os títulos das canções abaixo. Depois, pesquise tais canções na internet.

| carnavais | damas | muita | muitas | muito | poucos | sorte | tempo |

Título	Compositor(es)
És linda _____ linda	Linhares Barbosa/Casimiro Ramos
Fado da pouca _____	Ary dos Santos/Fernando Tordo
_____ areia	C4 Pedro
Apesar dos _____ anos	Tim Maia
Mulheres há _____	Matos Sequeira/António Lopes
Pouco _____	Lídia Oliveira/Diogo Clemente
Muitas _____	Cage One
Muitos _____	Caetano Veloso

PALAVRAS QUE CAUSAM CONFUSÃO

Música/Canção/Letra

Em português, a palavra **música** pode designar tanto uma organização de sons (p. ex., "música clássica") quanto uma **canção**, que é uma obra musical cantada. Portanto, podemos dizer "Eu gosto de música barroca", com referência a um estilo musical; "Isso não é música", fazendo alusão a sons que não apreciamos; "Eu adoro a música 'Domingo no parque'", que se refere a uma canção específica. Já **letra** se refere às palavras cantadas: "Essa música tem uma letra linda".

5   Em duplas, aposte uma corrida na trilha abaixo. Para jogar, comece na casa "SAÍDA", use uma moeda (cara = 1 espaço; coroa = 2 espaços) e movimente-se. Faça uma frase com a palavra na casa ao final de seu movimento. Se a sua frase estiver incorreta, volte duas casas. Vence quem primeiro chegar à casa "CHEGADA".

SAÍDA	MUITO	MUITA	MUITOS	MUITAS
				POUCO
CHEGADA	POUCOS	POUCAS	POUCA	

Coroa

Cara

Palavras com sentido de negação

1   Complete os seguintes trechos do podcast (faixa 17) com os elementos do quadro. Depois, responda: o que as palavras preenchidas têm em comum?

nada	não só	ninguém	nunca

▶ "[. . .] que até hoje é tocado _____ em bares mas também em rodas de rua."

▶ "_____ resiste a um bom samba!"

▶ "[. . .] mesmo quem _____ tinha ouvido um samba passou a ter acesso ao que viria a ser um dos traços típicos da nossa cultura."

▶ "Eu não vou perder essa roda de choro por _____!"

2 Leia e repare as palavras negativas. Depois, junte-se a um/a colega e responda às perguntas. Nas suas respostas considere também os exemplos da atividade 1.

> ► Os meus amigos tocam violão mas **ninguém** compõe.
>
> ► Eles **nunca** estudaram composição.
>
> ► Eu não toco **nenhum** instrumento.
>
> ► Ela não gosta de **nenhuma** música pop.
>
> ► Não sei **nada** sobre notas musicais.
>
> ► Eles não vão ao show e eu **também não**.
>
> ► Elas **jamais** vão cantar bem.
>
> ► **Nem** os meus irmãos **nem** as minhas irmãs sabem dançar.
>
> ► A música geralmente me acalma, mas **nem sempre**.
>
> ► **Nem todos** os gêneros de música são populares.

a Elas são variáveis ou invariáveis (isto é, elas têm sempre a mesma forma ou as suas formas podem variar)?

b Com que "palavras vizinhas" elas costumam ocorrer? Como os verbos que as acompanham se comportam?

VOCÊ SABIA?

Em frases que contêm palavras negativas, muitas vezes aparece também a palavra **não** ("Eu não toco nenhum instrumento"), mas nem sempre: "Nunca toquei piano". Em alguns casos, porém, o uso do **não** antes da outra palavra negativa depende da função que a última exerce. Repare os exemplos:

"**Ninguém** aqui toca harpa".
"Nós **não** conhecemos **ninguém** na orquestra".

Além disso, em português brasileiro a posição de algumas dessas palavras determina se a frase também contém **não**. Observe:

"Eu **nunca** vou a shows de música pop".
"Eu **não** vou a shows de música pop **nunca**".

3   Complete o texto sobre o samba-enredo usando palavras destacadas nas atividades 1 e 2.

Escola de samba desfilando no Sambódromo, Rio de Janeiro

O samba-enredo é um estilo musical usado pelas escolas de samba nos seus desfiles. As letras dos sambas-enredos versam sobre diversos assuntos, de um período histórico a temas ecológicos. O tema de um samba-enredo pode ser até o próprio carnaval, como no samba *Não custa* _____ *sonhar.* _____ escola de samba é campeã sem um bom samba-enredo, mas _____ sempre a campeã tem o samba-enredo mais popular. Se o samba-enredo agrada ao público, _____ fica sentado nas arquibancadas! Mesmo quem não sabe _____ de samba se levanta para dançar e canta o samba junto com os componentes da escola. Há dois anos, eu fui a um desfile com uma amiga. _____ eu _____ ela sabemos sambar, mas caímos na folia no meio da noite, junto com todo mundo, quando passou um samba animado. Eu _____ tinha visto nada parecido antes e a minha amiga _____.

4   Forme cinco frases com o vocabulário abaixo. Cada frase deve usar um elemento da coluna A e outro da coluna B. Se necessário, pesquise sobre o vocabulário da coluna B na internet.

Coluna A	*Coluna B*
nada	coladeira
não	fado
ninguém	forró
nunca	kuduro
jamais	marrabenta

Esculturas em barro representando músicos tocando forró

Descobrindo a gramática

Particípio passado

Mais informações na seção Referência Gramatical

1   Leia os seguintes trechos do podcast (faixa 17) e repare os elementos destacados. Depois responda.

▶ "[. . .] que até hoje é **tocado** em bares e em rodas de rua."

▶ "[O samba] estava **associado** às camadas sociais menos privilegiadas."

▶ "[. . .] eu tenho **aprendido** ritmos diferentes."

▶ "[. . .] mesmo quem nunca tinha **ouvido** um samba [. . .]."

▶ "O samba tem **feito** parte da cultura brasileira [. . .]."

▶ "[. . .] você nunca tinha **dito** [. . .]."

171

a   O que as formas verbais destacadas têm em comum?

b   Como se constrói essa forma verbal nas três conjugações? Há formas irregulares?

c   Com que "verbos vizinhos" essa forma verbal é utilizada?

VOCÊ SABIA?

As formas regulares do particípio passado terminam em **-ado** e **-ido**, mas há também várias formas irregulares. O particípio passado pode ser usado com os verbos **ser**, **estar**, **ficar** e outros para sinalizar ações ou estados. Usados com o verbo **ser**, os particípios podem indicar a voz passiva, que é abordada mais adiante nesta unidade. Após **ser**, **estar**, **ficar** etc., os particípios funcionam como adjetivos e, portanto, variam em gênero e número de acordo com o sujeito: "As marchinhas ainda são **tocadas** em bailes de carnaval". As formas invariáveis do particípio passado são utilizadas com o auxiliar **ter**, como se verifica na seção *Ter + particípio passado* a seguir.

---

2   Encontre no caça-palavras os particípios passados dos verbos listados no quadro. Depois, escreva o particípio passado ao lado do verbo correspondente.

abrir	_____
acender	_____
cobrir	_____
confundir	_____
dizer	_____
eleger	_____
entregar	_____
escrever	_____
fazer	_____
ganhar	_____
gastar	_____
imprimir	_____
pagar	_____
pôr	_____
vir	_____
ver	_____

W	L	U	D	R	W	E	P	E	W	E	V	C	N	E	Z
N	D	I	I	E	A	Q	O	E	U	E	I	O	H	H	K
G	A	S	T	O	A	E	M	Q	Q	I	S	N	P	O	R
B	V	B	O	O	F	D	L	I	H	P	T	F	I	K	U
C	O	B	E	R	T	O	I	Y	K	U	O	U	E	Q	V
E	N	T	R	E	G	U	E	O	E	Z	S	S	L	A	H
P	O	S	T	O	R	L	E	O	U	B	A	O	E	Y	O
E	S	C	R	I	T	O	I	C	F	F	V	E	I	X	R
J	E	O	A	E	C	W	M	S	N	Z	J	G	T	J	J
B	E	S	C	U	E	P	B	U	V	I	N	D	O	P	L
O	H	B	O	G	Q	F	Z	L	F	R	X	U	S	A	R
J	W	E	U	A	C	E	S	O	K	O	J	W	S	G	O
B	S	N	G	N	I	M	P	R	E	S	S	O	E	O	G
Y	R	Y	E	H	D	A	W	A	B	E	R	T	O	M	S
D	H	E	X	O	W	O	V	D	G	A	L	N	U	A	R
P	F	E	I	T	O	I	E	D	A	D	X	F	U	B	B

3   Complete as frases usando particípios passados dos verbos listados na atividade 2. Se for necessário, modifique o gênero e/ou o número dos particípios passados.

a   A letra dessa música é muito _____. Eu não entendo nada!

b   Mas essa letra foi _____ por um dos melhores compositores da música popular!

c   Os ingressos para o show foram _____ com cartão de crédito e foram _____ pelo correio.

d   Nós podemos entrar agora porque as portas já estão _____, mas o show só começa às 22h.

e   Já passa das 22h e as luzes do palco ainda não estão _____. Esse show não começa . . .

VOCÊ SABIA?

Alguns verbos têm mais de uma forma de particípio passado. Nesses casos, uma forma é usada com **ser**, **estar**, **ficar** e outros (e varia em gênero e número) e a outra forma é usada com **ter** e **haver** (e é invariável). Alguns exemplos dessas formas são "confuso/confundido", "entregue/entregado" e "impresso/imprimido".

Na seção Referência Gramatical encontra-se uma lista de particípios duplos.

4   Complete as descrições de instrumentos usados na música lusófona com o particípio passado
dos verbos do quadro. Em seguida, relacione as fotos de cada instrumento à sua descrição.

associar   fazer   formar   tocar   usar

(   ) O reco-reco é um instrumento de percussão cuja forma mais comum é um pedaço de
bambu com talhos transversais. Por ser relativamente fácil de tocar, pode ser _____
para ensinar música a crianças.

(   ) O agogô tem origem africana e, tipicamente, é _____ por duas campânulas de
metal, mas pode ter também três ou quatro campânulas. Usa-se o agogô no samba e no baião,
entre outros ritmos.

(   ) A guitarra portuguesa está _____ ao fado. O instrumento possui 12 cordas
metálicas agrupadas em 6 ordens duplas. A sua caixa de ressonância assemelha-se à forma de
uma pera.

(   ) O atabaque é um instrumento de percussão originário da África. É _____ com
as mãos ou com baquetas (ou com uma mão e uma baqueta).

(   ) A kora é um instrumento típico da África Ocidental, inclusive a Guiné-Bissau. A kora tem
21 cordas que hoje são _____ de nylon.

a

b

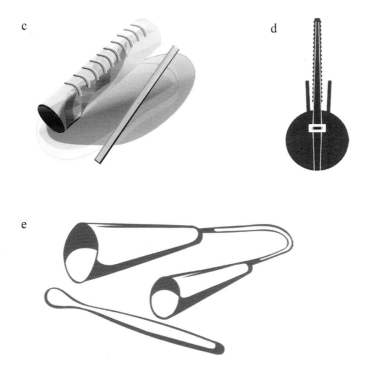

Ter + particípio passado

Mais informações na seção Referência Gramatical

1   Leia os seguintes trechos do podcast (faixa 17), com atenção aos elementos destacados. Depois, com base nas suas observações, complete as explicações com "presente do indicativo" (por exemplo, a forma verbal **tenho**) ou "pretérito imperfeito" (por exemplo, **tinha**).

▶ "O samba **tem feito** parte da cultura brasileira [. . .]."

▶ "[. . .] mesmo quem nunca **tinha ouvido** um samba [. . .]."

▶ "[. . .] você nunca **tinha dito** [. . .]!"

▶ "[. . .] eu **tenho aprendido** ritmos diferentes."

a   Usa-se o _____ do verbo **ter** seguido de particípio para falar de ações que começaram no passado e continuam no presente.

b   Usa-se o _____ do verbo **ter** seguido de particípio para falar de ações ou eventos que aconteceram e terminaram no passado antes de outros eventos ou ações também passados.

2   Complete a coluna da esquerda com informações sobre o que você tem ouvido e aprendido a respeito da música lusófona. Em seguida, entreviste um/a colega para saber o que ele/a tem lido ou aprendido e complete a segunda coluna. Para terminar, conversem com outros/as colegas para identificar semelhanças e diferenças nos interesses de vocês e completem a terceira coluna. Se quiserem, usem o particípio passado dos verbos a seguir (com o verbo **ter** no presente do indicativo).

aprofundar	estudar	informar-se	procurar	ouvir	tocar	ver

Eu	O seu/A sua colega	Os membros do seu grupo
Tenho me interessado por	Tem lido sobre	Temos _____
_____;	_____;	_____;
_____	_____	_____
_____;	_____;	_____;
_____	_____	_____
_____.	_____.	_____.

3   Complete as frases abaixo usando o presente do indicativo de **ter** + particípio passado, na afirmativa ou na negativa. Em seguida, compare as suas respostas com as de um/a colega.

a   Desde que ouvimos o fado, nós _____.

b   Eu _____ desde que vi o show da minha banda favorita.

c   Os meus amigos _____ desde que compraram os ingressos para o desfile de escolas de samba no Rio.

d   O/A nosso/a professor/a _____ há várias aulas.

VOCÊ SABIA?

A construção **ter** + particípio passado também é usada com verbos meteorológicos (p. ex., "Tem feito muito calor ultimamente") e em frases existenciais (p. ex., "Tem tido show todo sábado"; "Nunca tinha havido um concerto de música clássica aqui"). Note que o particípio passado também pode aparecer depois do verbo **haver** no pretérito imperfeito, expressando o mesmo que **ter** (pret. imperf.) + particípio passado:

"Ele nunca tinha ouvido esse ritmo" = "Ele nunca havia ouvido esse ritmo".

4   Em duplas, conversem sobre o cenário musical na cidade/região em que vocês moram. Usem o conteúdo dos balões a seguir como referência.

Como tem andado a programação em [casa de show]? Tem tido shows interessantes?

Até o início deste ano nunca tinha havido um show de fado em [...]. Desde então já teve mais de três!

5   Desembaralhe os versos em cada estrofe para completar trechos de três músicas diferentes. Depois, faça uma pesquisa na internet para encontrar as letras completas de cada música, verificando as suas respostas e ouvindo as canções. Com um/a colega, converse sobre as suas preferências entre as três canções, explicando as suas razões.

a   Ir (um/vir/e/regalo/foi)
    O desamor sei forçá-lo
    Mas se tão (buscamos/longe/o)
    Perto já (algum/havido/tinha)

b   Que dia quente, tem (calor/muito/feito)
    Daqui a pouco, (vizinho/vê/meu/um/voador/disco)
    Se visse (até/descer/para/pedia)
    Quem (um/se/sabe/marciano)
    (esclarecer/consegue/te)

c   Quando (se/álibi/o/tem)
    (nascido/ter/de) ávido
    E convivido inválido
    (ter/mesmo/sem/havido), havido

6   Leia a minibiografia de Amália Rodrigues, considerada a Rainha do Fado. Em seguida, determine se as frases são verdadeiras (V) ou falsas (F).

1920	Nascimento
1935	Participação como solista na Marcha Popular de Alcântara
1939	Estreia profissional
1940	Casamento (Francisco da Cruz); estreia no teatro
1943	Primeira atuação internacional (em Madri)
1944	Primeira atuação no Rio de Janeiro
1947	Estreia no cinema
1949	Divórcio
1949–1951	Atuação em diversas cidades europeias
1952	Primeira atuação em Nova York
1953	Participação de programa de TV (cadeia NBC, Estados Unidos)
1961	Segundo casamento, Rio de Janeiro (César de Seabra Rangel)
1966	Regresso aos Estados Unidos
1970	Primeira atuação no Japão
1972	Atuação na Austrália
1998	Homenagem pública na Expo '98 em Lisboa.
1999	Falecimento a 6 de outubro

Referência: *Museu do Fado*, www.museudofado.pt. Data de acesso: 14/2/2018.

a   ( ) Amália já tinha tido um solo antes de estrear profissionalmente.

b   ( ) Quando se casou pela primeira vez, ela já tinha atuado na Espanha.

c   ( ) Amália já tinha cantado no Brasil antes de estrear no cinema.

d   ( ) Antes de se divorciar, Amália tinha cantado fora de Portugal.

e   ( ) Ela já tinha se casado pela segunda vez antes de estrear na televisão.

f   ( ) Amália já tinha estado em Nova York antes de 1966.

g   ( ) Antes de ir ao Japão, Amália tinha atuado na Austrália.

h   ( ) Antes de falecer, Amália já tinha sido homenageada publicamente.

7   Marque na linha do tempo os eventos mais importantes da sua vida. Depois, troque o seu livro com o de um/a colega e "leia" a vida dele/a (p. ex., "Quando a sua irmã nasceu, você já tinha entrado na escola"). O/A colega dirá se as suas frases correspondem aos fatos. Em seguida, o/a colega faz afirmações com base na sua linha do tempo e você diz se as frases dele/a estão corretas.

Nascimento:

(Dia)____/(Mês)____/

(Ano)_____

8   Complete o texto usando **ter** seguido do particípio passado dos verbos no quadro. Preste atenção à forma do verbo auxiliar (presente ou pretérito imperfeito do indicativo), bem como às formas regulares ou irregulares do particípio passado.

compor	destacar	dizer	estrear	ser	ter

A música _____ uma das contribuições brasileiras mais relevantes à cultura ocidental e o Museu da Música Brasileira, em Salvador (Bahia), destaca o papel do estado da Bahia no cenário musical não só do país, mas também do mundo. O estado recebeu os primeiros africanos, que chegaram junto com os seus ritmos. Assim, a Bahia _____ um papel muito importante na formação da música brasileira desde o início do próprio Brasil. Desde a sua abertura, o Museu _____ a obra de Dorival Caymmi, um dos maiores expoentes da música baiana e brasileira. O primeiro sucesso de Caymmi foi *O que é que a baiana tem?*, na interpretação de Carmem Miranda em um filme de 1939. Caymmi _____ a música em 1938, interpretando-a em um programa de rádio nesse mesmo ano. Antes disso, em 1934, Caymmi já _____ como cantor em programas de rádio. Muitos compositores ao longo dos anos _____ que as canções de Caymmi são perfeitas.

VOCÊ SABIA?

O pretérito-mais-que-perfeito composto (**tinha** + particípio passado, "tinha estudado") tem um equivalente simples, formado a partir da 3ª pessoa do plural do pretérito perfeito do indicativo (subtraindo-se **-ram** e acrescentando **-ra** e desinências pessoais). Assim, temos, por exemplo, "eu fora" (="eu tinha ido", "eu tinha sido"), "ela ouvira" (="ela tinha ouvido"), "nós fizéramos" (="nós tínhamos feito") e "eles dançaram" (="eles tinham dançado"). O pretérito-mais-que-perfeito simples é um tempo utilizado quase exclusivamente na língua escrita, com exceção de algumas formas fixas, como "pudera" e "quem me dera".

Em www.routledge.com/cw/santos você encontra atividades para praticar o uso de **ter** + particípio passado.

Nas entrelinhas

Preparando-se para ler

1   Complete o trecho a seguir com os elementos do quadro. Depois, discuta em grupos.

ajudada	alma	poesia	porém	por	isso

O FADO E A ALMA PORTUGUESA

Fernando Pessoa

Toda a _____ – e a canção é uma poesia _____ – reflecte o que a _____ não tem. _____ a canção dos povos tristes é alegre e a canção dos povos alegres é triste.

O *fado*, _____, não é alegre nem triste. É um episódio de intervalo. Formou-o a alma portuguesa quando não existia e desejava tudo sem ter força para o desejar.

[. . .]

Referência: Domínio público. 1ª publ. em Notícias Ilustrado, 2ª série, n° 44, Lisboa, 14–4–1929.

a   Você costuma ouvir canções em português? Qual é a sua preferida?

b   Você acha que a letra da sua canção preferida poderia ser descrita como um poema? Por quê (não)?

VOCÊ SABIA?

Como gênero literário, a poesia se caracteriza por uma linguagem subjetiva e conotativa. O gênero geralmente utiliza versos, que são conjuntos de sílabas poéticas que seguem regras de harmonia e de ritmo. Os versos podem ou não apresentar rimas (ou seja, terminar em sons semelhantes). O poema é um conjunto de versos, divididos ou não em estrofes (isto é, os grupos de versos que formam as seções de um poema).

c   O que você sabe sobre o fado? O que você acha sobre a descrição acima, proposta por Fernando Pessoa?

VOCÊ SABIA?

A origem do fado remonta às primeiras décadas do século XIX. Uma combinação de canções portuguesas tradicionais com ritmos afro-brasileiros, o fado vem se transformando de acordo com a própria sociedade portuguesa. Inicialmente visto como subversivo pela ditadura de Salazar, acabou sendo abraçado pelo regime, que procurou explorar o gênero devido à sua grande popularidade. Depois da Revolução dos Cravos (25 de abril de 1974), o fado passou a ser reconhecido como um dos traços mais marcantes da cultura portuguesa, tendo sido incluído na lista de Patrimônio Cultural Imaterial da UNESCO em 2011.

Lendo

1 Leia a primeira estrofe de um poema sobre o fado escrito por Fernando Pessoa. Em seguida, em duplas, marque as características de poemas que podem ser identificadas na estrofe lida.

Ó fado repenicado
Ó fado de Portugal
Tenho o coração cansado
O amor foi sempre o meu mal.

a ( ) Contém ritmo, isto é, percebe-se uma musicalidade.

b ( ) Contém rimas, isto é, sons semelhantes especialmente no final dos versos.

c ( ) Contém aliterações, isto é, repetições de sons consonantais.

d ( ) Contém repetições de palavras ou de ideias.

e ( ) Diz muito em poucas palavras.

f ( ) Mexe com as emoções do leitor.

2 Forme um grupo com outras duas pessoas e leia todo o poema. Cada membro do grupo terá um objetivo diferente ao ler, conforme detalhes a seguir.

ESTRATÉGIA: LENDO COM DIFERENTES OBJETIVOS

Não há uma única forma de ler, nem uma forma é melhor que outras. Lê-se sempre com algum objetivo: por exemplo, procurar uma informação específica, entreter-se, aprender sobre algo e lembrar algo, entre outros. Uma leitura não alcançará todos os possíveis objetivos ao mesmo tempo, e ela poderá ser definida como bem-sucedida se atingir os objetivos a que se propõe. Desta forma, é sempre importante saber qual(is) é(são) o(s) nosso(s) objetivo(s) ao ler.

Participante 1: Você quer ler para aprender e/ou praticar vocabulário. Certifique-se de que entende tudo o que lê; caso necessário consulte um dicionário.

Participante 2: Você quer ler para praticar a sua pronúncia. Leia em voz alta, certificando-se de que a sua pronúncia é adequada, com atenção especial às rimas.

Participante 3: Você quer ler para ter uma apreciação ampla do poema. Leia em voz alta, sem se preocupar com entendimento de todo o vocabulário nem com ocasionais pronúncias desconhecidas.

Ó fado repenicado
Ó fado de Portugal
Tenho o coração cansado
O amor foi sempre o meu mal.

Ó fado onde a alma chora
Ó triste fado fatal
Quem me dera ver agora
As terras de Portugal.

Ó fado repenicado
O ser triste é o meu mal.
Eu nasci e fui criado
Nas terras de Portugal.

O fado da minha terra
Nasceu entre laranjais
Liga a frescura da serra
A tristeza de Cascais.

Quando longe o olhar parado
Fica estrelas a olhar
Se alguém repenica o fado
Começa a gente a chorar.

O fado canta saudades
Ao lembrar por nosso mal
Sinos tocando a trindades
Na terra de Portugal.

Canta (o) coração amado
(E) Quer o cante bem ou mal
Leva o coração chorando
Às terras de Portugal.

Referência: Domínio público. Extraído de https://goo.gl/zeimuk. Data de acesso: 14/2/2018.

3   Discuta com os membros do seu grupo na atividade 2.

   a   O que você aprendeu ou sentiu durante a sua leitura?

   b   Quais são os pontos fortes de cada uma das formas de leitura na atividade 2, isto é, o que elas fazem bem e que ganhos trazem? Quais são os pontos fracos dessas leituras, isto é, o que elas negligenciam e por isso não atingem?

4   Observe os versos a seguir. Em duplas, complete o quadro: na coluna do meio escreva um dos elementos destacados. Na coluna à direita, escreva exemplos semelhantes, encontrados no poema da atividade 2.

Verso A: "Tenho o coração **cansado**"

Verso B: "Sinos **tocando** a trindades"

Elemento que descreve um estado ou qualidade		
Elemento que descreve uma ação em progresso		

5   Selecione a opção que melhor corresponde aos versos "Quem me dera ver agora/As terras de Portugal" (2ª estrofe). Em seguida, forme duas frases usando a expressão "quem me dera".

   a   ( ) Alguém me permite ver Portugal neste momento.

   b   ( ) Eu desejo ver Portugal agora mas não posso.

   c   ( ) Quem me deu a oportunidade de ver Portugal?

   d   ( ) Eu vejo agora as terras de Portugal.

6   Leia novamente os versos a seguir com atenção aos elementos destacados. Em seguida, responda às perguntas do quadro. Marque X se a pergunta não se aplica.

"Quando longe o **olhar** parado
Fica estrelas a **olhar**"

		"Quando longe o olhar parado"	"Fica estrelas a olhar"
a	A palavra "olhar" é verbo ou substantivo? Como você sabe?		
b	Se é substantivo, como é descrito?		
c	Se é verbo, quem ou o que realiza a ação de olhar?		
d	Se é verbo, quem ou o que recebe a ação de olhar? Ou seja, quem ou o que é olhado?		

7   Em grupos, leiam o poema da página 183 novamente e discutam.

   a   Quais são as características do fado de acordo com o poema?

   b   Quais são as características do poeta?

   c   De que forma se pode comparar o fado e o sentimento do poeta?

8   Leia o poema de Pessoa mais uma vez. Identifique quais versos ou estrofe você prefere e compartilhe as suas preferências em grupos, justificando-as.

Refletindo sobre a leitura

1   Discuta com seus/suas colegas.

   a   O que vocês acharam da ideia de ler o poema inicialmente apenas com um foco e de trocarem impressões sobre diferentes formas de leitura?

   b   Vocês acham que poemas são melhor apreciados se lidos silenciosamente ou em voz alta? Justifiquem.

Palavras etc.

O e ó

1   Leia novamente o trecho do poema da p. 183 e repare os usos das palavras **o** e **ó**. Depois, com base nas suas observações, complete as frases usando **o** ou **ó**.

> **Ó** fado repenicado
>
> **Ó** fado de Portugal
>
> Tenho **o** coração cansado
>
> **O** amor foi sempre **o** meu mal.

   a   _____ é um artigo e determina um substantivo de que se fala.

   b   _____ é uma interjeição que faz parte de um chamamento, invocação ou apelo.

VOCÊ SABIA?

A interjeição **ó** pode acompanhar o vocativo (termo usado para chamar ou invocar pessoas ou abstrações, como por exemplo: "Ó céus!"). É usada em registros literários e em situações

continua

informais em Portugal e na África lusófona (mais comumente do que no Brasil). É usada, também, em cantigas de roda e outras manifestações de linguagem popular. Note que a interjeição **ó** não é usada em situações formais.

2 Complete a letra da cantiga de roda "Fui no Tororó" com **o**, **no** ou **ó**. Em seguida, ouça o áudio e verifique sua resposta.

Fui _____ Tororó

beber água não achei

achei bela morena

que _____ Tororó deixei

Aproveite, minha gente,

que uma noite não é nada

Se não dormir agora,

dormirá de madrugada

_____ dona Maria,

_____ Mariazinha,

entrarás na roda

e dançarás sozinha

Sozinha eu não danço

nem hei de dançar

porque eu tenho _____ fulano

para ser meu par

3 Pesquise uma das seguintes cantigas de roda: "Sapo cururu", "O pião entrou na roda", "Bela roseira". Identifique e anote os usos de **o** e de **ó** na letra, relatando-os para a turma posteriormente: em que versos essas palavras ocorrem? Com que vizinhos? Qual é a sua função? Se possível, ouça em conjunto as cantigas pesquisadas.

Alguém, todo (o) mundo, qualquer um e a gente

1 Leia novamente o trecho do poema de Fernando Pessoa (p. 183) e repare os usos de **alguém** e **a gente**. Depois, escolha a palavra que corresponde a cada sentido.

> "Se **alguém** repenica o fado
> Começa **a gente** a chorar"

a alguém   (alguma pessoa) (uma pessoa específica)

b a gente   (as pessoas de um modo geral) (nós)

VOCÊ SABIA?

A gente pode significar **(todas) as pessoas** ("toda a gente para e ouve") ou **nós** ("a gente sempre brincava de roda quando era criança"). Enquanto os dois sentidos são usados em Portugal e na África lusófona, somente o último (ou seja, **nós**) é frequente no Brasil.

2 Leia os trechos e determine qual dos sentidos melhor se aplica a cada caso de **alguém** e **a gente**.

( ) É difícil crer, mas conheço **alguém** que não aprecia o fado.	a	as pessoas
( ) Quando eu era criança, brincava de roda com as minhas amigas. **A gente** passava horas cantando aquelas cantigas.	b	alguma pessoa
	c	uma pessoa
( ) **Alguém** aqui sabe sambar?	d	nós
( ) Quando ela canta, toda **a gente** para e ouve.		

3 Complete os versos de música (a-d) com **qualquer um** ou **todo (o) mundo**. Procure as letras na internet (os títulos estão entre parênteses) para verificar as suas respostas e ouvir as músicas. Para terminar, escreva uma definição breve para cada um dos dois termos: "todo (o) mundo" e "qualquer um".

a Meu destino eu moldei/_____ pode moldar (*Filosofia de vida*, de Martinho da Vila)

b _____ tem um irmão meio zarolho/Só a bailarina que não tem (*Ciranda da bailarina*, de Edu Lobo e Chico Buarque)

c   E é tão bonita a onda que vem/Como a outra que vejo ao fundo/A espuma branca que cada tem/É a vida de _____ (*A praia do mar*, de Madredeus)

d   Os seus olhos são espelhos d'água/Brilhando você pra _____ (*Espelhos d'água*, de Patricia Marx)

VOCÊ SABIA?

▶ No Brasil, normalmente diz-se e escreve-se **todo mundo**, sem o artigo. Em português europeu, usa-se o artigo: **todo o mundo**. Em português brasileiro, o uso do artigo altera o sentido da expressão, que passa a significar **o mundo inteiro**: "Há bons músicos em todo o mundo".

▶ **Qualquer pessoa** indica a mesma ideia que **qualquer um**.

Sufixos formadores de substantivos

1   Localize no poema de Fernando Pessoa (p. 183) as palavras que se referem às definições apresentadas a seguir. Depois, sublinhe as terminações dessas palavras e escreva qual é a função dessas terminações.

a   plantação de pés de laranja

b   característica do que é fresco

c   estado ou qualidade de triste

2   Leia o seguinte texto sobre o Museu do Fado e escolha o sufixo que completa cada palavra.

Através do site do Museu do Fado (www.museudofado.pt), é possível ouvir fados gravados desde o início do século XX. A publica(tura)(ção)(dade) do Arquivo Sonoro Digital permite que os usuários acessem os fono(gramas)(zais)(mentos) a partir de qualquer lugar no mundo. A disponibiliza(teza)(ria)(ção) dos fados fazia parte do Plano de Salvaguarda da candidat(ura)(agem)(ância) do Fado à lista do Patrimônio Cultural Imaterial da Humani(dez)(dade)(tude), da UNESCO. O Arquivo Sonoro Digital foi desenvolvido através de uma parceria entre o Museu do Fado e o Instituto de Etnomusico(lioma)(lidade)(logia) da Universidade Nova de Lisboa.

Referência: *Museu do Fado*, www.museudofado.pt. Data de acesso: 22/10/2016.

 Em www.routledge.com/cw/santos você encontra mais atividades sobre sufixos formadores de substantivos.

Vocabulário frequentemente usado

1   Complete o quadro com as palavras que correspondem às definições apresentadas. A primeira letra já é dada. Todas as palavras terminam em **-ura** e estão entre as 1.000 palavras mais frequentes em português.

a   distância de baixo para cima; época em que algo ocorre   A_____

b   conjunto de conhecimentos; sabedoria   C_____

c   representação visual de algo ou alguém; pessoa   F_____

d   arte do escritor   L_____

e   construção, edificação; aquilo que sustenta alguma coisa   E_____

f   arte do pintor   P_____

g   busca; demanda   P_____

h   ato de ler   L_____

2   Complete o texto com as palavras apresentadas na atividade 1. O número de letras de cada palavra é dado nos parênteses.

A _____ (10) é uma grande fonte de inspiração musical. De poemas a romances, várias obras literárias já serviram de ponto de partida para diversos tipos de composição. A _____ (7) de um belo poema muitas vezes inspira compositores. Porém, a fusão das artes não se limita a essas duas manifestações. A _____ (7) também pode servir de tema para composições musicais. Um dos quadros de Van Gogh, por exemplo, é o título de uma canção em inglês. À _____ (7) de inspiração, os compositores voltam-se também para outras profissões. O arquiteto Frank Lloyd Wright, criador de _____ (10) singulares, é homenageado em uma canção. Outras _____ (7) importantes também aparecem em canções, nem sempre sob uma luz favorável. Por ser parte íntegra da _____ (7) de um povo, a música muitas vezes aborda assuntos relevantes do momento. A qualquer _____ (6), uma canção pode conter uma crítica ao que se passa, dando voz pública às opiniões dos que a ouvem.

3   Em duplas, responda oralmente: Qual das palavras listadas na atividade 1 você acredita ser a mais frequente da lista? Qual você acha que é a menos frequente? O que o/a leva a ter essa ideia?

CORPUS

Análises de frequência não estão restritas a frequências de palavras. Pode-se também pesquisar frequência de, por exemplo, sufixos ou prefixos, grupos de palavras ou expressões. De acordo com *A frequency dictionary of Portuguese* (de Mark Davies e Ana Maria Raposo Preto-Bay, 2008), sufixos frequentemente usados para formar substantivos em português são: -ção/-são; -or; -ista; -ia; -ura; -dade; -ismo.

Descobrindo a gramática

Voz ativa e passiva

> Mais informações na seção Referência Gramatical

1 Leia o seguinte verso e responda às perguntas.

> "O fado canta saudades"

   a   Quem/O que realiza a ação de "cantar"?

   b   Qual é o complemento de "cantar"?

2 Leia estes outros versos e marque a alternativa que contém sentido semelhante ao trecho destacado.

> "Eu nasci e **fui criado**
> Nas terras de Portugal"

   a   ( ) Alguém criou o poeta.

   b   ( ) O poeta criou alguém.

VOCÊ SABIA?

▶ Para cada ação, situação ou evento, há um **agente**, ou seja, alguém ou algo que realiza a ação.

▶ Consideremos o seguinte exemplo: "Os turistas ouvem o fado em restaurantes". Nessa frase, o agente é "Os turistas", que se refere a quem realiza a ação de ouvir.

▶ Nesse mesmo exemplo, "o fado" é o **paciente**, ou seja, o elemento que recebe a ação de ouvir.

▶ O exemplo dado é um exemplo de **voz ativa**, em que o agente ("Os turistas") é o sujeito e recebe atenção do falante e do ouvinte.

▶ Para focalizar a atenção na ação ou no paciente, usamos a **voz passiva**, em que o paciente é o sujeito: "O fado é ouvido em restaurantes".

▶ Na voz passiva, o verbo principal aparece no particípio passado ("ouvido"). Podemos ou não incluir o agente na voz passiva: "O fado é ouvido em restaurantes pelos turistas".

3   Com um/a colega, decidam se os versos das atividades 1 e 2 estão na voz ativa ou na voz passiva. Justifiquem as suas respostas.

4   Leia as manchetes sobre eventos relacionados à música lusófona e determine se cada uma está na voz ativa ou na voz passiva.

Moçambicano anima o centro de São Paulo com sua música

Rui Morais é homenageado

Temas de Mamukueno e Zecax são revividos

De Braga para o mundo: Festival de Outono traz novas perspectivas

Festival Atlântico promove música lusófona no Luxemburgo

Cabo Verde é convidado para o congresso "Música e Lusofonia em Acervos de 78 rpm"

5   Complete o quadro que explica a passagem da voz ativa para a voz passiva.

Voz ativa: "O Festival Atlântico promove música lusófona"	
a O complemento da voz ativa é o sujeito da voz passiva	O complemento de **promove** é _____
b Usa-se o verbo **ser** no tempo do verbo da voz ativa	**Promove** está no presente do indicativo, então usamos _____.
c Usa-se o particípio passado do verbo que aparece na voz ativa	O particípio passado de **promover** é _____
d O particípio passado deve concordar com o sujeito da voz passiva	**Música** é um substantivo feminino singular; portanto, o particípio usado deve ser _____
e O sujeito da voz ativa passa a compor o elemento opcional **por + substantivo**	O sujeito da voz ativa é _____, então usa-se **pelo** _____
Voz passiva: _____	

6   Passe as manchetes de notícias abaixo para a voz passiva. Com a mudança, o que se observa em relação ao foco de cada manchete?

   a   O festival Eurosonic escolhe primeiros nomes portugueses

   b   António Zambujo edita disco sobre canções de Chico Buarque

   c   Diretora provincial destacou crescimento da música angolana

   d   Programa baiano inspira projeto musical em Moçambique

7   Leia o texto e determine se os trechos destacados estão na voz ativa ou na voz passiva. Em seguida, discuta com um/a colega: que alterações haveria no sentido ou no foco se os trechos que estão na voz ativa estivessem na voz passiva (e vice-versa)?

Para comemorar os 80 anos da morte de Fernando Pessoa, **foi lançada uma caixa** com três CDs, dois DVDs um álbum de fotos e o livro *Mensagem*, o único livro em português publicado durante a vida do autor. **André Luiz Oliveira musicou os poemas do livro**, tendo dedicado cerca de 30 anos ao projeto. **Os poemas musicados foram gravados por grandes intérpretes de três países:** Brasil, Portugal e Cabo Verde. **O primeiro disco foi lançado** em 1986. André, que é brasileiro, viveu em Portugal entre 1977 e 1979. Segundo ele, **a temporada em Lisboa mudou a sua vida**. Foi lá que **André aprofundou a sua música**. No regresso ao Brasil, logo **ele compôs 15 canções**. André sempre pensou em vozes conhecidas para interpretar as canções e **quase todos os artistas convidados aceitaram o desafio.** Para executar a obra, **dezenas de instrumentistas foram mobilizados** para as orquestrações sinfônicas. O resultado é inigualável.

Referência: "Artista lança caixa com versões musicadas para poemas de Fernando Pessoa", https://goo.gl/GGjMoI. Data de acesso: 14/2/2018.

Tomando a palavra

Como se diz?

1 Ouça e complete o texto. Depois, responda: o que as palavras que você escreveu têm em comum?

O _____ é um estilo musical que faz parte da cultura _____, que é caracteri-zada também por outros elementos como a _____ e o _____. O desenvolvi-mento do _____ é atribuído a _____ que criavam novos sons com _____, com práticas como _____ e _____. Também era essencial a participação dos _____, que faziam intervenções faladas ou cantadas sobre a base rítmica. Essa improvi-sação poética sobre uma batida rápida é a essência do _____, um estilo musical em que o texto é mais importante que a música. O _____ recita os seus textos ritmicamente, mas com pouca musicalidade. Uma das características do _____ é o _____, que funde as palavras melodicamente. Como em outros estilos, também costuma haver um refrão, que é repetido algumas vezes durante o rap. Os _____ podem fazer um "duelo": dois ou mais _____ improvisam textos e respondem uns aos outros, formando um diálogo musical.

2 Em duplas, observem as palavras usadas para completar a atividade 1. Leiam as frases em que essas palavras aparecem, prestando atenção à pronúncia. Em seguida, ouçam o áudio e verifiquem a pronúncia.

SONS DO PORTUGUÊS

É normal as línguas adotarem palavras de outras línguas. Essas palavras são conhecidas como **estrangeirismos**. No caso do português, às vezes a grafia é adaptada (por exemplo, "futebol"), às vezes não (por exemplo, "pizza"). Em ambos os casos, as palavras que vêm

continua

de outras línguas são pronunciadas de acordo com as regras fonológicas do português. Por exemplo, uma palavra que tenha vindo do inglês e comece com a letra **r** é pronunciada com o som correspondente ao **r** inicial em português, não com o som do inglês. As variações dialetais se manifestam também na pronúncia dos estrangeirismos. Tomemos como exemplo a palavra "design", que vem do inglês. Em muitos dialetos de português brasileiro, a palavra começa com o som [dʒ], por ser seguido do som vocálico [i]. Já em português europeu, bem como em alguns dialetos de português brasileiro, o som inicial é [d].

 3 Ouça e leia as frases e identifique os estrangeirismos. Tente responder: de que língua vem cada um deles?

   a   O primeiro movimento do famoso concerto *Primavera*, de Vivaldi, é tocado em alegro.

   b   O rock tem as suas origens no blues.

   c   No Brasil, os bailes funk são muito populares.

   d   Eu não sei cantar, mas adoro karaokê!

   e   Aquela cantora de jazz famosa está fazendo uma turnê pelo Brasil.

   f   Você gosta de reggae, não é? Sabia que vai ter um show este sábado?

   g   Eu ouvi um medley muito legal hoje.

 Em www.routledge.com/cw/santos você encontra atividades adicionais sobre estrangeirismos em português.

Preparando-se para falar

1 Com seus/suas colegas, discutam.

   a   Vocês gostam de rap? Por quê (não)?

   b   Vocês conhecem algum rap em português? Sabem cantar algum verso?

   c   Vocês já ouviram falar de algum dos rappers abaixo? Em caso afirmativo, o que sabem sobre eles?

Boss AC	Karol Conká	MCK	Azagaia

2 Pesquise na internet a letra de um rap em português. Leia a letra e, com base na definição de raps (*Como se diz?*, atividade 1), responda:

   a   Quais das características listadas na definição podem ser identificadas no rap pesquisado?

b   Quais das características de poemas (seção *Lendo*, atividade 1) podem ser encontradas no rap? Ilustre as suas respostas com exemplos.

c   Que palavras rimam no rap?

VOCÊ SABIA?

As rimas, que são baseadas em sons, nem sempre têm a mesma grafia. Por exemplo, pode--se rimar "comédia" e "inveja"; "família" e "trilha"; "paz", "jornais" e "demais"; "lugar" e "está"; entre muitos outros.

d   Em grupos, respondam: qual é o verso mais impactante do rap na sua opinião? Justifique.

Falando

1   Em duplas ou pequenos grupos, criem um rap seguindo os passos sugeridos.

a   Escolham um tema para o seu rap. Se desejarem, usem uma das sugestões do quadro.

desigualdade social	racismo	trabalho infantil	violência

b   Escrevam algumas palavras-chaves associadas ao tema da sua escolha.

c   Para cada uma das palavras-chaves listadas, anotem outras palavras que rimam.

d   Componham versos usando as palavras-chaves e prestando atenção ao uso de rimas. Agrupem os versos, reescrevendo-os se necessário, a fim de que eles apresentem uma ideia de forma consistente.

e   Escolham alguns versos, ou criem outros, para funcionar como refrão.

f   Leiam o seu rap em voz alta e definam o que deve ser eliminado, adicionado ou modificado para a sua melhoria.

g   Finalizem a letra do seu rap.

2   Pratiquem a apresentação do seu rap no seu grupo. Durante esta etapa usem a lista a seguir para autoavaliação sobre aspectos paralinguísticos, marcando "sim" ou "não" e dando detalhes na última coluna se necessário.

ESTRATÉGIA: CONSIDERANDO ASPECTOS PARALINGUÍSTICOS

Paralinguagem consiste em aspectos que acompanham a linguagem, como por exemplo, volume da fala, velocidade, ritmo, pausas, troca de turnos (quando há mais de uma pessoa falando), ênfase, linguagem corporal, contato visual, entre outros.

	SIM	NÃO	Se não, como é possível melhorar?
O volume é adequado?			
A velocidade é apropriada?			
As pausas são feitas nos pontos certos?			
Há ênfase nos pontos certos?			
Há uso de expressão adequada (raiva, comicidade, seriedade, surpresa etc.)?			
Há bom uso de contato visual com a plateia?			

3   Apresente o seu rap para o resto da turma, ou mesmo para outras pessoas.

Refletindo sobre a fala

1   Em conjunto com a turma, conversem sobre a experiência de criar um rap, considerando tanto a etapa de preparação quanto a de apresentação.

a   Quais foram os melhores momentos e por quê?

b   Quais foram as tarefas mais desafiadoras e por quê? O que vocês fizeram para lidar com os desafios?

c   Liste algumas situações de fala recentes em português. Dê detalhes sobre elas, comentando sobre a importância de atenção a aspectos paralinguísticos nessas situações.

Mãos à obra

Preparando-se para escrever

1   Leia a biografia do cantor e compositor Gilberto Gil a seguir. Antes da leitura, complete o quadro abaixo com as suas expectativas.

Informações que já sei e que espero confirmar na leitura	
Informações que não sei e que espero aprender com a leitura	

GILBERTO GIL

Cantor, compositor

Gilberto Gil nasceu na Bahia em 1942. Começou a carreira musical tocando acordeão ainda na adolescência. Mais tarde, passou para o violão e em seguida para a guitarra elétrica. As suas canções retratavam, desde cedo, o Brasil. Em 1963, conheceu o amigo e parceiro Caetano Veloso, com quem iniciou o movimento tropicalista. A ditadura instaurada no Brasil a partir de 1964 considerava o movimento nocivo à sociedade. Com isso, Gilberto Gil e Caetano Veloso foram exilados e viveram em Londres entre 1969 e 1971, onde Gil gravou um disco. Depois do regresso ao Brasil, o compositor continuou sua produção fonográfica, que hoje conta com quase 60 álbuns. A produção de Gil é reconhecida internacionalmente: o artista recebeu nove Grammys. Além da carreira musical, Gil teve também uma carreira política. De 1989 a 1992 foi vereador na Câmara Municipal de Salvador, e entre 2003 e 2008, exerceu o cargo de Ministro da Cultura no Brasil. Como ministro implementou, entre outros projetos, os Pontos de Cultura, que visam a realização de ações socioculturais nas comunidades.

Referência: *Gilberto Gil*, www.gilbertogil.com.br/. Data de acesso: 15/2/2018.

2   Em grupos, respondam:

   a   Quais expectativas (atividade 1) foram atingidas?

   b   O que você gostaria de ler mas não encontrou no texto?

   c   O que você aprendeu de forma inesperada com a leitura?

3   Quais das seguintes características de biografias podem ser encontradas na biografia lida?

   a   (   ) discurso direto

   b   (   ) marcadores temporais

   c   (   ) ordem cronológica

   d   (   ) possessivos (p. ex., "seu(s)")

e ( ) presente histórico

f ( ) pretérito imperfeito

g ( ) pretérito perfeito

h ( ) pronomes pessoais (p. ex., "ele")

i ( ) subtítulos

4 Com toda a turma, discutam: o que se pode aprender (sobre a língua portuguesa, sobre cultura, sobre o mundo em geral) por meio da leitura de biografias?

Escrevendo

1 Você vai escrever uma biografia de um/a profissional lusófono/a que atua no mundo da música. Siga o planejamento inicial abaixo, tomando decisões.

VOCÊ SABIA?

Há vários profissionais diferentes que atuam no ramo musical.

▶ O/A **músico/a** toca um instrumento, compõe, rege, trabalha na área de educação musical, entre outras funções diretamente ligadas à música.

▶ O/A **musicólogo/a** estuda a teoria musical.

▶ O/A **compositor/a** escreve música.

▶ O/A **arranjador/a** prepara a composição para ser executada.

▶ O/A **produtor/a musical** completa uma gravação para que seja lançada.

▶ O/A **crítico/a musical** avalia obras musicais e publica comentários sobre elas.

---

a Como você vai escrever?

( ) Individualmente.

( ) Com outra pessoa.

( ) Com duas ou mais outras pessoas.

b Como a sua biografia será disseminada?

( ) Online. Dê detalhes (p. ex., em um wiki, postagem de blogue, rede social etc.):
_____.

( ) De forma impressa. Dê detalhes (p. ex., em um cartaz, uma folha de papel etc.):
_____.

c   Quem serão os leitores da sua biografia?

( ) Crianças.

( ) Adolescentes.

( ) Adultos.

2   A partir das respostas na atividade 1, reflita e/ou discuta sobre as perguntas abaixo. Use o quadro para registrar um plano de ação.

a   O que você precisa ter e/ou saber para produzir a forma de disseminação da sua biografia?

b   O que você precisa fazer para garantir que a sua biografia esteja apropriada para o seu público alvo?

c   Sobre quem será a sua biografia?

d   Como você pode aprender mais sobre a produção de biografias?

e   Que informações serão incluídas na sua biografia? Onde você vai procurar essas informações? Como você pode garantir a veracidade das informações?

f   Como você organizará a sua biografia? Como ela começará e terminará? Como será desenvolvida?

ESTRATÉGIA: CONSIDERANDO O CONTEÚDO E A ORGANIZAÇÃO DO TEXTO

As perguntas **d** a **f** desta atividade refletem aspectos de conteúdo e de organização que são importantes em qualquer processo de escrita. Aspectos relativos ao conteúdo envolvem o que é (e o que não é) incluído em um texto, e vale a pena pensar sobre isso antes de iniciar a leitura. A organização de um texto diz respeito à sequência em que as informações serão apresentadas. Tanto o conteúdo quanto a organização de um texto precisam levar em conta convenções do gênero (biografia, carta etc.) e tipologia (narrativo, descritivo, persuasivo etc.) textual em foco.

TAREFA (O que precisa ser feito)	Quem realizará a tarefa	Prazo

3   Peça a uma pessoa que não tenha participado da escrita do rascunho que leia e comente sobre ele:

a   Quais são os pontos mais e menos fortes da organização da biografia? Como melhorar os pontos menos fortes?

b   Que elementos e/ou informações podem ser adicionadas à biografia de forma a torná-la mais interessante?

199

4   Escreva a versão final da sua biografia e disponibilize-a aos seus leitores.

Refletindo sobre a escrita

1   Leia algumas biografias escritas por seus/suas colegas. Em seguida, em grupos, discutam.

    a   O que mais os/as surpreendeu nas leituras? Por quê?

    b   De que forma a leitura e a escrita de biografias podem contribuir positivamente para a sua aprendizagem de português?

    c   Você acha que é importante prestar atenção à forma e ao conteúdo ao escrever biografias?

Diálogos multiculturais

Culturalmente falando

1   Observe as imagens e faça uma breve descrição do tipo de pensamento que cada uma representa. Em seguida, compartilhe as suas respostas com dois/duas colegas.

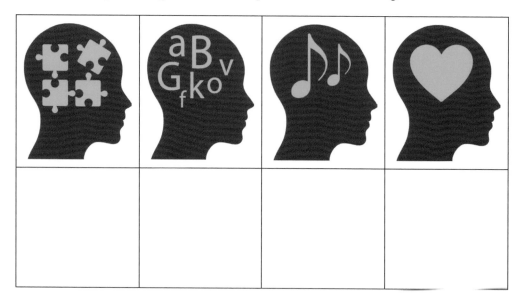

2   Em duplas, discutam as frases abaixo, comentando se vocês concordam ou não com elas.

▶   Algumas pessoas têm talento nato para música.

▶   Algumas pessoas têm aptidão adquirida e desenvolvida para música.

3   Em grupos, respondam às perguntas.

   a   Vocês cantam? Se cantam, de que forma se interessaram por canto? Se não cantam, que tipo de música gostariam de cantar?

   b   Vocês tocam ou já tocaram algum instrumento musical? Qual(is)? Se não, em algum momento já tentaram aprender a tocar um instrumento? Que instrumento(s) vocês gostariam de tocar e por quê?

4   Complete as seguintes ideias. Em seguida, em grupos, responda.

> ▶ Música dá ... *vida às coisas, às pessoas, às imagens; energia.*
>
> ▶ Música é ...
>
> ▶ Música tem ...
>
> ▶ Música ultrapassa ...

   a   As suas frases descrevem benefícios da música? Dê detalhes.

   b   Há outros benefícios da música que não foram listados acima? Especifique-os.

   c   Na opinião de vocês, há algum potencial malefício associado à música? Explique.

Dialogando com a imagem

1   Observe as cenas a seguir e interprete-as em duplas: nas suas interpretações, que estilos musicais, comunidades e ritmos elas representam? Justifique as suas respostas.

Cena A

Cena B

Cena C

Cena D

2   Relacione os títulos a seguir às cenas da atividade 1 que eles representam.

a   (   ) Celebração de Bumba meu boi no centro histórico de São Luís do Maranhão.

b   (   ) Grupo de congado em apresentação no Rio de Janeiro.

c   (   ) Grupo indígena Guarani apresentando música tradicional no Parque
Nacional do Iguaçu.

d   (   ) Grupo musical com instrumentos e amuletos africanos em São Paulo.

3   Leia e complete o parágrafo com o vocabulário do quadro.

ancestrais	função	minorias	morte	sociedades
	terapêutico	une	utilizado	

Além do valor _____ da música, a sua importância e _____ social são também reconhecidas em diversas _____. A música sempre foi associada a diversas circunstâncias da vida: _____, protesto, amor, a celebração da fé, trabalho etc. É uma manifestação artística que _____ povos e auxilia no resgate de culturas remotas e povos _____. É também instrumento _____ para valorização de _____ e celebração da identidade.

4   Observe as imagens da atividade 1 mais uma vez. Em grupos, discuta: de que formas as imagens se relacionam com o parágrafo da atividade 3? Se necessário, faça uma pesquisa sobre a contribuição europeia, africana e indígena no cenário musical brasileiro.

Em contexto

1   Leia o texto e responda às perguntas.

Música e dança: Balanço inseparável

O coco é um ritmo brasileiro que tem origem incerta. Alguns historiadores dizem que o coco surgiu como samba de coco, uma variação do samba. Outros acreditam que ele teria surgido no Quilombo dos Palmares, refletindo o ritmo da quebra de cocos. O coco, símbolo da riqueza rítmica brasileira, tem uma cadência executada com o ganzá e o pandeiro acompanhados pela batida dos pés e das mãos. Além do ritmo, coco refere-se também à dança que teve origem no canto dos tiradores de coco, que cantavam uma linha melódica repetida

continua

203

em seguida por outros. Os seus músicos mais conhecidos são Jackson do Pandeiro e Selma do Coco, ambos originários da região Nordeste (Paraíba e Pernambuco, respectivamente).

Referências: "Samba de Coco: A riqueza rítmica do Samba nordestino", http://terradamusica.com.br/samba-de-coco/; "Coco", http://cliquemusic.uol.com.br/generos/ver/coco. Data de acesso: 15/2/2018.

    a   Você já tinha ouvido falar no coco? O que você já sabia e o que aprendeu ao ler o texto?

    b   Você conhece um estilo musical de outra região do mundo que se assemelhe ao coco? Dê detalhes.

2   Busque a diferença entre o samba de coco e o coco e compartilhe o resultado da sua pesquisa com seus/suas colegas.

3   Faça uma pesquisa para ouvir a música *A rolinha* (Selma do Coco) e compare-a ao rap *Castelo de madeira* (A Família). Considere os ritmos, os temas, as rimas, o teor emocional e os instrumentos utilizados.

Lendo e interpretando

1   Responda às perguntas.

    a   Na sua opinião, de que forma o gosto musical de um indivíduo ou de um grupo é formado?

    b   Quais são as suas músicas favoritas? Há alguma razão especial para a sua escolha? Que aspectos contribuíram para a escolha do seu estilo musical favorito? Em geral, que fatores podem contribuir para que o gosto musical de uma pessoa mude (ou não mude)?

2   Leia o texto sublinhando as informações que são novas para você. Ao ler o trecho em negrito tente lembrar de músicas em português que lhe transmitem o conteúdo emocional descrito. Anote as suas ideias para compartilhar com a sua turma.

Segundo a neurocientista Suzana Herculano-Houzel, as sequências de sons da melodia tanto na música quanto na fala **transmitem teor emocional (p. ex., delicado, triste, raivoso, melancólico, nostálgico)**, que é passado através da entonação, do timbre e do trabalho que o cérebro tem ao ouvir uma música. De acordo com Suzana, melodias muito simples e feitas de sons previsíveis não têm graça, do mesmo modo que melodias totalmente inusitadas também não nos atraem. Ela adverte que as pessoas são treinadas para gostar de determinados tipos de melodias e que para gostar de um tipo de música não basta que o cérebro tenha aprendido a

continua

encontrar algum padrão interessante em um determinado som. As memórias que associamos à música são igualmente importantes para determinar as nossas preferências. O bom de tudo isso é que quanto mais ouvimos um estilo musical e associamos a ele boas memórias, mais gostamos desse estilo e moldamos o nosso gosto musical.

Referência: "Suzana Herculano-Houzel explica como o cérebro define nosso gosto musical", goo.gl/ VjnJi8. Data de acesso: 31/1/2018.

3   Leia a estrofe na coluna à esquerda no quadro abaixo silenciosamente. Em seguida, leia a estrofe em voz alta, atribuindo-lhe melodia, quatro outras vezes: em cada uma delas você deve expressar um dos tipos de entonação e conteúdo emocional indicado na coluna à direita. Grave essas quatro leituras com melodia em áudio, numerando-as. Ao gravar, use uma ordem diferente da listada na tabela e anote a ordem das expressões utilizadas na sua gravação.

Não posso ficar nem mais um minuto com você	1	alegre
Sinto muito amor, mas não pode ser	2	delicado
Moro em Jaçanã	3	triste
Se eu perder esse trem	4	melancólico
Que sai agora às onze horas	5	raivoso
Só amanhã de manhã	6	nostálgico
(*Trem das onze*, Adoniran Barbosa)	7	sedutor

4   Em duplas, vocês vão tocar as melodias gravadas na atividade 3 e preencher o quadro de acordo com o que cada um/a percebe na gravação do/a colega. Depois, o/a colega vai corrigir as suas respostas.

A ordem das gravações de meu/minha colega
( ) alegre
( ) delicado
( ) triste
( ) melancólico
( ) raivoso
( ) nostálgico
( ) sedutor

5   Faça uma busca na internet para ouvir a música *Trem das onze* na voz de Adoniran Barbosa e na de Marisa Monte. Na sua opinião, as duas versões transmitem conteúdo emocional diferente? Explique. Prepare-se para compartilhar as suas impressões na próxima aula.

Extrapolando

1   Leia o texto e responda às perguntas abaixo.

> Na televisão, os programas de calouros têm sido uma alternativa para músicos em busca de sucesso. Na TV brasileira, começaram na década de 1960, revelando grandes nomes da música como Elis Regina e Elza Soares. Hoje em dia as franquias do programa The Voice, originalmente criado na Holanda, cruzam o mundo de olho em novos talentos. Para alguns, esses programas representam uma oportunidade única de sair do anonimato, fazer shows e gravar discos; para outros, os programas são uma fábrica de talentos-relâmpago de cultura de massa.

a   Para os/as artistas, qual é a importância de programas televisivos como The Voice?

b   O que faz com que um reality show como The Voice faça sucesso e tenha relevância em países diferentes? Quais são as adaptações que precisam ser feitas na produção de um reality show importado de um outro país?

c   Na sua opinião, o que leva as pessoas a participarem de um show de calouros ou um reality show como The Voice?

d   Há versões de The Voice tanto no Brasil como em Portugal. No seu país de origem também existe uma versão de The Voice? O programa já revelou algum/a cantor/a que fez sucesso depois da participação na TV?

e   Faça uma busca sobre a trajetória dos/as vencedores/as da última edição dos programas The Voice Brasil e The Voice Portugal e o repertório que eles/as apresentaram. Escreva uma breve biografia sobre um/a deles/as para apresentar em aula.

Em www.routledge.com/cw/santos você encontra tópicos para discussão sobre o impacto da música para o indivíduo e para a sociedade.

Aprendendo a aprender

Ouvindo músicas para aprender português

1   Você já aprendeu algo (sobre vocabulário, pronúncia, cultura ou outra área) ao ouvir músicas em português? Se sim, liste alguns exemplos.

2   Leia na ficha algumas ideias de uso de músicas para aprender português. Converse com colegas e adicione outras ideias à lista.

Como aprender português ouvindo músicas

▶ *Tirar letra ou partes dela*

▶ *Identificar rimas*

▶ *Ouvir trechos e repeti-los em voz alta*

▶ *Cantar junto com um vídeo (com ou sem legenda da letra)*

▶ *Ler partes da letra, pensar em como é a pronúncia, ouvir e verificar a ideia*

▶ *Ouvir partes da letra, escrever o que ouve, verificar posteriormente*

▶ _____

▶ _____

---

3   Ponha em prática uma ou mais ideias listadas na atividade 2 e faça anotações sobre a experiência. Posteriormente, converse sobre a experiência com seus/suas colegas.

Autoavaliação

1   Como você avalia a sua aprendizagem e o seu desempenho nessas áreas?

	Muito bem. ☺	*Bem.* ☺	*Preciso melhorar.* ☹
Compreender e usar **muito(s)** e **pouco(s)**			
Compreender e usar palavras com sentido de negação			
Distinguir **o** e **ó**			
Compreender e usar **alguém**, **todo (o) mundo**, **qualquer um** e **a gente**			
Usar o sufixo **-ura** para formar substantivos			

VOCABULÁRIO

(Continua)

207

	Muito bem. ☺	Bem. ☺	Preciso melhorar. ☹
GRAMÁTICA Formar o particípio passado de verbos			
Usar o particípio passado com os verbos **ter** e **ser**			
Distinguir e usar as vozes ativa e passiva			
PRONÚNCIA Identificar e produzir palavras que vieram de outras línguas para o português			
ESCUTA Ouvir um podcast			
Identificar palavras-chaves			
Prestar atenção a palavras com sentido negativo			
Prestar atenção aos tempos verbais			
LEITURA Ler poemas			
Ler com diferentes objetivos			
FALA Apresentar um rap			
Prestar atenção a aspectos paralinguísticos			
ESCRITA Escrever uma minibiografia			
Considerar conteúdo e estrutura			
CULTURA Reconhecer benefícios da música para o indivíduo e a sociedade			
Considerar preferências e tendências musicais			
Considerar o impacto de diferentes teores emocionais em músicas			
APRENDIZAGEM AUTÔNOMA Ouvir músicas para aprender			

2   Elabore um plano de ação para lidar com as áreas que precisam de mais prática, listando o que você vai fazer (coluna da esquerda) e em que prazo (coluna do meio). Depois de cumprir o seu plano, avalie os novos resultados (coluna da direita).

O que vou fazer?	Prazo	Nova avaliação sobre a minha aprendizagem e desempenho

3   Folheie a próxima unidade do livro e responda.

   a   Quais são os assuntos principais na próxima unidade?

   b   Como você pode praticar as áreas listadas na atividade 1 na próxima unidade?

6 | Tradições Populares

▶ Ouvir parlendas, lidando com vocabulário desconhecido

▶ Explorar o conceito de neologismos

▶ Distinguir e praticar usos de **tudo** e **todo(s)/toda(s)**

▶ Compreender e usar as palavras **orelha** e **ouvido**

continua

- ▶ Aprender expressões que contêm nomes de partes do corpo
- ▶ Discutir sobre a noção de frequência de uso de vocabulário
- ▶ Rever e praticar o imperativo
- ▶ Ler um conto, identificando detalhes
- ▶ Aprender e praticar vocabulário relativo a casamentos
- ▶ Compreender usos de **pedir** e **perguntar** e utilizar esses verbos
- ▶ Rever e praticar o uso de sinais de pontuação
- ▶ Aprender sobre complementos pronominais
- ▶ Perceber e produzir os sons associados às letras **e** e **o** em sílabas finais átonas
- ▶ Aprender sobre literatura de cordel
- ▶ Fazer uma análise oral colaborativa sobre um livreto de cordel, iniciando novos assuntos e elaborando a partir do que é dito por outras pessoas
- ▶ Escrever uma ficha informativa, considerando modificações ao escrever e refletindo sobre o processo de formulação
- ▶ Pesquisar e refletir sobre tradições culturais perdidas, preservadas ou cultivadas
- ▶ Conhecer alguns aspectos que caracterizam o carnaval
- ▶ Criar uma tradição cultural para a sua turma
- ▶ Avaliar traduções automáticas

PRIMEIRAS IMPRESSÕES

1 O que você acha que a foto na página anterior ilustra? O que as pessoas retratadas estão fazendo? Por quê e para quê? O que as pessoas têm em comum? O que têm de diferente? Justifique as suas respostas com base em elementos da foto.

2 Como você qualificaria a importância da preservação de tradições populares? Qual é a sua opinião sobre apresentações de tradições de um povo em um contexto geográfico diferente do contexto original? Justifique.

3 Você já participou de algum evento que promovia tradições populares do mundo lusófono? Se sim, dê detalhes.

 Para sugestões de material adicional sobre o assunto desta unidade, visite www.routledge.com/cw/santos.

À escuta

Preparando-se para escutar

1   Em duplas, completem os versos a seguir, formando rimas em cada verso. Usem as palavras do quadro.

arroz	biscoito	pastéis	prato	vez

Um, dois, feijão com _____ .

Três, quatro, feijão no _____ .

Cinco, seis, chegou minha _____ .

Sete, oito, comer _____ .

Nove, dez, comer _____ .

2   Os versos acima são uma parlenda. Leia-os novamente e desembaralhe as letras para completar a definição de parlendas a seguir.

As parlendas são versos com ritmo e sonoridade que são _____ [SDOATRCEI] em atividades _____ [NNAIFTSI] que têm o objetivo de _____ [TNERRETE] e ensinar. Há várias parlendas na _____ [ÇROADÃTI] cultural lusófona, mas elas podem se _____ [ARNSEMFAIT] com nomes diferentes. Em Portugal, por exemplo, são _____ [CHONISCADE] como cantilenas.

Referência: "Folclore brasileiro – O que é uma parlenda?", https://goo.gl/T64GDn. Data de acesso: 16/2/2018.

VOCÊ SABIA?

▶   As parlendas podem exibir variações. Na parlenda da atividade 1 desta seção, por exemplo, o terceiro verso pode ser "Cinco, seis, feijão inglês".

▶   As parlendas podem ser usadas com várias funções, como reagir a um comentário, brincar com as mãos ou fazer gestos de um modo mais geral.

▶   Em Portugal, a palavra **parlenda** refere-se a uma conversa entediante ou inoportuna. No Brasil, esse mesmo significado pode ser atribuído à palavra **cantilena**. Ou seja, o que é parlenda no Brasil é cantilena em Portugal e vice-versa.

3   Você vai ouvir e completar os versos de algumas parlendas. Com base nas reflexões encaminhadas nas atividades 1 e 2, responda às perguntas a seguir, justificando as suas respostas. Depois, compare as suas respostas com as de seus/suas colegas.

    a   Você acha que, ao ouvir, vai ser necessário compreender todo o vocabulário?

    b   O que você pretende fazer se ouvir vocabulário desconhecido?

Escutando

 1   Ouça as parlendas e complete-as.

ESTRATÉGIA: LIDANDO COM VOCABULÁRIO DESCONHECIDO

Muitas vezes, mesmo na nossa língua materna, ouvimos vocabulário desconhecido. Bons/ Boas ouvintes lidam com esse cenário de diferentes maneiras: frequentemente é possível inferir o sentido do que se ouve a partir do entendimento de palavras vizinhas, ou de partes da palavra desconhecida, ou de conhecimento de mundo, entre outras estratégias complementares. Vocalizações, acompanhadas ou não de visualizações mentais do vocabulário desconhecido, também podem ajudar.

a

Tá com frio?

Toma _____

Tá com calor?

Toma _____

VOCÊ SABIA?

Tá é a forma reduzida de **está**, muito utilizada na língua falada informal. Outras formas do verbo **estar** também podem ser reduzidas na fala, sempre com a omissão da primeira sílaba, formando **tô**, **tás**, **tamos**, **tão**. Apesar de essas formas serem frequentes na oralidade, só aparecem na escrita quando se tem a intenção de refletir a língua falada, como no caso da parlenda.

b

Uni duni _____

Salamê _____

Um sorvete _____

O escolhido foi _____

c

Bão ba la lão

_____

Espada na cinta

_____.

d

Dedo _____

Seu vizinho

Pai _____

Fura bolo

Mata _____.

e

Lagarta pintada

Quem _____?

Foi uma velhinha

Que _____

No tempo da areia

_____

Puxa lagarta

_____.

2   Leia as parlendas da atividade 1 novamente e responda escrevendo **a**, **b**, **c**, **d** ou **e**: em que situações você acha que cada uma das parlendas é utilizada?

   a   Ao se brincar com as mãos ou o corpo de um modo geral.

   b   Para se fazer uma escolha.

   c   Para se reagir a algo que é dito.

3   Respondam oralmente em grupos, dando detalhes.

   a   Na sua língua materna há dizeres usados em situações semelhantes às listadas na atividade 2?

   b   Há dizeres usados em outras situações?

4   Leia mais uma vez a parlenda "Dedo mindinho" e escreva os nomes de cada um dos dedos.

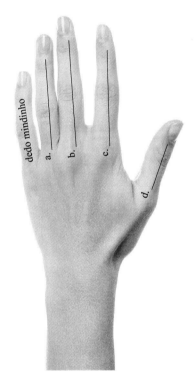

VOCÊ SABIA?

Os nomes dos dedos das mãos usados na parlenda "Dedo mindinho" são bastante populares, mas esses dedos também são conhecidos, respectivamente, como: dedo mínimo, (dedo) anelar, dedo médio, (dedo) indicador e polegar. Você pode efetuar uma busca em um corpus da língua portuguesa para verificar os usos dos diferentes nomes dos dedos (p. ex., em colocações ou em diferentes tipos de fontes textuais).

Refletindo sobre a escuta

1   Reflitam ou discutam em duplas.

a   Quais estratégias vocês usaram para lidar com vocabulário desconhecido ao ouvir as parlendas? Comparem as suas respostas e deem detalhes.

( ) Foco em grupos de palavras
( ) Apoio em palavras vizinhas
( ) Atenção a partes das palavras
( ) Vocalização
( ) Visualização
( ) Outra. Especifique: _____

b   Quais estratégias são especialmente importantes ao se ouvir parlendas e/ou outras tradições populares? Por quê?

 Para mais atividades sobre parlendas, visite www.routledge.com/cw/santos.

A B C Palavras etc.

Neologismos

1   Em duplas, façam o que se pede a seguir.

a   Respondam oralmente: vocês sabem o que é um neologismo? Em caso afirmativo, deem detalhes.

b   Leiam a definição em "Você sabia?" e identifiquem exemplos de neologismos na parlenda "Uni duni tê".

VOCÊ SABIA?

Neologismos são palavras novas ou novos significados atribuídos a palavras que já existem. Podem ser palavras inéditas na língua ou criadas a partir de palavras existentes, através de processos como a prefixação e a sufixação, entre outros.

Uni duni tê

Salamê minguê

Um sorvete colorê

O escolhido foi você

c   Respondam oralmente: por que vocês acham que os neologismos são usados na parlenda "Uni duni tê"? Vocês acham que o uso desses neologismos é eficaz? Justifiquem.

2   Pesquise na internet o poema "Neologismo", de Manuel Bandeira, e responda: que neologismo é criado no poema? Quais são as características desse neologismo? Que nome de mulher há no poema? Como se contrapõem o neologismo e o nome de mulher?

VOCÊ SABIA?

Os verbos intransitivos não precisam de um complemento. Alguns exemplos de verbos intransitivos são "chegar", "dormir" e "sair". Os verbos transitivos, por outro lado, necessitam de complementos para que tenham sentido. Como exemplos de verbos transitivos podemos citar "adorar", "escolher" e "furar". O verbo "teadorar" criado por Manuel Bandeira no poema "Neologismo" é intransitivo porque já contém o que seria o complemento do verbo "adorar" (compare o verbo do poema na sua forma conjugada à frase "Eu te adoro", onde "te" é o complemento de "adoro").

3   Complete as frases com neologismos criados por você.

a   As parlendas são tradições muito _____.

b   Os dedos da mão poderiam ser chamados de _____.

c   Ao ouvir a parlenda "Uni duni tê" me dá vontade de _____.

d   Um misto de lagarta com piolho poderia ser um _____.

Tudo e todo(s)/toda(s)

1   Leia e repare o uso das palavras destacadas no verso de "Dedo mindinho" e na brincadeira infantil "Boca de forno". Depois, responda.

Dedo mindinho

Seu vizinho

Pai de **todos**

Fura bolo

Mata piolho.

a   É gramaticalmente possível substituir "todos" por "tudo"?

     ( ) sim   ( ) não

b   Se "sim", o sentido do trecho muda ou permanece o mesmo?

Boca de forno

Forno

Tira um bolo

Bolo

Se o mestre mandar?

Faremos **todos**!

---

c   É gramaticalmente possível substituir "todos" por "tudo"?

     ( ) sim   ( ) não

d   Se "sim", o sentido do trecho muda ou permanece o mesmo?

VOCÊ SABIA?

"Boca de forno" é uma brincadeira comum no Brasil. Um grupo escolhe um "mestre", que diz "Boca de forno", ao que o grupo responde "Forno". O mestre então dá ordens ao grupo, que podem variar de fazer alguma coisa (como dar um pulo) a buscar objetos que serão entregues ao mestre. Como em muitas parlendas, os versos ditos pelo mestre e pelo grupo podem variar de acordo com a região.

PALAVRAS QUE CAUSAM CONFUSÃO

Tudo e todo(s)/toda(s)

▶ A palavra **tudo** é invariável e engloba todas as coisas ou todos os tipos de coisas a que um/a falante se refere ("Eu gosto de tudo que se come nas festas juninas").

▶ **Todo/a, todos/as** modifica um substantivo com o qual concorda em gênero e número ("Eu gosto de todas as comidas das festas juninas").

▶ **Todo/a** pode significar "inteiro/a, completo/a" quando o substantivo aparece com o artigo: "Nós brincamos durante toda a festa" = "Nós brincamos durante a festa toda".

continua

> ▶ Note que **todo/a o/a** (p. ex., "toda a festa", "todo o dia") parece ser mais utilizado em PE do que em PB.
>
> ▶ Em PB **todo/a** tem o mesmo significado que **todos/as** quando o substantivo aparece no singular sem o artigo: "As crianças brincam todo dia" = "As crianças brincam todos os dias".

2   Relacione os nomes das brincadeiras com as suas descrições. Em seguida, escreva uma legenda para cada imagem com o nome da brincadeira ilustrada.

a	amarelinha (B), jogo da macaca (P)	( ) com música, os/as participantes andam em volta e se sentam quando a música para.
b	cabra-cega	( ) a primeira pessoa diz algo à próxima de modo que as outras não ouçam. A segunda faz o mesmo e assim por diante. A última diz em voz alta o que entendeu.
c	dança das cadeiras	
d	pique, pega-pega	( ) com giz, desenham-se quadrados ("casas") no chão, e os/as jogadores/as movimentam-se pulando entre as casas.
e	bambolê (B), arco (P)	
f	telefone sem fio	( ) pode-se girá-lo na cintura, nos braços ou até nas pernas.
		( ) uma pessoa corre atrás das outras, tentando "pegar" uma. Quem é pego passa a tentar "pegar" alguém.
		( ) com os olhos vendados, uma pessoa tenta alcançar as outras, que tentam sempre escapar.

i

_____

ii

_____

iii

_____

iv

_____

iv

_____

v

_____

3 O rapa é um jogo popular em Portugal. Complete a informação sobre o jogo usando **tudo**, **todo(s)** ou **toda(s)**.

Jogo do rapa

No jogo do rapa, _____ os jogadores usam um pião que tem quatro faces. Cada face tem uma letra: T, D, P e R. Antes de começar a jogar, _____ os partici-pantes colocam alguma coisa em jogo, tal como um doce ou uma pequena prenda. Cada jogador roda o pião. Quando o pião cai em T, o jogador tira uma coisa. Se sai D, fica _____ igual, pois o jogador deixa _____ as prendas. Com a letra P, deve-se pôr alguma coisa. Já o R é a letra mais desejada: quando sai o R, o jogador rapa o jogo, levando _____. Em algumas regiões de Portugal, o jogo do rapa é asso-ciado às festas de fim de ano. Em outras, porém, joga-se o rapa _____ o ano.

Referência: "Jogo do rapa", www.santanostalgia.com/2008/07/jogo-do-rapa.html. Data de acesso: 20/2/2018.

Orelhas e ouvidos

1   Use uma das opções dadas e complete a parlenda "Lagarta pintada" e a descrição da foto.

a

Puxa lagarta

Na ponta (da orelha) (do ouvido)

b

A médica examina (a orelha) (o ouvido) da paciente.

PALAVRAS QUE CAUSAM CONFUSÃO

A **orelha** é a parte externa do órgão; o **ouvido** é a parte interna. Lembre-se que **ouvido** é também o particípio do verbo **ouvir**. **Orelha** se refere também à parte da capa ou contra-capa de um livro que fica dobrada para dentro.

As palavras **orelha** e **ouvido** estão presentes em algumas expressões, tais como "puxar a orelha" e "ser todo/a ouvidos".

2   Complete as frases à esquerda com as opções à direita. Se necessário, consulte um dicionário.

a	A Ana não estudou música. Ela toca violão _____.	( ) ouvi dizer
b	O Carlos está _____. Ele desconfia que os amigos estão preparando uma festa surpresa para ele.	( ) orelhas de abano ( ) até as orelhas ( ) de ouvido
c	Vamos falar baixo porque o Henrique tem _____. Ele ouve tudo!	( ) com a pulga atrás da orelha ( ) ouvido de tuberculoso
d	O Júlio vai fazer uma cirurgia plástica porque ele tem _____.	
e	A Rita gastou muito dinheiro e está endividada _____.	
f	Eu _____ que ela vai vender a casa.	

Vocabulário frequentemente usado

1   Leia o conteúdo do quadro e determine se cada afirmativa é verdadeira (V) ou falsa (F).

Palavra	*Ordem de frequência*
ouvido	2108
orelha	2596

Referência: Davies, Mark e Preto-Bay, Ana Maria Raposo (2008). *A frequency dictionary of Portuguese*. Nova York/ Londres: Routledge.

a   ( ) A palavra **orelha** aparece mais vezes em corpora do que a palavra **ouvido**.

b   ( ) As palavras **orelha** e **ouvido** são usadas com mesma frequência.

c   ( ) A palavra **ouvido** aparece antes por causa da ordem alfabética.

2 Leia as informações no quadro sobre a ordem de frequência de vocabulário relativo a partes do corpo. A que conclusões se pode chegar a partir das informações sobre a frequência dessas palavras?

Palavra	Ordem de frequência
mão	212
cabeça	266
pé	357
olho	376
língua	530
sangue	662
face	666
coração	768
boca	796
perna	874
braço	959
pele	1014

Referência: Davies, Mark e Preto-Bay, Ana Maria Raposo (2008). *A frequency dictionary of Portuguese*. Nova York/ Londres: Routledge.

CORPUS

A maior frequência do uso de uma palavra pode estar relacionada ao fato de que há diferentes sentidos associados a essa palavra. Por exemplo, "pele" pode significar "membrana que cobre a superfície externa em alguns animais" ou, em português europeu, o que se chama no Brasil de "couro". Pode, também, estar relacionada a usos da palavra em expressões idiomáticas. Alguns dicionários fornecem exemplos com a palavra definida mostrando diferentes sentidos, geralmente indo do sentido mais comum ao menos comum.

3 Em duplas, troquem informações. Vocês conhecem alguma expressão idiomática em português envolvendo partes do corpo? Se sim, qual(is)?

4 Complete as expressões idiomáticas com as partes do corpo no quadro. Depois, relacione as expressões aos significados e componha frases usando as expressões.

boca	cara	cotovelos	dedo	mão	olhos	pé

a Ao _____ da letra.

b Os _____ da _____.

c Não mover um _____.

d   Dar uma _____.

e   Falar pelos _____.

f   Da _____ para fora.

( ) Falar muito.

( ) Prestar ajuda.

( ) Excessivamente caro.

( ) Não fazer nada.

( ) Sem intenção de realização.

( ) Com sentido literal.

Para mais atividades sobre partes do corpo, visite www.routledge.com/cw/santos.

Descobrindo a gramática

Imperativo

Mais informações na seção Referência Gramatical

1   Leia os seguintes versos das parlendas apresentadas na seção *Escutando*. Em seguida, escreva X na coluna que descreve a função dos verbos destacados, justificando a sua escolha na coluna à direita.

▶   **Mata** piolho.

▶   **Toma** banho de rio.

▶   **Toma** banho de regador.

	Evento habitual	Ordem ou sugestão	Justifique a sua escolha
mata			
toma			
toma			

VOCÊ SABIA?

A forma verbal usada para dar ordens ou fazer recomendações informalmente no singular (ou seja, a apenas uma pessoa) é a mesma forma da 3ª pessoa do presente do indicativo. O contexto define se o verbo está no imperativo (ou seja, se é uma ordem ou recomendação) ou se está no presente do indicativo.

2   Complete o quadro sobre a formação do imperativo. Depois, complete as afirmativas.

	Tu	Você/ O senhor/ A senhora	Vocês/ Os senhores/ As senhoras
Falar	Fala Não fales	Fale Não _____	_____ Não falem
Comer	_____ Não comas	_____ Não coma	Comam Não comam
Dormir	Dorme Não durmas	Durma Não durma	_____ Não _____

Ir	Vai Não vás	_____ Não vá	Vão Não _____
Vir	Vem Não venhas	Venha Não _____	_____ Não _____
Ter	_____ Não tenhas	_____ Não tenha	Tenham Não _____

a   A forma afirmativa relacionada a **tu** (usada em contextos informais) é igual à 3ª pessoa do singular do _____.

b   A forma afirmativa relacionada a **você(s)** é derivada da _____ pessoa do singular do _____ do indicativo.

c   Para chegar à forma negativa relacionada a **você(s)**, adiciona-se a palavra _____.

d   A forma negativa associada a **tu** é idêntica à forma _____, adicionando-se a letra **s**.

VOCÊ SABIA?

▶ Ambas as formas (afirmativa e negativa) do imperativo associadas a **tu** são usadas em contextos informais em português europeu. Em PE as formas associadas a **você/o senhor/a senhora** são utilizadas em contextos formais.

▶ No Brasil, onde é comum usar **você** informalmente, encontra-se a forma afirmativa do imperativo associada a **tu**: "Lucinha, vai brincar lá fora!". No entanto, as formas negativas associadas a **tu** não são comumente usadas; em vez disso, simplesmente adiciona-se **não** ao comando: "Está chovendo, Lucinha, não vai lá fora!". Assim como em PE, em PB também se utilizam as formas associadas a **você/o senhor/a senhora** em contextos formais.

▶ Tanto em PE quanto em PB, as formas plurais são utilizadas em contextos formais assim como em contextos informais.

▶ Em algumas regiões brasileiras, as formas associadas a **você/o senhor/a senhora** são preferidas, mesmo em contextos informais: "Lucinha, vá brincar lá fora!".

3 Leia os exemplos abaixo e determine se seriam usados em contextos formais ou informais. Se algum exemplo puder ser utilizado tanto formal quanto informalmente, marque as duas colunas. Depois, se possível, entreviste um/a falante nativo de português para saber se ele/a usaria essas formas (e em que contextos) e compartilhe os seus resultados com a turma.

		Informal	*Formal*
a	Vem brincar com os seus primos, Zezinho!		
b	Crianças, desenhem as casas no chão com giz.		
c	Dança o frevo para nós vermos, por favor.		
d	Explique a tradição de fim de ano para todos.		
e	Sr. Jorge, sente-se aqui para ver o desfile.		
f	Não abre o champanhe ainda, não é meia-noite!		
g	Letra P: põe a prenda na mesa.		
h	Não tires nada da mesa.		
i	Não use roupas de cor escura no Ano Novo, pode dar azar.		
j	Ouça este fado, é muito bonito.		

4 Reordene as letras e complete.

Nos exemplos das parlendas na atividade 1, o imperativo é usado para fazer uma _____ [CRDÃMNEAOÇEO].

227

5   Reordene as letras para descrever outras funções comunicativas do imperativo.

   a   O imperativo pode ser usado para dar uma _____ [RDOME] como o "mestre"
       faz na brincadeira boca de forno.

   b   Na atividade 3c o imperativo denota um _____ [ODEPDI].

   c   Pode-se encontrar uma _____ [SURÇONTÃI] na atividade 3g.

   d   A atividade 3i contém um _____ [NHOCELOS]

   e   O exemplo 3j é um _____ [TOIVENC] a ouvir um fado.

VOCÊ SABIA?

As funções comunicativas desempenhadas pelo imperativo podem ser realizadas por outras formas verbais que permitem atenuar a ordem, a recomendação, o conselho etc. Repare os exemplos:

"Para começar, girem o pião".
"Para começar, vocês giram o pião".

Embora ambos os exemplos contenham uma instrução, o segundo apresenta a instrução de forma atenuada e é percebido como mais gentil e/ou polido.

---

6   Leia o texto e faça o que se pede.

É fácil aprender a dançar o frevo! Primeiro, movimente o pé em ponta e em calcanhar, e alterne os movimentos com as duas pernas. Em uma das mãos, tenha um pequeno guarda-chuva colorido. Com os braços à altura do tórax, mova os braços para o lado direito e para o esquerdo. Simultaneamente, movimente os pés (ponta-calcanhar). Se quiser, gire o guarda-chuva também. Agora, adicione outros passos. Para fazer o passo "bailarina", abaixe-se com os joelhos juntos e depois suba na ponta do pé. No passo "tesoura", abra as pernas retas e cruze-as por trás em ponta, como uma tesoura. Finalize o passo em calcanhar

continua

e continue abrindo e cruzando as pernas. Agora que você sabe dançar o frevo, divirta-se no carnaval de Pernambuco!

Referência: "7 passos para dançar o frevo", http://blog.ciadoslivros.com.br/7-passos-para-aprender-dancar-frevo-e-arrasar-neste-carnaval-bora-aprender-8/. Data de acesso: 19/2/2018.

a   Circule as formas do imperativo e responda: com que função(ões) o imperativo foi usado no texto?

b   Escolha o melhor título para o texto.

Um show de frevo

Como dançar o frevo

As origens do frevo

VOCÊ SABIA?

O frevo é um ritmo que surgiu no estado de Pernambuco, no nordeste brasileiro, a finais do século XIX. A dança apareceu nos desfiles de carnaval, misturando passos de capoeira, de balé e de cossacos. É possível que a palavra "frevo" derive do verbo "ferver". A dança é complexa e existem mais de cem passos no frevo. O famoso carnaval da cidade pernambucana de Olinda conta com grupos de frevo que demonstram as suas habilidades durante os festejos.

Referência: "Frevo", www.infoescola.com/danca/frevo/. Data de acesso: 18/2/2018.

7   Observe a sequência de passos para se preparar uma sopa e numere as instruções a seguir de acordo com a ordem dos procedimentos. Depois, com um/a colega, produza uma atividade semelhante com desenhos ou fotos de comidas do mundo lusófono. Peça a outro/a colega que dê as respostas à atividade criada.

( ) Deixe cozinhar até que os legumes estejam macios.

( ) Refogue a cebola e o alho em azeite.

( ) Coloque sal a gosto.

( ) Tenha à mão os ingredientes.

( ) Coloque as cenouras e as batatas na panela.

( ) Use um mixer (B)/uma varinha mágica (P) para fazer o creme.

( ) Corte as cenouras e as batatas.

( ) Pique a cebola e o alho.

( ) Adicione o caldo.

8   Dê conselhos para os seus amigos usando o imperativo.

a

Os meus filhos não querem saber de brincadeiras tradicionais ☹ ☹☹ Eu acho q elas que são tão importantes...

b

Precisamos de alguma coisa para fazer o pao de queijo hoje à noite?

c

Eu preciso saber mais sobre as tradições do mundo lusófono.

d

Eu vou a Olinda no carnaval, mas não sei dançar o frevo.

_____
_____
_____

9 Em duplas, revejam os usos do imperativo nas atividades 1 a 8 anteriores. Se possível, pesquisem usos do imperativo em outras fontes. Em seguida, listem alguns gêneros textuais em que se observa o uso do imperativo.

parlendas
receitas

 Para mais atividades sobre o imperativo, visite www.routledge.com/cw/santos.

 Nas entrelinhas

Preparando-se para ler

ESTRATÉGIA: IDENTIFICANDO DETALHES

Como discutido na Unidade 5, não há uma única forma de ler e leitores/as bem-sucedidos/as sabem identificar os objetivos das suas leituras e as estratégias associadas a cada objetivo. A identificação de detalhes ao ler pode ser necessária (por exemplo, em testes de

continua

compreensão, em revelações de uma trama em um romance, entre outros) e para localizar tais detalhes pode-se organizar visualmente o conteúdo do texto, distinguindo-se as ideias principais dos detalhes. Alguns gêneros textuais fazem tal diferenciação na sua organização, por exemplo, notícias em jornais tendem a começar pela ideia geral e a apresentar os detalhes na sequência.

1 Reflita e tome notas.

    a   Quando foi a última vez que você leu algo precisando identificar detalhes na sua leitura?

    b   O que você leu nessa ocasião? Para quê?

    c   Em que idioma o texto lido tinha sido escrito?

    d   Que detalhes foi preciso identificar? Por quê?

    e   O que você fez para garantir a identificação dos detalhes?

2 Em pequenos grupos, compartilhem as suas reflexões e anotações na atividade 1. Depois, respondam: alguma das situações descritas envolveu a leitura de contos? Deem detalhes.

VOCÊ SABIA?

O conto é um texto curto de ficção que, como outros textos ficcionais, contém um narrador, personagens, ponto de vista e enredo. O conto é um texto conciso, desenvolvendo-se em torno de um tema apenas e contendo poucos personagens. Entre os contistas lusófonos mais famosos estão Machado de Assis, brasileiro (1839–1908), e Eça de Queiroz, português (1845–1900). Mais recentemente, escritores como Rubem Fonseca, brasileiro (1925–), Luandino Vieira, angolano (1935–), e Lídia Jorge, portuguesa (1946–), se destacam na literatura com os contos, além de outros gêneros.

Referência: "Conto: características do gênero literário", goo.gl/67HlG1. Data de acesso: 18/2/2018.

3 Faça uma leitura rápida do conto "A menina que não falava" (seção *Lendo*) e identifique exemplos das seguintes características.

    a   Organização seguindo a sequência:

        ▸ introdução

        ▸ apresentação da situação; complicação

        ▸ desenvolvimento; clímax; desfecho

        ▸ conclusão

    b   Uso de parágrafos (com predominância de verbos no passado) e diálogos (com predominância de verbos no presente, e travessões indicando mudança de interlocutores).

c   Uso de marcadores temporais ("Era uma vez", "Um dia" etc.).

d   Um tema e poucos personagens.

Lendo

1   Leia o conto e responda às perguntas (a-f).

A menina que não falava

(Conto tradicional moçambicano)

Certo dia, um rapaz viu uma rapariga e apaixonou-se por ela. No dia seguinte, foi ter com os pais da rapariga para pedir a sua mão em casamento. Os pais da rapariga disseram:

—A nossa filha não fala, mas podes casar com ela caso consigas que ela fale.

O rapaz tentou de tudo: fez-lhe perguntas, contou histórias engraçadas, até insultou a rapariga, mas ela não disse nada, nem uma só palavra. Por fim o rapaz desistiu de a fazer falar e foi-se embora. A esse rapaz seguiram-se outros, inclusivamente alguns pretendentes bastante ricos, mas nenhum deles a fez falar.

Por fim, surgiu um rapaz pobre e insignificante. Também ele foi ter com os pais da rapariga para pedir a sua mão. Os pais dela retrucaram:

—Já vários rapazes ricos e apresentáveis tentaram fazê-la falar e não foram bem-sucedidos. Como é que tu vais conseguir? Nem tentes!

No entanto, o rapaz pobre estava determinado e insistiu que o deixassem tentar. Depois de ouvir as suas súplicas, os pais da rapariga finalmente acederam.

O rapaz então pediu que a rapariga fosse à sua machamba para o ajudar a sachar. A machamba estava repleta de milho e amendoim, que o rapaz começou a sachar. Ao notar que o rapaz estava a destruir os seus produtos, a rapariga perguntou-lhe:

—O que estás a fazer?

O rapaz riu e disse para voltarem para a casa dos pais dela. Ao chegarem, o rapaz relatou o que se tinha passado. Então, os anciãos da aldeia discutiram a questão e decidiram: o rapaz pobre casar-se-ia com a rapariga que agora falava. Os nubentes começaram então a preparar as bodas. Um mês depois, no dia do grande casamento, a linda noiva estava radiante e o noivo, bastante emocionado. Toda a aldeia participou da festa para celebrar as núpcias.

Referência: "Contos tradicionais lusófonos", https://goo.gl/xBZixS. Data de acesso: 18/2/2018.

---

a   Qual foi a condição imposta pelos pais da rapariga aos seus pretendentes?

b   O que os pretendentes normalmente faziam?

c   Qual foi a reação inicial dos pais da menina ao último pretendente? Por que eles reagiram dessa maneira?

d   Aonde o último pretendente foi com a rapariga? Que pretexto ele usou para que ela fosse com ele?

e   O que ele fez para que a rapariga falasse? Por que você acha que ela falou?

f   Na sua opinião, os pais da rapariga ficaram contentes? Justifique a sua resposta.

VOCÊ SABIA?

A palavra **rapaz** significa "homem jovem" no mundo lusófono, mas nem sempre a idade associada à palavra é a mesma. No Brasil, a palavra é comumente associada a jovens a partir da adolescência. Em Portugal, por outro lado, a palavra **rapaz** também é usada para se referir a meninos. Já a palavra **rapariga** pode ser uma menina ou uma jovem em Portugal, mas no Brasil a palavra é pouco usada. Em algumas regiões brasileiras, a palavra se refere a uma prostituta. No Brasil, a palavra **moça** (também utilizada em certas regiões de Portugal) é comumente usada para descrever uma mulher jovem.

2   Liste os personagens do conto. Em duplas, respondam: o que vocês sabem sobre cada um deles? Como eles são? O que fizeram/disseram? Como vocês visualizam cada um deles?

3   Como você descreveria o tema do conto? Conhece outros contos com o mesmo tema? Você aprecia histórias com esse tema?

4   Sublinhe os usos das palavras "machamba" e "sachar" no texto. Releia os trechos em que tais palavras aparecem e responda: o que você acha que essas palavras significam? Confira as suas hipóteses em um dicionário.

a   machamba

b   sachar

5   Encontre no texto e escreva.

a   Conectivo indicando tempo posterior.

b   Conectivo indicando contraste.

c   Conectivo indicando sucessão.

d   Expressão que significa "encontrar-se com".

e   Verbo que significa "concordar".

6   Discuta em grupos.

a   O que você achou do final do conto? Se pudesse, você alteraria o final? Por quê (não)?

b   Você conhece outros contos do mundo lusófono? Qual(is)? Na sua opinião, o(s) final(is) é(são) adequado(s) ou você mudaria alguma coisa? Se sim, o quê?

c   Se você adaptasse o conto para outro contexto, que personagens seriam diferentes?
    Onde se passaria a história (p. ex., uma cidade grande, um vilarejo, a casa de uma famí-
    lia, uma universidade)?

Refletindo sobre a leitura

1   O que você fez para responder às atividades 1 a 5 na seção *Lendo*? Bastaria ler o conto rapi-
    damente para encontrar tais informações?

2   Ao ler em português, que situações requerem leitura com foco na identificação de detalhes?
    Que cuidados você toma para garantir tal identificação?

B C   Palavras etc.

Vocabulário relativo a casamentos

1   Encontre e sublinhe no texto.

    a   Pessoa que almeja casamento com outra.

    b   Cerimônia de casamento.

    c   Duas pessoas que vão se casar.

    d   A mulher que vai se casar.

    e   O homem que vai se casar.

Para mais atividades sobre vocabulário referente a casamentos, visite www.routledge.com/cw/santos.

2   Complete o texto a seguir com o vocabulário do quadro.

amado   amor   estampado   interessado   moças   ortográficos   souvenir   tradição

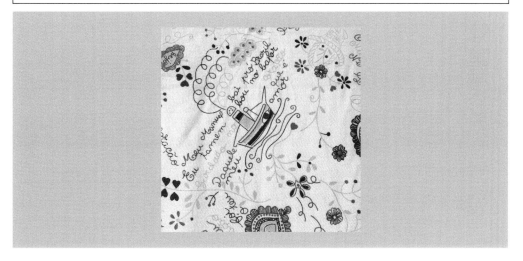

O lenço dos namorados era uma _____ da região do Minho, no norte de Portugal. As _____ em idade de casamento costumavam bordar desenhos e versos de _____ em pedaços quadrados de linho. O lenço era entregue ao _____, que o usava se estivesse _____ na jovem. Tipicamente, os lenços continham erros _____, já que as raparigas que os bordavam eram muitas vezes de origem humilde e não tinham estudado muito. Hoje em dia, encontra-se o lenço dos namorados como _____ turístico, seja como um lenço mesmo, seja _____ em outros objetos, como panos de pratos e xícaras.

Referência: "O lenço dos namorados, um romântico artesanato português", https://goo.gl/92a1U2. Data de acesso: 20/2/2018.

3   Conversem em duplas.

a   Vocês acham que o costume do lenço dos namorados era mais romântico do que os namoros atuais? Por quê (não)?

b   Havia ou há algum costume semelhante no(s) seu(s) país(es) de origem? Se sim, descrevam a tradição para o/a seu/sua colega.

c   No conto moçambicano, há menção a um "grande casamento" entre o rapaz pobre e a moça que não falava. Como vocês acham que seria um "grande casamento" em Moçambique? E no(s) seu(s) país(es) de origem?

d   O que é ilustrado na imagem a seguir? Para saber mais, busque na internet os termos "casamento na roça" e "festas juninas".

Pedir e perguntar

1   Complete os trechos abaixo usando os verbos **pedir** ou **perguntar** adequadamente. Depois, confira as suas respostas no conto "A menina que não falava" e responda: o que você conclui em relação às palavras utilizadas para preencher as lacunas?

O rapaz então _____ que a rapariga fosse à sua machamba para o ajudar a sachar.

Ao notar que o rapaz estava a destruir os seus produtos, a rapariga _____-lhe:

– O que estás a fazer?

PALAVRAS QUE CAUSAM CONFUSÃO

A língua portuguesa distingue entre os verbos **pedir** e **perguntar**, que em algumas línguas podem ser expressos pela mesma palavra. Enquanto **pedir** equivale a "solicitar" (p. ex., pedir um favor, pedir uma bebida), **perguntar** se relaciona a uma pergunta que é feita por alguém (p. ex., "Ela perguntou o que ele estava a fazer").

2   Complete usando **pedir** ou **perguntar** na forma apropriada.

Uma amiga minha canadense que é antropóloga me _____ se eu poderia aju-dá-la a conhecer melhor o candomblé. Ela _____ para ver um ritual da reli-gião e _____ que orixás seriam homenageados. No ritual, ela _____ licença para entrar, como é costume. Em seguida, ela _____ permissão para tirar

continua

fotos durante o ritual. O babalorixá _____ por que ela estava interessada em candomblé, e a minha amiga explicou que estava estudando as tradições brasileiras. Nós _____ várias coisas ao babalorixá: que entidades se manifestavam, como eles sabiam, se qualquer pessoa podia participar. O babalorixá _____ à minha amiga se ela queria presenciar um casamento no candomblé. O filho dele tinha _____ a namorada em casamento recentemente e eles iam se casar no mês seguinte.

VOCÊ SABIA?

A palavra **babalorixá** vem da língua africana ioruba (ou iorubá). O babalorixá ou pai de santo é o sacerdote das religiões afro-brasileiras, como o candomblé e a umbanda. A sacerdotisa dessas religiões é conhecida como ialorixá ou mãe de santo.

Descobrindo a gramática

Pontuação

Mais informações na seção Referência Gramatical

1   Relacione os sinais de pontuação aos seus nomes.

a	.	( ) aspas
b	,	( ) dois pontos
c	;	( ) parênteses
d	:	( ) ponto (final)
e	!	( ) reticências
f	?	( ) ponto e vírgula
g	( )	( ) ponto de interrogação
h	...	( ) vírgula
i	" "	( ) travessão
j	–	( ) ponto de exclamação

2   Complete o quadro com detalhes sobre as funções de cada sinal de pontuação.

Sinal	Função
_____	Indica o final de uma afirmativa; separa períodos.
Ponto de interrogação	Sinaliza uma _____.
_____	Expressa entusiasmo, surpresa, uma ordem etc.
_____	Indica uma pequena pausa; separa termos semelhantes na mesma oração.
_____	Entre o ponto e a vírgula, é usado em períodos com várias orações.
_____	Introduz uma explicação ou uma enumeração.
Parênteses	Apresentam uma explicação ou comentário paralelo.
_____	Indicam uma citação.
_____	Indicam uma interrupção ou que a ideia continua.
Travessão	Sinaliza as falas de personagens.

3   Leia o seguinte trecho do conto "A menina que não falava" e inclua a pontuação necessária. Depois, confira as suas respostas na seção *Lendo*. Comente os seus erros e acertos com um/a colega e compare as regras de pontuação em português com as regras de outra(s) língua(s) que você conhece.

> Por fim surgiu um rapaz pobre e insignificante também ele foi ter com os pais da rapariga para pedir a sua mão os pais dela retrucaram
>
> Já vários rapazes ricos e apresentáveis tentaram fazê-la falar e não foram bem-sucedidos como é que tu vais conseguir nem tentes
>
> No entanto o rapaz pobre estava determinado e insistiu que o deixassem tentar

4   Pontue o texto sobre o Bumba meu boi na página seguinte e compare a sua pontuação com a de um/a colega. Há diferenças? A que conclusões se pode chegar a respeito da importância da pontuação?

Entre as festas folclóricas brasileiras encontra-se o Bumba meu boi nessa encenação misturam-se danças músicas teatro e circo em cada parte do país a festa tem um nome diferente Boi-bumbá no Amazonas e no Pará Bumba meu boi no Maranhão entre outros acredita-se que o festejo teve origem no nordeste brasileiro no século XVII ou XVIII quando o gado era muito importante para a economia local a encenação conta uma história que pode ter variações comumente gira em torno de um casal de escravos Francisco e Catirina que grávida tem desejos de comer língua de boi Francisco então mata o melhor boi ao perceber o ocorrido o dono da fazenda fica desolado e convoca os curandeiros locais que ressuscitam o boi assim toda a comunidade celebra a vida do boi

Referência: "Bumba meu boi", http://bumba-meu-boi.info/. Data de acesso: 19/2/2018.

 Para mais atividades sobre pontuação, visite www.routledge.com/cw/santos.

Complementos pronominais

> Mais informações na seção Referência Gramatical

1   Leia as frases retiradas do conto "A menina que não falava" e repare as formas destacadas. Em seguida, responda às perguntas.

> ▶ "Por fim o rapaz desistiu de **a** fazer falar [. . .]."
>
> ▶ " – Já vários rapazes ricos e apresentáveis tentaram fazê-**la** falar [. . .]."
>
> ▶ "[. . .] o rapaz pobre estava determinado e insistiu que **o** deixassem tentar."
>
> ▶ "Ao notar que o rapaz estava a destruir os seus produtos, a rapariga perguntou-**lhe**: [. . .]."

a   A que ou a quem se refere cada uma das formas destacadas? Como você sabe?

b   Quais formas são masculinas? Quais são femininas?

c   Há alguma forma que é usada tanto no feminino quanto no masculino? Se sim, qual?

d   Por que se usa a forma **-la** (e não **-a**) em "[. . .] tentaram fazê-**la** falar [. . .]"?

2   Complete o parágrafo sobre os complementos pronominais usando as opções do quadro. Depois, confira as suas respostas com as de um/a colega.

complemento	contexto	direto	função	mesmo	reflexivos	substantivos

Os complementos pronominais são usados no lugar de _____ (ou de pronomes sujeito) que aparecem anteriormente ou que estão claros no_____. Esses pronomes podem ter a _____ de complemento _____ e de _____ indireto, isto é, elementos que complementam o verbo direta ou indiretamente (por meio de uma preposição). Podem aparecer também como _____, quando o elemento que realiza a ação é o _____ que recebe os efeitos da ação (p. ex., "O rapaz viu-**se** no espelho").

3   Complete o quadro dos complementos pronominais.

Pronomes de complemento direto	**Pronomes de complemento indireto**
me	me
_____	te
o/a (-lo/-la, -no/-na)	_____
_____	nos
vos	vos
_____	lhes

VOCÊ SABIA?

▶ Em português europeu, os complementos de 3ª pessoa no singular (**o/a** e as suas variantes; **lhe**) são usados para fazer referência ao/à interlocutor/a em contextos formais (que, em certos dialetos de PE, inclui o uso de **você**).

▶ Em português brasileiro, quando se trata o/a interlocutor/a por **você** (ou seja, em situações informais) é comum usar o complemento de 2ª pessoa **te**: "Você quer ir ao Bumba meu boi? Eu te pego daqui a meia hora".

▶ Em Portugal a referência a **vocês** ocorre com o pronome de 2ª pessoa, **vos**: "Vocês gostaram dos lenços que eu vos dei?".

▶ No Brasil, pode-se usar o complemento de 3ª pessoa (**os/as** e as suas variantes; **lhes**) fazendo referência a **vocês**. Alternativamente, também se pode usar **vocês**: "Eu vi vocês em Parintins".

4   Reescreva as frases usando um complemento pronominal para substituir os elementos destacados. Preste atenção à posição do complemento pronominal na frase.

a   A minha amiga veio ao Maranhão e eu levei **a minha amiga** para ver o Bumba meu boi.

b   Havia várias crianças, e o boi do festejo assustava **as crianças**.

c   Você também estava lá? Eu não vi **você**.

d   Eu dei uma miniatura de boi **para a minha namorada**.

e   A minha namorada esteve no Minho e trouxe um lenço **para mim**.

f   Nós vamos ver **os nossos amigos** no carnaval.

5   Complete o parágrafo com o complemento pronominal adequado.

Os nossos amigos holandeses chegam amanhã e nós vamos levá-_____ a uma festa junina. O Kees fala português, mas o Pieter não. Como nós não falamos holandês, o Pieter não _____ entende. Mesmo assim, nós gostamos muito dele. Eu coleciono miniaturas, e o Pieter já _____ deu várias. Ele adorou o carnaval: nós não _____ vimos por três dias! Agora, eles querem participar de uma quadrilha, então nós compramos chapéus típicos para _____ dar. Vai ser divertido!

6   Complete o parágrafo com a opção mais adequada em cada caso. Em seguida, responda às perguntas.

Os povos indígenas do Xingu, no Brasil, celebram um ritual de despedida dos mortos chamado Kuarup. Segundo esses indígenas, os mortos querem vê-(os)(los)(lhes) alegres. De acordo com a lenda, um pajé preparou seis troncos de madeira, os kuarup, para ressuscitar seis mortos. O pajé conversou com os membros da aldeia e pediu-(lhes)(os)(nos) que não

continua

saíssem das suas ocas. No entanto, um homem saiu, o que fez com que o pajé (o)(ele)(lhe) repreendesse. O efeito do ritual foi destruído e os kuarup não se transformaram, por mais que o pajé (os)(lhes)(lhe) lançasse a sua magia. Desde então, o ritual existe para celebrar os mortos e liberá-(los)(nos)(lhes) para a sua próxima etapa. Os troncos de madeira trazidos pelos homens são pintados e ornamentados. As mulheres e crianças ficam nas ocas até que os homens (lhes)(lhe)(as) busquem. Então, as mulheres se aproximam dos kuarup, presenteando-(os)(as)(se) com belos objetos. À noite, os homens fazem a dança do fogo. Ao nascer do sol começa a dança da vida, num círculo formado ao redor dos kuarup. Mais tarde, os homens levam-(nos)(os)(se) até o rio e terminam o ritual entregando-(nos)(os)(lhe) às águas para serem levados para a vida em outro mundo.

Referência: "Kuarup: o ritual xinguano de despedida dos mortos", goo.gl/QlVH5T. Data de acesso: 19/2/2018.

a   Você conhece outros rituais relacionados ao nascimento ou à morte em países lusófonos? Se sim, explique esse(s) ritual(is) à turma.

b   Que rituais são associados ao nascimento e à morte no seu país de origem? Faça uma breve apresentação sobre esses rituais.

 Em www.routledge.com/cw/santos você encontra atividades adicionais para prática de complementos pronominais.

 ## Tomando a palavra

Como se diz?

 1   Ouça o áudio e preencha as lacunas, prestando atenção à pronúncia do som final de cada palavra. Depois, responda às perguntas que se seguem e compare as suas respostas com as de um/a colega.

Oitenta e _____ peças da literatura de _____ foram expostas em Sófia, capital da Bulgária. _____ a exposição, que foi prestigiada por um grande _____, houve também debates sobre a literatura de cordel, um gênero _____ brasileiro em que as histórias orais são transcritas, _____ em versos rimados. A exposição contou com _____ de cordel e xilogravuras que vieram tanto da _____ Federal do Ceará como do _____ de Rumen Stoyanoy, professor _____ de português da Universidade de Sófia e doutor "honoris causa" da Universidade de Brasília.

Referência: "Literatura de cordel atrai grande público na Bulgária", goo.gl/LxtOuC. Data de acesso: 19/2/2018.

a   Qual das seguintes palavras rima com **cordel**?

    ( ) Brasil   ( ) chapéu   ( ) correu

b   Nas palavras que terminam em **e** usadas para preencher as lacunas, que som equivale ao **e** final?

    ( ) [e] livreto   ( ) [ɛ] vieram   ( ) [i] rimados

c   Nas palavras que terminam em **o** usadas para preencher as lacunas, que som equivale ao **o** final?

    ( ) [u] português   ( ) [o] doutor   ( ) [ɔ] história

SONS DO PORTUGUÊS

▶ A letra **e** corresponde ao som [i] na maioria dos dialetos do português brasileiro quando ocorre como vogal átona (isto é, "fraca") em final de palavra.

▶ Em português europeu, a letra **e** em sílaba átona, em final de palavra ou não, corresponde normalmente ao som [ɨ], que é uma vogal produzida com a língua na posição central na boca (na vogal [i] a língua se posiciona na parte anterior da boca).

▶ A letra **o** em sílaba átona em final de palavra normalmente é pronunciada [u]. Em português europeu, mas não necessariamente em português brasileiro, o som [u] equivale à letra **o** quando aparece em sílaba átona em outras posições na palavra também.

▶ Os sons [i] e [u] normalmente correspondem também às letras **i** e **u**, sejam em sílabas tônicas (ou seja, "fortes") ou átonas.

 2   Ouça e leia o seguinte texto, prestando atenção às palavras destacadas. Depois complete o quadro listando as palavras que ilustram cada som.

A **literatura** de cordel tem origem na Europa medieval, quando a poesia era transmitida oralmente. Na sua versão impressa, essa poesia **popular** apareceu em **folhetos** que eram amarrados em cordões e estendidos – **daí** o seu **nome**. A literatura de cordel chegou ao Brasil trazida **pelos** colonizadores **portugueses** e tornou-se especialmente popular na região **nordeste** do **país**. Os folhetos que **caracterizam** a literatura **de** cordel ainda podem ser encontrados em feiras populares no nordeste **brasileiro**. Em certas ocasiões os **versos** de cordel ainda são recitados ou **cantados** publicamente, com o acompanhamento de uma viola sertaneja.

Referência: "Literatura de cordel e literatura oral", www.suapesquisa.com/cordel/. Data de acesso: 19/2/2018.

[i] como em poesia	[u] como em popular

Preparando-se para falar

1   Na imagem a seguir podem ser vistas algumas capas de livretos de cordel. Observe as capas, incluindo os títulos e as imagens. O que chama mais a sua atenção?

VOCÊ SABIA?

A xilogravura é uma gravura em madeira. O artesão entalha um desenho na madeira e depois pinta a parte em relevo. Em seguida, prensa o bloco de madeira no papel, onde aparece uma figura ao contrário da que foi talhada. As capas dos folhetos de cordel são caracterizadas pelas ilustrações em xilogravura.

2   Leia o início de um cordel e escolha a melhor opção para completar cada frase sobre o trecho lido.

A FORÇA DO AMOR

(João Martins de Athayde)

Nestes versos eu descrevo
A força que o amor tem
Que ninguém pode dizer

Que não há de querer bem,
O amor é como a morte,
Que não separa ninguém.

continua

245

Marina era uma moça
Muito rica e educada,
O pai dela era um Barão,
De uma família ilustrada,
Porém ela amou Alonso.
Que não possuía nada.

Ambos nasceram num sítio,
Num dia e na mesma tarde
Pegaram logo a se amar,
Com nove anos de idade,
Se todos dois fossem ricos,
Era um casal de igualdade.
[. . .]

Referência: Domínio público. Extraído de Fundação Casa de Rui Barbosa, www.casaruibarbosa.gov.br/cordel/acervo.html. Data de acesso: 21/2/2018.

a O poema compara:

( ) o amor à força.

( ) o amor à morte.

( ) o amor ao querer bem.

b Marina e Alonso:

( ) eram muito ricos.

( ) nasceram no mesmo dia.

( ) pegaram-se logo.

c O poema diz que Alonso:

( ) tinha o nome da família.

( ) era filho de um ferreiro.

( ) foi abandonado pelos pais.

d Durante a infância, Alonso:

( ) nem sempre tinha o que comer.

( ) aprendeu a ser ferreiro.

( ) usava um trapo para dormir.

e O amor de Marina e Alonso:

( ) tinha como base a igualdade.

( ) tinha o apoio do barão,

( ) tinha muitos obstáculos.

3 Leia o trecho novamente e indique se as descrições são verdadeiras (V) ou falsas (F).

a ( ) O trecho apresenta os protagonistas, isto é, os personagens principais da história.

b ( ) O trecho dá informações detalhadas sobre o lugar em que a história se passa.

c ( ) O trecho começa apresentando o tema da história.

d ( ) O tema da história é local e não tem relevância em diferentes contextos.

e ( ) Há rimas em todas as estrofes.

VOCÊ SABIA?

Na poesia de cordel, uma quadra é uma estrofe com quatro versos. Há também sextilhas (estrofes de seis versos), septilhas (com sete versos), oitavas (com oito versos) e décimas (estrofes com dez versos). O martelo é um poema que tem versos com dez sílabas e é comum em desafios, ou seja, disputas poéticas entre dois cantadores. As rimas podem ser bastante elaboradas.

Falando

1 Você vai colaborar com colegas em uma análise oral de uma obra de cordel. Inicialmente, leiam os tópicos a seguir, que serão usados na análise, e compartilhem conhecimentos sobre eles.

a Apresentação dos personagens.

b Apresentação de uma situação, seguida de um problema e de uma solução.

c Relevância social (local e global) do tema abordado.

d Capa do folheto.

e Estrutura do poema (rimas, número de versos por estrofe, número de sílabas por verso).

f Linguagem: marcas de oralidade, desvios da ortografia padrão (exemplos e função), queixas, rogos, súplicas.

2 Em grupos, leiam outro folheto de cordel sugerido pelo/a professor/a. Durante a análise colaborativa, refiram-se aos tópicos sugeridos na atividade 1. Adicionalmente, pesquisem a biografia do autor do folheto lido e comentem sobre ela durante a sua análise.

ESTRATÉGIA: INICIANDO UM NOVO ASSUNTO

Uma mesma interação oral pode envolver diferentes assuntos e o início de um novo assunto deve ser construído com alguns cuidados: aquele que faz tal início deve deixar claro que um novo tópico está sendo proposto usando formas linguísticas como "Mudando de

continua

assunto . . .”; “Uma outra maneira de ver esta questão é . . .”; “Um outro aspecto que precisa ser tratado é . . .”). É também importante saber quando um novo assunto pode ser apresentado, cuidando-se para não ignorar algum comentário feito por outra pessoa.

ESTRATÉGIA: ELABORANDO EM CIMA DO QUE É DITO POR OUTRA PESSOA

Ao participar de interações orais é importante saber “tecer” a interação juntando contribuições de diferentes pessoas. Tal tecelagem traz vantagens para o conteúdo da interação (por usar contribuições de diferentes pessoas) e também para o fortalecimento das relações entre os/as participantes (por envolver um maior número de pessoas). Formas linguísticas que podem ser usadas para tal elaboração incluem menções específicas a uma pessoa ou comentário (“Como disse o/a [. . .], . . .”); formas de concordância (“Eu concordo”; “Também acho”); reações positivas (“Isso!”; “Exatamente!”; “Pois é!”); marcadores discursivos como “além disso”, “por causa disso”, “ainda com relação a isso”.

Refletindo sobre a fala

1   Em grupos, discutam.

a   Em que situações de fala recentes vocês precisaram iniciar um novo assunto? Como vocês fizeram isso? Que cuidados devem ser tomados ao se iniciar um novo assunto em uma fala?

b   Em que situações de fala recentes vocês elaboraram em cima do que foi dito por outras pessoas? Como vocês fizeram isso? Quais são as vantagens de se elaborar uma ideia em cima de comentários de outras pessoas? Que cuidados precisam ser tomados nessas situações?

Mãos à obra

Preparando-se para escrever

1   Leia a ficha informativa e complete-a com os subtítulos do quadro.

Descrição	Efeitos colaterais	Nome científico	Nomes populares	Propriedades terapêuticas	Uso

Laurus nobilis

Louro, loureiro, loureiro nobre

Árvore que pode chegar a 10 m de altura, com folhas em forma de lança e flores pequenas de cor amarelada.

Facilita a digestão, diminui a flatulência, alivia cólicas menstruais, atua como diurético, combate a ansiedade, entre outras propriedades.

A folha do louro é usada como aromatizante e para dar sabor a muitos pratos. A folha também é usada para fazer chá, que traz benefícios para a saúde.

Se consumido em excesso, o chá de louro pode causar sonolência.

2   Em grupos, discutam.

   a   Onde podemos ler textos como esse?

   b   Com que frequência vocês leem textos como esse? Em que idioma? Com que finalidade?

   c   O que vocês acharam curioso ou interessante no texto sobre o louro? Que outros itens vocês adicionariam a uma ficha informativa sobre a planta?

d   Vocês conhecem outras ervas populares usadas no mundo lusófono? Qual(is)?

e   Que ervas são usadas tradicionalmente no(s) seu(s) país(es) de origem?

VOCÊ SABIA?

As fichas informativas são textos organizados graficamente para que se apresente a informação de maneira resumida, destacando o que é mais importante. As diferentes seções de uma ficha permitem obter informação essencial fácil e rapidamente.

3   Você vai escrever uma ficha informativa sobre alguma planta do mundo lusófono e sobre as tradições populares associadas a essa planta. Complete o quadro com o seu planejamento inicial.

Local de publicação	
Suporte	
Leitores potenciais	
Linguagem: formal ou informal? Frases completas ou informações sintéticas? Ilustrações?	

4   Selecione o assunto da sua ficha informativa e liste algumas perguntas que você gostaria de pesquisar sobre a planta escolhida.

5   Com base no planejamento nas atividades anteriores nesta seção, produza um roteiro com ideias gerais do conteúdo e organização da sua ficha informativa.

6   Faça uma pesquisa sobre o assunto da sua ficha informativa com base no seu planejamento. Faça as modificações necessárias no seu roteiro (atividade 5) durante a pesquisa.

ESTRATÉGIA: CONSIDERANDO MODIFICAÇÕES AO ESCREVER

Ao escrever, é preciso ter sempre em mente que um texto está em constante reformulação. As mudanças ocorrem não apenas na fase de planejamento de um texto, mas também durante o ato da escrita em si, na edição do texto e na sua revisão final. Outras estratégias podem ajudar o/a escritor/a a identificar as modificações necessárias ao escrever, por exemplo, considerando as características do gênero textual, do suporte, dos leitores potenciais, do registro etc.

Escrevendo

1   Escreva o primeiro rascunho da sua ficha, levando em consideração as suas reflexões e pesquisa na seção *Preparando-se para escrever* e avaliando as formas de formulação de texto que você pretende seguir.

ESTRATÉGIA: REFLETINDO SOBRE O PROCESSO DE FORMULAÇÃO

Há formas diferentes de formular a escrita e algumas delas são: recuperação ou retomada (usando vocabulário e estruturas previamente conhecidas); reformulação (usando vocabulário e estruturas previamente conhecidas em nova combinação); tradução da língua materna para a língua estrangeira; pensamento na língua estrangeira; evitação do problema (desistindo-se de uma ideia original diante da incerteza da sua acuidade); identificação de alternativas (pensando-se em diferentes formas de formular a escrita); identificação de recursos (pensando-se em ferramentas de apoio para a formulação, por exemplo, dicionários ou colegas). As pessoas que são competentes na escrita conhecem e consideram formas diferentes de formulação ao escrever.

2   Leia o seu rascunho e peça a um/a colega que o leia e comente:

  a   A ficha está bem organizada?

  b   As informações estão claras?

  c   Há aspectos de ortografia (incluindo pontuação) que precisam ser verificados?

  d   Há necessidade de revisão gramatical?

3   Finalize o rascunho, efetuando as mudanças necessárias.

4   Revise o rascunho e disponibilize a ficha a seus/suas leitores/as.

Refletindo sobre a escrita

1   Em grupos, discutam.

  a   O que acham da leitura e produção de fichas informativas como forma de se disseminar conhecimento sobre tradições populares? Que outros tópicos, além de plantas, poderiam ser tratados para tal fim? Que outros gêneros textuais além de fichas informativas poderiam ser úteis para disseminação de conhecimento sobre tradições populares?

  b   Que aspectos vocês levaram em conta ao considerar modificações durante a escrita (p. ex., organização e/ou sequência de ideias, vocabulário, gramática etc.)? O que fizeram para garantir a identificação das mudanças necessárias? Precisaram de alguma ajuda para efetuar as mudanças? Deem detalhes.

c   Que formas de formulação vocês usaram ao escrever? Quais acharam mais ou menos eficientes? Por quê?

d   De que forma as reflexões sobre modificações ao escrever e sobre o processo de formulação realizadas nesta seção podem ajudá-lo/a em situações de escrita no futuro?

 ## Diálogos multiculturais

Culturalmente falando

1   Responda.

a   Há alguma tradição cultural (parlendas, receitas culinárias, dança folclórica, ritmo musical etc.) que seja conhecida somente em áreas remotas do seu país de origem ou apenas reconhecida e preservada por uma comunidade específica? Dê detalhes.

b   Na sua opinião, que fatores podem contribuir para o desaparecimento ou para o cultivo de tradições?

2   Pesquise uma tradição do mundo lusófono que tenha se perdido e outra que tenha sido cultivada e preservada. Em seguida, preencha o quadro a seguir com detalhes.

	Nome e origem	Informações gerais	Outras ideias (p. ex., opinião, hipóteses, comparações)
Tradição perdida			
Tradição cultivada			

3   Em grupos, discutam e compartilhem as respostas das atividades 1 e 2. Em seguida, respondam: vocês pensaram (ou leram) sobre tradições culturais listadas no quadro a seguir enquanto realizavam a atividade 2?

Congado	Jongo	Folia de Reis

4   Circule as tradições listadas no quadro da atividade 3 que você conhece. Caso não conheça alguma delas, faça uma pesquisa sobre a origem e atual relevância dessas tradições.

5   Compartilhe a resposta da atividade 4 com um/a colega, descrevendo para ele/a uma das tradições que você circulou ou pesquisou.

Dialogando com a imagem

1   Observe as imagens a seguir e escreva legendas para elas. Em seguida, com um/a colega, compare e contraste as imagens oralmente, comentando sobre as suas semelhanças e diferenças.

2   Em grupos, compartilhem as respostas da atividade 1 e respondam.

a   O que mais chamou a sua atenção nas fotos da atividade 1?

b   Vocês já tinham visto imagens semelhantes a essas? Deem detalhes.

c   Os mamulengos, fantoches e bonecos gigantes são figuras típicas do carnaval de Olinda, Pernambuco. Você conhece alguma tradição cultural de outro país que faça uso de figuras semelhantes? Descreva-as.

Em contexto

1   Leia o texto e complete o quadro com o título de uma marchinha composta ou cantada por cada pessoa mencionada no texto.

Marchinhas de carnaval

Engana-se quem pensa que o samba é o único ritmo do carnaval. A marcha, mais conhecida como marchinha, foi o primeiro gênero musical desenvolvido especificamente para substituir os estribilhos, a polca, a valsa e a moda sertaneja, ritmos pouco adequados para as festas de rua. Mesmo depois da gravação do primeiro samba, *Pelo Telefone*, em 1917, as marchinhas mantiveram o status de principal ritmo do carnaval até a década de 1960, e até hoje continuam conquistando os amantes da folia. Dentre os principais compositores e cantores de marchas de carnaval estão: Noel Rosa, João de Barro, Carmen Miranda, Ary Barroso e Chiquinha Gonzaga, considerada a mãe deste ritmo. Composta por Chiquinha Gonzaga em 1899, *Ô abre alas* foi a primeira marchinha de carnaval e continua sendo uma das músicas mais ouvidas nas ruas durante a maior festa tradicional do Brasil.

Referência: Tinhorão, José Ramos (1986). *Pequena história da música popular – da modinha ao tropicalismo* (pp. 119–125). São Paulo: Editora Art.

	Marchinhas
Ary Barroso	
Carmen Miranda	
Chiquinha Gonzaga	*Ô abre alas*
João de Barro	
Noel Rosa	

2   Escolha uma das marchinhas listadas na atividade anterior e busque a sua letra na internet. Pesquise mais sobre a marchinha e prepare uma apresentação oral sobre ela. Use a ficha a seguir na sua preparação.

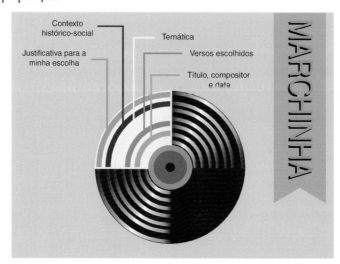

Lendo e interpretando

1   Leia o texto a seguir e produza um mapa mental ilustrando e organizando as ideias descritas nele.

Revivendo antigas tradições

Muito mais que uma festa tradicional, o carnaval é elemento vital da identidade brasileira. O carnaval chegou ao Brasil colônia através dos portugueses com o nome de entrudo e passou a fazer parte dos festejos nacionais. No século XIX, houve uma nítida separação entre o entrudo, que era um jogo satírico, e o carnaval, uma folia que objetivava entreter a corte. Além dos bailes à fantasia e dos desfiles com carros alegóricos inspirados no carnaval europeu, no final do século XIX também surgiram os cordões, nos quais os participantes andavam e dançavam em fila, um atrás do outro. Assim, vê-se o desenvolvimento de folias variadas que vão além das tradicionais agremiações carnavalescas do Rio de Janeiro e das escolas de samba de São Paulo. Dentre essas folias hoje em dia estão o axé, o maracatu, o frevo, o trio elétrico, o afoxé, a folia de rua e as micaretas. Todas são diferentes modalidades de carnaval de rua que acontecem em várias regiões do Brasil. Estas opções são vistas como ótimas alternativas para foliões que não se interessam nem pelos desfiles das escolas de samba, nem por bailes de clubes privados. Com as redes sociais, os blocos carnavalescos e outros tipos de carnaval de rua têm se organizado melhor e crescido em proporções que surpreendem os administradores públicos. Além de agradar aos que querem pular carnaval livremente e sem gastar muito, o carnaval de rua une a paixão pelas antigas marchinhas a uma folia que conta com sátiras políticas, símbolos da cultura popular brasileira, e a valorização da memória de uma comunidade.

Referências: Trigueiro, Osvaldo. (2006). "O Entrudo e as origens do nosso Carnaval", www.insite. pro.br/2006/02.pdf; Tinhorão, José Ramos. (1986). Pequena história da música popular: da modinha ao tropicalismo (pp. 111–115). São Paulo: Art Editora. Data de acesso: 19/2/2018.

2   Faça uma busca sobre os blocos carnavalescos e as micaretas em duas cidades do Brasil. Busque dados como: número de foliões, vantagens e desvantagens que o carnaval de rua traz para uma cidade etc. Anote os dados mais interessantes para compartilhar com os/as colegas.

3   Você decidiu organizar um bloco carnavalesco. Escreva um convite e busque fotos para ilustrar o anúncio do evento que será compartilhado com os/as colegas em uma rede social.

VOCÊ SABIA?

Enquanto muitos utilizam o carnaval para afogar as mágoas e se encher de alegria, outros veem nele uma oportunidade de emprego, um meio para acelerar o ritmo da economia do país. Com o fluxo de turistas nas cidades, a maior festa popular do Brasil gera empregos e movimenta diversos setores da economia. Estima-se que em 2017 as festas tenham gerado cerca de 250 mil empregos em Salvador, lotado 85% dos hotéis no Rio de Janeiro e movimentado cerca de R$ 278 milhões em São Paulo.

Referências: "O poder da indústria do carnaval", https://goo.gl/4Noi2F; "Impacto econômico do Carnaval deve ultrapassar os R$ 6,6 bilhões no Brasil", https://goo.gl/3jqLXm. Data de acesso: 3/1/2017.

Extrapolando

1   Nesta unidade discutimos tradições populares que incluem música, dança e literatura. Faça uma lista de outros elementos ou produtos que fazem parte de tradições culturais dos países lusófonos. Compartilhe e justifique a sua escolha com seus/suas colegas.

2   Em grupos, discutam.

   a   De um modo geral, que elementos compõem uma tradição cultural?

   b   Na opinião de vocês, o que faz com que uma festa popular se torne uma tradição cultural?

3   Em duplas, descreva para o/a colega os cheiros (p. ex., comidas), sons (p. ex., ritmo musical), movimentos (p. ex., danças) que faziam parte das festas tradicionais de que você participava ou continua participando. Ele/a vai anotar e tentar adivinhar que tradição se relaciona aos elementos que você descreveu.

4   Com seus/suas colegas, criem uma festa tradicional para a turma. Inventem a história dessa tradição incluindo o(s) símbolo(s), a(s) data(s) e a(s) forma(s) de celebração (música, dança, comida típica etc.). Comentem sobre a relevância dessa tradição para a sua comunidade educativa.

Aprendendo a aprender

Avaliando traduções automáticas

1   Copie o trecho a seguir em um tradutor automático online e lá traduza-o para sua língua materna.

Você já ouviu falar do Patrimônio Imaterial da Humanidade? Ele compreende as tradições e expressões de vida que pessoas e grupos sociais recebem dos seus antepassados e passam a gerações futuras. Tal patrimônio é reconhecido e defendido pela UNESCO: dele fazem

continua

parte saberes populares, cantos, danças, formas de habitações e outros aspectos que contribuem para a formação da identidade de um povo. No mundo lusófono, podemos dar como exemplos desse patrimônio a capoeira brasileira e o cante alentejano.

2   Avalie a tradução feita pelo tradutor automático, identificando as áreas em que houve problemas.

a   ( ) seleção de palavras

b   ( ) identificação de expressões idiomáticas

c   ( ) ordem de palavras

d   ( ) sequência ilógica de palavras

e   ( ) outros: _____

3   Na sua língua materna, escreva um pequeno parágrafo sobre uma tradição popular no seu país de origem e traduza o seu texto para o português com o uso de um tradutor automático. Em seguida, avalie a tradução.

Dicas para avaliar a tradução automática

▶ *Fazer uma retrotradução (isto é, traduzir o texto de volta à sua língua de origem).*

▶ *Verificar se o texto como um todo faz sentido.*

▶ *Identificar se há palavras que têm mais de um sentido. Confirmar se a classe de palavra (verbo, substantivo etc.) corresponde à palavra que gerou a consulta.*

▶ *Comparar o que diferentes dicionários trazem sobre a palavra.*

---

4   Em grupos, discutam.

a   Que surpresas (positivas ou negativas) vocês encontraram ao avaliar traduções automáticas?

b   Da próxima vez em que vocês usarem um tradutor automático, em que aspectos acham que prestarão atenção ao avaliar a qualidade da tradução?

Autoavaliação

1   Como você avalia a sua aprendizagem e o seu desempenho nessas áreas?

		Muito bem. ☺	Bem. ☺	Preciso melhorar. ☹
VOCABULÁRIO	Identificar e usar neologismos			
	Distinguir e usar **tudo** e **todo(s)/toda(s)**			
	Usar **orelha** e **ouvido**			
	Compreender e usar vocabulário relativo a casamentos			
	Distinguir e usar **perguntar** e **pedir**			
	Compreender expressões que incluem nomes de partes do corpo			
	Considerar fatores associados à frequência de uso de uma palavra			
GRAMÁTICA	Compor e usar o imperativo			
	Usar sinais de pontuação			
	Identificar e usar complementos pronominais			
PRONÚNCIA	Produzir os sons associados às letras **e** e **o** em sílabas finais átonas			
ESCUTA	Ouvir parlendas			
	Lidar com vocabulário desconhecido			
LEITURA	Ler contos			
	Identificar detalhes ao ler			
FALA	Participar de análises colaborativas			
	Iniciar novos assuntos			
	Elaborar em cima do que é dito por outra pessoa			
ESCRITA	Escrever uma ficha informativa			
	Considerar modificações ao escrever			
	Identificar mecanismos que caracterizam o processo de formulação			

(Continua)

	Muito bem. ☺	Bem. ☺	Preciso melhorar. ☹
CULTURA Compreender características de literatura de cordel			
Considerar aspectos que levam à preservação, ao cultivo ou à perda de tradições culturais			
Compreender aspectos do passado e do presente sobre o carnaval			
Identificar elementos característicos na criação de uma tradição cultural para a sua comunidade de aprendizagem do português			
APRENDIZAGEM AUTÓNOMA Avaliar traduções automáticas			

2 Elabore um plano de ação para lidar com as áreas que precisam de mais prática, listando o que você vai fazer (coluna da esquerda) e em que prazo (coluna do meio). Depois de cumprir o seu plano, avalie os novos resultados (coluna da direita).

O que vou fazer?	Prazo	Nova avaliação sobre a minha aprendizagem e desempenho

3 Folheie a próxima unidade do livro e responda.

a Quais são os assuntos principais na próxima unidade?

b Como você pode praticar as áreas listadas na atividade 1 na próxima unidade?

259

7 | Vida Profissional

NESTA UNIDADE VOCÊ VAI

▶ Ouvir um boletim de notícia de rádio, monitorando a sua compreensão

▶ Distinguir e praticar o uso de **tão** e **tanto**

▶ Conhecer e praticar expressões que remetem a cores

▶ Refletir e pesquisar sobre frequência de uso de vocabulário relativo a cores

▶ Rever e praticar alguns usos do presente do subjuntivo

continua

▶ Examinar diferentes tipos de gráfico, identificando os pontos principais

▶ Ler um currículo, identificando os pontos principais

▶ Aprender e praticar vocabulário relativo ao mundo do trabalho

▶ Aprender e praticar vocabulário relativo a diversidade e inclusão

▶ Fazer inferências ao observar uma imagem

▶ Identificar e avaliar o uso de palavras e expressões vagas

▶ Compreender o conceito de regência verbal e praticar o uso de verbos e complementos

▶ Aprender sobre ditongos em português e a sua pronúncia

▶ Simular uma entrevista de emprego, fazendo autocorreções, hesitando e mantendo ou alocando o turno da fala

▶ Escrever uma carta de apresentação para acompanhar um currículo, monitorando o processo de escrita

▶ Discutir definições e informações sobre o trabalho voluntário

▶ Refletir sobre os benefícios do voluntariado para o indivíduo e a sociedade

▶ Identificar e solucionar as suas dificuldades

PRIMEIRAS IMPRESSÕES

1   Onde você acha que a foto na página anterior foi tirada? O que a pessoa retratada está vestindo? Que objeto(s) usa? Que atividade profissional você acha que a pessoa desempenha? Justifique as suas respostas.

2   Que riscos podem ser associados à atividade profissional retratada na foto da página anterior? O que pode ser feito para minimizar tais riscos ou mesmo evitá-los?

3   A atividade profissional retratada na imagem existe no seu país de origem? Há atividades profissionais específicas ao seu país de origem? Dê detalhes.

Para sugestões de material adicional sobre o assunto desta unidade, visite www.routledge.com/cw/santos.

À escuta

Preparando-se para escutar

1 Leia os monitoramentos da escuta feitos pelos/as ouvintes na imagem a seguir. Relacione cada monitoramento à sua descrição.

		Monitoramento de . . .
( )		Coerência: o/a ouvinte se pergunta se o que entendeu faz sentido diante do seu conhecimento de mundo.
( )		Compreensão: o/a ouvinte se pergunta se entendeu (ou não).
( )		Conteúdo: o/a ouvinte se pergunta se o que entendeu faz sentido dentro do contexto do que é ouvido.
( )		Foco: o/a ouvinte se pergunta se a sua atenção e foco estão direcionados ao que ouve.

2   Registre a sua frequência de uso dos seguintes monitoramentos ao ouvir em português. Depois, apresente e explique as suas respostas a um/a colega.

		sempre	frequentemente	às vezes	raramente	nunca
a	Monitoramento de coerência	O	O	O	O	O
b	Monitoramento de compreensão	O	O	O	O	O
c	Monitoramento de conteúdo	O	O	O	O	O
d	Monitoramento de foco	O	O	O	O	O

3   Em conjunto com a turma, discutam: vocês vão ouvir o início de um programa de rádio. Que tipo(s) de monitoramento pode(m) auxiliar a escuta? Como tal(is) monitoramento(s) pode(m) ser feito(s)?

Escutando

1   Ouça o boletim de notícias de rádio e identifique as imagens que ilustram atividades profissionais mencionadas no áudio, numerando-as de acordo com a ordem em que aparecem no boletim. Ao ouvir, monitore a sua escuta.

ESTRATÉGIA: MONITORANDO A ESCUTA

Pesquisas recentes sobre compreensão oral em língua estrangeira sugerem que os/as ouvintes que monitoram a sua escuta são mais bem-sucedidos/as. Monitoramento envolve verificação, confirmação ou retificação do entendimento continuamente durante o processo de escuta.

( )

( )

( )

( )

( )

( )

2   Reflita, tomando notas dos pensamentos principais.

a   O que levou você a escolher as respostas na atividade 1?

b   De que forma o monitoramento da escuta apoiou as suas escolhas?

3   Ouça novamente o boletim de rádio e escolha a opção que responde a cada pergunta. Continue monitorando a sua escuta ao ouvir vocabulário que você não compreende.

a   O que foi destruído por um incêndio?

( ) Um depósito de roupas
( ) Um local onde se guardam produtos
( ) Uma fábrica de tecidos
( ) Uma loja onde se vendem bebidas e alimentos

b   Qual das alternativas descreve materiais ausentes no local do incêndio?

( ) Materiais que degradam lentamente

( ) Materiais que fazem mal

( ) Materiais que são destruídos por fogo

( ) Materiais que são benéficos

c   Que tipo de produtos o presidente brasileiro deseja que o país exporte?

( ) Produtos feitos no estado do Acre

( ) Produtos manufaturados com argila

( ) Produtos relacionados à agricultura

( ) Todos os produtos consumidos no país

d   Que evento é descrito com relação aos professores da rede estadual?

( ) Um trabalho especializado

( ) Um treinamento profissional

( ) Uma gravidade da situação

( ) Uma paralisação das funções

e   A quem o técnico procurado precisa agradar, além do próprio time?

( ) À diretoria executiva

( ) Ao grupo que escolhe o técnico

( ) Aos investidores financeiros

( ) Às pessoas que apoiam o time

4   Reflita, tomando notas dos pensamentos principais.

a   O que levou você a escolher as respostas na atividade 3?

b   De que forma o monitoramento da escuta apoiou as suas escolhas?

Em www.routledge.com/cw/santos você encontra sugestões de atividades para praticar o monitoramento da escuta.

Refletindo sobre a escuta

1   Releia as suas anotações nas atividades 2 e 4 da seção *Escutando*. Depois, encaminhe um debate com toda a turma.

a   Qual foi a contribuição do monitoramento da escuta na realização das tarefas?

b   Quais foram as dificuldades encontradas durante o monitoramento? O que foi feito para lidar com tais dificuldades?

c   Que tipo de monitoramento foi mais útil para vocês? Por quê?

b "[. . .] a confederação acena agora com uma **bandeira branca** e vai envolver vários futebolistas na escolha do seu novo líder."

( ) texto a ser preenchido ( ) sinal de alerta ( ) sinal de conversa amigável

2 Relacione as expressões à esquerda com os significados à direita. Compare as suas respostas com as de um/a colega.

a	Estar no vermelho	( )	Estar tudo bem
b	Receber o bilhete azul	( )	Não estar pronto/a para algo
c	Estar no azul	( )	Ter saldo bancário positivo
d	Ficar vermelho	( )	Ter saldo bancário negativo
e	Estar tudo azul	( )	Ser demitido/a
f	Estar verde	( )	Ruborizar-se

3 Complete usando uma das cores do quadro.

amarelo	azul	branco	cor-de-rosa	roxo	verde

a A Marta foi promovida e ganhou um aumento. O Paulo ficou _____ de inveja!

b Ele teve que fazer um esforço para lhe dar os parabéns com um sorriso _____.

c Dava para ver que ele estava _____ de raiva!

d Acho que ela nem notou. Ela vê a vida _____!

e Tenho certeza que agora o Paulo vai passar noites em _____ pensando nisso.

f Ele precisa ter cuidado, senão vai acabar levando o bilhete _____.

4 Em duplas, preparem um relato associado a uma das situações profissionais listadas usando as expressões do quadro. Pesquisem as expressões que não conhecem. Apresentem o seu relato para a turma.

▶ Dar/Ter carta branca	▶ Estender o tapete vermelho
▶ Dar um sorriso amarelo	▶ Levar o bilhete azul
▶ Estar no vermelho	▶ Ser verde
▶ Estar tudo azul	▶ Ter sangue azul

Situações:

▶ À procura de emprego

▶ Um/a chefe misterioso/a

▶ Um/a profissional difícil de se encontrar

▶ Uma profissão do futuro

▶ Um pedido de promoção

VOCÊ SABIA?

Algumas expressões usando **branco/a**, **preto/a** e **negro/a** podem ser racistas. Assim sendo, é bom evitar essas expressões a menos que se tenha certeza que não remetem a ideias preconceituosas.

5 Em pequenos grupos, discutam: há expressões com cores na(s) sua(s) língua(s) nativa(s)? A que se referem as expressões? Há expressões com cores que devem ser evitadas? Por quê (não)?

Vocabulário frequentemente usado

1 Na sua opinião, quais nomes de cores do quadro estão entre as mil palavras mais frequentes? Compare as suas ideias com as de um/a colega e responda.

| amarelo | bege | branco | castanho | cinza | marrom | preto | turquesa | verde |
| vermelho | vinho | violeta | | | | | | |

a Quais cores foram escolhidas por ambos/as?

b Por que vocês as escolheram?

2 Em duplas, observem a frequência de algumas cores no seguinte quadro e respondam oralmente: de que forma as informações do quadro se relacionam com as suas ideias na atividade 1?

Cor	*Ordem de frequência*
branco	250
negro	447
preto	713
vermelho	819
amarelo	947
azul	1215
prata	2482
laranja	2638
rosa	2792
dourado	2822
roxo	4476

Referência: Davies, Mark e Preto-Bay, Ana Maria Raposo (2008). *A frequency dictionary of Portuguese*. Nova York/Londres: Routledge.

CORPUS

De acordo com *A frequency dictionary of Portuguese* (de Mark Davies e Ana Maria Raposo Preto-Bay, 2008), sentidos mais básicos das cores, como "preto" ou "branco", bem como as cores primárias, são mais frequentes nas línguas ao redor do mundo do que cores secundárias.

3   Selecione duas cores e faça uma pesquisa na internet sobre elas. Investigue: que nomes de cores são usados mais frequentemente? Essas palavras são mais frequentemente usadas de forma literal ou em expressões idiomáticas?

Descobrindo a gramática

Presente do subjuntivo: alguns usos

Mais informações na seção Referência Gramatical

1   Ouça novamente o boletim de rádio (seção *Escutando*) e em cada trecho a seguir selecione a forma utilizada pelos locutores.

► "A situação está controlada, mas é possível que (acha)(haja) pequenos focos de incêndio."

► "O presidente brasileiro deseja que o país (exporta)(exporte) produtos agrícolas diferentes."

► "Embora o Brasil (venda)(vende) commodities como soja, milho e algodão, o presidente quer incentivar a exportação de outras safras [. . .]."

► " [. . .] a confederação de futebol continua procurando um técnico que [. . .] (agrada) (agrade) à torcida e ao próprio time."

2   Respondam oralmente em duplas: vocês conhecem o tempo e modo verbal utilizado nas respostas da atividade 1? Se sim, o que sabem sobre o assunto?

> ## VOCÊ SABIA?
>
> O **modo verbal** indica a avaliação do/a falante a respeito da situação, que pode ser considerada real, irreal, possível ou necessária. O modo **indicativo** reflete uma situação considerada real (p. ex., "Ela tem muitas ofertas de emprego"). Já o modo **subjuntivo (B)/conjuntivo (P)** normalmente indica uma situação considerada incerta (p. ex., "Eu duvido que ela tenha muitas ofertas de emprego") ou ainda não ocorrida (p. ex., "Espero que ela tenha muitas ofertas de emprego").

3   Leia e repare o uso dos verbos destacados. Em seguida, escreva os verbos que ilustram o presente do subjuntivo na primeira pessoa do singular (eu).

> Eu estou desempregado, e é importante que eu **encontre** algo em breve. Eu sei que, no mercado de trabalho atual, é essencial que o profissional **tenha** várias competências, e eu acho que sou bem qualificado. A minha esposa espera que eu **consiga** um emprego logo, antes que as nossas dívidas **aumentem** ainda mais. Mas ela duvida que eu **receba** um salário tão bom como o anterior.

   a   Verbo(s) de 1ª conjugação _____

   b   Verbo(s) de 2ª conjugação _____

   c   Verbo(s) de 3ª conjugação _____

4   Escreva o infinitivo de cada um dos verbos nas respostas da atividade 3. Ao lado do infinitivo, escreva a 1ª pessoa do presente do indicativo desses verbos.

Infinitivo	*1ª pessoa do presente do indicativo*
1ª conjugação: _____	
2ª conjugação: _____	
3ª conjugação: _____	

5   Com base nas respostas das atividades 3 e 4, complete o quadro sobre a formação do presente do subjuntivo.

	O presente do subjuntivo é formado a partir da 1ª pessoa do singular do presente do indicativo.	
	Terminação no presente do indicativo	Terminação no presente do subjuntivo
1ª conjugação	-o	_____
2ª conjugação	_____	_____
3ª conjugação	_____	_____

6   Leia novamente os verbos destacados na atividade 3. Leia e repare também os verbos destacados a seguir. Depois, faça o que se pede.

A nossa empresa é nova e precisa de profissionais que **tenham** habilidades diferentes. Nós procuramos pessoas que **gostem** de desafios e **desejem** crescer junto com a empresa. Preferimos que os nossos funcionários **trabalhem** exclusivamente conosco.

Para conseguir um emprego, é fundamental que o candidato **tenha** boa preparação e se **saia** bem na entrevista. Desde que a pessoa se **prepare** bem, não vai haver surpresas. Mesmo que **encontre** uma pergunta inesperada, o candidato bem preparado pode responder de maneira satisfatória. Na entrevista, é preciso que a pessoa **sorria** e não **demonstre** nervosismo excessivo.

a   Complete o quadro com base nas suas observações dos verbos e também nas suas conclusões na atividade 5. Se necessário, consulte a Referência Gramatical.

Presente do subjuntivo: verbos regulares			
	encontrar	**receber**	**conseguir**
eu	_____	_____	_____
tu	encontr**es**	_____	_____
você, ele/ela	_____	_____	_____
nós	encontr**emos**	receb**amos**	consig**amos**
vocês, eles/elas	_____	_____	_____

b   Responda: os exemplos do verbo **ter** no presente do subjuntivo seguem ou não seguem a conjugação regular?

VOCÊ SABIA?

Há apenas sete verbos irregulares no presente do subjuntivo. São eles: **dar, estar, haver, ir, querer, saber, ser**. Há mais sobre o assunto mais adiante nesta unidade.

7   Complete o quadro usando elementos encontrados nos exemplos das atividades 1 e 6.

Usa-se o presente do subjuntivo* depois de:		
Certas expressões impessoais	Exemplos: convém que é bom que _____	+ subjuntivo
Algumas conjunções	Exemplos: caso desde que _____	
Verbos de desejo, dúvida, sentimento	Exemplos: _____ duvidar que esperar que	
Orações relativas (expressando situação ainda não ocorrida)	verbo no presente do indicativo + antecedente indefinido + **que** Exemplos: Preciso de um profissional que . . . _____	

* Na Unidade 8 há informações sobre outras situações em que se usa o presente do subjuntivo.

8   Complete os anúncios com os verbos do quadro na forma apropriada.

atender	morar	possuir	precisar	pretender

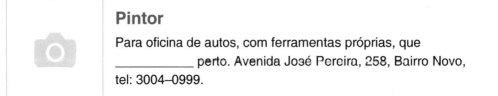

Pintor

Para oficina de autos, com ferramentas próprias, que _____ perto. Avenida José Pereira, 258, Bairro Novo, tel: 3004–0999.

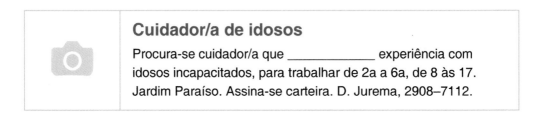

Cuidador/a de idosos

Procura-se cuidador/a que _____ experiência com idosos incapacitados, para trabalhar de 2a a 6a, de 8 às 17. Jardim Paraíso. Assina-se carteira. D. Jurema, 2908–7112.

Massoterapeuta

Massoterapeutas com materiais próprios que _____ os clientes em casa, Zona Oeste. Três vagas. Enviar currículo e-mail: joaosilva@servicosemcasa.com.br.

Advogada

Especialista em aposentadoria, auxílio doença, benefícios suspensos ou indeferidos, pensões que _____ de revisões. Pagamento após vitória. Dra. Marlene Quirino. Av. Santo Expedito, 51, sala 302. 4098–5231.

Professor de línguas

Espanhol, francês e inglês. Vou à sua casa. Alunos que _____ desenvolver conversação, pronúncia e gramática. Tel: 99033–0101.

9   Complete as frases usando os elementos do quadro de forma apropriada.

encontrar emprego	tirar férias	pagar em dia
receber o bilhete azul	conversar com a chefe	cumprir as metas
priorizar o projeto	receber um bônus	

a   Duvido que a minha colega _____.

b   Espero que o meu chefe _____.

c   Lamentamos que a gerente _____.

d   A diretora exige que nós _____.

e   O chefe pede que todos _____.

f   Os meus colegas querem que eu _____.

g   Os funcionários desejam que a empresa _____.

10 Leia o cartaz e sublinhe os verbos que estão no subjuntivo. Depois, numere as frases em ordem de prioridade de acordo com a sua opinião. Finalmente, converse com um/a colega: as prioridades são idênticas? Se não, em que diferem?

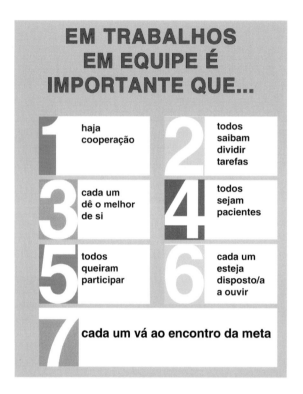

11 Usando os exemplos na atividade 10 e o infinitivo desses verbos, complete o quadro com as formas irregulares do presente do subjuntivo.

							haver
eu	seja	esteja	saiba	queira	vá	dê	X
tu	sejas		saibas				X
você, cle/cla							(impessoal)
nós	sejamos				vamos		X
vocês, eles/elas		estejam			vão	deem	X

12 Complete as legendas das placas relativas à segurança no trabalho usando o presente do subjuntivo, inclusive verbos irregulares. Consulte a seção Referência Gramatical se necessário.

a

É importante que . . .   É necessário que . . .

b

É bom que . . .

c

É preciso que . . .

d

Convém que . . .

13 Leia e repare os usos do presente do subjuntivo nos seguintes comentários sobre como conseguir sucesso profissional. Em seguida, relacione os trechos (à esquerda) com as ideias que indicam (à direita).

Caso já saiba o que quer, você deve traçar metas concretas.

Devemos agarrar as oportunidades antes que elas desapareçam!

É importante gostar da profissão, mesmo que o salário não seja o mais alto.

Para que você alcance as metas é preciso traçar um caminho.

a	"Caso já saiba o que quer [. . .]."	( ) concessão (isto é, uma ideia que pode contrariar a ideia principal)
b	"Para que você alcance as metas [. . .]."	( ) condição
c	"[. . .] mesmo que o salário não seja o mais alto."	( ) finalidade
d	"[. . .] antes que elas desapareçam!"	( ) tempo

14 Complete o Quadro A com algumas informações pessoais. Depois, em grupos, compartilhem as suas respostas. Os/As colegas vão ouvir e dar conselhos e/ou opiniões sobre atividades profissionais relevantes para você usando o vocabulário do Quadro B.

Quadro A

O que gosto de fazer	
O que sei fazer bem	
Onde gosto de passar os meus dias	
O que tenho facilidade de aprender	
O que acho difícil	
O que me interessa	
O que não me interessa	

Quadro B

Verbos que indicam sentimento, desejo, dúvida etc. + **que**	Expressões impessoais ("é provável que", "é bom que", "é possível que" etc.)	Conjunções ou locuções concessivas (p. ex., "mesmo que", "se bem que"); condicionais (p. ex., "a menos que", "caso"); finais (p. ex., "para que", "a fim de que"); temporais (p. ex., "antes que", "até que")	Pronome relativo **que** (p. ex., "Você deve procurar um emprego/uma empresa que . . .")

Para mais atividades sobre o presente do subjuntivo, vá a www.routledge.com/cw/santos.

Nas entrelinhas

Preparando-se para ler

1 Respondam em duplas: como vocês definem o conceito de deficiência? Ele envolve apenas fatores físicos e/ou mentais ou outros fatores também? Anotem as suas respostas.

2 Leia a definição de deficiência proposta pela Organização Mundial de Saúde. Compare-a com as suas respostas na atividade anterior.

Deficiência e participação social

Deficiência é um termo geral que abrange impedimentos físicos, limitações de atividades e restrições de participação. Os **impedimentos físicos** são problemas que afetam uma estrutura ou função corporal; as **limitações de atividade** são dificuldades para executar uma ação ou uma tarefa; as **restrições de participação** são problemas que uma pessoa enfrenta para tomar parte em situações cotidianas. A deficiência não é apenas um problema de saúde. É um fenômeno complexo, que reflete a **interação entre características do corpo de uma pessoa e características da sociedade em que vive.** Superar as dificuldades enfrentadas por portadores de deficiências requer intervenção ou remoção de barreiras sociais e ambientais.

Referência: "Disabilities", www.who.int/topics/disabilities/en/. Data de acesso: 20/2/2018.

3   Leia as seguintes informações sobre pessoas deficientes no Brasil. Reflita: Qual informação chama mais a sua atenção? Por quê?

Pessoas com deficiência no Brasil (em milhões)

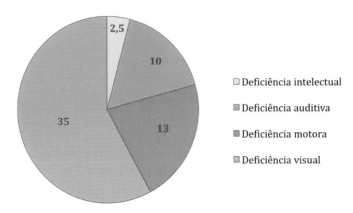

☐ Deficiência intelectual

☐ Deficiência auditiva

☐ Deficiência motora

☐ Deficiência visual

Referência: "Deficientes no Brasil", https://goo.gl/T7Dqym. Data de acesso: 23/2/2018.

VOCÊ SABIA?

A terminologia apropriada relativa a deficiências inclui "pessoas com deficiência" (auditiva, motora etc.). Deve-se evitar o termo "deficiente" como substantivo. Outras palavras ainda menos aceitáveis incluem "ceguinho/a", "aleijado/a", "manco/a", "doente mental", "retardado/a", entre outras.

4   Em conjunto com a turma, discutam e justifiquem as suas respostas.

a   Quais são os pontos principais da definição apresentada na atividade 2?

b   Quais são os pontos principais do gráfico apresentado na atividade 3?

c   Há semelhanças na forma de apresentação dos pontos principais na definição e no gráfico? Há diferenças?

d   Há situações em que o uso de gráficos é mais ou é menos apropriado para apresentação de informações? A que elementos um/a leitor/a deve prestar atenção ao ler gráficos?

Lendo

1   Relacione os seguintes gráficos às descrições apresentadas.

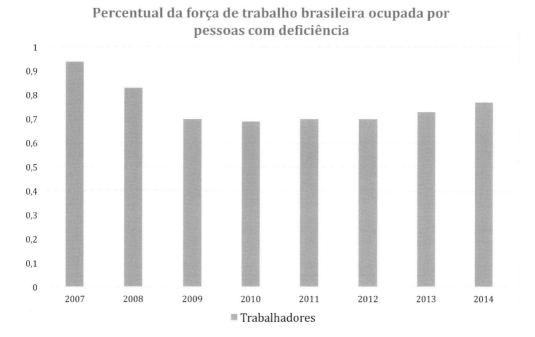

Percentual da força de trabalho brasileira ocupada por pessoas com deficiência

Gráfico 1

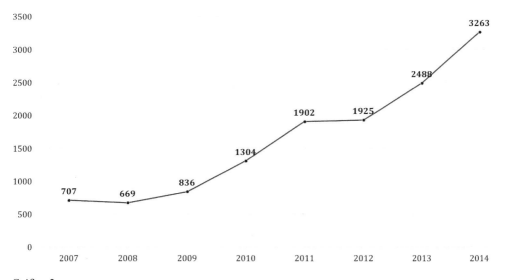

Número de empresas brasileiras multadas pela Lei de Cotas

Gráfico 2

**Empresas que contratam pessoas com deficiência
(em %)**

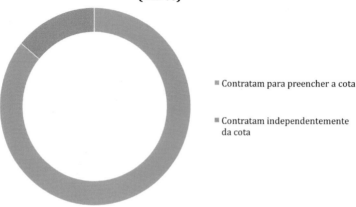

■ Contratam para preencher a cota

■ Contratam independentemente
da cota

Gráfico 3

Referência dos gráficos: "Lei destina de 2% a 5% para profissionais com limitação, mas eles só ocupam 0,77%", https://goo.gl/CDLbiv. Data de acesso: 20/2/2018.

a ( ) Gráfico de linha: contém informações em pontos ligados por uma linha, mostrando uma progressão.

b ( ) Gráfico de rosca: exibe porcentagens em um formato redondo, representando as partes de um todo (p. ex., diferentes faixas etárias em um grupo).

c ( ) Gráfico de barras: apresenta dados em barras, que podem ser comparadas. Também é possível contrapor categorias diferentes.

 Em www.routledge.com/cw/santos você encontra mais uma atividade sobre os gráficos anteriores.

VOCÊ SABIA?

Em 1991, foi criada no Brasil a Lei de Cotas, que tem por objetivo assegurar o ingresso de pessoas com deficiência no mercado de trabalho. De acordo com a lei, entre 2% e 5% das vagas de uma empresa devem ser alocadas a pessoas com deficiência que sejam habilitadas. A porcentagem varia de acordo com o tamanho da empresa: quanto mais empregados tem uma empresa, maior a porcentagem de pessoas com deficiência que devem ser contratadas. No entanto, até 2016, muitas empresas ainda não cumpriam a lei, alegando não ter vagas adequadas para trabalhadores com deficiências.

Referência: "Lei de cotas para pessoas com deficiência completa 25 anos", https://goo.gl/ci2yys. Data de acesso: 20/2/2018.

2   Qual é a ideia principal de cada um dos gráficos da atividade 1?

ESTRATÉGIA: IDENTIFICANDO PONTOS PRINCIPAIS

A identificação dos pontos principais de um texto está relacionada à modalidade textual. Em textos predominantemente verbais (isto é, que têm pouco ou nenhum uso de linguagem visual) alguns recursos podem apontar as ideias principais, por exemplo: títulos, manchetes em notícias de jornais, tópicos frasais (tipicamente, a primeira frase de um parágrafo), repetições. Recursos tipográficos como negrito, itálico ou sublinhado também podem ser utilizados. Em textos predominantemente visuais como gráficos, a ideia principal pode ser inferida a partir da identificação das categorias representadas, da leitura do título e do entendimento de situações ou tendências (áreas maiores ou menores, curvas de aumento ou queda, entre outros).

3   Leia as afirmativas e especifique se cada uma é verdadeira (V), falsa (F) ou se contém informação que não foi dita (ND) nos gráficos da atividade 1.

a   (   ) A maioria das pessoas deficientes no Brasil não trabalha.

b   (   ) A partir de 2007 percebe-se uma curva de aumento no número de empregadores multados por não cumprir a Lei da Cota.

c   (   ) Entre 2012 e 2014 o percentual de trabalhadores com deficiência no Brasil diminuiu.

d   (   ) Havia mais pessoas com deficiências no Brasil em 2008 do que em 2014.

e   (   ) Mais da metade dos empregadores no Brasil só contrata pessoas com deficiência porque são obrigados a cumprir a cota.

4   Leia o gráfico a seguir e escolha a opção que completa cada afirmativa.

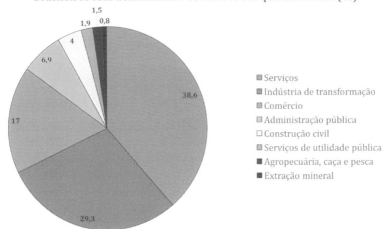

Brasileiros com deficiências e os setores em que trabalham (%)

- Serviços
- Indústria de transformação
- Comércio
- Administração pública
- Construção civil
- Serviços de utilidade pública
- Agropecuária, caça e pesca
- Extração mineral

Referência: "O trabalho de quem tem deficiência", http://transite.fafich.ufmg.br/o-trabalho-de-quem-tem-deficiencia/. Data de acesso: 20/2/2018.

a   O gráfico mostra:

(   ) quantas pessoas com deficiência trabalham no Brasil.
(   ) as áreas em que pessoas com deficiência trabalham no Brasil.
(   ) as funções desempenhadas pelas pessoas com deficiência no Brasil.

b   De acordo com o gráfico, mais da metade das pessoas com deficiência:

(   ) não trabalha e depende de assistência social.
(   ) exerce funções limitadas nos setores de serviços e indústria de transformação.
(   ) está empregada em prestação de serviços e na indústria de transformação.

c   O setor de serviços de utilidade pública emprega:

(   ) 1.900 pessoas com deficiência.
(   ) 1,9% das pessoas com deficiência que trabalham.
(   ) em média 1,9 pessoas por empresa.

d   A partir do gráfico, entende-se que:

(   ) o setor de extração mineral emprega o menor percentual de pessoas com deficiência no Brasil.
(   ) várias pessoas com deficiência trabalham na construção civil e outras tantas trabalham no comércio.
(   ) umas 200 mil pessoas com deficiência trabalham em serviços de utilidade pública.

VOCÊ SABIA?

A linguagem vaga é usada quando um/a falante não quer ou não pode dar informações exatas. Em português, a linguagem vaga inclui termos como **umas coisas** ("Tem umas coisas que você precisa completar no relatório"), **e tal** ("A reunião acabou às 8 e tal"), **há pouco/ muito tempo** ("Nós recebemos essa ordem há pouco tempo"), **uns/umas** ("A empresa tem uns funcionários especializados"), entre outros. Embora a linguagem vaga possa ocorrer em contextos escritos, os termos utilizados seriam outros, como por exemplo, **vários/as**, **cerca de** e etc. Em geral, no entanto, quanto mais formal é a situação, mais exata é a linguagem utilizada.

5   Leia o currículo a seguir e faça o que se pede.

SAULO OLIVEIRA

Rua Santa Helena, 45, apt. 401 – Bagé – RS – 96418
Tel: (53) 99999–9999; (53) 3999–9999

Objetivo

Experiência

Farmácias Alves Jardim

06/2013-atual

Atender os clientes; avaliar receitas médicas; comprar alguns produtos e medicamentos; supervisionar equipe com cerca de 30 funcionários; etc.

Laboratório São João

03/2012–06/2013

Assistir farmacêutico responsável; ensinar procedimentos a estagiários; realizar análises clínicas; etc.

Faculdade Gaúcha

03/2011–12/2011

Lecionar química; preparar testes; responder a várias solicitações; etc.

Formação Acadêmica

Faculdade Gaúcha – 2011 – Bacharel em Farmácia e Bioquímica

Formação Complementar

► Procedimentos em Fabricação e Dispensação – Associação Farmacêutica – 07/2011

► Legislação Química – Faculdades Integradas São José – 03/2010–06/2010

Línguas

Inglês (comunicação oral e escrita); Espanhol (comunicação oral)

---

a   Responda: qual opção pode completar o objetivo do currículo?

( ) Atentar para o crescimento de uma empresa farmacêutica

( ) Atuar como farmacêutico responsável

( ) Avaliar os novos desafios em uma farmácia

b   Identifique no currículo os exemplos de linguagem vaga e sugira revisões, melhorando o texto.

c   Responda: quais são os pontos principais do currículo? Como você sabe?

6   Leia algumas dicas sobre o que incluir e o que não incluir em um currículo. Em seguida, converse sobre essas dicas com a turma e estabeleça comparações sobre o que deve constar em um currículo em países diferentes.

Inclua no currículo	Não inclua no currículo
▶ Nome, endereço e idade	▶ A data de nascimento; os nomes dos pais
▶ Número de telefone	▶ Números de identificação pessoal
▶ E-mail próximo ao formato "nome@email"	▶ E-mail que não pareça profissional
▶ Objetivo específico (p. ex., o cargo a ser exercido)	▶ Link de mídia social
▶ Empresas onde atuou e datas de entrada e saída	▶ Objetivo vago (p. ex., atuar em uma empresa de sucesso)
▶ Formação acadêmica, instituição de ensino e datas	▶ Datas fora de ordem
▶ Idiomas e formação complementar relacionada ao objetivo	▶ Nome incorreto de um curso ou instituição de ensino
	▶ Idioma de nível básico e cursos não relacionados ao objetivo

Refletindo sobre a leitura

1   Com base nas conclusões tiradas nas seções *Preparando-se para ler* e *Lendo*, discuta com seus/suas colegas.

a   O que é importante observar ao se procurar identificar os pontos principais de um gráfico? E de um currículo?

b   Que ideias podem ser apresentadas visualmente em um gráfico? Que ideias podem ser apresentadas por escrito?

c   O que pode ser apresentado visualmente em um currículo a fim de tornar a sua comunicação mais eficiente?

B G Palavras etc.

Vocabulário relativo ao mundo do trabalho

1 Usando as letras do quadro, escreva os nomes dos locais de trabalho nas fotos. Cada letra deve ocupar um dos quadrados em branco. Depois, marque com um X os locais que são mencionados no currículo da seção *Lendo*.

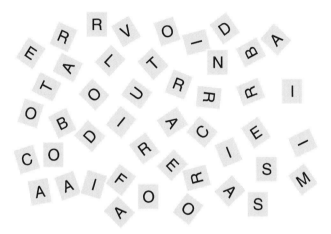

a ( )

b   (   )

c   (   )

d   (   )

e ( )

2   Liste pelo menos duas profissões que podem ser associadas a cada um dos locais de trabalho

apresentados no quadro.

Local de trabalho	Profissão
hospital	
restaurante	
loja	
universidade	
escritório	
obra	
jornal	
tribunal	
farmácia	

3   Leia as descrições a seguir e adivinhe a que profissão cada comentário se refere.

> O que não pode faltar no meu local de trabalho é uma poltrona reclinável
> com altura ajustável e aparelhos próprios para a minha profissão. As
> pessoas que vêm me procurar geralmente se sentam nessa poltrona e
> passam o tempo todo com a boca aberta. Fico com pena delas.

> Trabalho com pranchetas, onde faço desenhos de casas, prédios, interiores, jardins...

> Geralmente trabalho com madeiras e tábuas, que eu corto em diferentes tamanhos e monto como um grande quebra-cabeça para fazer armários, cadeiras, mesas etc.

> A sala onde trabalho é espaçosa e está sempre cheia de jovens da mesma idade. Cada grupo de jovens fica em geral uma hora e meia comigo. Eles prestam atenção no que eu explico, fazem anotações no caderno, quando têm dúvidas discutem em grupos. Na sala onde trabalho há uma televisão, um computador, um projetor, um quadro branco e muitas mesas e cadeiras.

4   Usando como base as descrições apresentadas na atividade 3, descreva o trabalho de um profissional. Os/As seus/suas colegas vão ter que adivinhar de quem você está falando!

5   Faça uma pesquisa a respeito das profissões mais procuradas no presente e há 50 anos. Pesquise também quais seriam as profissões do futuro. Faça um relato dessas profissões para a turma e troque opiniões com seus/suas colegas: serão realmente essas a profissões do futuro? Como se comparam com as profissões do presente e do passado?

 Em www.routledge.com/cw/santos você encontra mais atividades sobre vocabulário do mundo do trabalho.

Vocabulário relativo a diversidade e inclusão

1   Em duplas, anotem algumas dificuldades encontradas na participação em atividades profissionais por pessoas com as deficiências listadas. Usem o vocabulário do quadro como referência.

conseguir	interagir	perceber	reconhecer	ter acesso a

Pessoas com deficiência . . .	Possíveis dificuldades
auditiva	
intelectual	
motora e/ou de locomoção	
sociocognitiva (p. ex., autismo)	
visual	

2   Complete o quadro. Se necessário, consulte um dicionário.

Verbos	*Substantivos*
aceitar	
acessar	
	discriminação
excluir	
	inclusão

3   Em grupos, discutam soluções para as potenciais dificuldades listadas na atividade 1. Usem o vocabulário da atividade 2 na sua discussão.

4   Relacione o vocabulário à esquerda com a sua definição à direita. Em seguida, em grupos, discuta: de que forma este vocabulário pode ser usado para fazer inferências sobre a imagem a seguir?

VOCÊ SABIA?

Uma inferência é uma conclusão ou uma dedução a que se chega a partir de alguma evidência ou experiência. As inferências seguem uma lógica de raciocínio, mas a lógica seguida não garante que a inferência seja verdadeira: pode haver inferências falsas. Ao falarmos de profissões, por exemplo, podemos dizer que todos os funcionários de uma empresa têm uma função. No entanto, a inferência que todas as funções na empresa são exercidas por funcionários pode ser falsa, já que algumas funções podem ser exercidas por máquinas ou mesmo por pessoas que não são funcionárias da empresa.

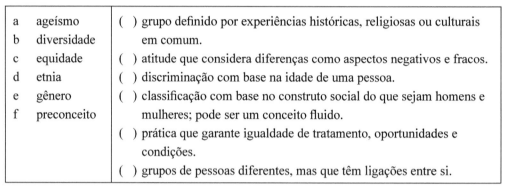

a	ageísmo	( ) grupo definido por experiências históricas, religiosas ou culturais em comum.
b	diversidade	
c	equidade	( ) atitude que considera diferenças como aspectos negativos e fracos.
d	etnia	( ) discriminação com base na idade de uma pessoa.
e	gênero	( ) classificação com base no construto social do que sejam homens e mulheres; pode ser um conceito fluido.
f	preconceito	
		( ) prática que garante igualdade de tratamento, oportunidades e condições.
		( ) grupos de pessoas diferentes, mas que têm ligações entre si.

5   Observe a imagem da atividade 4 novamente, com atenção especial a uma das pessoas retratadas. Em seguida, faça o que se pede.

a   Faça algumas inferências sobre a cena e sobre a pessoa que escolheu. Tome notas das suas ideias.

▶ Onde as pessoas devem estar?

▶ Sobre o que elas devem estar falando?

▶ O que a pessoa que você escolheu deve estar dizendo? Em que deve estar pensando? Como ela deve estar se sentindo?

VOCÊ SABIA?

O presente do subjuntivo pode ser útil para fazer inferências, já que o subjuntivo é o modo usado para expressar incerteza e dúvida. Podemos dizer, por exemplo, "É possível que as pessoas estejam em . . ."; "É provável que elas estejam conversando sobre . . ."; "Talvez ele/a se sinta . . .".

b   Em grupos, troquem ideias sobre as suas inferências. Usem o vocabulário das atividades 2 e 4. Usem também as formas apresentadas a seguir.

Talvez ele/a [seja/esteja] . . .
Eu acho que ele/a [é/está] . . .
Não sei, mas acho que . . .
Não tenho certeza, mas imagino que . . .
Hmm . . . Ele/a deve . . .
Deixa eu ver . . . Ele/a pode . . .

Porque . . .
Digo isso porque . . .
Repare que . . .

VOCÊ SABIA?

A construção "Deixa eu [verbo no infinitivo]" é amplamente utilizada em português brasileiro, embora seja ainda rejeitada pelos que seguem a gramática tradicional. Segundo a gramática tradicional, a construção deveria ser "Deixe-me [verbo no infinitivo]", já que teríamos um complemento direto do verbo **deixar**. No entanto, em PB esse complemento foi reinterpretado como sujeito do verbo seguinte, resultando em "Deixa eu ver", "Deixa eles irem" etc.

Palavras e expressões vagas

1   Em duplas, revejam as expressões e palavras vagas no currículo da seção *Lendo*, bem como as retificações sugeridas (atividade 5).

2   Leia o diálogo e sublinhe as palavras e expressões vagas. Em seguida, escreva as partes que sublinhou para ilustrar cada uma das funções de linguagem vaga.

– André, você já viu a lista de procedimentos que saiu ontem?
– Ainda não, Cinara. Você viu?
– Vi, sim. Tem um monte de regras novas.
– Ih . . . Quanto tempo a gente tem pra aprender isso tudo?
– Não sei direito, a gente tem que perguntar pro gerente. Acho que uns dois meses.
– Você já conversou com o gerente? Ele é meio caladão . . .
– Só um pouco. Ele estava reclamando de ter que explicar regra e não sei que mais.
– Mudando de assunto, você vai sair com a gente hoje? Estamos combinando de encontrar naquele bar do mês passado, aquele que tem mesa do lado de fora e tal.
– Vou, sim. Que horas vocês marcaram?
– Lá pelas sete.

293

Função	Exemplo(s)
Aproximação de tempo	uns (dois meses)
Aproximação a quantidade	
Abreviação do que se fala	e tal
Descrição vaga	

3 Reaja a cada um dos comentários abaixo usando linguagem vaga. Marque todas as alternativas possíveis.

a Essa reunião não termina.

( ) É, vamos ficar aqui até umas sete horas.
( ) É, vamos ficar aqui até sete horas em ponto.
( ) É, vamos ficar aqui até sete e tal.

b Contrataram um diretor de marketing.

( ) Ele é meio antipático.
( ) Ele é um pouco esquisito.
( ) Ele é sobrinho do meu padrasto.

c Ainda falta muito para a obra terminar.

( ) E depois tem um monte de inspeções.
( ) E depois tem inspeção e não sei que mais.
( ) E depois tem a inspeção dos bombeiros e da acessibilidade.

d Eu não sei quantas pastas a chefe vai querer.

( ) Umas quarenta e cinco.
( ) Vinte do ano passado e vinte e cinco deste ano.
( ) Mais ou menos quarenta e cinco.

Descobrindo a gramática

Regência verbal

Mais informações na seção Referência Gramatical

1   Leia e repare os verbos e os seus complementos a seguir. Em seguida, complete as descrições escolhendo uma das opções dadas nos parênteses. Use as linhas para dar exemplos das descrições.

> ► "[. . .] avaliar receitas médicas [. . .]"
> ► "[. . .] responder a várias solicitações [. . .]"
> ► "[. . .] ensinar procedimentos a estagiários [. . .]"

a   (Um dos três/Dois dos três/Os três) verbos (é ligado/são ligados) diretamente ao complemento. _____

b   (Um dos três/Dois dos três/Os três) verbos (é ligado/são ligados) indiretamente ao complemento, isto é, há uma preposição entre o verbo e o complemento. _____

c   (Um dos três/Dois dos três/Os três) verbos (tem/têm) um complemento ligado diretamente e outro complemento ligado indiretamente. _____

VOCÊ SABIA?

► Os verbos podem requerer complementos ou não. Os verbos que requerem complementos são chamados **transitivos**; os que não requerem complementos são conhecidos como **intransitivos**. Alguns verbos podem ser transitivos ou intransitivos, dependendo do contexto. Em "Eu estudei química", temos um verbo transitivo (O que eu estudei? Química). No entanto, em "Eu estou estudando (agora)", temos um verbo intransitivo, já que não precisa de complemento.

► Um verbo transitivo direto tem um complemento que aparece diretamente, sem preposição (p. ex., "Eu compro medicamentos"). Um verbo transitivo indireto é acompanhado indiretamente de um complemento, já que uma preposição faz o papel de "ponte" entre o verbo e o seu complemento (p. ex., "Nós obedecemos às normas de dispensação de medicamentos"). Um verbo transitivo direto e indireto tem os dois tipos de complemento, um direto e um indireto: "Eu emprestei o livro de química ao meu colega".

► O sentido de um verbo pode variar de acordo com a transitividade (ou **regência verbal**). A regência do verbo **precisar**, por exemplo, afeta o seu significado. Como verbo transitivo indireto, **precisar** significa "necessitar": "Precisamos desses medicamentos". Sendo transitivo direto, o sentido é "especificar": "O farmacêutico precisou a dosagem".

2   A seguir estão alguns verbos que podem ser incluídos em currículos e/ou em cartas de apresentação. Preencha o quadro com exemplos usando cada um dos verbos. Em seguida, especifique se o verbo é TD (transitivo direto: ligado diretamente ao complemento), TI (transitivo indireto: há uma preposição entre o verbo e o complemento) ou TDI (transitivo direto e indireto: há dois complementos).

Verbo	Exemplo	TD, TI ou TDI?
aconselhar		
analisar		
corrigir		
ensinar		
instituir		
obedecer	Obedecia às regras de segurança	TI
responder		

3   Leia e repare os trechos do currículo da seção *Lendo*. Depois, complete o quadro.

> ▶ "Atender os clientes"
>
> ▶ "Assistir farmacêutico responsável"

	Significado	TD, TI ou TDI?
atender		
assistir		

4   Em duplas, façam o que se pede.

a   Comparem as suas respostas na atividade 3, justificando-as.

b   Leiam e analisem estes exemplos com os verbos **atender** e **assistir**, respondendo:

> O diretor não atendeu ao pedido dos subordinados.
>
> Os funcionários assistiram à palestra sobre segurança no trabalho.

> ▶ Qual é o sentido de **atender**? O verbo é transitivo direto, transitivo indireto, ou transitivo direto e indireto?
>
> ▶ Qual o sentido de **assistir**? O verbo é transitivo direto, transitivo indireto, ou transitivo direto e indireto?

c   Respondam: a que conclusões vocês podem chegar sobre os verbos **atender** e **assistir** a partir da análise dos exemplos nesta atividade e na atividade 3?

VOCÊ SABIA?

► Alguns verbos podem ser complementados por substantivos ou por verbos no infinitivo. É o caso, por exemplo, dos verbos **saber** ("Eu sei química"; "Eu sei analisar produtos químicos") e **evitar** ("Ele evita o chefe"; "Ele evita falar com o chefe").

► Alguns desses verbos são sempre seguidos de preposição quando usados com o infinitivo: "Quando você começou a trabalhar na farmácia?"; "Eu acabei de compor o memorando".

5 Relacione as colunas para completar as frases.

a	Nós começamos	( ) em contratar pessoal inexperiente.
b	Eles se esqueceram	( ) a preparar a apresentação.
c	A supervisora decidiu	( ) para sair mais cedo hoje.
d	A Selma pediu	( ) convocar uma reunião.
e	Ele insiste	( ) de entregar a proposta.

 Em www.routledge.com/cw/santos você encontra mais atividades sobre regência verbal.

Tomando a palavra

Como se diz?

1 Você vai ouvir um áudio sobre a cena ilustrada a seguir. Em duplas, responda oralmente.

a   O que vocês acham que está acontecendo na cena? Justifiquem as suas respostas.

b   Quais das seguintes palavras vocês esperam ouvir no áudio? Por quê?

trabalhei	saudade	oito	saiu	quatro	auto	falei	meu	vai	mais
respondeu	igual	águas	mau	fui	constrói	restaurante			

2   Ouça e verifique as suas previsões na atividade 1b.

3   Leia a seguir um trecho da entrevista e repare as partes destacadas. De que forma essas partes se assemelham a partes das palavras da atividade 1b?

"Aí, quando **eu fui** pra **Áu**stria, abri um rest**au**rante e incorpor**ei** tudo, **cui**dando pra ser **au**têntico e inovador **ao** mesmo tempo".

SONS DO PORTUGUÊS

▶ Quando temos dois sons de vogais na mesma sílaba, temos um **ditongo**. É o que acontece, por exemplo, em **m<u>eu</u>** e **<u>ág</u>ua**.

▶ Os ditongos podem ser orais, como os que aparecem nas atividades 1b e 3, ou nasais, quando há nasalidade. Há informações sobre os ditongos nasais na Unidade 10.

▶ Muitas palavras contêm duas vogais seguidas que não formam ditongo, porque as vogais são pronunciadas em sílabas diferentes. É o caso de palavras como **di-ri-a**.

▶ O encontro de três sons vocálicos na mesma sílaba resulta em um tritongo, como em **qu<u>ais</u>**.

4   Sublinhe os ditongos orais no texto a seguir. Depois, leia o texto em voz alta com atenção aos ditongos sublinhados.

Antes, eram os currículos digitais. Hoje em dia diversas empresas estão realizando entrevistas por vídeo. As entrevistas virtuais ocorrem da mesma maneira que as presenciais. Os candidatos devem ter lápis ou caneta à mão para fazer anotações, devem se vestir adequadamente e devem manter limpo e organizado o ambiente que será visto pelos entrevistadores. É preciso ter cuidado para que o equipamento funcione bem na hora da entrevista. Também é importante que a entrevista não seja interrompida por nada nem por ninguém. Embora o nervosismo não baixe, as entrevistas virtuais têm a vantagem de evitar o deslocamento e, assim, poupar tempo e dinheiro tanto para as empresas quanto para os candidatos.

5   Ouça as perguntas feitas em uma entrevista de emprego. Para cada pergunta, escreva a(s) palavra(s) que contém(êm) um ditongo.

a   _____

b   _____

c   _____

d   _____

e   _____

f   _____

g   _____

h   _____

6   Em conjunto, façam um brainstorm de palavras com ditongos e registrem tal vocabulário no quadro. Depois, em duplas, façam frases oralmente usando o maior número das palavras anotadas para responder à seguinte pergunta: por que você deve ser contratado/a?

Preparando-se para falar

1   Em grupos, discutam.

a   Vocês já participaram de uma entrevista de trabalho? Se sim, como entrevistado/a ou como entrevistador/a? Deem detalhes.

b   Quais são algumas perguntas frequentes em entrevistas de emprego?

c   Como um/a entrevistado/a deve se comportar em uma entrevista de emprego? O que deve (e não deve) fazer ou dizer?

d   Vocês acham que o entrevistado na seção *Como se diz?* (faixa 25) se comportou bem? Por quê (não)?

2   Como você avalia o nível de importância das seguintes habilidades de produção oral em uma entrevista de emprego? Comente e justifique as suas respostas em duplas.

Saber . . .	Muito importante	Razoavelmente importante	Pouco ou nada importante
autocorrigir			
hesitar			
manter o turno da fala			
sinalizar quando terminou a fala			

3 Ouça a entrevista de emprego (*Como se diz?*) mais uma vez e anote as formas usadas pelo entrevistado para realizar as funções a seguir.

Fazer autocorreção	
Hesitar	
Manter o turno da fala	
Sinalizar o fim do turno da fala	

Falando

1 Em grupos, simulem uma entrevista para um emprego seguindo os passos sugeridos.

  a Individualmente, pesquise oportunidades de emprego em países lusófonos e traga alguns anúncios para a próxima aula.

  b Leia os anúncios trazidos pelos colegas.

  c Formem grupos de três alunos. Escolham um anúncio e decidam quem será o/a entrevistador/a e quem serão os/as dois/duas entrevistados/as.

  d Prepare-se individualmente para a simulação da entrevista. Durante a preparação, considere formas de fazer autocorreções e hesitações, bem como de manter e alocar o turno da fala.

ESTRATÉGIA: FAZENDO AUTOCORREÇÃO

As autocorreções são "reparos" feitos por quem fala na sua própria fala. O foco da autocorreção pode ser a pronúncia inadequada, vocabulário errado ou inapropriado, gramática incorreta, comentário irrelevante ou impreciso, entre outros. Bons/Boas falantes devem monitorar as suas falas (como que ouvindo o que falam, continuamente) e fazer autocorreções sempre que preciso.

ESTRATÉGIA: HESITANDO EM PORTUGUÊS

As hesitações remetem a alguma dificuldade encontrada ao falar, associada a uma necessidade de "ganhar tempo" para pensar o que dizer. As causas dessa necessidade podem ser falta de conhecimento ou lembrança de vocabulário ou formas gramaticais (conjugação verbal, formação de palavras ou de frases, entre outros). As hesitações ocorrem, também, em situações em que o assunto é difícil e/ou sensível e precisa-se refletir sobre o que se diz com cuidado. Diferentes línguas usam recursos particulares para expressar hesitação. Em

continua

português, usa-se **éééé** ... e formas para hesitar como **bem**, **bom**, pausas, repetições (p. ex., "mas, mas"), palavras vagas como **assim**, **tipo** (p. ex., "Ela é, assim, um pouco desorganizada") e cortes bruscos (p. ex., "Você deve, será que seria bom tentar outra alternativa?"). Muitas vezes as hesitações envolvem autocorreções, como no último exemplo.

ESTRATÉGIA: USANDO FORMAS DE MANUTENÇÃO E ALOCAÇÃO DE TURNO

Ao interagir oralmente é importante saber quando e como manter o turno da fala, isto é, garantir a continuidade sem interrupção da fala. As hesitações e formas como, por exemplo, "uma outra ideia é que", "espera um instante", "deixe-me terminar" podem sinalizar a manutenção do turno. A alocação do turno a um/a interlocutor/a pode ser feita por meio de perguntas (p. ex., "O que você acha disso tudo?") ou outros recursos linguísticos (p. ex, "Pelo menos isso é o que eu acho", "É isso") ou paralinguísticos (direcionamento do olhar, entonação e outros).

e   Conduza a simulação da entrevista de emprego no seu grupo. O restante dos alunos deve observar e tomar notas. Ao final da entrevista, o/a entrevistador/a decide qual entrevistado/a receberá a oferta de emprego. O resto da turma comenta se concorda ou não com a escolha, justificando as suas opiniões.

 Em www.routledge.com/cw/santos você encontra mais atividades sobre entrevistas de emprego.

Refletindo sobre a fala

1   Em conjunto com a turma, discuta.

a   O que vocês aprenderam nesta unidade sobre formas de hesitar, fazer autocorreção, manter e alocar o turno de fala em português?

b   O que aprenderam sobre a importância de saber hesitar, fazer autocorreção, manter e alocar o turno de fala em português?

c   O que pode ser feito para melhorar o seu conhecimento sobre os dois assuntos anteriores?

Mãos à obra

Preparando-se para escrever

1   Leia o texto a seguir e responda.

> 1. "Apreciação" ou "apreço
> "Para a sua apreciação".
> "Para o seu apreço". O
> primeiro soa melhor.

> 3. A informação
> está clara? Correta?
> Hmm . . . Acho que
> está bom.

> 2. "Tendo produzido
> campanhas". Tá bom.
> Acho que faz sentido.

Prezada Sra. Joana Schultz,

Em resposta ao anúncio publicado no site Empregos.
com.br no dia 14 de setembro deste ano, a respeito de uma
vaga no setor de Publicidade, venho apresentar a minha can-
didatura. Envio anexo o meu currículo para a sua apreciação.

Sou graduada em Publicidade e Propaganda pela
Faculdade de Comunicação Social da Universidade Lagos
Azuis. Atuo como publicitária há dois anos, tendo produzido campanhas para diversos meios de comunicação,
inclusive outdoors, televisão e redes sociais. Sem exceção,
todas as campanhas que liderei foram bem recebidas.

Acredito que as minhas qualificações se encaixam no
perfil que a sua empresa procura. Coloco-me à disposição
para uma entrevista, seja presencial ou virtual, para que eu
possa fornecer mais informações.

Atenciosamente,

Leila Cláudia Saraiva

leilaclaudiasaraiva@meuemail.com.br

Tel: 99990–0009

> 6. "Para que eu
> posso" ou "para que
> eu possa"? Acho que
> é "possa". "Para que"
> pede subjuntivo, eu
> acho.

> 4. Com "ss" ou "ç"?
> "Excessão" não está
> parecendo certo.
> Vou trocar o ss por ç.

> 5. Esta ideia está
> bem conectada com
> a anterior? Acho que
> sim.

> 7. Esta palavra é
> apropriada para
> se terminar cartas
> de apresentação?

a   Que gênero textual é apresentado?

b   Quem escreve textos como esse e para quem?

c   Qual é o objetivo do texto?

d   O que os balões que aparecem às margens do texto principal representam?

2   Relacione os pensamentos às margens da carta na atividade 1 ao tipo de monitoramento feito pela escritora ao escrever.

	Monitoramento e seu foco
( )	auditivo: percepção do que se ouve
( )	da forma: observação de normas gramaticais (acentuação gráfica, ortografia, conjugação verbal, pontuação, entre outros)
( )	de coesão: fluxo de ideias
( )	de conteúdo: o que incluir, o que excluir
( )	de convenções do gênero: o que é e não é apropriado ao gênero textual produzido
( )	de senso comum: preocupação se o texto faz sentido
( )	visual: aparência visual do que se lê

Escrevendo

1   Você vai escrever uma carta de apresentação para acompanhar o seu currículo ao se candidatar a uma vaga de emprego. Siga as etapas a seguir.

a   Escolha um anúncio de vaga de emprego para o qual você vai se candidatar.

b   Pesquise modelos de cartas de apresentação na internet e observe a sua organização e conteúdo. Com base nessa observação e no trabalho na seção *Preparando-se para escrever*, componha um esqueleto da sua carta.

c   Escreva o primeiro rascunho da sua carta. Ao escrever, registre os tipos de monitoramento que você vai fazendo. Use a ficha a seguir para tal registro.

ESTRATÉGIA: MONITORANDO A ESCRITA

Como na escuta, o monitoramento é importante na escrita. Há diversos focos no monitoramento, como visto na seção *Preparando-se para escrever*, e pode haver monitoramento durante ou após a escrita. Além de monitorar a sua escrita, escritores/as bem-sucedidos/as sabem identificar as suas áreas de dificuldade e monitorá-las com mais atenção.

d   Releia o seu rascunho e faça as modificações que julgar necessárias.

e   Peça a um/a ou mais colegas para ler o seu rascunho, dando sugestões para melhorar a sua carta.

f   Escreva a versão final da sua carta de apresentação e pendure-a no mural da sala para a leitura de toda a turma.

Refletindo sobre a escrita

1   Em grupos, respondam.

a   Vocês já escreveram cartas de apresentação para acompanhar currículos ou para outras finalidades (por exemplo, candidatar-se para uma vaga em um curso)? Deem detalhes.

b   Que diferenças e semelhanças vocês apontariam entre cartas de apresentação em situações de trabalho ou de cursos? E em cartas de apresentação em português ou na(s) sua(s) língua(s) materna(s)?

c   Que tipo de monitoramento você costuma fazer ao escrever? Que tipo de monitoramento você acha que precisa fazer mais frequentemente a fim de melhorar a sua escrita?

Diálogos multiculturais

Culturalmente falando

1   Como você definiria trabalho voluntário? Anote a sua definição.

2   Responda, tomando notas das ideias principais.

    a   Você já fez trabalho voluntário? Dê detalhes, explicando as suas motivações para fazer ou não trabalho voluntário. Se você nunca fez trabalho voluntário, que tipo de voluntariado poderia lhe interessar e por quê?

    b   Quais são algumas diferenças entre os pares listados a seguir?

        ▶ um ato voluntário e uma ação solidária

        ▶ caridade e filantropia

    c   De que forma a noção de trabalho voluntário está associada a concepções culturais sobre o assunto?

3   Marque a(s) afirmativa(s) que corresponde(m) à sua opinião sobre o voluntariado. Justifique a sua escolha e modifique a(s) afirmativa(s) não marcada(s) de forma que ela(s) passem a ser verdadeiras na sua opinião.

    ( ) Todos estão aptos a serem voluntários.

    ( ) O trabalho voluntário é uma via de mão única, isto é, somente o/a voluntário/a tem algo a oferecer.

    ( ) Todo trabalho voluntário é um ato altruísta, isto é, um ato que visa o bem de outras pessoas.

    ( ) O voluntariado não resolve problemas sociais.

4   Em grupos, discutam as respostas das atividades 1, 2 e 3.

VOCÊ SABIA?

A falta de tempo é comumente apontada como um desafio na hora de aderir ao voluntariado. Uma pesquisa da Fundação Itaú Social revelou o perfil do voluntariado no Brasil. Entre os seus resultados mais relevantes está a (falta de) motivação para o voluntariado. De todos

continua

os entrevistados, 346 pessoas deixaram de exercer atividade voluntária. Entre essas, 42% deixaram de fazer o trabalho voluntário por falta de tempo. A maioria dos entrevistados não tinha nunca exercido trabalho voluntário, sendo a falta de tempo também o motivo mais citado (40%). A dificuldade em conciliar os horários aliada à distância que o/a candidato/a precisaria percorrer até chegar ao local de trabalho também foram motivos pelos quais os respondentes deixaram de ser voluntários. A plataforma do programa Voluntários das Nações Unidas criou uma alternativa para as pessoas que são muito ocupadas: a participação remota em campanhas de voluntariado, com oportunidades na área de tradução, pesquisa, consultoria etc.

Referências: "Pesquisa: opinião do brasileiro sobre voluntariado", https://goo.gl/B0jQFl; "As várias oportunidades de fazer trabalho voluntário na ONU", https://goo.gl/yUPudQ. Data de acesso: 20/2/2018.

Dialogando com a imagem

1   Observe as imagens e responda oralmente em duplas.

a   Que atividades são ilustradas nas imagens? Que funções poderiam ser desempenhadas por voluntários/as nessas atividades?

b   Quais seriam as habilidades exigidas de um/a voluntário/a que quisesse trabalhar nessas situações? Haveria necessidade de qualificações específicas ou qualquer pessoa poderia atuar como voluntário/a nas atividades ilustradas? Justifiquem as suas respostas.

c   Na sua opinião, há algum trabalho que não pode ou não deve ser feito por voluntários/as? Qual(is)? Por quê?

Em contexto

1   Em duplas, leiam a definição de voluntário apresentada no quadro abaixo e respondam oralmente: de que forma a definição dada se relaciona com a sua definição na seção *Culturalmente falando*, atividade 1? De que forma ela se aproxima ou se distancia das afirmativas da atividade 3 na mesma seção?

A ONU (Organização das Nações Unidas) define voluntários como pessoas que dedicam parte do seu tempo a atividades voltadas para o bem-estar social ou outras áreas. Essas atividades são exercidas sem remuneração e, muitas vezes, são escolhidas com base no interesse pessoal do/a voluntário/a, além do seu espírito cívico.

Referência: "O que é ser voluntário?", https://goo.gl/O8J5a5. Data de acesso: 20/2/2018.

2   Em grupos, leiam e discutam as estatísticas apresentadas a seguir. Em seguida, escrevam possíveis explicações para cada estatística.

a   Segundo a organização estadunidense Corporation for National and Community Service (Corporação para Serviço Nacional e Comunitário), os voluntários têm maiores chances (27% a mais) de reinserção no mercado de trabalho do que os que não fazem trabalho voluntário.

b   Uma pesquisa sobre o perfil do voluntário brasileiro revela que algumas motivações para o exercício do trabalho voluntário são o desejo de ser solidário e ajudar outras pessoas (67%), a vontade de fazer diferença, tornando o mundo melhor (32%) e motivações religiosas (22%).

c   Os dados da ONU indicam que 75% dos Voluntários das Nações Unidas (UNV) são de países em desenvolvimento.

d   Estudantes que se dedicam ao trabalho voluntário têm mais chances de se formar na faculdade.

Referências: "Volunteering as a pathway to employment report", https://goo.gl/tOV4N0; "Pesquisa perfil do voluntário no Brasil", https://goo.gl/HQjiXU; "A ONU e o voluntariado", https://goo.gl/CdO0fM; "Why volunteer?", https://goo.gl/MjMLzI. Data de acesso: 20/2/2018.

Lendo e interpretando

1   Os testemunhos a seguir foram escritos por alunos de português em uma universidade nos Estados Unidos. Leia os depoimentos e preencha o quadro de forma resumida.

Voluntariado é parte essencial da experiência humana
Eu tinha 12 anos quando o presidente Obama foi eleito e me lembro que durante a sua posse ele falou sobre a necessidade de termos mais "voluntários" no nosso país. Aquelas palavras inspiraram a minha mãe. Dias depois estávamos visitando idosos que viviam sozinhos. Essa foi a minha primeira experiência como voluntária. Com os idosos era muito difícil construir um relacionamento por causa da diferença de idade. Hoje em dia eu tenho ajudado num abrigo e numa associação para crianças carentes e espero que a minha carreira profissional seja tão gratificante quanto o meu trabalho voluntário. Eu sempre me pergunto: se não estamos aqui para ajudar uns aos outros, pra que estamos aqui? Vejo muitas pessoas acreditarem que o trabalho voluntário é uma moeda de face única, algo que acontece nas cozinhas comunitárias onde servimos sopas para mendigos desesperados. Entretanto, minha experiência me permite perceber que tem muitas outras maneiras de servir e que muitos relacionamentos significativos nascem destas atividades. O meu conselho é que, ao decidir ser voluntário, tenha um "propósito maior" e se esforce para conhecer as pessoas, sendo um bom ouvinte, permanecendo aberto e sendo gentil.

(Anna Gibbs)

O trabalho voluntário é um exercício de humildade

Eu sempre recebi ajuda e por isso acho importante ajudar os outros. Minha experiência com o trabalho voluntário tomou várias formas: alfabetização de crianças, criação de material para campanha de prevenção ao uso de drogas e mentoria. Porém, o foco sempre foi o mesmo: o fortalecimento das minorias. Claro que nunca foi fácil persistir e não interromper o voluntariado: encontrar tempo para me dedicar ao trabalho e achar uma organização séria e forte têm sido desafios que supero por causa da alegria de fazer parte de uma comunidade e da esperança de que minha experiência como voluntário me ajudará a exercitar a empatia e a ganhar experiência com o ensino antes de me tornar professor. Se você está interessado em se tornar voluntário, escolha uma organização que esteja "perto do seu coração", dedique-se, tenha empatia e mantenha o bom humor.

(Hector Kilgoe)

	Anna	Hector
Atitudes e sentimentos		
Dicas		
Expectativas		

2 Em duplas, usem as suas palavras para explicar os títulos escolhidos para os testemunhos da atividade 1 pelos seus autores. Usem elementos dos testemunhos para justificar as suas respostas.

a "Voluntariado é parte essencial da experiência humana".

b "O trabalho voluntário é um exercício de humildade".

3 Em grupos, e com base nas respostas na atividade 2, respondam oralmente.

a Como a prática do voluntariado pode ser relevante para a experiência profissional e para a inserção de uma pessoa no mercado de trabalho?

b De que forma uma experiência de voluntariado poderia agregar valor ao currículo de vocês?

c Além de ajudar na carreira profissional, que outros benefícios o voluntariado pode trazer para a vida de uma pessoa? Depois de responder, comparem as suas respostas com o conteúdo do quadro *Você sabia?*.

VOCÊ SABIA?

Os benefícios do trabalho voluntário não alcançam só os que recebem o ato solidário. Estudos revelam que o trabalho voluntário afeta positivamente não só a carreira profissional como também a saúde física e mental dos voluntários. Os números de uma pesquisa

continua

realizada nos Estados Unidos revelam que 76% dos entrevistados ficaram mais saudáveis depois que começaram o trabalho voluntário. Os frutos do voluntariado não param por aí: 96% dos participantes disseram que a atividade voluntária traz sentido para a sua vida, 94% deles disseram que o seu humor melhorou depois que se envolveram em campanhas do voluntariado e 78% se disseram menos estressados depois de exercitar o seu espírito cívico e doar o seu tempo para uma causa social.

Referência: "Health bits of volunteering – infographics", https://goo.gl/5fLX9g. Data de acesso: 21/2/2018.

Extrapolando

1   Observe o gráfico e faça o que se pede.

Solidariedade globalizada

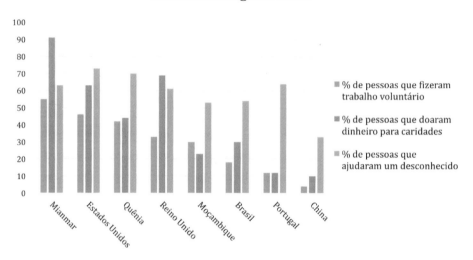

Referência: "The world giving index, 2016", www.cafonline.org. Data de acesso: 21/2/2018.

a   Explique de que forma as informações no gráfico se relacionam aos dados apresentados na atividade 2 da seção *Em contexto*.

b   Discutam em grupos: entre os países que aparecem no gráfico, Mianmar é o que apresenta o maior percentual de pessoas que fizeram trabalho voluntário (55% dos entrevistados). Em seguida aparecem os Estados Unidos (46%), o Quênia (42%), o Reino Unido (33%) e Moçambique (30%). O Brasil e Portugal vêm depois, com 18% e 12%, respectivamente. Que fatores poderiam explicar esses resultados? Que aspectos socioculturais de um país podem estar relacionados à maior ou menor adesão dos seus cidadãos ao trabalho voluntário? Justifiquem as suas respostas.

c   Ainda em grupos, discutam: como vocês explicariam as diferenças de níveis de "solidariedade" entre o Quênia, o Brasil e a China?

d   Em duplas, identifiquem e analisem informações presentes no gráfico sobre doações para caridades e ajudas a desconhecidos. Comentem também sobre como vocês descreveriam os seus próprios comportamentos diante das três categorias de análise do gráfico.

e   Com base na discussão anterior, o que você acha do título do gráfico? Ele é adequado ou você daria um outro título a ele? Se acha que seria melhor outro título, que título daria? Justifique a sua resposta.

Aprendendo a aprender

Identificando e solucionando as suas dificuldades

1   Qual(is) das seguintes áreas costuma(m) lhe causar dificuldade durante o processo de escrita em português?

(   ) saber o que incluir

(   ) lembrar o vocabulário necessário

(   ) decidir a sequência do conteúdo

(   ) fazer as ideias fluírem

(   ) decidir o tom (formal ou informal) adequado

(   ) ter ideias

(   ) usar os verbos nos tempos e formas certas

(   ) Outro(s): Especifique: _____

2   Discuta as respostas da atividade 1 com um/a colega, dando detalhes. Se necessário, modifique as suas respostas.

3   Leia na ficha algumas ideias para lidar com dificuldades ao escrever em português. Converse com colegas e adicione outras ideias à lista.

Como lidar com dificuldades pessoais ao escrever em português

▶ *Achar formas diferentes de escrever o que se quer*

▶ *Evitar o problema, isto é, desistir de escrever o que se pretendia originalmente*

▶ *Consultar um/a colega, professor/a ou outra pessoa*

▶ *Pesquisar na internet, dicionários, livros didáticos ou outros recursos*

▶ _____

▶ _____

---

4   Ponha em prática uma ou mais ideias listadas na atividade 3 da próxima vez que escrever em português e faça anotações sobre a experiência. Posteriormente, converse sobre a sua experiência com colegas.

Autoavaliação

1   Como você avalia a sua aprendizagem e o seu desempenho nessas áreas?

		Muito bem. ☺	Bem. ☺	Preciso melhorar. ☹
VOCABULÁRIO	Compreender e usar **tão** e **tanto**			
	Compreender e usar expressões que remetem a cores			
	Pesquisar e tirar conclusões sobre frequência de uso			
	Usar vocabulário relativo ao mundo do trabalho			
	Usar vocabulário relativo a diversidade e inclusão			
	Identificar a presença e adequação de palavras e expressões vagas			
GRAMÁTICA	Usar o presente do subjuntivo de verbos regulares			
	Usar o presente do subjuntivo de verbos irregulares			
	Usar verbos com diferentes tipos de regência			
PRONÚNCIA	Identificar e produzir ditongos orais			
ESCUTA	Ouvir um boletim de notícias de rádio			
	Monitorar o processo de escuta			
LEITURA	Ler gráficos			
	Ler currículo			
	Identificar pontos principais			
FALA	Fazer inferências ao observar uma imagem			
	Simular uma entrevista de emprego			
	Fazer autocorreções			
	Hesitar			
	Manter e alocar o turno da fala			

(Continua)

		Muito bem. ☺	*Bem.* ☺	*Preciso melhorar.* ☹
ESCRITA	Escrever uma carta de apresentação para acompanhar um currículo			
	Monitorar o processo de escrita			
CULTURA	Reconhecer benefícios do voluntariado para o indivíduo e a sociedade			
	Considerar a participação em trabalho voluntário em diferentes países			
APRENDIZAGEM AUTÔNOMA	Identificar e solucionar as próprias dificuldades			

2   Elabore um plano de ação para lidar com as áreas que precisam de mais prática, listando o que você vai fazer (coluna da esquerda) e em que prazo (coluna do meio). Depois de cumprir o seu plano, avalie os novos resultados (coluna da direita).

O que vou fazer?	*Prazo*	*Nova avaliação sobre a minha aprendizagem e desempenho*

3   Folheie a próxima unidade do livro e responda.

    a   Quais são os assuntos principais na próxima unidade?

    b   Como você pode praticar as áreas listadas na atividade 1 na próxima unidade?

8 | A Era Digital

NESTA UNIDADE VOCÊ VAI

▶ Ouvir uma interação online e identificar as trocas de turno e as fronteiras entre palavras

▶ Contrastar e praticar os verbos **saber, conhecer** e **encontrar**

▶ Aprender e usar vocabulário relativo a tecnologias digitais

▶ Compreender o conceito de linhas de concordância e usá-lo para pesquisar sobre o uso de algumas palavras

continua

▶ Aprender e praticar usos do presente do subjuntivo com termos como **talvez**, **tomara que**, **por mais que**, **qualquer que**

▶ Refletir sobre características de e-mails

▶ Ler uma interação de um grupo em um chat, identificando os pontos de vista

▶ Compreender o conceito de abreviaturas e o seu uso em interações digitais

▶ Aprender e praticar o uso de emojis em interações em português

▶ Identificar provérbios tradicionais e algumas adaptações

▶ Contrastar usos do presente do indicativo e do subjuntivo

▶ Compreender e praticar os sons correspondentes às letras **g**, **j** e **ch**

▶ Participar de uma interação digital oral, fazendo retificações de posicionamentos que levaram ou podem levar a mal-entendidos

▶ Participar de uma interação escrita em um fórum online, considerando a modalidade (verbal, visual, verbo-visual) a ser utilizada

▶ Examinar o impacto de novas tecnologias nas interações humanas

▶ Considerar o nível de acesso a novas tecnologias ao redor do mundo

▶ Refletir sobre a sua participação em redes sociais e as consequências dessa participação

▶ Identificar fontes de aprendizagem confiáveis

PRIMEIRAS IMPRESSÕES

1 Que ideias e pensamentos vêm à sua mente ao observar a imagem na página anterior?

2 De que forma a imagem na página anterior ilustra comportamentos individuais e sociais que diferem de comportamentos do passado?

3 Quais são alguns benefícios trazidos pela era digital para a vida na contemporaneidade? Que riscos e desafios a era digital traz?

 Para sugestões de material adicional sobre o assunto desta unidade, visite www.routledge.com/cw/santos.

À escuta

Preparando-se para escutar

1   Em duplas, observem as imagens e respondam oralmente.

Cena 1

Cena 2

a   O que vocês acham que está acontecendo na Cena 1? Onde a mulher está? Por que ela está acenando e sorrindo para a tela do computador? Por que ela está olhando para a tela?

b   O que vocês acham que está acontecendo na Cena 2? Onde o homem está? Como vocês descreveriam a expressão facial do homem? Por que ele não está olhando para a tela do celular?

c   Comparem as conversas que ocorrem nas Cenas 1 e 2 usando os critérios de análise a seguir.

| Número de participantes | Síncrona ou assíncrona | Uso de vídeo |
| Uso de áudio | Possibilidade de elementos escritos | |

VOCÊ SABIA?

No contexto de comunicação digital, o termo **síncrono/a** se refere a alguma coisa que se realiza ao mesmo tempo que outra; **assíncrono**, ao contrário, refere-se a algo que não acontece simultaneamente a outro evento. Muitas vezes essa comunicação ocorre através de aplicativos, que são programas digitais desenvolvidos para cumprir funções diversas (p. ex., entretenimento, informações, cálculos). Alguns dos aplicativos mais utilizados são os de redes sociais, que permitem a comunicação rápida a partir de diversos suportes, como computadores, smartphones e tablets.

 Em www.routledge.com/cw/santos você encontra uma atividade sobre tipos de interação digital.

Escutando

 1 Ouça o áudio e responda.

    a   Quantas pessoas participam da conversa? São homens, mulheres ou crianças? Como você sabe?

    b   Como você acha que os participantes estão (p. ex., calmos, nervosos, preocupados, ansiosos, chateados, entediados, irritados, zangados, tristes etc.)? Como você sabe?

    c   Qual é o tema da conversa?

    d   A conversa é síncrona ou assíncrona? Como você sabe?

    e   É possível saber que suporte os participantes usam (p. ex., computador, smartphone ou tablet)? É possível saber se os participantes veem uns aos outros? Por quê (não)?

 2 Ouça novamente o áudio e marque nos trechos transcritos a seguir onde ocorre a mudança de falante. Depois, converse com um/a colega: como você sabe onde acontece a mudança?

    a   vocêscongelaramporunssegundossemproblemaeusótavadizendoqueagentetemquecon versar

    b   qualéadiferençaentreasduaseuseiqueamaiscarapermitecriarumainterface

    c   massemprepodeterumhackerqueacessemasissosemprevaihaver

    d   esimdealgoqueseriamaisdifícildehackearissomesmoeuconheçoumapessoaqueéespecia lista

317

ESTRATÉGIA: IDENTIFICANDO AS TROCAS DE TURNO EM UMA INTERAÇÃO

As trocas de turno em uma interação podem ser sinalizadas explicitamente, por exemplo, por meio de perguntas ("O que vocês acham disso tudo?"), alocação específica do próximo falante ("Pedro?"), direcionamento do olhar, gestos, entre outros. As trocas de turno podem também ocorrer espontaneamente, quando um/a interlocutor/a interrompe o/a outro/a ou quando duas falas se posicionam contiguamente, com ou sem pausa entre elas. Quando não se vê quem são os/as autores/as de diferentes turnos, é possível identificá-los/las pela sua voz (gênero, idade, sotaque, entre outros). Quando as vozes são semelhantes deve-se prestar mais atenção a possíveis trocas e procurar identificá-las por diferenças em posicionamento, confirmações de comentários prévios, entre outros.

 3   Ouça o áudio mais uma vez e marque onde começa e termina cada palavra. Depois, converse com um/a colega: como você consegue demarcar as fronteiras entre as palavras?

a   jácanseidereclamarvoutrocardeprovedoressasemanaeuandotendoumproblemaatrásdooutro

b   outraferramentaqueeumencioneicustaumpoucomaismaseuachoquevale

c   talvezoaplicativonãofuncionenocomputadordamesmamaneiraquenocelularporexemplo

d   agentequerincluirvideoconferênciatambémnãosóchamadaporvozechatportexto

e   tomaraqueeleestejadisponívelédifícilencontrarumespecialistaemsegurançaademandaé muitogrande

ESTRATÉGIA: IDENTIFICANDO AS FRONTEIRAS ENTRE PALAVRAS

Ao ouvir uma língua estrangeira muitas vezes percebemos uma sequência de sons e não conseguimos identificar as fronteiras entre as palavras. Em situações de leitura, o entendimento do mesmo trecho seria facilitado pelos espaços entre as palavras. Apesar de às vezes haver pausas no discurso oral, nem sempre elas ocorrem entre palavras. E mais, às vezes o som final de uma palavra muda ao se "acoplar" ao início da palavra subsequente (p. ex., "mas olha"), um fenômeno conhecido como ressilabificação. Vocalizações e visualizações do que é ouvido podem facilitar a identificação das fronteiras entre palavras.

 Para mais atividades sobre ressilabificação em português visite www.routledge.com/cw/santos.

4   Ouça novamente o áudio e responda. Compare as suas respostas com as de um/a colega.

a   Qual é o motivo principal para a interação?

b   Quais são as diferenças entre as duas ferramentas mencionadas? Por que uma pode ser melhor do que a outra?

c Qual é a opinião da Eugênia e a da Júlia sobre a possibilidade de um hack?

d O que os usuários devem fazer para minimizar o risco de hacks? Qual dos participantes menciona essa estratégia?

e Quais serão as características do produto discutido?

f Comparado aos concorrentes, como o produto é descrito? Quem estabelece essa comparação?

g Qual dos participantes sugere continuar a conversa? Quando eles vão se encontrar novamente?

Refletindo sobre a escuta

1 Sublinhe as alternativas verdadeiras sobre você.

a Ao ouvir interações em português, eu às vezes acho difícil identificar as trocas de turno.

b Nem sempre é fácil identificar as fronteiras entre palavras ao ouvir em português.

c As interações digitais trazem desafios para a minha compreensão oral em português.

2 Para cada uma das opções (a, b e/ou c) marcadas na atividade 1, forme grupos com colegas que marcaram as mesmas opções e discutam.

a Que dificuldades específicas vocês encontram?

b O que pode ser feito para minimizar tais dificuldades?

Palavras etc.

Saber, conhecer e encontrar

1 Complete os trechos com **conhecer**, **encontrar** ou **saber** de forma apropriada. Verifique as suas respostas no roteiro do áudio da seção *Escutando*.

> ► "Vocês _____ qual é a diferença entre as duas?"
>
> ► "Eu _____ uma pessoa que é especialista em segurança digital."
>
> ► "É difícil _____ um especialista em segurança [. . .]."

2 Em duplas, respondam oralmente.

a O que vocês sabem sobre os sentidos e formas dos verbos **conhecer**, **encontrar** e **saber**?

b Vocês têm alguma dificuldade em compreender tais sentidos? Vocês costumam confundir esses verbos? Deem detalhes.

c Vocês têm alguma dificuldade em se lembrar das formas desses verbos? Expliquem.

PALAVRAS QUE CAUSAM CONFUSÃO

▶ Os verbos **saber** e **conhecer** referem-se a algum tipo de conhecimento, mas não são sinônimos.

▶ Usamos o verbo **saber** para indicar conhecimento (ou falta de conhecimento) a respeito de um fato ou uma informação sobre algo: "O José sabe quem criou esse aplicativo". Também usamos **saber** para fazer referência a habilidades adquiridas: "Ele sabe criar aplicativos".

▶ Usamos **conhecer** quando indicamos familiaridade com alguém, um lugar ou mesmo uma coisa. No exemplo "O José conhece a pessoa que criou esse aplicativo", indicamos a ideia que o José foi apresentado à pessoa. Em "Ele conhece esse aplicativo", indica-se a familiaridade que ele tem com o aplicativo. Tanto **saber** como **conhecer** são verbos transitivos diretos.

3 Complete o diálogo usando os verbos **conhecer**, **encontrar** e **saber** nas formas apropriadas.

Gil: Você _____ que o governo brasileiro disponibiliza vários aplicativos? Alguns são bem úteis.

Lia: Eu ouvi falar e estava curiosa. Andei procurando, mas nunca _____ esses aplicativos.

Gil: Estão num site, depois eu te mando o link.

Lia: Como é que você _____ desse site?

Gil: Eu fui a um evento há uns dois meses e _____ um programador que trabalha com esses aplicativos. Aí na semana passada eu _____ com ele de novo, e a gente conversou sobre os aplicativos, e eu resolvi conferir.

Lia: Você já baixou algum?

Gil: Já, eu _____ um muito bom e eu acho que você ia gostar de uns dois ou três que tem lá.

Lia: _____ lá . . . O meu telefone não tem muita memória . . .

Gil: Você é a única pessoa que eu _____ que tem o mesmo celular há três anos! Você precisa trocar de celular.

Lia: Tá bem . . . Mas tem algum aplicativo que ajude a fazer a declaração de imposto de renda?

Gil: Não que eu _____, mas tem várias outras coisas, você devia conferir.

VOCÊ SABIA?

A expressão **sei lá** é usada informalmente e equivale a "não sei", "não tenho ideia". Outras expressões com o verbo **saber** incluem "saber de cor (e salteado)", que significa ter alguma coisa memorizada (também "saber na ponta da língua"), e "a saber", que sinaliza que uma lista de itens vai se seguir. O verbo **conhecer** também aparece em algumas expressões, tais como "conhecer como a palma da mão" (conhecer muito bem), "conhecer de nome" (ter ouvido falar de alguém que não se conhece pessoalmente) e "dar a conhecer" (revelar, divulgar).

4   Relacione as colunas, formando substantivos. Depois, complete o trecho usando as palavras formadas.

a   conhec-   ( )   -edoria

b   encontr-   ( )   -imento

c   sab-   ( )   – o

O _____ digital parece ser adquirido nativamente por aqueles nascidos desde a década de 1990. Para os mais velhos, pode ser necessário um pouco mais de esforço, mas isso não quer dizer que não se possa atingir a _____ digi-tal, um conceito proposto pelo pesquisador Marc Prensky. Esse conceito é definido pelo _____ dos _____ adquiridos através da tecnologia com a _____ no uso da tecnologia.

Referência: "Nativo digital, imigrante digital ou sábio digital", www.playground-inovacao.com.br/teste-2/. Data de acesso: 21/2/2018.

5   Complete o quadro com exemplos de uso de **conhecer**, **encontrar** e **saber**. Em seguida, selecione e circule dois exemplos que você gostaria de pôr em uso em uma conversa. Forme grupos com três ou quatro colegas e conversem sobre os seus aplicativos favoritos. Use os exemplos selecionados como inspiração na sua conversa. Ao ouvir os seus exemplos, os/as colegas devem identificá-los e anotá-los.

saber	*saber a diferença entre . . ., saber programar,*
conhecer	*conhecer um/a programador/a, conhecer um aplicativo,*
encontrar	*encontrar (com) um/a amigo/a que vai explicar sobre. . ., ___*

Vocabulário relativo a tecnologias digitais

1   Escreva legendas para as imagens a seguir utilizando vocabulário do áudio da seção *Escutando* (faixa 27).

a

_____

b

_____

c

_____

d

_____

VOCÊ SABIA?

Há algumas diferenças entre o Brasil e Portugal no que se refere ao vocabulário relativo a tecnologias. Alguns exemplos são dados a seguir.

PB	PE
arquivo	ficheiro
baixar	descarregar
laptop	(computador) portátil
mouse	rato
tela	ecrã
(telefone) celular	telemóvel

2 Encontre no diálogo da seção *Escutando* as formas coloquiais de se referir às seguintes ações. A primeira letra para cada ação está dada. Para realizar a atividade você pode ouvir o áudio mais uma vez (faixa 27) ou ler o roteiro correspondente.

a registrar; gravar dados s_____

b encontrar falhas na segurança digital h_____

c escolher uma opção através de um botão ou link c_____

d visualizar o conteúdo de uma pasta a_____

e transferir um arquivo para o disco rígido b_____

3 Em duplas, desembaralhem as palavras e encontrem-nas no roteiro do diálogo da seção *Escutando*. Depois, escolham uma palavra e preparem uma definição para ela. Apresentem oralmente a sua definição para um/a colega, que terá então que adivinhar a que palavra a sua definição se refere.

tvoaapilic	henas	rafmeanetr
nefraecit	iosáruu	cnavoedifoecrinê
vrodresi	misetsa	amtaarfopl

4 Escolha algumas das áreas a seguir e descreva os seus hábitos nessas áreas para um/a colega utilizando o vocabulário relativo a tecnologias digitais.

música	amigos e família	compras	jogos
livros	fotos e vídeos	saúde	trabalho
comida	televisão e filmes	aulas	notícias

Vocabulário frequentemente usado

1 Leia e analise as linhas de concordância a seguir, retiradas de uma busca em um corpus. Preste especial atenção às palavras destacadas em cores. A que conclusões se pode chegar?

CORPUS

Em um corpus, as **linhas de concordância** são as linhas de texto que contêm a palavra ou sequência pesquisada. Nessas linhas, a palavra ou sequência pesquisada aparece em contexto, com alguns "vizinhos" antes e depois. Ao se fazer a busca em corpora que usam PCEC ("palavra chave em contexto"), também conhecido como KWIC (sigla em inglês, "key word in context"), a palavra ou sequência aparece no centro da linha de concordância, facilitando a visualização do contexto de uso. Nesse tipo de busca pode haver também a marcação das palavras de acordo com a sua categoria gramatical (ou seja, substantivo, verbo, adjetivo etc.), permitindo que se visualizem as categorias gramaticais que costumam ocorrer antes ou depois de uma palavra.

#	Code	Source	Left context	Keyword	Right context
1	G BR	literaturabrasileiraufsc.br	é que seja mau ter um lugar na Câmara.	Tomara	eu lá estar. Não posso; entram ali relojoeiros
2	G BR	mafuaufsc.br	no dizer de Jorge. Bêncio narra uma discussão que	tomara	lugar no scriptorium, em que se falava da propriedade
3	B PT	forumthe-west.com.pt	o DN (do kira ou de misa) M	Tomara	o lugar de L Mello não mata ao acusar um inocente
4	B BR	qualidadedademocraciacom.br	não possuir documentos a esse respeito. A instituição	tomara	para si a defesa daqueles que atuaram na repressão
5	G BR	jumperbrasilcom	entre eles e da franquia que selecionou o cara.	Tomara	q aconteça. Não vejo
6	B BR	globoesporteglobo.com	e cantou o tradicional "Parabéns pra você", --	Tomara	que a caneta não falhe na hora de assinar os contratos.
7	G BR	gazetaesportivanet	, será uma corrida increvelmente disputada	Tomara	que a gente possa seguir nesse ritmo
8	B PT	umjeitomansoblogspot.com	lá, nem vou reler o que acabei de escrever.	Tomara	que a inspiração não me falte --
9	B AO	. . . dadelusiadadeluanda.blogspot.com	Community College praticamente previu o futuro. "	Tomara	que ele esteja logo fora da classe.
10	G MZ	mozamigosco.mz	espaço de imagem a concorrentes. Porquê? Para quê?	Tomara	que eu esteja enganado . . .

Referência: *Corpus do Português*, www.corpusdoportugues.org. Data de acesso: 10/2/2017.

2　Leia novamente os exemplos da atividade 1 e responda.

   a　Que exemplos parecem ser mais formais? Que exemplos parecem ser mais informais? De que tipos de website vêm esses exemplos? Que tipos de sites são associados aos exemplos mais informais?

   b　É possível encontrar nesses exemplos contrastes entre as variedades angolana, brasileira, moçambicana e portuguesa da língua? Se sim, que contrastes são esses?

   c　Que sentido(s) é(são) atribuídos por meio da palavra **tomara**?

   d　A que equivale a letra **q** na linha 5? Por que você acha que o/a autor/a optou por essa grafia?

3　Pesquise o vocabulário listado no quadro em linhas de concordância em www.corpusdopor tugues.org/web-dial/. Complete o quadro com exemplos de vocabulário que co-ocorre com as palavras pesquisadas.

	verbos	*adjetivos*
postagem senha arquivo aplicativo usuário site		

Descobrindo a gramática

Presente do subjuntivo: outros usos

Mais informações na seção Referência Gramatical

1　Leia e identifique os usos do presente do subjuntivo, sublinhando-os. Depois, converse com um/a colega: por que vocês acham que o presente do subjuntivo foi usado nesses casos?

   i　"[. . .] a mais cara permite criar uma interface bastante interativa qualquer que seja a plataforma."

   ii　"[. . .] talvez o aplicativo não funcione no computador da mesma maneira que no celular [. . .]."

   iii　"[. . .] por mais que a gente se esforce, a possibilidade de um hack sempre vai existir."

   iv　"Tomara que ele esteja disponível."

2 Relacione os exemplos da atividade 1 com as descrições de usos do presente do subjuntivo.

a ( ) expressão de dúvida e/ou probabilidade

b ( ) expressão de desejo

c ( ) hipótese que integra todas as alternativas possíveis

d ( ) oposição ou restrição à outra ação expressa no período

VOCÊ SABIA?

A expressão **tomara que** é usada para exprimir um desejo: "Tomara que nós consigamos trabalho na mesma empresa". Em Portugal (mas não no Brasil) usa-se também a expressão **oxalá**: "Oxalá consigamos trabalho na mesma empresa".

3 Complete as situações usando **talvez**, como no exemplo. Use um verbo diferente em cada frase.

Exemplo:

João: Vai ser difícil finalizar o design do site no tempo prometido pro cliente.

Mariana: *Talvez seja preciso contratar um freelancer pra nos ajudar até lá.*

a Plínio: Não consigo descobrir por que esse arquivo não abre.

Paula: _____.

b Olga: Este computador está lento demais!

Vera: _____.

c Nuno: Você vai trocar o seu telefone? Já sabe por qual modelo?

Ivan: _____.

d Alba: Os funcionários não estão muito satisfeitos com o antivírus que nós instalamos nos computadores.

Eva: _____.

4 Complete as frases. Use um verbo diferente em cada frase.

a Não sei nada sobre programação. Tomara que esse curso _____.

b O novo técnico de informática começa a trabalhar na semana que vem. Tomara que ele

_____.

c   A tela do meu computador ficou completamente preta, e eu estou em pânico! Tomara
     que _____.

d   Eu baixei um aplicativo de trânsito novo. Tomara que _____.

5   Transforme as frases como no exemplo, usando **por mais que**, **por muito que** ou **por pouco
     que**.

     Exemplo: Eu não consigo aprender programação, mesmo estudando muito.

     Por muito que estude, eu não consigo aprender programação.

     a   Mesmo que eu atualize o meu antivírus todos os dias, ainda tenho problemas com vírus
          no computador.

     b   Eu leio pouco, mas me mantenho informado pelas redes sociais.

     c   Ela sempre se queixa de e-mails, mas não consegue viver sem eles.

     d   Nós trabalhamos muito, mas vai ser difícil finalizar o site dentro do prazo.

6   Forme frases relacionando as colunas, como no exemplo. Conjugue os verbos da maneira
     apropriada.

Onde quer que Por mais que	~~ele/trabalhar~~ ela/encontrar eu/querer nós/conhecer vocês/estar	esse programa, ainda temos problemas. ~~a tecnologia é um desafio~~. podem ler e-mails. comigo, pergunta como usar algum aplicativo. não me adapto a esse sistema.

     Exemplo: *Onde quer que ele trabalhe, a tecnologia é um desafio.*

7   Complete as frases utilizando o vocabulário do quadro.

aplicativo	carregador	senha	tela	usuário

     a   Por mais que nós _____.

     b   Tomara que ele _____.

     c   Talvez vocês _____.

     d   Qualquer que _____.

     e   Onde quer que eu _____.

8 Leia a ficha informativa a seguir e sublinhe os verbos que estão no presente do subjuntivo. Depois, responda às perguntas oralmente.

O Brasil digital daqui a 10 anos	
Como será a vida digital no futuro próximo? Confira a opinião dos brasileiros que participaram de uma pesquisa online.	
	89% dos participantes acham que a inteligência artificial vai ajudar em qualquer trabalho que se faça.
1/3 dos entrevistados crê que bastará haver conectividade para que se realize o trabalho.	
70% dos entrevistados acham que é essencial que a cibersegurança seja eficaz.	Na opinião de 77%, é possível que as suas famílias sejam afetadas por ciberbullying.
	Para 67% dos respondentes é provável que o dispositivo mais comum seja o relógio inteligente.
84% dos entrevistados talvez tenham carros elétricos daqui a 10 anos.	

Referência: "O Brasil digital nos próximos 10 anos", https://goo.gl/OSrqrh. Data de acesso: 11/2/2017.

a Qual é a opinião dos entrevistados em relação ao local onde se trabalhará e como o trabalho será realizado no futuro?

b O que os entrevistados desejam em relação à cibersegurança?

c De que modo negativo a vida digital pode afetar as famílias dos entrevistados?

d   Para os participantes da pesquisa, que dispositivo pode ser o mais comum no futuro?

e   O que os entrevistados pensam sobre a ideia de usar carros elétricos no futuro?

 Em www.routledge.com/cw/santos você encontra mais atividades para praticar o presente do subjuntivo.

 ## Nas entrelinhas

Preparando-se para ler

1   Leia o texto a seguir e responda oralmente em duplas: quem escreveu o texto? Para quem o texto foi escrito e com que objetivo?

Para: amagalhaes@escritorio.com, jwerner@escritorio.com, lpereira@escritorio.com, iar-ruda@escritorio.com, rbrandao@escritorio.com, psilva@escritorio.com, ialves@escritorio.com.

Cc: vsouza@escritorio.com.

Assunto: Criação de grupo online para projeto de site de compras

Colegas,

Fomos selecionados para desenvolver um site de compras online que doa um percentual da compra para uma instituição de caridade escolhida pelo usuário. A nossa tarefa é elaborar o design do site e desenvolver estratégias de marketing. Eu quero propor que criemos um grupo virtual para que possamos trocar mensagens curtas (marcar uma reunião, por exemplo) e/ou esclarecer dúvidas rapidamente a respeito do nosso projeto. Como somos várias pessoas e estamos em locais e zonas de fuso horário diferentes (e às vezes em trânsito), creio que o chat pode agilizar a nossa comunicação. Afinal, onde quer que nos encontremos, temos sempre o celular à mão. Caso vocês concordem, eu mesma posso criar o grupo. Só uma coisa: peço que a comunicação no nosso grupo seja restrita a assuntos relativos ao projeto. Somos todos profissionais sérios e espero que possamos respeitar o nosso espaço de trabalho virtual.

Aguardo respostas sobre se concordam com a minha proposta.

Muito obrigada, abraços,

Cláudia

---

2 Complete o quadro.

	Gênero textual ilustrado na atividade 1: _____	Gênero textual sugerido no texto da atividade 1 para troca de ideias entre os participantes: _____
Quando e para que o gênero textual é usado		
Vantagens do gênero textual		
Dificuldades e desafios associados ao gênero textual		

3 Em grupos, comparem as suas respostas na atividade 2 e discutam.

   a   Por que vocês acham que a Cláudia escolheu o gênero textual descrito na coluna do meio no quadro da atividade 2 para cumprir o seu objetivo comunicativo? Vocês acham que foi uma boa escolha? Por quê (não)?

   b   Que razões a Cláudia apresenta para escolher o gênero textual descrito na coluna à direita para troca de ideias futuras? Qual é a sua opinião sobre a escolha e sobre as razões apresentadas? Você faria o mesmo? Justifique.

VOCÊ SABIA?

O termo **e-mail** (que também pode ser escrito sem hífen, **email**) é muito usado na língua portuguesa. No entanto, pode-se usar também **correio eletrônico (B)/eletrónico (P)**, embora este termo seja menos frequente. Outros termos relativos às comunicações digitais também podem ser usados em português ou no seu original em inglês (pronunciado de acordo com as regras fonológicas da variedade do português em questão). Entre esses termos encontramos **chat/conversa** (ou **bate-papo**) e **messenger/mensageiro instantâneo**.

 Em www.routledge.com/cw/santos você encontra mais atividades sobre o uso de e-mails.

Lendo

1 Leia a interação entre a Cláudia e os seus colegas e use os nomes do quadro para indicar quem apresenta os pontos de vista listados.

ESTRATÉGIA: IDENTIFICANDO PONTOS DE VISTA

Em textos que apresentam mais de um ponto de vista é importante saber identificar não apenas essas diferentes perspectivas, mas também os seus autores (isto é, quem adota qual ponto de vista). Essa identificação pode ser facilitada pela atenção a verbos de opinião (p. ex., **achar**, **crer**, **pensar**, **acreditar**), ao uso de negativas, a usos de conectivos que adicionam ou contrastam ideias, entre outros.

Armando

Gente, sobre o layout, queria a opinião de vcs sobre o botão de escolha da instituição de caridade.

Qual é a pergunta?

Armando

Pra começar, a posição. Vcs acham que fica bom no lado esquerdo ou é melhor no direito?

Jussara Werner

Não acho que a posição faça muita diferença

Acho q tem q ser bem visível. O mais importante é escolher ☺

Pedro S.

▶● _____

2:41

Não sei . . . Não creio q as pessoas deixem de escolher por causa disso. O q vcs acham do q ele diz? E do q eu digo?

Rita

Eu concordo.

Irene Arruda

É verdade que muitos podem hesitar em escolher, mas acredito que o nosso site leva o comprador a querer dar a contribuição.

Pois é, por isso eu acho q a posição do botão não faz mta diferença, qq lado serve

Armando
OK, então eu vou compor o layout e compartilho com vcs

Jussara Werner
Tv melhor não

Armando
Outra coisa. Eu não me lembro se o cliente queria alguma coisa específica em termos de layout ou se ficava por nossa conta e depois a gente apresentava os resultados.

Sim

Armando
????????

Jussara Werner
Eu acho q tinha uns parâmetros sim

Igor Alves

Hein???

Irene Arruda
Tem uns parâmetros, eu fiquei de mandar. Já faço isso.

Irene Arruda

ParametrosLojaVirtual

Armando
Valeu!!

Precisamos de algm que seja expert em back end

Pedro S.
O Lucas. Ele tá proc uma pessoa q divida o trab com ele. Fikdik.

Rita
O Lucas quer trabalhar com alguém? O q é fikdik?

Fica a dica

Rita
Ah tá. Eu posso. Ele é uma pessoa que divide bem o trabalho.

Igor Alves
Parte do layout vai contra esses parâmetros. Não sei quem errou.

Pedro S.
Ah, os parâmetros . . . Blz!

Quem nunca errou que aperte a primeira tecla

Armando   Cláudia   Igor   Irene   Jussara   Pedro   Rita

a   A posição do botão de pagamento não é importante. _____

b   As pessoas podem deixar de escolher a instituição de caridade por algum motivo.
_____

c   O layout não segue todos os parâmetros estabelecidos. _____

d   Erros fazem parte do processo de desenvolvimento do site. _____

2   Leia novamente os trechos a seguir. Para cada um deles, responda: é possível identificar o ponto de vista do/a autor/a? Se sim, qual é o ponto de vista? Se não, por que não?

a   Rita: "Eu concordo"

b   Jussara Werner: "Talvez melhor não"

c   Igor Alves: 😕

d   Pedro S.: "Ah, os parâmetros . . . Blz!"

3   Determine se as afirmativas a seguir são verdadeiras (V) ou falsas (F).

a   ( ) O Armando tem uma opinião definida sobre o design do site.

b   ( ) Toda a interação ocorre através da escrita.

c   ( ) A interação incluiu o envio de um arquivo de texto.

d   ( ) Vários participantes usam abreviaturas.

e   ( ) A Rita vai ajudar o Lucas a preparar o back end.

f   ( ) Todas as mensagens são compreendidas pelos participantes.

g   ( ) O site segue todas as determinações do cliente até agora.

h   ( ) A interação inclui um provérbio adaptado à era digital.

4   Leia os trechos e escolha qual das opções equivale a cada uso do verbo **ficar**. Em seguida, converse com um/a colega usando as expressões **ficar bom**, **ficar por conta (de alguém)** e **ficar de**.

a   "[. . .] **fica bom** no lado esquerdo [. . .]"

( ) corresponde ao lado esquerdo
( ) mantém-se no lado esquerdo
( ) torna-se bom no lado esquerdo

b   "[. . .] se **ficava por nossa conta** [. . .]"

( ) estaria na nossa companhia
( ) nós tomaríamos posse
( ) seria nossa responsabilidade

c   "[. . .] eu **fiquei de** anotar [. . .]"

   ( ) eu fui obrigada a anotar
   ( ) eu insisti em anotar
   ( ) eu me encarreguei de anotar

d   "**Fica** a dica"

   ( ) Está aqui a dica.
   ( ) Passe a dica adiante.
   ( ) Tome posse da dica.

5   Participe da interação, posicionando-se a respeito das questões levantadas.

Irene Arruda
Vcs acham que as instituições de caridade são variadas suficiente?

Igor Alves
??????

Irene Arruda
Se estamos colaborando com causas suficientemente diferentes. Eu nem sei se isso é importante pro comprador, mas tvz seja.

Você
_____

Rita
Eu concordo. Além disso, os compradores precisam ter mais informações sobre a instituição. Lincamos diretamente pros sites das instituições?

Igor Alves
Corremos o risco de perder o momento da compra se o comprador se distrair . . .

Você
_____

Irene Arruda

Refletindo sobre a leitura

1   Em grupos, discutam.

   a   Em que situações vocês escrevem ou leem e-mails em português? Considerem os seguintes aspectos.

De quem	Para quem	Assunto	Nível de formalidade
Frequência	Objetivo		

   b   Em que situações vocês interagem por meio de mensagens instantâneas em português? Considerem os seguintes aspectos.

Com quem	Assunto	Nível de formalidade
Frequência	Objetivo	

   c   Vocês se lembram de uma situação em mensagem instantânea em que houve dificuldade para identificar o ponto de vista de um/a interlocutor/a? Se sim, o que gerou a dificuldade? Como ela foi solucionada?

   d   De que forma o uso de mensagens em voz pode facilitar a interação em mensagens instantâneas? Que desafios essas mensagens podem trazer à interação?

   e   De que forma a inserção de arquivos (em editores de texto ou imagens) pode facilitar a interação em mensagens instantâneas? Que desafios esses arquivos podem trazer à interação?

A B C Palavras etc.

Abreviaturas

1   Complete o quadro com abreviaturas encontradas na interação da seção *Lendo*.

Palavra	*Abreviatura*
vocês	
que	
qualquer	
talvez	
muita	
beleza	
alguém	

VOCÊ SABIA?

Abreviaturas são representações encurtadas de uma palavra (utilizando letras ou sílabas da palavra original) e não devem ser confundidas com **abreviações**, que descrevem um processo de formação de uma palavra de forma reduzida de outra (por exemplo, foto é abreviação de fotografia; moto de motocicleta; pneu de pneumático). **Siglas** são um tipo de abreviaturas, formadas pelas letras ou sílabas de uma palavra (TI: tecnologia da informação; Bovespa: Bolsa de Valores do Estado de São Paulo).

2   Leia os exemplos a seguir e responda: quais palavras são abreviadas e como são as suas abreviaturas?

Kd o Lucas? Vc fala com ele pf sb o recado q eu deixei?

Tb não sei. Tvz em reunião. Ele não ouve msg de voz.

É vdd. Qm prefere teclar não ouve msg. ☹

Ctz. Eu falo com ele e te digo qq coisa.

Vlw!

VOCÊ SABIA?

A palavra **valeu,** usada em português brasileiro (em situações informais), sinaliza um agradecimento.

3   Complete a conversa usando abreviaturas. Se quiser, faça uma busca na internet para descobrir mais abreviaturas comuns em português.

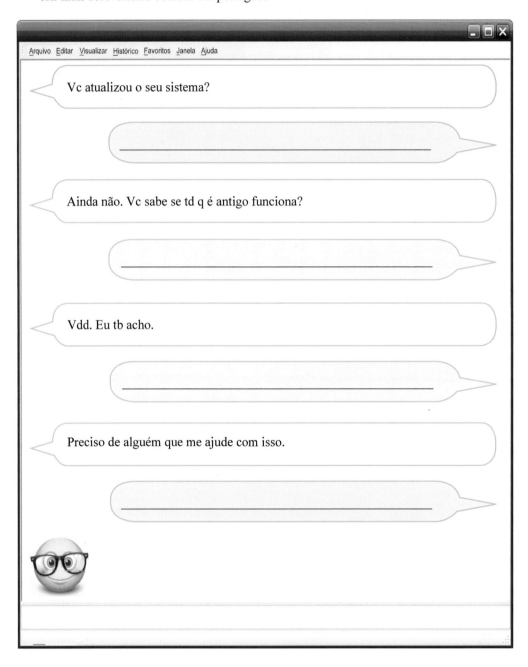

Emojis

1   Localize e copie na coluna à esquerda do quadro os emojis nas conversas da seção *Lendo* e nas atividades 2 e 3 da seção *Palavras etc./Abreviaturas*. Na coluna à direita, indique o grau de popularidade de cada emoji. Compare as suas respostas com as de um/a colega.

Emoji	Grau de popularidade
	← → Pouco popular/ conhecido Muito popular/ conhecido

VOCÊ SABIA?

A palavra **emoticon** vem da língua inglesa e se refere a símbolos feitos tipograficamente, tais como ;-) e :-(. A palavra **emoji** vem do japonês e se refere a figuras que aparecem em teclados específicos como um conjunto de caracteres.

2   Em duplas, comparem as suas respostas na atividade 1. Depois, respondam oralmente.

    a   Vocês usam os emojis listados na atividade 1? Se sim, ao interagir com que pessoas? Sobre que assuntos? O que os/as motiva a usar tais emojis?

    b   Há outros emojis além dos listados na atividade 1 que vocês costumam usar? Deem detalhes.

3   Relacione os emojis aos seus significados.

a	( ) exausto/a
b	( ) melancólico/a
c	( ) envergonhado/a
d	( ) assustado/a

339

4   Participe da interação reagindo aos comentários.

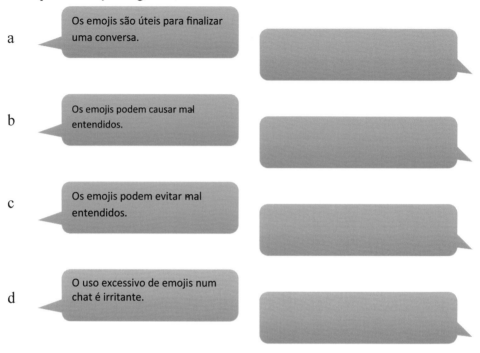

a   Os emojis são úteis para finalizar uma conversa.

b   Os emojis podem causar mal entendidos.

c   Os emojis podem evitar mal entendidos.

d   O uso excessivo de emojis num chat é irritante.

Provérbios

1   Leia o trecho a seguir, com atenção à parte destacada, e responda às perguntas escolhendo a alternativa correta.

> **Igor Alves**: "[. . .] Não sei quem errou."
>
> **Cláudia**:   **"Quem nunca errou que aperte a primeira tecla."**

a   O que a Cláudia quer dizer ao comentar "Quem nunca errou que aperte a primeira tecla"?

( ) Alguém que nunca cometeu um erro deve ser o/a primeiro/a a começar a teclar.

( ) Alguém que nunca cometeu um erro é superior aos outros que erram.

( ) Todos cometem erros e não se deve julgar negativamente quem errou alguma vez.

b   O que é verdadeiro sobre o trecho destacado?

( ) Ele tem sentido literal, isto é, alguém que nunca erra é quem tecla primeiro.

( ) Ele oferece uma sugestão sobre quem deve começar a escrever em um trabalho em grupo.

( ) Ele traz uma adaptação criativa de um dizer popularmente conhecido.

2   Relacione as colunas da esquerda (I) e do meio (II) para completar os provérbios. Em seguida, encontre os seus significados na coluna da direita (III). O primeiro provérbio já está associado.

I	II	III
a Quem nunca errou	( ) do que dois voando.	( ) Aos poucos consegue-se o que se almeja.
b Mais vale um pássaro na mão	( ) não se olham os dentes.	(a) Ninguém está isento de cometer erros.
c De grão em grão	( ) meia palavra basta.	( ) Não é necessário falar demais se a mensagem foi entendida.
d A cavalo dado	(a) atire a primeira pedra.	( ) Não preste atenção às imperfeições de um presente.
e Para bom entendedor	( ) negócios à parte.	( ) É melhor ter pouco que seja garantido do que muito apenas prometido.
f Amigos, amigos,	( ) a galinha enche o papo.	( ) Os amigos não recebem favores nos negócios.

3   Use as opções do quadro e crie novas versões para os provérbios da atividade 2 de forma que considerem características da era digital.

uma senha basta	do que dois baixando	senhas à parte
não se olha o formato	você se vicia em internet!	

a   De clique em clique . . .

b   Para bom provedor . . .

c   A arquivo dado . . .

d   Mais vale um arquivo no HD . . .

e   Amigos, amigos, . . .

4   Pesquise provérbios originários dos países listados e complete o quadro. Compartilhe os resultados da sua pesquisa com seus/suas colegas e encaminhe um debate ao redor das perguntas.

	Provérbio	*Significado*
Angola		
Brasil		
Moçambique		
Portugal		
São Tomé e Príncipe		
Timor-Leste		

a   Há provérbios com sentidos similares na sua língua materna? Há tendências de analogias nesses provérbios nos dois idiomas (p. ex., sobre animais, sobre comida, sobre ferramentas etc.)?

b   De que forma os provérbios listados poderiam ser "adaptados" para o contexto do mundo digital?

Descobrindo a gramática

O presente do subjuntivo e o presente do indicativo

Mais informações na seção Referência Gramatical

---

1   Leia novamente os trechos a seguir e repare os verbos destacados. Sublinhe os exemplos de presente do subjuntivo e circule os exemplos de presente do indicativo. Em seguida, relacione os exemplos às explicações.

a   "Não acho que a posição [do botão] **faça** muita diferença"

b   "eu acho q a posição do botão não **faz** mta diferença"

c   "[. . .] Ele tá proc uma pessoa q **divida** o trab com ele [. . .]."

d   "[. . .] Ele é uma pessoa que **divide** bem o trabalho".

   ( ) O subjuntivo é usado porque o antecedente (ou seja, o elemento que aparece antes de **que**) não é específico.

   ( ) Usa-se o indicativo em situações de opinião ou de certeza na forma afirmativa.

   ( ) Usamos o indicativo quando o antecedente (ou seja, o elemento que aparece antes de **que**) é específico.

   ( ) Usa-se o subjuntivo depois de expressões de opinião ou de certeza na forma negativa.

VOCÊ SABIA?

Alguns dos verbos usados para expressar opinião são **achar**, **acreditar**, **crer**, **pensar**: "Acredito que este tablet é de última geração"; "Não penso que este emoji exprima tristeza". As expressões de certeza incluem **é certo que**, **é claro que**, **é óbvio que**, **é verdade que**: "É óbvio que a tecnologia muda muito rápido"; "Não é certo que todos os smartphones sejam equivalentes".

---

2   Relacione as descrições de uso das formas verbais às mensagens em um microblogue.

VOCÊ SABIA?

Microblogues são ferramentas online que permitem postagens rápidas e curtas, com número de caracteres pré-definido.

a   Presente do indicativo com opinião na forma afirmativa.
b   Presente do indicativo com expressão de certeza na afirmativa.
c   Presente do subjuntivo com opinião na forma negativa.
d   Presente do subjuntivo com expressão de certeza na negativa.

( )

É claro que a comunicação digital ajuda a humanidade #cidadaniaglobal.
← Responder   ♥ Favorito   ∞ Compartilhar

( )

Não creio que o mundo digital seja sempre melhor #empessoa.
← Responder   ♥ Favorito   ∞ Compartilhar

( )

Não é verdade que as comunicações virtuais impeçam a interação ao vivo #empessoa #aovivo.
← Responder   ♥ Favorito   ∞ Compartilhar

( )

Eu penso que precisamos aumentar o nosso índice de #conectividade.
← Responder   ♥ Favorito   ∞ Compartilhar

3   Use as opções do quadro para iniciar comentários sobre as imagens a seguir. Observe o exemplo.

Acredito que		Creio que
Não acho que	Não creio que	Não me parece que

Exemplo: *Creio que a era digital permite conexões maravilhosas entre os habitantes do nosso planeta.*

a

b

c

4   Observe os trechos sublinhados e indique se eles se referem a elementos específicos (E) ou não específicos (NE). Em seguida, responda oralmente com um/a colega: a forma verbal que é usada depois de **que** em cada opção aparece no indicativo ou no subjuntivo? Por quê?

a   ( ) Precisamos de <u>um mecanismo</u> **que** proteja as nossas senhas e nomes de usuário.

b   ( ) Eu conheço <u>um programa</u> **que** troca as senhas todos os dias.

c   ( ) Ainda não existe <u>nenhum sistema</u> **que** seja completamente seguro.

d   ( ) Todos temos <u>uma presença digital</u> **que** permite interações antes impensáveis.

e   ( ) Você conhece <u>alguém</u> **que** trabalhe com TI? Quero umas dicas sobre segurança digital.

5   Complete o texto usando o presente do indicativo ou o presente do subjuntivo dos verbos dados.

Diferente de outros sistemas biométricos, a tecnologia de reconhecimento facial não requer interação com a pessoa. É verdade que os sistemas de reconhecimento facial _____ (usar) algoritmos sofisticados, mas não é certo que esses

continua

sistemas _____ (estar) à prova de falhas. Precisamos de um sistema que _____ (reconhecer) todos os tipos de rostos, mas ainda há pequenas falhas. Mesmo não existindo um sistema que _____ (ser) 100% perfeito, muitos acreditam que essa tecnologia _____ (impedir) o crime porque as imagens ficam arquivadas e podem ser usadas mais tarde. Outros, porém, mostram-se preocupados com questões de privacidade. Não há ninguém que _____ (querer) ser reconhecido todo o tempo, mas está claro que nós _____ (caminhar) para um futuro que inclui o reconhecimento facial em muitos contextos.

6 Você quer expandir a sua companhia digital e precisa de um empréstimo. Complete a solicitação de empréstimo explicando as necessidades da companhia, tais como especificadas no quadro. Use o presente do indicativo ou o presente do subjuntivo de acordo com a situação.

Precisamos de pessoal:	*Temos pessoal:*
Fazer marketing internacional	Fazer marketing nacional
Falar e escrever mandarim	Falar e escrever inglês e espanhol
Atender todas as solicitações	Manter as funções existentes
Criar funções inovadoras	

Sr. Gerente,

Venho por meio desta solicitar um empréstimo para que a companhia Digitalíssima possa alcançar outros mercados. No momento, dispomos de funcionários que _____ marketing a nível nacional, mas precisamos de pessoas que _____ o marketing internacional também. Além disso, _____.

7 Complete as frases sobre você mesmo/a usando o presente do indicativo ou o presente do subjuntivo. Use um verbo diferente em cada frase.

a Eu conheço um profissional de informática que _____.

b Eu não conheço nenhum profissional de informática que _____.

c Quero um aplicativo que _____.

d Eu tenho um aplicativo que _____.

e Não conheço nenhum aplicativo que _____.

f No futuro, eu vou ter um celular que _____.

g Agora eu preciso de um celular que _____.

 Em www.routledge.com/cw/santos você pode praticar mais a diferença entre o presente do subjuntivo e o presente do indicativo.

Tomando a palavra

Como se diz?

1 Ouça e complete as falas.

a

Alô? _____? Não tô . . .
Reunião _____? Eu _____
que não tenho nada na minha _____.
Quando é a reunião? _____?
_____-feira? Tô com sinal ruim, não
tô _____ te ouvir direito, peraí,
vou _____ e te _____ de novo
_____.

b

Vamos lá então _____. Tá todo
mundo aí? Tem mais _____ pra
_____? O _____ tá aí?
Ah. . . _____ tá. _____.
É o _____, eu _____
vocês pra essa conversa porque precisamos
_____ fundos pro nosso
_____. Eu _____ que
o melhor _____ é _____
uns patrocinadores. O que é que vocês
_____ de _____ de
_____?

2 Relacione os trechos destacados nas palavras à esquerda com a descrição dos sons correspondentes à direita.

a	**g**eral	( ) para produzir o som [g], a língua se eleva na parte de trás da boca e obstrui a passagem do ar.
b	se**g**unda	( ) o som [ʃ] é produzido com passagem do ar entre a língua e o céu da boca, causando fricção; não há vibração das cordas vocais.
c	**ch**amei	( ) o som [ʒ] é produzido com passagem do ar entre a língua e o céu da boca, causando fricção; as cordas vocais vibram.

3 Ouça novamente o áudio da faixa 28 e complete o quadro com as palavras da atividade 1 de acordo com os sons que aparecem em cada uma.

Sons	[g]	[ʃ]	[ʒ]
Palavras			

SONS DO PORTUGUÊS

▶ Em português, o som [g] é representado graficamente pela letra **g** seguida das vogais **a**, **o, u** (p. ex., desligar, ligo, segunda).

▶ Antes das vogais **e** e **i**, a letra **g** representa o som [ʒ]: Gisele, geral, gente.

▶ Para representar o som [g] antes dos sons correspondentes às letras **e** e **i**, é preciso acrescentar **u**: seg**u**inte.

▶ A letra **j** representa sempre o som [ʒ]: hoje, já, Júlio.

▶ O dígrafo **ch** representa o som [ʃ]: **ach**o, **ch**egar, **ch**amei. O som [ʃ] é também um dos sons representados pela letra **x**, como veremos na Unidade 11.

Preparando-se para falar

1 Marque os tipos de interação digital em que você participou recentemente.

( ) chamada no telefone celular

( ) videoconferência

( ) mensagem instantânea ou chat com gravação de áudio

( ) outra (especifique: _____)

2 Em duplas, compartilhem as suas respostas na atividade 1 e deem detalhes sobre algumas interações.

a Quando elas ocorreram? Quem foram os seus interlocutores? Qual era o objetivo comunicativo das interações?

b Houve alguma dificuldade relativa ao vídeo ou ao áudio? Se sim, o que foi dito para apontar a dificuldade e como ela foi resolvida?

 Vá a www.routledge.com/cw/santos para encontrar mais atividades sobre interações digitais.

Falando

1 Você vai participar de uma interação digital oral em duplas.

a Com o seu par, selecione um tipo de interação da lista em *Preparando-se para falar*, atividade 1, certificando-se de que ambos/as têm acesso aos aparelhos e tecnologias necessárias. Selecione também um dos assuntos a seguir para ser o tópico da sua interação.

O planejamento de uma viagem.

A aprendizagem de algo relativo à língua portuguesa ou ao mundo lusófono.

A escolha de novos computadores para o local de trabalho.

b   Antes da interação, prepare-se para ela. Algumas ideias para a preparação:

    i   Pratique formas de apontar eventuais dificuldades no áudio e/ou no vídeo.

    ii   Pesquise recursos online que podem ser mencionados durante a interação com seu/sua interlocutor/a.

    iii   Entre as estratégias listadas a seguir, escolha as que considera apropriadas para a interação e faça uma revisão sobre elas nas unidades (U) mencionadas.

        ( ) Pedindo repetição (U1)

        ( ) Dando exemplos (U1)

        ( ) Pedindo esclarecimentos (U1)

        ( ) Monitorando o entendimento do/a interlocutor/a (U2)

        ( ) Considerando formas de concordar e discordar (U3)

        ( ) Pedindo a opinião do/a interlocutor/a (U3)

        ( ) Justificando opinião (U4)

        ( ) Considerando aspectos paralinguísticos (U5)

        ( ) Elaborando em cima do que é dito por outra pessoa (U6)

        ( ) Fazendo autocorreção (U7)

c   Prepare-se para gravar (em áudio ou em vídeo) a sua interação.

d   Durante a interação, nas suas duplas:

    i   Deem as suas ideias e comentem sobre as sugestões de seu/sua interlocutor/a.

    ii   Fiquem atentos/as a falas (as suas ou de interlocutores/as) que levaram ou podem levar a mal-entendidos na interação. Considerem falas sobre o conteúdo da conversa em si e sobre os seus sentimentos e posicionamentos. Retifiquem tais falas.

ESTRATÉGIA: RETIFICANDO POSICIONAMENTOS QUE LEVARAM OU PODEM LEVAR A MAL-ENTENDIDOS

Na Unidade 7 tratamos de autocorreções, isto é, retificações feitas por um/a falante na sua própria fala. Aqui expandimos a ideia ressaltando que falantes podem retificar o que foi dito por seus/suas interlocutores/as. Essas retificações podem ser feitas explicitamente, "consertando" o que foi dito por outra pessoa, mas tal procedimento pode ser considerado rude. Uma opção é pedir esclarecimentos/retificações ("Você disse x?"; "O que que você quer dizer quando diz y?") ou confirmar entendimento ("Pra confirmar: vamos fazer y. É

continua

isso?"). O uso de paralinguagem adequada é importante em retificações em comunicação digital (tanto em autocorreções como em correções da fala de outra pessoa), por exemplo, atentando-se à entonação (indicando perguntas, por exemplo), ao contato visual, ao volume da voz, a gestos e expressão facial. Se a interação envolve recursos visuais ou escritos (como em videoconferências, por exemplo, em que se pode digitar comentários adicionais), as retificações podem envolver a escrita de algo que, oralmente, causa algum mal-entendido. Podem envolver, também, inclusão de emojis ou de arquivos adicionais.

Refletindo sobre a fala

1   Ouça o áudio (ou veja o vídeo) da interação realizada na seção *Falando*. Anote as retificações que ocorreram durante a interação.

2   Em grupos, discutam.

a   Que falas ou posicionamentos foram retificados na sua interação e como a retificação foi feita? Por que sentiram a necessidade de retificação?

b   Em que situações de fala no futuro vocês podem precisar retificar posicionamentos que levaram ou podem levar a mal-entendidos? A que vocês devem ficar atentos/as nessas interações para perceber e retificar tais posicionamentos?

Mãos à obra

Preparando-se para escrever

1   Leia o texto e complete o quadro sobre ele.

Fóruns de Discussão

Mensagem do Fórum *Debates sobre cibersegurança*

Título	Autor
Para começar a discussão	Sara Teixeira

Mensagem

Olá! Este espaço de interação destina-se à discussão relativa ao nosso curso sobre cibersegurança. Esteja à vontade para mencionar também as suas perguntas e dificuldades neste espaço. Lembre que a sua pergunta pode ser a pergunta de outras pessoas, portanto é importante compartilhar as dúvidas. Para começar a nossa discussão, gostaria de pedir sugestões de tópicos para debates.

<<Anterior Próxima>>

Responder   Retornar à lista de mensagens

Onde costumamos encontrar textos como esse?	
Quem escreveu o texto?	
Para quem o texto foi escrito?	
Qual é o objetivo do texto?	
Que tipos de elementos verbais (isto é, palavras, frases etc.) são usados no texto?	
Que tipos de elementos visuais (isto é, imagens, ícones, destaques tipográficos, cores etc.) são usados no texto?	

2   Em grupos, respondam oralmente.

   a   Vocês costumam participar de fóruns de discussão? Se sim, deem detalhes (onde, quando, para quê, com que frequência, elementos verbais e visuais normalmente utilizados).

   b   Se vocês estivessem participando do curso apresentado no texto da atividade 1, o que esperariam encontrar ao clicar o hiperlink "Próxima"?

   c   Se vocês quisessem responder ao texto da atividade 1, onde clicariam? Que tópico sugeririam como resposta?

Escrevendo

1   Você vai participar de um fórum de discussão sobre cibersegurança. Para iniciar o processo, faça o que se pede individualmente.

   a   Pesquise sobre o assunto da discussão. Anote informações relevantes e perguntas ou ideias sobre o assunto que gostaria de explorar.

   b   Entre em alguns fóruns de discussão e observe a organização, os elementos componentes, as formas de participação dos/as usuários/as. Tome notas sobre o uso de elementos verbais e visuais no quadro a seguir.

Elementos verbais usados em fóruns de discussão (títulos, formas de iniciar/fechar uma postagem, formas de concordar, perguntar, iniciar um assunto etc.)	
Elementos visuais usados em fóruns de discussão (negrito, sublinhado, itálico, uso de cor, emojis, sinais de pontuação etc.)	

2   Em conjunto, criem um fórum de discussão online.

   a   O grupo decide quem será o/a moderador/a e se o fórum será público ou fechado.

   b   Os membros do grupo definem as regras de netiqueta que devem ser seguidas.

351

VOCÊ SABIA?

A palavra **netiqueta** combina **net** ("rede", em inglês) e **etiqueta**, sinalizando as regras de comportamento que devem ser adotadas em interações virtuais (pela internet).

c   O/A moderador/a do fórum abre os tópicos para discussão utilizando as respostas da turma na seção *Preparando-se para escrever*, atividade 2c.

d   Cada membro do grupo, individualmente, inicia ou complementa a discussão sobre alguns dos tópicos abertos. Se necessário, novos tópicos podem ser propostos. Ao escrever, os participantes do fórum devem avaliar a adequação de elementos verbais e visuais.

ESTRATÉGIA: CONSIDERANDO A MODALIDADE A SER USADA

Escritores têm a seu dispor elementos verbais (p. ex., palavras), visuais (p. ex., emojis) e verbo-visuais (p. ex., títulos em negrito). A escolha da modalidade (verbal, visual ou verbo-visual) adequada está associada ao entendimento de convenções do gênero a ser escrito (p. ex., palavras escritas integralmente com letras maiúsculas devem ser evitadas em chats, fóruns ou e-mails, por sinalizarem que os escritores estão gritando com os leitores). As escolhas também dependem do nível de formalidade do texto, do conhecimento dos leitores sobre os elementos escolhidos, entre outros.

e   Antes de enviar cada postagem o/a seu/sua autor/a deve dar uma lida rápida no que escreveu para verificar se o texto está claro e apropriado.

Refletindo sobre a escrita

1   Em conjunto, discutam.

a   O que vocês acharam da criação e participação de um fórum de discussão na aula de português?

b   De que forma a sua participação no fórum da seção *Escrevendo* foi semelhante a participações anteriores em fóruns? De que forma foi diferente?

c   O que aprenderam sobre cibersegurança? O que aprenderam sobre o uso de linguagem verbal e visual em fóruns de discussão?

Diálogos multiculturais

Culturalmente falando

1   Relacione as imagens às suas legendas. Depois, indique no quadro se você já viu e/ou já utilizou os objetos ilustrados.

a

b

c

d

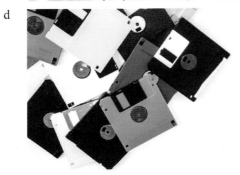

e

f

Você já viu?	*Você já utilizou?*

( ) Caixa de correio
( ) Catálogo telefônico
( ) Disquete
( ) Máquina de escrever
( ) Mimeógrafo
( ) Rádio gravador

2   Em duplas, comparem as suas respostas na atividade 1. Em seguida, respondam oralmente.

a   Como vocês descreveriam a função e a forma de utilização de cada um dos objetos ilustrados?

b   Esses objetos são utilizados amplamente atualmente? Se sim, deem detalhes (onde, para quê, como etc.); se não, por que não?

3   Em grupos, façam o que se pede.

a   Respondam oralmente: de que forma novas tecnologias digitais vêm substituindo os objetos ilustrados na atividade 1?

b   Preencham o quadro dando exemplos de mudanças ocasionadas pelo uso dos objetos listados no item anterior.

Áreas	*Mudanças ocasionadas por novas tecnologias*
educação	
meio-ambiente	
relacionamentos	
saúde	

4   Discutam, justificando as suas opiniões.

   a   Vocês acham que as mudanças listadas no quadro da atividade 3 têm ocorrido de maneira homogênea e igualitária nos seus países de origem? E no mundo lusófono?

   b   Vocês acham que as mudanças desencadeadas pelas tecnologias ilustradas nesta seção trouxeram mudanças na maneira como as pessoas interagem? Deem detalhes e anotem as principais conclusões do grupo.

Dialogando com a imagem

1   Observe as imagens e responda.

Foto 1

Foto 2

   a   Quais são as semelhanças e as diferenças entre os cenários ilustrados?

   b   Como você acha que as pessoas na Foto 1 e na Foto 2 interagem entre si e com os objetos ao seu redor? Justifique as suas inferências.

c Você acha que as pessoas que aparecem nas fotos têm acesso similar às novas tecnologias digitais? Por quê (não)?

d Se você pudesse conversar com as pessoas que aparecem nas fotos, o que lhes perguntaria e por quê?

VOCÊ SABIA?

Apartheid digital e **infoexclusão** são termos usados para se referir à exclusão digital, que ora é definida como a distribuição desigual ao acesso às novas tecnologias de comunicação, ora como as consequências sociais, culturais e econômicas da desigualdade desse acesso.

Referências: "Exclusão digital", www.infoescola.com/sociologia/exclusao-digital/; Sorj, Bernardo e Guedes, Luís Eduardo (2008). *Internet na f@vela: quantos, quem, onde, para quê*. Rio de Janeiro: Centro Edelstein de Pesquisa Social, http://books.scielo.org/id/mp925. Data de acesso: 23/2/2018.

Em contexto

1 Em grupos, leiam o gráfico baseado em estatísticas de 2015 e respondam oralmente.

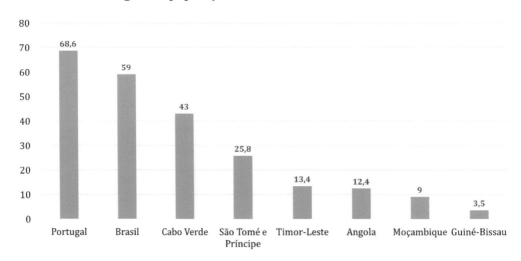

Porcentagem da população com acesso à rede no mundo lusófono

Referência: "Veja a comparação de usuários de internet em Angola e em outros países", https://goo.gl/H1Kmvn. Data de acesso: 23/2/2018.

a Que fatores podem contribuir para as diferenças dos níveis de acesso à internet entre os países lusófonos?

b Vocês acreditam que as estatísticas seriam também discrepantes se a comparação fosse feita entre níveis de acesso em diferentes regiões de um mesmo país? Justifiquem e exemplifiquem as suas respostas.

c Na sua opinião, por que Cabo Verde, dentre os países da África lusófona, possui a maior porcentagem da população conectada à rede?

d Os resultados apresentados nesse gráfico permitem afirmar que a população dos países lusófonos ilustra uma situação de exclusão digital? Justifiquem a sua resposta.

2 Ainda em grupos, completem o quadro listando alguns problemas associados à exclusão digital nas áreas apresentadas na coluna à esquerda. Indiquem, também, possíveis iniciativas para solucioná-los.

Áreas	Problemas	Iniciativas visando à solução dos problemas
Educação e trabalho Saúde e bem-estar Cidadania e participação social		

3 Escreva C se você concorda com as afirmativas; escreva D se você discorda delas. Depois, compartilhe as suas respostas em grupos.

a ( ) O acesso à telefonia móvel erradica a exclusão digital.

b ( ) A exclusão digital agrava a exclusão social.

c ( ) O acesso à internet promove a igualdade.

d ( ) A compra de computadores erradica a exclusão digital.

4 Em grupos, e com base nos pontos examinados na atividade anterior, discutam: de que forma o nível de acesso à internet e às novas tecnologias afeta as relações entre as pessoas no mundo?

Lendo e interpretando

1 Opine sobre os comportamentos abaixo usando ☺ (para indicar os que não causam conflitos em relacionamentos online e offline) ou ☹ (para os que podem gerar conflitos em relacionamentos online e offline).

	☺	☹
Postar fotos em uma rede social		
Curtir comentários seletivamente		
Checar mensagens da rede social a cada dois minutos		
Aceitar todos os pedidos para fazer parte da sua rede de contatos		
Responder a uma mensagem instantaneamente		
Criar uma identidade digital que difere em muitos aspectos da identidade offline		
Dar atenção exagerada aos comentários postados nas redes sociais		
Estar disponível na rede, mas não responder a um convite para o bate-papo		

2 Em grupos, comparem as suas respostas na atividade 1, justificando as suas respostas e dando exemplos. Depois, discutam: até que ponto os comportamentos listados no quadro da atividade 1 podem trazer riscos relacionados à cibersegurança?

3 Faça o teste.

Como a internet está afetando a sua vida e os seus relacionamentos?
Responda **sim** ou **não** para cada uma das situações, atribuindo **dois pontos para cada sim** e **zero para cada não**. Ao final, some os números e confira a sua pontuação.

a Você já interrompeu uma conversa, um jantar ou uma atividade de lazer para checar uma mensagem de texto, a sua rede social ou o seu e-mail? _____

b Você gasta a maior parte do seu tempo livre no seu computador e não com interações face a face com seu/sua parceiro/a, namorado/a ou esposo/a? _____

c Quando você sai com amigos/as você sempre leva o telefone celular? _____

d Você se afeta emocionalmente quando lê o que seus/suas amigos/as virtuais postam nas redes sociais? _____

e Você sempre envia mensagens de aniversário eletronicamente? _____

f Você já magoou uma pessoa querida por responder a um e-mail ou mensagem online sem pensar? _____

g Você já brigou com seu/sua parceiro/a, namorado/a ou esposo/a por causa do tempo que ele/a passa conectado/a à internet? _____

h Antes de comer e beber o que pede num restaurante, você tira fotos do que pediu? _____

Resultados:

0–4: Você não se prende ao mundo virtual e prefere interações em pessoa. A internet não afeta os seus relacionamentos.

6–10: Você passa algum tempo online, mas tenta interagir em pessoa também. Cuidado para que a internet não afete negativamente os seus relacionamentos. Procure ter mais interações face a face.

12–16: Você praticamente vive online! Preste mais atenção às pessoas à sua volta e interaja com elas presencialmente sempre que possível. Não viva a sua vida de modo virtual.

4 Em pequenos grupos, faça o que se pede.

a Compartilhem as suas pontuações no teste da atividade 3. Depois, discutam: vocês concordam com o diagnóstico proposto nos resultados sobre a sua relação com a internet e relacionamentos de um modo geral?

b   Escolham, dentre as ações listadas no teste, as que podem causar mais problemas para relacionamentos offline.

c   Leiam as informações no quadro *Você sabia?* e comentem de que forma as estatísticas apresentadas se relacionam com a sua participação em redes sociais.

VOCÊ SABIA?

Uma pesquisa sobre o perfil comportamental de universitários do Rio de Janeiro que usam uma rede social popular revelou que 67% dos 508 entrevistados admitiram ter pessoas desconhecidas na sua lista de amigos, 18% deles deixaram de falar com alguém na vida real porque foram excluídos da lista virtual de amigos, 47% já discutiram com os seus parceiros por causa de mensagens e fotos postadas em uma rede social, 70% deles já pensaram em abandonar uma rede social, e 52% confessaram olhar o perfil do/a ex-namorado/a e do/a parceiro/a atual dele/a.

Referência: Azevedo, Douglas e Medina, Antônio Luiz (2014). Dependência ou autonomia? Um estudo sobre o comportamento dos universitários do Rio de Janeiro no Facebook, www.portalintercom.org.br/anais/sudeste2014/expocom/EX43-0299-1.pdf. Data de acesso: 23/2/2018.

d   Criem um manual de netiqueta intitulado "Como proteger o seu relacionamento nas redes sociais" para os novos usuários da rede.

Extrapolando

1   Leia e responda.

Que as redes sociais têm trazido vantagens enormes para o mundo atual é inegável. O que se tem debatido hoje em dia são as desvantagens do uso das redes sociais, os problemas e os desafios que elas trazem para a vida na contemporaneidade. Uma pesquisa realizada nos Estados Unidos revelou que os relacionamentos das pessoas que usam as redes sociais frequentemente tendem a ser mais complicados, e que o término dos seus relacionamentos se deve à exposição excessiva da vida privada nas redes sociais e à reaproximação de amores do passado. Entre 2000 entrevistados no Reino Unido em 2015, um em cada sete consideraria o divórcio por causa do comportamento do/a esposo/a na internet e 25% dos casais admitiram que brigavam pelo menos uma vez por semana por causa do uso das redes sociais. Ainda mais alarmante é o fato de que 15% dos participantes dessa pesquisa consideram as redes sociais uma verdadeira ameaça para os seus relacionamentos, e 25% deles admitiram visitar a página do/a companheiro/a em busca de sinais de infidelidade.

Referências: "Uso excessivo do Facebook pode destruir relacionamentos", https://goo.gl/XSzwLv; "Social media linked to divorce (again)", https://goo.gl/wqrkDy. Data de acesso: 23/2/2018.

a   Na sua opinião, se essas mesmas pesquisas fossem conduzidas em países lusófonos os resultados seriam semelhantes? Por quê (não)?

b   É justo atribuir causas de problemas de relacionamentos ao uso das redes sociais? Por quê (não)?

2   Faça uma pesquisa sobre os efeitos que o uso das redes sociais tem em relacionamentos em um ou mais países lusófonos. Em grupos, compartilhem os resultados.

Aprendendo a aprender

Identificando fontes de aprendizagem confiáveis

1   Considere as seguintes áreas de aprendizagem sobre o mundo lusófono e escreva subáreas do seu interesse para cada uma delas.

Língua e literatura	
Geografia	
História	
Arte e cultura	

2   Em duplas, conversem.

a   Quais são as suas subáreas de interesse?

b   O que pode ser feito para buscar mais informações sobre essas áreas (considerem outras fontes de informação além da internet, por exemplo, material impresso, pessoas, objetos etc.).

c   O que vocês sabem sobre as seguintes terminações em URLs?

. com . org . br . net . pt . gov . ao

VOCÊ SABIA?

A sigla **URL** designa o endereço de um website e vem da língua inglesa ("uniform resource locator").

---

3   Partindo das reflexões anteriores e da lista a seguir, escolha um tópico listado na atividade 1 e busque informações confiáveis sobre ele utilizando não apenas a internet.

Possíveis fontes confiáveis para informação e aprendizagem

▶ *Sites oficiais do país pesquisado (contendo os elementos. br,. pt,. ao,. cv,. mz,. gw,. st,. tl)*

▶ *Sites de organizações internacionais como a ONU ou a UNESCO*

▶ *Profissionais que atuam nas áreas pesquisadas (de preferência mais de um para contraposição das informações)*

▶ *Relatórios produzidos por instituições acadêmicas*

▶ *Jornais e revistas que têm boa reputação nos países pesquisados*

▶ _____

---

4 Em conjunto com a turma, troquem ideias sobre a experiência de buscar fontes de informações confiáveis na internet e além dela.

Autoavaliação

1 Como você avalia a sua aprendizagem e o seu desempenho nessas áreas?

	Muito bem. ☺	Bem. ☺	Preciso melhorar. ☹
Distinguir e usar os verbos **saber**, **conhecer** e **encontrar**			
Compreender vocabulário relativo a tecnologias digitais			
Usar abreviaturas em interações digitais			
Usar linhas de concordância para pesquisar sobre o uso de algumas palavras			
Compreender e usar emojis em interações em português			
Compreender provérbios tradicionais e algumas adaptações			

(coluna lateral: VOCABULÁRIO)

(Continua)

		Muito bem. ☺	*Bem.* ☺	*Preciso melhorar.* ☹
GRAMÁTICA	Usar o presente do subjuntivo com **talvez, tomara que, por mais que, qualquer que** e outros termos			
	Distinguir e usar o presente do indicativo e o presente do subjuntivo			
PRONÚNCIA	Identificar e produzir os sons correspondentes às letras **ch**, **g** e **j**.			
ESCUTA	Ouvir uma interação online			
	Identificar trocas de turno			
	Identificar fronteiras entre palavras			
LEITURA	Ler e-mails			
	Ler interações em chat			
	Identificar os pontos de vista em interações em chat			
FALA	Participar de uma interação digital oral			
	Retificar posicionamentos que podem levar a mal-entendidos			
ESCRITA	Participar de uma interação escrita em um fórum online			
	Considerar a modalidade a ser utilizada			
CULTURA	Avaliar o impacto de novas tecnologias nas interações humanas			
	Compreender aspectos relacionados ao acesso desigual a novas tecnologias			
APRENDIZAGEM AUTÔNOMA	Identificar fontes de aprendizagem confiáveis			

2   Elabore um plano de ação para lidar com as áreas que precisam de mais prática, listando o que você vai fazer (coluna da esquerda) e em que prazo (coluna do meio). Depois de cumprir o seu plano, avalie os novos resultados (coluna da direita).

O que vou fazer?	*Prazo*	*Nova avaliação sobre a minha aprendizagem e desempenho*

3   Folheie a próxima unidade do livro e responda.

   a   Quais são os assuntos principais na próxima unidade?

   b   Como você pode praticar as áreas listadas na atividade 1 na próxima unidade?

9 | Estilo de Vida e Saúde

▶ Ouvir uma aula formal, prestando atenção a conectivos e tomando notas

▶ Ampliar vocabulário sobre doenças e outros males

▶ Aprender sobre usos de **bem** e **então**

▶ Praticar vocabulário relativo a alimentos

continua

▶ Refletir sobre e pesquisar colocações de vocabulário relativo a alimentos

▶ Rever e praticar usos do imperfeito do subjuntivo para falar de desejo, dúvida, possibilidades e outros no passado; e de condições e comparações hipotéticas.

▶ Ler um teste, um artigo de revista e um informe publicitário, refletindo sobre a presença de fatos e opiniões nesses textos

▶ Aprender e usar vocabulário relativo a embalagens

▶ Compreender e praticar expressões com **fazer**

▶ Aprender vocabulário relativo a risos e gargalhadas

▶ Rever e praticar o condicional (futuro do pretérito)

▶ Praticar os sons associados aos dígrafos **nh** e **lh**

▶ Gerar ideias em um brainstorm, selecionando as estratégias de fala adequadas

▶ Sintetizar ideias geradas em um brainstorm, desenvolvendo um argumento

▶ Participar de um brainstorm ou como gerador/a de ideias (selecionando e avaliando estratégias de fala) ou como moderador/a (desenvolvendo um argumento)

▶ Escrever uma carta de reclamação, usando e monitorando colocações

▶ Refletir sobre comportamentos e processos relacionados ao estilo de vida e as suas implicações na saúde do indivíduo e da sociedade

▶ Aprender sobre a presença de fast-food, entregas a domicílio e produção de alimentos transgênicos em países lusófonos

▶ Considerar e aplicar procedimentos eficazes para tomada de notas

Primeiras impressões

1   De que forma a imagem na página anterior se relaciona ao título desta unidade? Justifique as suas respostas mencionando elementos da imagem.

2   Como você descreveria as características físicas do/a dono/a dos objetos retratados? Como seria a personalidade dessa pessoa, e que outros objetos essa pessoa usaria com frequência?

3   Se o tópico desta unidade fosse "Estilo de vida e doenças", como poderia ser a imagem ilustrativa da página anterior? Que elementos estariam presentes e como eles poderiam estar dispostos?

 Para sugestões de material adicional sobre o assunto desta unidade, visite www.routledge.com/cw/santos.

À escuta

Preparando-se para escutar

1   Em duplas, observem a imagem e respondam: qual opção melhor descreve o cenário retratado? Justifiquem as suas respostas, comentando sobre a opção escolhida e as opções descartadas.

a   ( ) um discurso político

b   ( ) uma palestra ou aula formal

c   ( ) uma troca de ideias informal

2   Em grupos, respondam sobre o cenário ilustrado na atividade 1.

a   Qual é a relação entre as pessoas retratadas?

b   É esperado que as pessoas retratadas sigam as mesmas regras de participação (quando falam, como falam, o que falam etc.) ou que sigam regras diferentes? Deem detalhes.

3   Complete o quadro com detalhes sobre interações semelhantes à retratada na atividade 1 em que você já participou. Depois, compartilhe as suas respostas em grupos.

O seu papel na interação	*Regras de participação*

4   Liste algumas dificuldades que os/as ouvintes em interações como a ilustrada na atividade 1 podem encontrar. Depois, responda: o que os/as ouvintes nessas interações podem fazer para lidar com essas dificuldades ou mesmo evitá-las?

Escutando

1   Ouça o áudio e sublinhe os conectivos usados na fala. Depois, organize nos quadros os conectivos sublinhados de acordo com a ideia que indicam.

ainda que	a menos que	assim	com efeito	conforme
depois	dessa forma	embora	em primeiro lugar	em suma
então	logo	mas	não obstante	no entanto
obviamente	ou seja	pelo contrário	porém	por exemplo
por isso	por mais que	portanto	quer dizer	sempre que
todavia				

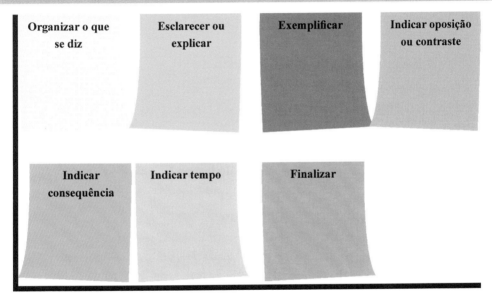

Organizar o que se diz

Esclarecer ou explicar

Exemplificar

Indicar oposição ou contraste

Indicar consequência

Indicar tempo

Finalizar

2   Ouça o áudio novamente, prestando atenção aos conectivos, e escolha a opção que completa cada alternativa.

ESTRATÉGIA: PRESTANDO ATENÇÃO A CONECTIVOS

Conforme apresentado na Unidade 4 como estratégia de leitura, a atenção a conectivos pode facilitar o entendimento de um texto. A mesma estratégia pode ser aplicada ao se ouvir. A atenção a elementos que indiquem causa, consequência, finalidade e outros pode ajudar o/a ouvinte a identificar relações entre as ideias do que se ouve.

a   As sangrias e ventosas eram . . .

( ) causas de doenças.

( ) exemplos de tratamentos.

( ) opostas a outros tratamentos.

b   A pneumonia era uma doença devastadora porque . . .

( ) quem não podia pagar não tinha acesso a quase nenhum tratamento.

( ) não havia faculdades de Medicina no Brasil colônia.

( ) ocorria junto com outras doenças, como a tuberculose.

c   Porque não havia médicos suficientes no Brasil colônia . . .

( ) os escravos tratavam-se com amuletos e ervas.

( ) os "práticos" cobravam pelos tratamentos oferecidos.

( ) a população utilizava os serviços de curandeiros.

d   Se o aumento do trânsito nos portos era bom para a economia, . . .

( ) também era bom para a saúde da população porque trazia mais médicos.

( ) era mau para a saúde da população porque não havia fiscalização organizada.

( ) não afetava a saúde da população porque havia serviços de saúde.

e   No século XIX, houve muitas epidemias . . .

( ) porque a Provedoria de Saúde tentava controlar as doenças.

( ) apesar da tentativa de controle de doenças pela Provedoria.

( ) e, por isso, a Provedoria inibia as atividades dos curandeiros.

f   A função principal da Junta de Higiene Pública era . . .

( ) indicar medidas de higiene pessoal para os cidadãos.

( ) vistoriar navios para evitar a entrada de doenças.

( ) propor medidas para melhorar as condições de saúde.

g   A Junta de Higiene Pública cumpria as suas funções . . .

( ) e conseguiu resolver os muitos problemas de saúde pública da época.

( ) mas não chegou a solucionar os problemas de saúde pública da época.

( ) porque podia solucionar a maioria dos problemas de saúde pública.

3   Imagine que você participa, como aluno/a, da aula do áudio. Uma colega não pode estar presente e pediu que você tomasse notas da aula para ela. Quais das ideias abaixo podem ajudá-lo/a ao tomar notas?

a   ( ) Entender a organização das ideias a partir dos conectivos usados.

b   ( ) Não escrever nada enquanto ouve e escrever apenas ao final da aula.

c   ( ) Observar o que é dito com ênfase.

d   ( ) Prestar atenção a palavras e/ou ideias repetidas.

e   ( ) Tentar escrever tudo o que é dito.

4   Ouça o áudio mais uma vez e tome notas sobre a aula para a sua colega. Depois, compartilhe as suas notas em grupos, comentando sobre o que escreveram, como e por quê.

ESTRATÉGIA: TOMANDO NOTAS

Ao tomar notas é importante pensar na finalidade dessas notas: elas são tomadas para promover a aprendizagem (p. ex., em notas tomadas em aulas)? Para ajudar a lembrar algo (p. ex., em listas de compras)? É importante também pensar nos leitores das notas: eles/as compreenderão o que foi escrito? Em notas tomadas em aulas ou palestras é importante distinguir o que foi dito pelos/as falantes e o que foi interpretado por quem tomou as notas.

 Em www.routledge.com/cw/santos você tem acesso a um áudio para praticar o que você aprendeu sobre tomar notas.

Refletindo sobre a escuta

1 Releia as suas respostas à atividade 4 na seção *Preparando-se para escutar*. Reflita: você mudaria as suas respostas de alguma forma diante do trabalho na seção *Escutando*? Inclua justificativas e explicações nas suas reflexões.

2 Em grupos, discutam.

  a De que forma a atenção a conectivos pode facilitar a escuta em aulas? De que forma pode facilitar a escuta em outras situações? Deem detalhes.

  b Vocês costumam tomar notas ao ouvir? Em que situações e para quê? O que pode ser feito para que as notas que vocês tomam sejam eficazes?

Palavras etc.

Doenças e outros males

1 Desembaralhe as letras entre colchetes no quadro. Depois, verifique as suas respostas no roteiro do áudio da seção *Escutando*.

▶ "Doenças como a [esbrutecoul] ou até mesmo a [umpinaneo] podiam ser devastadoras, não só porque os tratamentos eram limitados, como porque se não se podia pagar, não se tinha acesso a quase nada."

▶ "Os escravos viviam em condições sub-humanas e isso favorecia epidemias. A [líavora], por exemplo, era um problema muito sério entre as populações de escravos."

▶ "Ainda que houvesse essa tentativa de controle de doenças, houve muitas epidemias, como [erebf] [mealara], que foi muito séria."

continua

> ▶ "As epidemias de [ipreg] também se repetiram."
>
> ▶ "Até epidemia de [espet] houve, embora isso fosse mais tarde, já no começo da República."

2   Em pequenos grupos, discutam.

   a   O que vocês sabem sobre as causas, sintomas, tratamento e prevenção das doenças mencionadas na atividade 1?

   b   Essas doenças foram ou são problemas enfrentados nos seus países de origem? Deem detalhes.

   c   Vocês acham que essas doenças ainda são encontradas no Brasil? Justifiquem as suas respostas.

3   Relacione as doenças que mais matam no Brasil às suas descrições.

a	Acidente vascular cerebral (AVC)	( ) Elevação da glicose (açúcar) no sangue
b	Infarto agudo do miocárdio	( ) Entupimento ou rompimento dos vasos que levam sangue ao cérebro
c	Pneumonia	( ) Causa principal: pressão arterial elevada
d	Diabetes	( ) Inflamação no pulmão
e	Doenças hipertensivas	( ) Interrupção da circulação de sangue para o coração

Referência: "Saúde Brasil 2014: uma análise da situação de saúde e das causas externas", https://goo.gl/2f9v8D. Data de acesso: 24/2/2018.

VOCÊ SABIA?

▶ O infarto (ou enfarte) do miocárdio é comumente chamado de **ataque cardíaco**.

▶ O AVC também é conhecido como **derrame**.

▶ No Brasil usa-se comumente os termos **pressão arterial** e **pressão sanguínea** para fazer referência à pressão que o sangue exerce nas artérias; em Portugal e outros países lusófonos, diz-se **tensão arterial**. Tanto no Brasil quanto nos outros países de língua portuguesa, porém, a pressão/tensão elevada é conhecida como **hipertensão**.

▶ O diabetes também pode ser chamado **diabete**; ambos são substantivos de dois gêneros, ou seja, podem ser masculinos ou femininos: o diabete(s)/a diabete(s).

4   Em duplas, escrevam legendas para cada uma das ilustrações. Depois, confiram as suas respostas com outras duplas. Finalmente, respondam às perguntas oralmente.

a   Vocês costumam ter algum(ns) desses males? Se sim, qual(is)?

b   Quando foi a última vez que vocês tiveram algum dos males retratados? Qual foi (quais foram) a(s) causa(s)? Como trataram?

c   O que vocês fazem para prevenir os males retratados? Algum(ns) desses males é(são) mais facilmente evitado(s) do que outros? Se sim, qual(is)?

5   Use as opções do quadro para completar o texto. Em seguida, faça o que se pede.

apresente   cabeça   familiar   gripe   infecções   médica   preço   reduzir   remédios saúde   tratamento

O Programa Farmácia Popular do Brasil, instituído em 2004, tem por objetivo _____ o impacto dos medicamentos no orçamento _____. As unidades da Farmácia Popular têm mais de 100 itens disponibilizados pelo _____ de custo a quem _____ um documento com foto e CPF, além de uma receita _____ ou odontológica. A Farmácia Popular fornece medicamentos para doenças como a _____, a anemia e a depressão, além de várias _____ e outros males. O programa também disponibliza medicamentos para febre, dores de _____ e alergias, entre muitos outros. Em 2011, lançou-se a campanha Saúde Não Tem Preço, que passou a fornecer gratuitamente medicamentos para o _____ de hipertensão e diabetes. Dos mais de 30 milhões de hipertensos brasileiros, 80% são atendidos na rede pública de _____; dos mais de 7,5 milhões de diabéticos, também 80% dependem do Sistema Único de Saúde. Em 2014, a campanha incorporou alguns _____ para o tratamento da asma.

Referências: Portal da Saúde/SUS, https://goo.gl/gnWdnZ; https://goo.gl/onjGZH; https://goo.gl/nn7Ktf. Data de acesso: 3/3/2017.

a   Dê exemplos de doenças que podem ser tratadas com medicamentos encontrados nas Farmácias Populares.

b   Entre os males mencionados na atividade 4, qual(is) deles pode(m) ser tratado(s) com medicamentos disponíveis nas Farmácias Populares?

c   O que é o Programa Saúde Não Tem Preço e que doenças ele inclui? Por que você acha que essas doenças foram incluídas? Inclua na sua resposta informações apresentadas na atividade 3.

VOCÊ SABIA?

O Sistema Único de Saúde (conhecido pela sigla SUS) é o sistema público de saúde brasileiro. Os serviços do SUS vão desde o atendimento ambulatorial ao transplante de órgãos. No entanto, parte da população brasileira paga planos de saúde privados e nem sempre utiliza os serviços do SUS. Em Portugal, o Serviço Nacional de Saúde (SNS) fornece cobertura universal aos cidadãos, embora muitos optem por seguros de saúde privados. A sigla SNS também é usada para os Serviços/Sistemas Nacionais de Saúde em Angola, Cabo Verde, Moçambique e Timor-Leste. A Guiné-Bissau implementou em 2011 o Instituto Nacional de Saúde Pública (INASA). Em São Tomé e Príncipe o Ministério da Saúde colabora com a organização não-governamental Instituto Marquês de Valle Flôr (IMVF) para desenvolver programas de saúde pública.

6   Em duplas, respondam oralmente. Se necessário, refiram-se ao vocabulário apresentado nas atividades 1, 3 e 4.

a   O(s) seu(s) país(es) de origem tem(têm) um programa que facilita o acesso da população a medicamentos? Se sim, como funciona?

b   Na opinião de vocês, que tipos de medicamentos (ou seja, para que doenças) devem estar disponíveis em um programa que disponibiliza remédios de graça ou a baixo custo? Por quê?

Bem e então

1   Leia o roteiro da aula que você ouviu na seção *Escutando* e encontre exemplos de uso da palavra **então**. Escreva os exemplos nas linhas a seguir.

a   _____

b   _____

c   _____

d   _____

2   Relacione os exemplos da atividade 1 com as funções de **então**. Uma função pode ser associada a mais de um exemplo e nem todas as funções listadas são ilustradas pelos exemplos.

( ) abertura de tópico

( ) fechamento de tópico

( ) marcador de inferência/dedução

( ) retomada de tópico

( ) sequência temporal

3   Leia o diálogo, sublinhando as frases em que a palavra **então** é utilizada. Em seguida, responda com base nas opções da atividade 2: qual é a função de **então** em cada frase?

—   Hugo, você que já viveu em Angola, pode falar um pouco para a turma sobre a saúde lá?

—   Claro, professor. Hoje em dia grande parte da população angolana tem acesso a serviços de saúde. O atendimento público é gratuito e obrigatório, então a rede privada é obrigada a prestar primeiros socorros mesmo que o paciente não possa pagar.

—   Então existe também uma rede privada de serviços de saúde?

373

— Existe, sim, mas ainda é mais concentrada em Luanda. Então, na rede pública tem postos de saúde, hospitais municipais, hospitais provinciais e também os hospitais nacionais, que são os hospitais de referência.

— E o combate às doenças? Você sabe como se faz o combate à malária, por exemplo?

— A malária realmente é um desafio, mas o governo distribui mosquiteiros, né, aquelas redes que as pessoas colocam em volta da cama. Mas o número de mortes por malária já diminuiu muito. É isso, então.

— Obrigado, Hugo.

VOCÊ SABIA?

Os **marcadores conversacionais** são palavras que ajudam a organizar a estrutura do discurso. Alguns desses marcadores são usados para iniciar ou tomar um turno conversacional (ou seja, a vez de falar). Em geral, as palavras usadas para iniciar ou tomar o turno aparecem no começo da frase. Em português, esses marcadores incluem **bem, bom, olha (só)/olhe (só), ouve/ouça** e **então**. Em monólogos, **bem, bom** e **então** podem indicar mudança de assunto ou reinício da fala depois de uma pausa.

4 Ouça o áudio novamente (faixa 29) ao mesmo tempo que lê o roteiro online. Localize os exemplos de **bem** como marcador conversacional e determine que função cada um cumpre, escolhendo entre (a) início de turno, (b) mudança de assunto, (c) reinício depois de pausa e (d) retomada de tópico.

5 Em duplas, conversem sobre doenças e saúde no(s) seu(s) país(es) de origem. Usem os marcadores conversacionais **bem** e **então** para iniciar turnos, tomar turnos, abrir/retomar/fechar um tópico, marcar uma sequência temporal, mudar de assunto.

Vocabulário relativo a alimentos

1 Ouça novamente um trecho do áudio da seção *Escutando* que fala sobre comidas. Liste as comidas mencionadas. Como elas são descritas, e o que significa cada descrição?

Comidas	Descrição	Significado

2   Em duplas, respondam oralmente: o que a imagem ilustra? O que vocês sabem sobre esse assunto? Tomem notas sobre as suas respostas.

3   Relacione as colunas de forma que os elementos à direita ilustrem as categorias à esquerda. Depois, com um/a colega, responda oralmente: de que forma o vocabulário se relaciona à imagem da atividade 2?

a	óleos/gorduras	( ) arroz/pão/mandioca/batata
b	verduras/legumes	( ) espinafre/pepino/repolho/couve
c	carnes/ovos	( ) abacaxi/banana/goiaba/mamão
d	açúcares/doces	( ) leite/queijo/iogurte
e	feijões/oleaginosas	( ) feijão preto/castanha-do-pará/nozes
f	carboidratos	( ) carne vermelha/frango/peixe
g	frutas	( ) óleo de girassol/banha de porco/azeite de oliva
h	laticínios	( ) bombons/biscoitos/bolos

PALAVRAS QUE CAUSAM CONFUSÃO

Legumes e verduras

▶ Na área da botânica, a palavra **legume** está associada ao fruto das legumináceas. Na culinária e em linguagem popular, porém, **legume** designa as plantas comestíveis que

continua

375

> são caules, frutos não doces, raízes, tubérculos e bulbos. Quando falamos de alimentos, alguns exemplos de legumes são cenoura, ervilha, quiabo.
>
> ▶ Na alimentação, a palavra **verdura** refere-se a folhas comestíveis, tais como acelga, alface, rúcula e outras.

4   Encaixe os alimentos do quadro na coluna apropriada. Se não conhecer algum dos alimentos, consulte um dicionário.

abobrinha   chicória   chuchu   couve   espinafre   mostarda   nabo   pimentão

Legumes	*Verduras*

 Em www.routledge.com/cw/santos você encontra mais atividades sobre vocabulário relativo a alimentos.

5   Em duplas, joguem o Jogo dos Adjetivos. Listem adjetivos que podem ser usados para descrever comidas e tipos de pratos. Cada dupla tem cinco minutos (ou outro tempo pré-determinado) para escrever adjetivos no quadro, lembrando que só podem escrever um adjetivo para cada letra. Ganha o jogo a dupla que preencher o maior número de casas.

A	B	C	D	E	F	G
H	I	J	K	L	M	N
O	P	Q	R	S	T	U
V	W	X	Y	Z		

Vocabulário frequentemente usado

1   A lista a seguir é o resultado parcial de uma pesquisa feita em um corpus sobre palavras que costumam ocorrer à direita da palavra **comida**. Analise o quadro e responda.

1	JAPONESA	501
2	BOA	356
3	CASEIRA	313
4	INDIANA	308
5	SAUDÁVEL	299
7	CHINESA	212
8	RÁPIDA	169
9	VEGETARIANA	154
10	MEXICANA	153
11	CONGELADA	149
12	ITALIANA	149
13	FEITA	138
14	TRADICIONAL	135
15	SUFICIENTE	135
16	PORTUGUESA	132
17	DELICIOSA	128
18	QUENTE	125
19	PRONTA	118
20	BRASILEIRA	118

Referência: *Corpus do Português*, www.corpusdoportugues.org. Data de acesso: 20/2/2017.

a   No corpus pesquisado, que adjetivo ocorre com maior frequência imediatamente depois da palavra **comida**?

b   Quantos adjetivos pátrios aparecem entre os dez colocados mais frequentes? O que isso sugere?

c   Que adjetivos expressam opinião? Com que frequência eles ocorrem?

d   A lista contém adjetivos que foram usados na atividade 5 da seção *Palavras etc./Vocabulário relativo a alimentos*? Se sim, quais?

CORPUS

A análise de colocados em um corpus permite restringir o número de termos que aparecem antes e depois de uma certa palavra. Esse tipo de busca é útil para se averiguar que palavras ocorrem juntas frequentemente (ou seja, o uso dos colocados) e a frequência dos colocados. A análise de colocados também pode revelar que focos são mais frequentemente associados a certas palavras (p. ex., ideias positivas ou negativas).

2 Visite o site do Corpus do Português e realize uma pesquisa no corpus de web/dialetos (www.corpusdoportugues.org/web-dial/). Selecione PORT para português e selecione "colocados". Insira a palavra **comida** e depois, na escala que aparece embaixo, selecione 1 para o lado direito e 2 para o lado esquerdo, para que os resultados mostrem uma palavra depois e duas antes de **comida**. Que diferenças há entre os seus resultados e a lista da atividade 1? Com um/a colega, discuta hipóteses para essas diferenças. Verifique as suas hipóteses lendo os exemplos completos (para ler os exemplos, clique nas palavras que aparecem nos seus resultados).

3 Escolha dois substantivos que designam alimentos e escreva-os na coluna da esquerda. Com um/a colega, complete a coluna do meio respondendo: que adjetivos vocês acham que são usados frequentemente com esses substantivos (antes e depois dos substantivos)? Em seguida, verifique as suas hipóteses no Corpus do Português e complete a coluna da direita.

Substantivo	Hipótese: Adjetivos que ocorrem juntos com os substantivos	Verificação da hipótese: Correta ou incorreta?

Descobrindo a gramática

Imperfeito do subjuntivo: alguns casos

Mais informações na seção Referência Gramatical

1   Ouça novamente a aula sobre saúde pública no Brasil (seção *Escutando*) e complete os trechos com os verbos usados. Depois, verifique as suas respostas no roteiro do áudio online.

> ▶   "[. . .] D. João VI queria que _____ mais serviços pra atender a corte e pro Império poder funcionar daqui [. . .]."
>
> ▶   "Era necessário que as cidades _____ uma organização mínima."
>
> ▶   "[A Provedoria] tentava inibir as atividades dos curandeiros e dos 'práticos' para que a população não _____ a esse tipo de tratamento."
>
> ▶   "[. . .] por mais que a Junta _____ as suas funções, não conseguiu resolver os problemas de saúde pública da época [. . .]."

2   Qual modo verbal é usado nas suas respostas na atividade 1?

a   ( ) imperativo

b   ( ) indicativo

c   ( ) subjuntivo

3   Em duplas, façam o que se pede.

a   Justifiquem a resposta na atividade 2, comentando sobre todos os exemplos na atividade 1.

b   Respondam: os verbos que vocês escreveram na atividade 1 referem-se ao presente ou ao passado?

4   Leia e repare o uso dos verbos destacados. Em seguida, faça o que se pede.

A saúde pública em Portugal hoje e antes

Em Portugal hoje em dia é importante que todos tenham acesso aos serviços de saúde.	Antigamente era improvável que todos **tivessem** acesso a serviços de saúde.
Hoje em dia, embora o SNS preste assistência médica gratuita ou a baixos custos, alguns portugueses usam serviços privados.	Até o final do século XIX, embora o Estado **prestasse** assistência aos pobres, muitas pessoas não eram tratadas.
Vários dirigentes desejam que todos usem os serviços SNS.	Os portugueses desejavam que os dirigentes **criassem** um sistema eficaz.
Por mais que alguns se queixem dos serviços do SNS, o sistema atende a população do país.	Antes do SNS, por mais que os cidadãos se **queixassem**, não havia um serviço nacional para atender a população.

a   Justifique o uso do imperfeito do subjuntivo em cada um dos exemplos do quadro.

i   _____

ii   _____

iii   _____

iv   _____

b   Tire conclusões sobre a formação do imperfeito do subjuntivo, escolhendo as opções que melhor descrevem essa formação.

Infinitivo	Tempo verbal base
tratar	trataram
atender	atenderam
consumir	consumiram
ter	tiveram

Imperfeito do subjuntivo (1ª pessoa singular)
tratasse
atendesse
consumisse
tivesse

( ) O imperfeito do subjuntivo é formado a partir do presente do subjuntivo.

( ) O imperfeito do subjuntivo é formado a partir do pretérito perfeito do indicativo.

( ) Não há exceções para a formação do imperfeito do subjuntivo (ou seja, é formado sempre da mesma maneira).

( ) Para formar a 1ª pessoa singular do imperfeito do subjuntivo basta acrescentar **-sse** ao infinitivo do verbo.

c   Complete o quadro relativo a usos do imperfeito do subjuntivo com um dos elementos dados (veremos outros usos mais adiante nesta unidade).

Conjunções e locuções	Expressões impessoais
Por mais que	Verbos de desejo, dúvida ou sentimento

Usos	Exemplos
	A paciente duvidava que o médico chegasse a tempo. Era importante que a cobertura de saúde fosse boa. Ainda que o atendimento fosse excelente, várias pessoas se queixavam. Por mais que houvesse prevenção, não se conseguiu conter a epidemia.

5   Complete o quadro com a forma verbal adequada. Depois, complete as frases usando o imperfeito do subjuntivo e troque as suas frases com um/a colega, que vai verificá-las.

Hoje	Antes
A quarentena é implementada caso seja necessário.	A quarentena era implementada caso _____ necessário.
Por mais que os médicos combatam as epidemias, algumas são difíceis de controlar.	Por mais que os médicos _____ as epidemias, algumas eram difíceis de controlar.
É importante que os enfermeiros cuidem dos pacientes.	Era importante que os enfermeiros _____ dos pacientes.
É essencial que os pacientes estejam bem alimentados.	Era essencial que os pacientes _____ bem alimentados.

Hoje	Antes
Os médicos querem que ele fique no hospital.	Os médicos quiseram que ele _____ no hospital.
A esposa dele duvida que ele siga as recomendações médicas.	A esposa dele duvidava que ele _____ as recomendações médicas.

a   A saúde pública no Brasil colônia era precária. Caso _____

b   A expectativa de vida no século XIX era baixa. Por mais que _____

c   Antigamente, era improvável que _____

d   Há muitos anos, era necessário que _____

e   Eu esperava que _____

f   Nós preferíamos que _____

6   Complete o texto sobre Oswaldo Cruz usando o imperfeito do subjuntivo dos verbos dados. Use cada verbo somente uma vez.

agir   criar   compreender   percorrer   resistir   ser

O sanitarista brasileiro Oswaldo Cruz nasceu em 1872 e formou-se em Medicina aos 20 anos de idade. Depois de estagiar no Instituto Pasteur em Paris, regressou ao Brasil em

continua

1899 e foi convidado a organizar o combate ao surto de peste bubônica em Santos. Para combater a doença, o sanitarista pediu que o governo _____ um instituto para fabricação de soro. Em 1903, para lutar contra a febre amarela no Rio de Janeiro, ordenou que agentes sanitários _____ a cidade e eliminassem os focos de contaminação. Além disso, sugeriu que a vacinação _____ obrigatória. Era fundamental que a população _____ a importância de eliminar os focos da doença. Embora Oswaldo Cruz _____ para o bem da população, a campanha de combate à febre amarela sofreu oposição de políticos e da população. No entanto, por mais que as pessoas _____ ao combate da doença, a campanha de Oswaldo Cruz teve êxito, e o surto de febre amarela na cidade foi controlado.

7   Use elementos das duas colunas para compor frases verdadeiras sobre você.

Exemplo: *Quando eu era criança eu duvidava que fosse necessário comer tantos legumes e verduras para levar uma vida saudável.*

Quando eu era criança eu duvidava que . . .	Ser possível
Antigamente eu esperava que uma gripe . . .	Ser importante
Antes de aprender sobre carboidratos eu não imaginava que eles . . .	Ir embora
Quando eu era criança eu não comia . . . a menos que . . .	Ficar
Antes de ler sobre Oswaldo Cruz eu não pensava que . . .	Poder ser curado/a
Há alguns anos eu não sabia muito a respeito de epidemias, embora . . .	Ser necessário

8   Complete usando o pretérito imperfeito do indicativo (p. ex., "andava", "corria", "dormia") ou o imperfeito do subjuntivo (p. ex., "andasse", "corresse", "dormisse").

Eu tenho tido uma vida sedentária, mas _____ (ser) importante que _____ (fazer) algum tipo de atividade física. Antigamente eu não _____ (andar) de bicicleta, mas aprendi a andar há alguns anos. Eu não _____ (pensar) que o exercício físico _____ (ser) tão divertido! Mas eu nunca arrumava tempo. . . . Por mais que os meus colegas me _____ (incentivar) a caminhar, eu _____ (estar) sempre presa ao trabalho. Mesmo que eu _____ (saber) que eles _____ (ter) razão, nunca percebi a importância real da atividade física. Eu _____ (duvidar) que os exercícios regulares _____ (ajudar) tanto a manter a boa saúde, mas hoje sei que eu _____ (estar) errada. Antes os meus irmãos e eu _____ (esperar) que andar meia hora a cada 15 dias _____ (manter) a nossa saúde. Mas estou determinada a mudar e vou pular corda, caminhar diariamente e nadar três vezes por semana!

9   Complete o quadro. Depois, converse com um/a colega sobre os assuntos listados no quadro. Use as sugestões nos balões na sua conversa.

	Problema de saúde atual	*Problema de saúde no passado*
Um/a amigo/a ou familiar		
Uma celebridade		
Muitas pessoas no seu país de origem		
Muitas pessoas em um país lusófono		
A população mundial em geral		

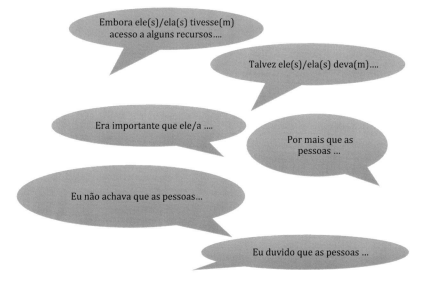

Nas entrelinhas

Preparando-se para ler

1   Leia os dois textos e responda sobre cada um deles.

Texto 1

Você precisa se exercitar mais? Faça o teste e descubra.

A. Quando você sai de carro, o que faz?

   (a) Fica rodando até encontrar uma vaga perto do seu destino.
   (b) Estaciona na primeira vaga que encontra para não perder mais tempo.
   (c) Estaciona longe de propósito, para poder andar mais.
   (d) Você só usa transporte público e anda o que for preciso.

B. Quando você sobe na balança, o que pensa?

    (a) Estou um pouco acima do peso; preciso fazer regime.

    (b) Estou um pouco acima do peso, mas não faz mal.

    (c) O meu peso está exatamente como eu quero. Não preciso fazer dieta.

    (d) Estou um pouco abaixo do peso; o meu médico não vai gostar.

C. Que tipo de atividade física você encaixa na sua rotina?

    (a) Só andar para o estacionamento ou para o transporte público.

    (b) Fazer caminhadas entre 30–60 minutos de manhã ou no fim do dia.

    (c) Fazer aulas frequentemente na academia de ginástica (60 minutos ou mais).

    (d) Correr ou nadar (60 minutos ou mais); fazer esporte em equipe (90 minutos ou mais).

D. Se você pudesse escolher, o que faria como atividade física?

    (a) Caminharia na praia com clima ameno.

    (b) Faria trilha em lugares bonitos.

    (c) Praticaria algum esporte coletivo.

    (d) Faria ciclismo ou natação.

E. Se você tivesse mais tempo, o que faria?

    (a) Dormiria mais e/ou veria mais televisão.

    (b) Praticaria mais esportes.

    (c) Leria muitos livros.

    (d) Faria longas caminhadas.

F. Você está viajando com um/a amigo/a e vocês precisam decidir como vão chegar a um museu que fica a 3 km do hotel. Você diz:

    (a) "Por mim, tanto faz. Podemos ir a pé ou pegar um táxi".

    (b) "Vamos a pé, vai fazer bem e podemos ir vendo as coisas no caminho".

    (c) "Vamos de táxi. Já temos que andar muito dentro do museu".

    (d) "E se fôssemos a pé e voltássemos de táxi?"

Texto 2

Fazer exercício faz bem ao corpo e ao cérebro

Você sabia que a atividade física pode ajudar o cérebro a funcionar melhor? Pois é verdade. Se você gosta de andar de bicicleta, agora tem mais motivos para pedalar – ou para correr no calçadão, andar no parque ou nadar na piscina. Se você não encontra tempo para se movimentar e tem uma tendência ao sedentarismo, seria recomendável que mudasse um pouco os seus hábitos e incluísse o exercício físico na sua rotina, pois poderia ver resultados positivos na sua capacidade de concentração. Afinal, quem não quer ter notas mais altas na escola ou melhor produtividade no trabalho? Ao praticar atividades físicas, especialmente as aeróbicas, o seu corpo leva mais sangue para o cérebro, favorecendo a região cerebral responsável pela aprendizagem e pela memória. Fazer exercício sempre foi importante para que as pessoas tivessem boa saúde, mas agora sabemos que movimentar o corpo também ajuda em tarefas que exigem concentração, como estudar. Poderíamos até dizer que é como se o cérebro ficasse mais jovem, já que a capacidade cognitiva aumenta bastante. Mas é importante se exercitar e não se enganar: não vale fazer hora com os amigos na academia e fazer de conta que fez muitas atividades físicas . . .

		Texto 1	Texto 2
a	Onde encontramos textos como esse?	_____	_____
b	Quem escreve textos como esse?	_____	_____
c	Para quem textos como esse são escritos?	_____	_____

VOCÊ SABIA?

Os estabelecimentos que são conhecidos no Brasil como **academias (de ginástica)** são chamados **ginásios** em Portugal. No Brasil, diz-se que uma pessoa **frequenta** ou **vai** à academia; em Portugal, além desses termos, também se pode dizer que alguém **é membro** do ginásio. No Brasil o verbo **malhar** e o substantivo **malhação** são usados para fazer referência à prática de exercícios físicos, frequentemente (mas não apenas) em academias.

2   Qual é o objetivo de textos como os da atividade 1? Marque todas as alternativas que achar corretas.

Objetivos	Textos como o Texto 1	Textos como o Texto 2
argumentar		
convencer		
entreter		
informar		
instruir		
narrar		

3   Responda.

a   Você costuma ler textos como os apresentados na atividade 1? Se sim, com que frequência?

( ) Sim. _____ ( ) Não

b   Se você tivesse dúvidas específicas sobre o impacto do sedentarismo na sua vida e procurasse **fatos** sobre o assunto, o que procuraria ler? Marque todas as alternativas verdadeiras sobre você.

( ) Textos como o Texto 1.

( ) Textos como o Texto 2.

( ) Outros tipos de texto. Dê detalhes: _____ _____

VOCÊ SABIA?

Fatos e opiniões aparecem em textos representativos de diferentes gêneros. Enquanto um fato é algo que pode ser verificado (e para o qual há evidências baseadas em estudos), uma opinião tem como base uma crença ou um ponto de vista e não pode ser verificada. Alguns gêneros textuais costumam conter mais fatos que opiniões, como, por exemplo, relatórios de pesquisa. Outros, como cartas ao editor, normalmente contêm mais opiniões do que fatos, pois expressam a opinião do/a autor/a a respeito de algo. No entanto, muitos gêneros textuais mesclam fatos e opiniões. Essa mistura pode ser encontrada em (auto)biografias, editoriais e análises de produtos, entre outros.

Lendo

1   Leia o texto a seguir e escreva F (fato) ou O (opinião) sobre cada um dos trechos apresentados.

ESTRATÉGIA: DISTINGUINDO FATOS DE OPINIÕES

A presença de verbos como **argumentar**, **supor**, **acreditar**, **pensar** e similares pode ajudar os leitores a identificar opiniões apresentadas em um texto. Fatos correspondem a resultados de pesquisas e situações ou eventos que podem ser comprovados por fotos ou outras evidências.

Rir (ainda) é o melhor remédio

A terapia do humor é exatamente o que o nome sugere: o uso do humor como mais uma ferramenta no tratamento dos pacientes. A prática da medicina vem se tornando cada vez mais holística, levando em consideração vários aspectos do bem-estar dos pacientes. Muitos estudos mostram que o riso e o humor são excelentes maneiras de reduzir não apenas a ansiedade dos pacientes, mas também a pressão arterial! Além disso, a terapia do humor ajuda a diminuir os hormônios relacionados ao estresse, relaxa os músculos e conduz à liberação de endorfinas (que são analgésicos naturais e, portanto, aliviam as dores).

Bem-estar geral

É importante superar os efeitos negativos de emoções que ficam presas, guardadas como se estivessem numa caixa de sapatos, e acabam fazendo mal à saúde. Muitas vezes, a atitude negativa e o mau humor prevalecem, especialmente em casos crônicos. Rir ajuda os pacientes a substituir os sentimentos negativos pela sensação de bem-estar geral. É importante proporcionar vários momentos de humor que possam ocasionar um belo sorriso ou uma sonora gargalhada. Contar uma piada (ou pedir aos pacientes que contem uma), por exemplo, é uma técnica simples e muito eficaz. Uma piada realmente engraçada pode levar a verdadeiros ataques de riso! Todas as manifestações de bom humor são positivas e devem ser incentivadas. Os benefícios da terapia do humor ainda estão sendo descobertos e alguns resultados sugerem que o humor faz bem não apenas aos pacientes, mas também aos cuidadores. É como se fosse uma pílula, só que sem nenhum efeito colateral!

Tratamentos com a terapia do humor

Algumas instituições usam a terapia do humor nos seus tratamentos. A Clínica Confiança foi uma das pioneiras, fazendo questão de proporcionar aos pacientes os tratamentos mais atuais e, sempre que possível, mais naturais. A Clínica Confiança acredita que nada é mais natural do que o humor, e os seus profissionais são treinados para incluir o humor e o riso no tratamento dos pacientes. Faça-se uma pergunta: se você pudesse escolher, o que escolheria? Um tratamento que incluísse apenas substâncias químicas ou um tratamento que melhorasse o seu ânimo também? A inovadora terapia do humor da Clínica Confiança inclui sessões de cinema (com direito a saco de pipoca e pacote de bala), shows com comediantes e palhaços para os pacientes infantis. A Clínica faz o máximo para que os pacientes possam se recuperar com mínimas intervenções – e não percam o bom humor durante o tratamento. Se você precisasse de tratamento e conhecesse todas as vantagens dos programas oferecidos, provavelmente optaria por um estabelecimento como a Clínica Confiança. Lá, os pacientes não são apenas pacientes. São parte de uma comunidade que acredita que rir (ainda) é o melhor remédio.

a ( ) "Muitos estudos mostram que o riso e o humor são excelentes maneiras de reduzir não apenas a ansiedade dos pacientes, mas também a pressão arterial!"

b ( ) "[. . .] a terapia do humor ajuda a diminuir os hormônios relacionados ao estresse, relaxa os músculos e conduz à liberação de endorfinas (que são analgésicos naturais e, portanto, aliviam as dores)."

c ( ) "[. . .] acredita que nada é mais natural do que o humor [. . .]."

d ( ) "A inovadora terapia do humor da Clínica Confiança inclui sessões de cinema (com direito a saco de pipoca e pacote de balas), shows com comediantes e palhaços para os pacientes infantis."

2 Escreva V (verdadeiro) ou F (falso) sobre as alternativas a seguir e justifique as opções marcadas com V com elementos do texto. Depois, compare as suas respostas com as de um/a colega.

O texto na atividade 1 tem a função de . . .		V ou F?	Justificativa(s)
a	apresentar um argumento ao leitor.		
b	entreter o leitor.		
c	informar o leitor sobre algo.		
d	narrar um evento ao leitor.		
e	persuadir o leitor a fazer algo.		

3 Qual das opções a seguir descreve o gênero textual ilustrado pelo texto na atividade 1? Apoie-se na sua resposta na atividade 2 para fazer a sua seleção.

a ( ) Artigo de revista: pode conter fatos e opiniões; fornece dados ao leitor; mostra opinião apoiada por dados objetivos; pode conter citações de autoridades no assunto.

b ( ) Anúncio publicitário: contém título que chama a atenção do leitor; usa a imagem como atrativo; mostra qualidades de um produto; identifica uma marca (muitas vezes com um slogan).

c ( ) Informe publicitário (B)/publirreportagem (P): usa linguagem leve; contém fatos informativos; usa a 3ª pessoa na narrativa; emprega adjetivos nas descrições.

4 Escolha o significado do vocabulário apresentado e confira a sua resposta lendo o texto mais uma vez e verificando se as suas escolhas fazem sentido no texto. Confira as suas respostas com as de um/a colega. Em seguida, crie uma pequena história usando o vocabulário.

a bem-estar

( ) situação de estar bem na companhia de outros

( ) visão cor-de-rosa da vida

( ) sensação de conforto físico e mental

b analgésico

( ) medicamento contra a dor

( ) substância química natural

( ) tratamento para males crônicos

c cuidador/a

( ) qualquer profissional da área de saúde

( ) uma pessoa que cuida de alguém

( ) um/a funcionário/a de um hospital

d pílula

( ) doces como dropes e balas

( ) medicamento em forma líquida

( ) medicamento em forma de comprimido

e   efeito colateral

( ) função principal de um medicamento

( ) efeito benéfico de um medicamento

( ) efeito de um medicamento, paralelo ao desejado

5   Responda. Depois, compare as suas respostas em grupos.

a   Que informação você achou mais interessante ao ler o texto? Por quê?

b   Que informação o/a surpreendeu? Por quê?

c   Há alguma afirmativa que você considera equivocada? Se sim, qual? Por quê?

d   Você gostaria de saber mais sobre a terapia do humor? Se sim, que tipo de informação gostaria de acessar?

Refletindo sobre a leitura

1   Sublinhe os gêneros textuais que você costuma ler para saber mais sobre saúde e alimentação.

> artigos acadêmicos   contos   crônicas   currículos   e-mails   entrevistas
> gráficos   mensagens instantâneas   poemas   postagens em blogues   receitas culinárias
> resenhas   romances

2   Para cada um dos gêneros textuais sublinhados na atividade 1, escreva F, O ou F e O de acordo com o que os gêneros apresentam tipicamente: fatos, opiniões, fatos e opiniões simultaneamente. Depois, compare as suas respostas com as de seus/suas colegas, justificando-as.

Ⓐ Ⓑ Ⓒ   Palavras etc.

Embalagens

1   Leia os exemplos e responda: o que eles têm em comum? O que têm de diferente?

> ▶ "[. . .] como se estivessem numa **caixa** de sapatos [. . .]."
>
> ▶ "[. . .] com direito a **saco** de pipoca [. . .]."
>
> ▶ "[. . .] e **pacote** de balas [. . .]."

2   Relacione as colunas formando tipos de embalagens. Depois, com um/a colega, descreva as imagens usando vocabulário do quadro e construindo hipóteses sobre o que há dentro de cada embalagem.

a	caixa	( ) de água/de vinho
b	garrafa	( ) de pasta de dente
c	lata	( ) de biscoitos/de torradas
d	pacote	( ) de arroz/de feijão
e	pote	( ) de bombons/de cereal
f	saco	( ) de geleia/de azeitonas
g	tubo	( ) de refrigerante/de sopa
h	vidro	( ) de iogurte/de sorvete

3   Descreva as compras do carrinho de supermercado usando vocabulário relativo a embalagens e a alimentos. Em seguida, converse em grupos: o que o carrinho tem (e não tem) em comum com as suas compras? As embalagens do carrinho são sustentáveis ou não? Explique.

Expressões com fazer

1   Leia os exemplos do quadro e repare as expressões destacadas. Em seguida, relacione-as aos seus significados. Finalmente, verifique as suas respostas localizando os exemplos nos textos das seções *Nas entrelinhas/Preparando-se para ler* e *Nas entrelinhas/Lendo*. Note que duas das expressões do quadro têm o mesmo significado.

a   "[. . .] preciso **fazer regime**."

b   "[. . .] mas **não faz mal**."

c   "Não preciso **fazer dieta**."

d   "**Fazer caminhadas** entre 30–60 minutos [. . .]."

e   "**Fazer aulas** na academia de ginástica [. . .]."

f   "[. . .] **fazer esporte** em equipe [. . .]."

g   "**Faria trilha** em lugares bonitos."

continua

h   "**Faria ciclismo** ou natação."

i   "Por mim, **tanto faz** [. . .]."

j   "[. . .] vai **fazer bem** [. . .]."

k   "**Fazer exercício** faz bem ao corpo e ao cérebro."

l   "[. . .] não vale **fazer hora** com os amigos na academia [. . .]."

m   "[. . .] e **fazer de conta** que fez muitas atividades físicas."

n   "[. . .] e acabam **fazendo mal** à saúde."

o   "[. . .] **fazendo questão** de proporcionar aos pacientes os tratamentos mais atuais [. . .]."

p   "**Faça-se uma pergunta** [. . .]."

q   "Eles **fazem o máximo** para que os pacientes possam se recuperar [. . .]."

( )   ser prejudicial

( )   seguir um modo de alimentação para emagrecer

( )   praticar esporte

( )   fazer alguma coisa para esperar o tempo passar

( )   andar em caminhos naturais

( )   colocar uma questão

( )   movimentar o corpo

( )   ser indiferente

( )   frequentar lições

( )   exercitar-se andando

( )   ter benefícios

( )   esforçar-se tanto quanto possível

( )   não ser grave; não ter muita importância

( )   andar de bicicleta (como esporte)

( )   fingir

( )   exigir; não ceder; insistir em

VOCÊ SABIA?

Em português, podemos dizer que alguém **faz** ou **pratica esportes**. O verbo **fazer** também é usado com muitas atividades físicas: ginástica, hipismo, ioga, jogging, natação, trilha etc. Com certos esportes (em geral os que envolvem adversários), usa-se o verbo **jogar**: "Ela faz esportes desde criança. Joga futebol, tênis e vôlei". No Brasil também é frequente o uso de **fazer** nesses casos, sugerindo aulas ou treinos do esporte: "O meu filho faz futebol duas vezes por semana".

2   Responda às perguntas, marcando todas as opções adequadas. Se preciso, consulte um dicionário para esclarecer dúvidas sobre vocabulário. Depois, explique as suas respostas a um/a colega.

    a   Na sua opinião, o que é mais benéfico para a saúde?

       ( ) Fazer ioga   ( ) Fazer natação   ( ) Fazer jogging

    b   Para os hipertensos, o que pode ser aconselhável?

       ( ) Fazer meditação   ( ) Fazer ciclismo   ( ) Fazer faxina

    c   Normalmente (ou de vez em quando), você:

       ( ) faz caminhadas.   ( ) faz ginástica.   ( ) faz outro tipo de exercício.

    d   Que conselho você daria a quem quer adotar hábitos saudáveis?

       ( ) Faça o máximo para mudar rapidamente.

       ( ) Faça de conta que os novos hábitos são fáceis.

       ( ) Evite o açúcar refinado porque não faz bem.

    e   Durante o ano, você:

       ( ) faz questão de prestar atenção ao que consome.

       ( ) evita consumir coisas que fazem mal.

       ( ) de vez em quando faz um regime.

3   Em duplas, preparem uma atividade que será respondida por seus/suas colegas. Para começar, pesquisem outras expressões com **fazer**. Em seguida, componham frases que contenham expressões com **fazer** (pesquisadas ou apresentadas em atividades anteriores) e no lugar das expressões deixem lacunas a serem completadas pelos/as colegas. As opções para preenchimento devem aparecer em um quadro antes das frases.

 Em www.routledge.com/cw/santos você pode praticar mais sobre expressões com **fazer**.

Risos e gargalhadas

1   Leia os exemplos encontrados no texto da seção *Nas entrelinhas/Lendo* (atividade 1), e repare os elementos destacados. Em seguida, relacione-os aos seus significados.

a   "A terapia do **humor** é exatamente o que o nome sugere [. . .]."

b   "[. . .] o **riso** e o humor são excelentes maneiras de reduzir não apenas a ansiedade [. . .]."

c   "[. . .] a atitude negativa e o **mau humor** prevalecem [. . .]."

d   "É importante proporcionar vários momentos de humor que possam ocasionar um belo **sorriso** [. . .]."

e   "[. . .] ou uma sonora **gargalhada**."

f   "Contar uma **piada** [. . .], por exemplo, é uma técnica simples e muito eficaz."

g   "Uma piada realmente **engraçada** [. . .]!"

h   "[. . .] pode levar a verdadeiros **ataques de riso**!"

i   "[. . .] e não percam o **bom humor** durante o tratamento."

( ) alegria

( ) ato de rir

( ) divertida

( ) história cômica

( ) irritação

( ) riso descontrolado

( ) riso discreto

( ) riso efusivo

( ) tendência à comicidade

2   Complete as frases usando os elementos do quadro.

às gargalhadas   ataques de riso   bem-humorada   graça   mal-humorado   piada
risonhas   sorriso

395

a   Ela é uma pessoa muito _____ e não deixa que nada a afete de maneira negativa.

b   Ele contou uma _____, mas não tinha nenhuma _____, por isso ninguém riu.

c   Aquele médico é muito _____. Nunca dá sequer um _____ para os pacientes.

d   Eu fui visitar o meu tio no hospital e encontrei-o _____ com aquele enfermeiro divertido.

e   O enfermeiro é tão engraçado que vários pacientes têm _____ quando ele começa a falar.

f   A minha médica é uma das pessoas mais _____ que eu conheço: ela ri por qualquer motivo. Vai ter sempre uma saúde excelente!

3   Em duplas, respondam oralmente às perguntas.

     a   Vocês acham que é possível ser bem-humorado/a todo o tempo? (Ou mesmo a maior parte do tempo) Por quê (não)?

     b   O que os/as faz rir? Por que vocês consideram isso engraçado?

     c   Quando foi a última vez que vocês tiveram um ataque de riso? Qual foi a causa?

     d   Vocês costumam contar piadas? Se sim, que tipos de piadas vocês contam? Que tipos de piadas gostam de ouvir? Que tipos de piadas não consideram engraçadas?

4   Leia o parágrafo sobre os "Doutores do Riso" e converse com um/a colega, respondendo às perguntas.

Os Doutores do Riso é uma ONG (organização não governamental) que leva a alegria a pacientes hospitalares e residentes de asilos e orfanatos. A ONG surgiu na região de Arujá, no estado de São Paulo, e conta com palhaços voluntários e profissionais. A ONG também promove cursos de clown voltados para o atendimento em hospitais, além de palestras que abordam temas que vão da importância da doação de sangue à humanização hospitalar.

Referência: *Doutores do Riso*, www.doutoresdoriso.com.br/. Data de acesso: 27/2/2018.

     a   Você conhece alguma iniciativa parecida à da ONG Doutores do Riso? Se sim, onde atua e o que faz?

     b   Se você tivesse oportunidade, seria voluntário/a em uma ONG como os Doutores do Riso? Por quê (não)?

     c   Se você pudesse, que tipo de ONG você fundaria? Por que acha que esse tipo de trabalho é importante para a sociedade?

Descobrindo a gramática

Condicional/Futuro do pretérito

> Mais informações na seção Referência Gramatical

1   Leia e faça o que se pede.

> ▶ "Se você precisasse de tratamento [. . .], provavelmente optaria por um estabelecimento como a Clínica Confiança".

a   Sublinhe o uso do condicional no exemplo do quadro.

b   Responda: que ideia é indicada pelo verbo no condicional?

( ) algo que não se realizou no passado
( ) algo que ainda vai acontecer
( ) algo pouco provável de acontecer

2   Em duplas, usem os elementos do quadro e completem as informações sobre o condicional.

> expressar   imperfeito   infinitivo   ocorreu   pedidos   probabilidade   regra   terminações
> verbo

▶ O **condicional** (também chamado **futuro do pretérito**) é formado normalmente a partir do _____, ou seja, da forma mais básica do _____ (p. ex., "curar", "atender", "rir"). A essa forma são acrescentadas as _____ **-ia, -ias, -ia, -íamos, -iam**. Note que os verbos **dizer**, **fazer** e **trazer** são exceções a essa _____. Nesses casos, as terminações são acrescentadas a **dir-** (p. ex., "diria"), **far-** (p. ex., "faríamos") e **trar-** (p. ex., "trariam").

▶ O condicional expressa a baixa _____ de algo ocorrer (p. ex., "Ele estaria aqui se pudesse"). O condicional também é usado para _____ desejos ("Gostaria de visitá-lo no hospital"), dar sugestões ("Você deveria conversar com o seu médico") e fazer _____ ("Poderia chamar a enfermeira, por favor?"). Também é possível, especialmente na língua escrita, usar o condicional para indicar um evento que _____ depois da época à qual se faz referência: "Eles fundaram uma ONG que colaboraria mais tarde com vários hospitais".

▶ Em muitos casos (exceto em situações que indicam um evento ocorrido depois da época à qual se faz referência), o condicional pode ser substituído pelo pretérito _____ do indicativo: "Eu deveria fazer mais exercícios" = "Eu devia fazer mais exercícios".

VOCÊ SABIA?

Em Portugal e em outros países lusófonos, o verbo **gostar** pode ser usado tanto no condicional quanto no imperfeito do indicativo para indicar desejos, dar sugestões etc.: "Gostaria de comer mais frutas" = "Gostava de comer mais frutas"; "Gostaria que a senhora se consultasse com um especialista" = "Gostava que a senhora se consultasse com um especialista". No Brasil, esses sentidos são expressos apenas com o condicional quando se usa o verbo **gostar**: "Gostaria de saber mais sobre hábitos saudáveis". Com este verbo, o pretérito imperfeito do indicativo é reservado para descrever eventos no passado vistos sem ponto inicial ou final: "Quando eu era criança, não gostava de verduras".

3 Complete as lacunas usando o condicional dos verbos entre parênteses. Depois, relacione as colunas, formando frases.

a	Se estivesse doente,	( ) num clima mais ameno, mas faz muito frio onde eles moram.
b	Eles _____ (fazer) mais caminhadas	( ) se você falasse com ela.
c	Nós _____ (sofrer) menos com o cansaço	( ) eu _____ (procurar) um médico.
d	Não vale a pena discutir com ela	( ) se quisessem trabalhar na área da saúde.
e	Mas tenho certeza que ela _____ (ouvir) os seus conselhos	( ) se conseguíssemos dormir mais.
f	Vocês _____ (poder) estudar enfermagem	( ) porque ela _____ (dizer) que não gosta de médicos.

4 Escreva S (sim) ou N (não) para cada uma das perguntas a seguir. Depois, faça frases semelhantes ao exemplo sobre alternativas em que você respondeu **não**.

a ( ) Você anota o que come e bebe durante um dia?

b ( ) Você tem um aplicativo para registrar a sua rotina de exercícios?

c ( ) Você define metas para as suas atividades físicas?

d ( ) Você dorme no mínimo oito horas por noite?

e ( ) Você prepara a sua própria comida?

f ( ) Você encaixa tempo na sua rotina para fazer o que gosta?

Exemplo: *Se eu **anotasse** o que como durante um dia, eu **saberia** como melhorar a minha alimentação depois de uma semana.*

 Em www.routledge.com/cw/santos você pode encontrar mais atividades sobre o condicional.

Imperfeito do subjuntivo: mais casos

> Mais informações na seção Referência Gramatical

1 Leia os exemplos e complete-os com os verbos dos parênteses no imperfeito do subjuntivo. Em seguida, confira as suas respostas nos textos das seções *Nas entrelinhas/Preparando-se para ler* e *Nas entrelinhas/Lendo*.

a "Se você _____ (poder) escolher, o que faria como atividade física?"

b "Se você _____ (ter) mais tempo, o que faria?"

c "[. . .] é como se o cérebro _____ (ficar) mais jovem [. . .]."

d "É importante superar os efeitos negativos de emoções que ficam [. . .] guardadas como se _____ (estar) numa caixa de sapatos [. . .]."

e "É como se _____ (ser) uma pílula [. . .]."

f "Se você _____ (precisar) de tratamento e _____ (conhecer) todas as vantagens dos programas oferecidos [. . .]."

2 Leia as descrições de **condição hipotética** e de **comparação hipotética**. Em seguida, liste os exemplos da atividade 1 que se encaixam em cada uma dessas definições.

Condição hipotética Indica uma situação que é pouco provável de acontecer.	Exemplos:
Comparação hipotética Indica uma situação irreal, estabelecendo uma comparação impossível de se concretizar.	Exemplos:

3   Complete as frases usando os verbos do quadro no imperfeito do subjuntivo. Use cada verbo apenas uma vez. Em seguida, determine se o uso do imperfeito do subjuntivo indica uma condição hipotética (COND) ou uma comparação hipotética (COMP).

beber   dormir   entender   oferecer   ser   ter

		COND	COMP
a	Eu me sinto muito melhor agora que faço exercícios regularmente. Sinto-me como se _____ 20 anos!		
b	Se vocês _____ bem, poderiam se concentrar melhor no trabalho porque não estariam cansados.		
c	Eu faria atividades físicas se a minha empresa _____ um programa aos funcionários.		
d	Se você _____ mais água, a sua pele não seria tão seca.		
e	Está vendo aquele senhor? Tem 75 anos e ainda participa de maratonas como se _____ um rapaz de 25 anos!		
f	Eu não gosto desse médico porque ele fala conosco como se nós _____ os termos técnicos! A gente se sente burra . . .		

4   Preencha o quadro durante uma semana registrando a sua alimentação, atividades físicas e horas de sono. Em seguida, escreva uma breve avaliação do seu comportamento usando condições hipotéticas, como no exemplo.

Refeições		Dom.	2ª feira	3ª feira	4ª feira	5ª feira	6ª feira	Sáb.
	Café da manhã							
	Almoço							
	Jantar							
Atividades físicas	Manhã							
	Tarde							
Horas de sono								

Exemplo: *Se eu incluísse uma fruta no meu almoço, sentiria menos fome durante a tarde.*

Avaliação: _____

_____

5   Com dois/duas colegas, observem a imagem como se fosse o menu de um aplicativo para controle de exercícios e de alimentação. Conversem sobre maneiras de melhorar a interface do aplicativo usando as expressões do quadro.

Se o ícone do medicamento ficasse . . . talvez pudéssemos . . .

E se houvesse/tivesse um ícone para . . .?

Podíamos organizar a tela como se fosse . . .

Talvez fosse bom haver/ter . . .

Se o ícone do meio fosse . . .

Se os usuários clicassem no ícone . . . e chegassem a . . ., podiam . . .

VOCÊ SABIA?

O imperfeito do subjuntivo também pode ser usado para oferecer sugestões sobre algo que pode acontecer: "E se fôssemos a pé e voltássemos de táxi?" O uso do imperfeito do subjuntivo nesses casos (junto com a entonação de pergunta) é uma maneira de suavizar a sugestão.

 Em www.routledge.com/cw/santos você pode praticar mais o imperfeito do subjuntivo.

Tomando a palavra

Como se diz?

1 Ouça e complete o trecho.

A relação entre alimentação e saúde é _____ há muito tempo. Para lembrar essa relação, o Ministério da Saúde brasileiro instituiu o Dia Nacional da Saúde e da Nutrição, comemorado todos os anos no dia 31 de março. A data pretende motivar a população a _____ os hábitos alimentares, _____ também, consequentemente, a saúde e o bem-estar. Os alimentos industrializados _____ espaço entre os consumidores e hoje há _____ deles disponíveis. No entanto, eles contêm muitos aditivos. Basta _____ o pacote ou a _____ para ver _____ que não _____. Esses aditivos têm várias funções. Um _____ de _____ é mais atraente se tem cheiro e sabor de presunto; a _____ tem antioxidantes para que possa durar mais; os _____ prontos contêm aditivos que realçam o sabor e estendem o prazo de validade. Seria difícil na vida moderna não comer _____ produto industrializado, mas esses produtos devem ser consumidos em moderação e devem ser substituídos por opções naturais quando possível. Uma _____, por exemplo, é _____ do que um _____ de iogurte industrializado. Se você tem _____, _____ frutas em vez de doces em pacotes. O Dia Nacional da Saúde e da Nutrição lembra que é _____ consumir menos alimentos processados. Comemore o próximo 31 de março com uma nutrição mais natural. A sua saúde agradece.

2 Liste as palavras que você escreveu na atividade 1 nas linhas adequadas.

a Som [ʎ] (representado na escrita pelo dígrafo **lh**)	Exemplos: _____ _____ _____
b Som nasal palatal [ɲ] (representado na escrita pelo dígrafo **nh**)	Exemplos: _____ _____ _____

3 Qual das descrições a seguir se refere à produção do som que corresponde na escrita a **lh**? Qual se refere à produção do som que corresponde a **nh**?

a ( ) A parte central da língua se eleva e toca o céu da boca (ou palato duro); o ar passa pela cavidade nasal.

b ( ) A parte central da língua se eleva e se aproxima do céu da boca (ou palato duro); o ar passa pelos lados da língua.

SONS DO PORTUGUÊS

O dígrafo **nh** representa um som nasal palatal [ɲ] que está presente em várias outras línguas. Em espanhol, por exemplo, esse som é representado pela letra **ñ**; em italiano e em francês, pelas consoantes **gn**; em catalão e húngaro, por **ny** (para citar apenas algumas línguas). Em inglês, o som que inicia a segunda sílaba das palavras **canyon** e **onion** é parecido ao som de **nh**. O som [ʎ], representado pelo dígrafo **lh**, está presente em italiano (representado nessa língua por **gl**) e em grego, entre outras. Esse som é semelhante ao som que inicia a segunda sílaba da palavra inglesa **million**.

4   Leia em voz alta as ideias a seguir sobre a organização de um evento para comemorar o Dia Nacional da Saúde e Nutrição. Um/a colega vai comentar sobre a sua pronúncia das palavras destacadas.

Precisamos coletar **dinheiro.**

Podemos decorar a sala com **bandeirinhas**.

E se usássemos **folhas** de cartolina com uns **desenhos** sobre nutrição?

Vamos organizar **joguinhos** para os **filhos** dos funcionários.

Que tal um jogo de **adivinhação**?

Podemos trazer um **palhaço** também.

Que ideia **brilhante**! Vai ser um 31 de março **maravilhoso**!

Vamos fazer **salgadinhos** para vender.

Poderíamos coroar o rei e a **rainha** da Saúde e Nutrição.

5 Dê mais sugestões para a comemoração do Dia Nacional da Saúde e Nutrição usando palavras com **nh** e **lh**. Depois, leia as suas sugestões com dois/duas colegas, que vão comentar sobre as ideias e sobre a sua pronúncia das palavras com **nh/lh**.

Preparando-se para falar

1 As fotos a seguir ilustram eventos relacionados à saúde. Escreva legendas para elas usando as opções do quadro.

Aula de ioga em espaço público

Corrida para conscientização sobre o câncer (B)/cancro (P) de mama

Dançando zumba nas ruas

a

b

c

2   Em grupos, discutam oralmente.

   a   Vocês já participaram de algum evento como os ilustrados nas fotos da atividade 1? Se sim, deem detalhes. Se não participaram, gostariam de participar? Por quê (não)?

   b   Se vocês tivessem que organizar um dos eventos ilustrados, qual evento escolheriam? Por quê? O que decidiriam a respeito de cada um dos aspectos a seguir?

   ▶   Mês e hora

   ▶   Local

   ▶   Divulgação

   ▶   Custos

   ▶   Comunicação com participantes

   ▶   Outros (especificar): _____

Falando

1   Em conjunto com a turma, você vai participar de uma sessão de brainstorm para planejar as atividades de um evento sobre Saúde e Estilo de Vida. Primeiramente, complete a definição de brainstorm com as palavras do quadro. Depois, converse com seus/suas colegas e responda às perguntas oralmente.

conhecer	discussão	escolhendo	faz	ideias	produtiva

Um brainstorm é uma _____ em grupo em que se gera _____ ou soluções para uma questão específica. Uma pessoa _____ o papel de moderador/a, que deve _____ bem o tema para encaminhar a discussão de maneira que seja _____. Para isso, o/a moderador/a se prepara, inclusive _____ um local apropriado (que seja claro e amplo e que não tenha distrações).

   a   Em que situações e para que finalidades os brainstorms podem ser úteis?

   b   O que se pode fazer para o encaminhamento de um brainstorm eficaz?

VOCÊ SABIA?

A palavra **brainstorm** vem da língua inglesa e pode ser usada em português (aplicando a pronúncia da variedade do português em questão). No entanto, também é possível utilizar termos como **chuva de ideias**, **tempestade de ideias** e **coleta de ideias** para expressar o mesmo conceito.

2 Em preparação à sessão de brainstorm, faça o que se pede.

   a   Pesquise formas de registrar ideias durante um brainstorm e reflita sobre vantagens e desvantagens de cada uma delas.

   b   Pesquise formas de organizar eventos comemorativos sobre saúde e outros tópicos.

   c   Reveja formas de dar ideias e sugestões nas seções *Descobrindo a gramática/Imperfeito do subjuntivo: alguns casos*, atividade 9; *Tomando a palavra/Como se diz*, atividade 4.

   d   Reveja as estratégias de produção oral apresentadas nas unidades anteriores, estudando o conteúdo dos quadros *Estratégia* nas seções *Tomando a palavra*.

   e   Tome notas sobre informações, ideias e pensamentos relativos aos pontos anteriores que possam ser úteis durante o brainstorm.

3 Com seus/suas colegas, encaminhem um brainstorm seguindo os passos listados.

   a   Escolham um/a moderador/a.

   b   Definam o tempo do brainstorm.

   c   Gerem ideias dentro do tempo estabelecido selecionando estratégias que possam facilitar a fala. O/A moderador/a registra no quadro as ideias sugeridas sem alterá-las ou interpretá-las.

ESTRATÉGIA: SELECIONANDO ESTRATÉGIAS

As estratégias não são "boas" ou "más" por si só; elas precisam ser percebidas como "adequadas" ou "não adequadas" dentro de um contexto específico de aprendizagem ou uso da língua. Pesquisas na área demonstram que os aprendizes bem-sucedidos têm ao seu dispor um repertório amplo de estratégias e sabem identificar os seus benefícios em situações concretas para em seguida aplicá-las.

   d   Ao final do tempo estabelecido, o/a moderador/a agrupa e sintetiza as ideias (eliminando duplicatas, agrupando ideias similares, transformando ideias similares em uma única ideia), para, então, desenvolver um argumento.

ESTRATÉGIA: DESENVOLVENDO UM ARGUMENTO

Bons argumentos incluem exemplos e justificativas. Incluem, também, ideias que são ligadas por conectivos que deixam claras as relações entre elas (**então, já que, afinal, primeiramente, porque** etc.). Ao se argumentar algo é também importante certificar-se que os ouvintes seguem o argumento desenvolvido.

 e O grupo analisa o argumento desenvolvido e finaliza o planejamento.

4 Se possível, façam as suas ideias se tornarem realidade e organizem o evento planejado.

Refletindo sobre a fala

1 Quais das seguintes estratégias de fala você utilizou durante o brainstorm?

▶ Pedir repetição	▶ Considerar aspectos paralinguísticos
▶ Dar exemplos	▶ Iniciar um novo assunto
▶ Pedir esclarecimentos	▶ Elaborar em cima do que é dito por outra
▶ Monitorar o entendimento do/a interlocutor/a	pessoa
	▶ Hesitar
▶ Usar formas de discordar e/ou concordar	▶ Fazer autocorreção
▶ Pedir a opinião do/a interlocutor/a	▶ Manter e alocar o turno
▶ Justificar opinião	▶ Retificar posicionamentos para evitar mal-entendidos

2 Em grupos, compartilhem as suas respostas na atividade 1 e respondam oralmente: de que forma as estratégias utilizadas facilitaram a produção oral? Que dificuldades foram encontradas ao se usar as estratégias, e o que foi feito para lidar com tais dificuldades?

Mãos à obra

Preparando-se para escrever

1 Em grupos, respondam oralmente: vocês já escreveram uma carta de reclamação? Se sim, comentem sobre os seguintes detalhes.

 ▶ Para quem a carta foi escrita

 ▶ Causa(s) da reclamação

 ▶ Resultados obtidos

2   Identifique e sublinhe na carta os elementos listados no quadro. Em seguida, indique a que elemento do quadro os trechos sublinhados se referem.

a	Destinatário/a	h	Possível solução
b	Endereço do/a destinatário/a	i	Consequência(s) (caso o problema não seja resolvido)
c	Local e data		
d	Tema da carta	j	Despedida
e	Saudação	k	Assinatura
f	Apresentação do problema	l	Nome do/a remetente
g	Argumento(s) para apoiar a posição do/a remetente	m	Endereço do/a remetente

Sra. Terezinha Carvalho
Academia Saúde Melhor
Rua Matosinhos, 502
Conselheiro Magalhães – SC
880000–000

Conselheiro Magalhães, 14 de março de 2019
    Assunto: Lanchonete da Academia Saúde Melhor

Prezada Senhora Terezinha Carvalho,
    Frequento a Academia Saúde Melhor há cinco meses e, em geral, estou muito satisfeita com as instalações e com as aulas oferecidas. Todavia, a lanchonete da Academia não oferece opções condizentes com a manutenção da boa saúde. Muitas vezes não tenho tempo de almoçar e seria ideal fazer um lanche depois da atividade física, mas na lanchonete só encontro frituras, refrigerantes, doces e outros alimentos processados. Não há sequer barras de proteína à disposição, muito menos saladas ou sanduíches feitos na hora. Uma academia de ginástica deve promover a saúde e o bem-estar, como o próprio nome da Academia Saúde Melhor sugere, mas os produtos oferecidos na lanchonete não são apropriados para esse fim. Pelo contrário, como já foi comprovado, tais produtos contribuem para o desenvolvimento de doenças hipertensivas e diabete, entre outras. Para que a Academia Saúde Melhor possa fazer jus ao seu nome e contribuir ainda mais eficazmente para o bem-estar dos que a frequentam, gostaria de sugerir que a lanchonete passasse a oferecer frutas, sucos feitos na hora, açaí e saladas frescas. A menos que a lanchonete disponibilize produtos alimentícios saudáveis e nutritivos, serei forçada a procurar outra academia de ginástica que atenda completamente às minhas necessidades.
    Espero que a gerência da Academia Saúde Melhor leve em consideração as minhas sugestões. Tenho certeza que todos estão interessados no bem-estar dos que frequentam o estabelecimento.
    Atenciosamente,

Maria Dulce Peçanha
Maria Dulce Peçanha
Rua Cunha Palhares, 90
Conselheiro Magalhães – SC
880000–000

VOCÊ SABIA?

O texto argumentativo é usado para defender um ponto de vista. Nesse tipo de texto, expõe--se uma tese (ou seja, a ideia a ser defendida) que é seguida de argumentos, cuja função é apoiar a ideia defendida.

Escrevendo

1   Você vai escrever uma carta de reclamação sobre uma das situações a seguir.

> ► Você comprou pela internet um aparelho de pulso para monitorar a sua atividade física. Houve problemas com o site de compras, o aparelho foi entregue uma semana depois do prometido e, dois meses depois, parou de funcionar.
>
> ► Você passou algumas horas em um spa para relaxar, mas encontrou poluição sonora e atmosférica no local. Também presenciou atitudes por parte da gerência que demons-travam falta de atenção à sustentabilidade. Além disso, os horários do spa eram rígidos e dificultavam a frequência.

2   Antes de escrever a carta, faça o que se pede.

a   Pesquise sobre o gênero textual "cartas de reclamação". Leia exemplos de cartas focando a sua atenção nos elementos componentes e organização das cartas. Tome notas.

b   Escolha o assunto da sua carta e pesquise sobre o assunto na internet, com foco no voca-bulário que possa ser relevante. Anote colocações frequentes na situação escolhida. Se possível, amplie a sua pesquisa consultando um corpus.

c   Forme grupos com colegas que escolheram o mesmo assunto para a carta e compartilhe os resultados da sua pesquisa.

3   Escreva o primeiro rascunho da sua carta. Ao escrever, pergunte-se:

a   A carta contém os elementos que caracterizam cartas de reclamação?

b   Os elementos da carta seguem a organização usual de cartas de reclamação?

c   A carta contém colocações frequentes?

ESTRATÉGIA: USANDO E MONITORANDO COLOCAÇÕES

Ao escrever, bons/boas escritores/as não focam a sua atenção em palavras isoladas, mas, sim, em grupos de palavras que costumam co-ocorrer com frequência (isto é, em colocações). O

continua

409

uso e monitoramento de colocações pode ser apoiado por pesquisas sobre situações de uso (por exemplo, buscando-se a colocação na internet e verificando o número de resultados). Pode-se, também, consultar um ou mais corpora. Para uma listagem de corpora em português, visite www.linguateca.pt/corpora_info.html. Data de acesso: 27/2/2018.

4   Peça a um/a colega para ler e comentar sobre o seu rascunho. Depois, prepare a versão final da sua carta e pendure-a no mural da sala.

Refletindo sobre a escrita

1   Leia as cartas dispostas no mural e tome notas sobre "Pontos fortes" e "Pontos que precisam de melhoras" que você encontra nas cartas.

2   Em grupos, discutam.

   a   Quais foram os pontos fortes encontrados nas cartas?

   b   Que aspectos poderiam ser melhorados em algumas delas?

 # Diálogos multiculturais

Culturalmente falando

1   Leia as perguntas e anote ideias sobre respostas para cada uma delas. Depois, com um/a colega, responda oralmente com base nas suas anotações e as de seu/sua colega.

   a   Em geral, o que determina o estilo de vida de uma pessoa ou população? Que fator(es) determina(m) manifestações variadas do estilo de vida de uma pessoa ou de membros de uma determinada comunidade?

   b   De que forma o estilo de vida está relacionado à saúde de um indivíduo ou da população de um lugar?

   c   Na sua opinião, como o seu estilo de vida e saúde se diferenciam, possivelmente, do estilo de vida e saúde das pessoas criadas em países lusófonos? Cite três exemplos (p. ex., hábitos alimentares, uso de produtos e serviços relacionados à saúde).

2   Em grupos, discutam.

   a   Vocês já visitaram algum país lusófono? Se sim, encontraram algum aspecto relacionado ao estilo de vida e saúde?

   b   Quais seriam os aspectos positivos e negativos de se encontrar, em viagens, algo já conhecido relacionado a estilo de vida e saúde? Quais seriam as implicações de se encontrar algo novo? Justifiquem as suas respostas.

Dialogando com a imagem

1   Em duplas, observem as fotos e escrevam legendas para cada uma delas.

Foto 1

Foto 2

Foto 3

Foto 4

2   Em grupos, compartilhem as suas respostas na atividade 1. Depois, façam o que se pede e justifiquem os seus posicionamentos.

   a   Respondam oralmente: onde vocês acham que as fotos foram tiradas? Elas poderiam ter sido tiradas em um país lusófono? Elas poderiam ter sido tiradas no(s) seu(s) país(es) de origem?

   b   Discutam: os hábitos e processos ilustrados nas fotos estão presentes em comunidades específicas, ou espalhados de maneira global, inclusive entre as comunidades lusófonas? Há predominância do uso deles em determinados países, incluindo os lusófonos? Se sim, qual(is) e por quê?

   c   Analisem: de que forma os hábitos e processos listados a seguir afetam o estilo de vida e saúde das pessoas? Tomem notas das suas respostas e compartilhem-nas com o resto da turma.

Implicações para o estilo de vida e saúde

controle remoto
fast-food
drive-thru
entrega a domicílio
alimentos transgênicos

VOCÊ SABIA?

Inventado em 1931 por Royce Hailey para atender o que ele chamava de "pessoas preguiçosas", o drive-thru, comodidade que se espalhou pelo mundo, é encontrado facilmente em vários países lusófonos, como Angola, Brasil e Portugal. Em certas localidades brasileiras, por exemplo, é possível comprar pão e medicamentos, completar transações bancárias e até iniciar a abertura de uma empresa pelo drive-thru.

Referências: "O inventor do drive-thru", https://goo.gl/saFlkV; "Empresas apostam em drive-thru", https://goo.gl/gZgpJX. Data de acesso: 27/2/2018.

3   Faça uma pesquisa sobre a presença e popularidade do drive-thru em um ou mais país(es) lusófono(s). Posteriormente, apresente os resultados da sua pesquisa para seus/suas colegas.

Em contexto

1   Leia o texto e escreva duas justificativas possíveis para cada uma das informações apresentadas.

> De acordo com os dados da Associação Brasileira de Indústrias de Alimentação (ABIA), o segmento de fast-food brasileiro conta com redes nacionais e internacionais. Os estabelecimentos de comida rápida no país se diversificaram significativamente, passando de 113 tipos de redes em 2001 para 292 em 2009. O número de lojas de fast-food, por sua vez, subiu de 3333 em 2001 para 9290 em 2009.
>
> Referência: *"Brazil fast food corporation*: Internacionalização da rede Bob's", https://goo.gl/PAsMM3. Data de acesso: 27/2/2018.

Informação	*Justificativas possíveis*
a Há redes de fast-food nacionais e internacionais no Brasil.	
b A diversificação da rede de comida rápida vem aumentando.	
c Entre 2001 e 2009 o número de restaurantes de comida rápida quase triplicou.	

2   Faça uma pesquisa sobre o mercado de comida rápida em Angola, Portugal e Cabo Verde. Em seguida, compare os resultados para cada país e tente encontrar justificativas para as diferenças.

3   Em grupos, comparem as justificativas dadas na atividade 1 e compartilhem os resultados da pesquisa da atividade 2.

 Em www.routledge.com/cw/santos você pode ler mais sobre comida rápida e drive thru no mundo lusófono.

Lendo e interpretando

1   Leia o texto e faça o que se pede.

> O Brasil comemora menores taxas de pobreza e fome, mas encara agora uma epidemia de sobrepeso e obesidade. Dentre as causas desta epidemia estão listadas a mudança de hábitos de consumo, como a substituição de pratos tradicionais por alimentos ultraprocessados e o aumento do consumo de fast-food, de sódio e de bebidas artificiais. Um levantamento do Ministério da Saúde feito em 2012 revelou que os brasileiros têm abandonado frutas e

continua

hortaliças – somente 22,7% da população disse ingerir a quantidade recomendada de frutas e hortaliças – e têm privilegiado o consumo de gorduras saturadas – 31,5% da população revelou comer carne gordurosa. Além disso, segundo o levantamento, mais de 25% dos brasileiros relataram consumir refrigerantes pelo menos cinco vezes por semana. Aliado a estes novos hábitos de consumo está o sedentarismo, também listado como um dos fatores que contribuíam para que mais da metade da população brasileira (51%) estivesse acima do peso à época do levantamento.

A Organização Mundial de Saúde (OMS) destacou iniciativas do governo brasileiro no sentido de combater o sobrepeso. Entre elas estão o programa Academia da Saúde, que se dedica ao incentivo da prática de atividades físicas, e o Plano Nacional de Redução de Sódio em Alimentos Processados, que já registrou uma diminuição de mais de 14.000 toneladas de sódio nos alimentos consumidos no Brasil. Por meio destas e de outras iniciativas, o Brasil se dedica à luta contra o aumento da obesidade.

Referências: "Obesidade atinge mais da metade da população brasileira, aponta estudo", https://goo.gl/IsftcQ; "Aumentam sobrepeso e obesidade no Brasil, aponta relatório de FAO e OPAS", https://goo.gl/vlGiUS. Data de acesso: 27/2/2018.

a   O texto mostra os resultados de uma pesquisa sobre sobrepeso e obesidade em adultos no Brasil. Faça uma pesquisa para descobrir se/como estes mesmos problemas afetam outros países lusófonos. Descubra também se o sobrepeso vem aumentando entre crianças. Compartilhe os resultados com um/a colega. Como os resultados se comparam? Que semelhanças e/ou diferenças podem ser apontadas entre os diferentes países pesquisados?

b   Na sua opinião, que fatores podem justificar a substituição de pratos tradicionais por alimentos ultraprocessados entre a população brasileira? Com um/a colega, identifique possíveis motivos para essa mudança de hábitos alimentares.

c   Com dois/duas ou três colegas, encaminhe uma discussão sobre o papel do governo e da população em sanar o problema do sobrepeso e promover alimentação saudável.

Extrapolando

1   Leia o texto e responda.

Os Organismos Geneticamente Modificados (OGMs) ou, simplesmente, transgênicos são alimentos criados em laboratórios com a utilização de genes de espécies diferentes de

continua

vegetais, animais ou micróbios. Os defensores dos OGM listam vantagens como o enriquecimento nutricional, uma maior resistência a insetos e condições climáticas, e o aumento da produção agrícola.

Segundo uma pesquisa efetuada em 2013, o Brasil é o segundo maior produtor de transgênicos do mundo. No Brasil, a soja é o produto que conta com o maior número de variedades transgênicas, com 88,8% do cultivo da safra de 2012–2013 tendo sido identificado como geneticamente modificado. Muitos outros alimentos, inclusive o feijão carioca, preferido por tantos brasileiros, também são cultivados em versão geneticamente modificada. Mesmo com tanta produção, estudos para avaliar a segurança do consumo de OGM ainda são escassos no país.

Referência: "Brasil é o segundo maior produtor de OGMs do mundo", https://goo.gl/HAZzbX. Data de acesso: 27/2/2018.

a   O texto apresenta algumas vantagens da produção de alimentos transgênicos. Na sua opinião, de que forma essas vantagens se relacionam ao estilo de vida dos brasileiros?

b   Na sua opinião, a grande produção de OGMs afetou a saúde e o estilo de vida dos brasileiros? Explique.

2   O texto da atividade 1 apresenta apenas as vantagens da produção de alimentos transgênicos. Faça uma pesquisa sobre as desvantagens de se consumir este tipo de alimento. Pesquise também sobre o plantio de transgênicos nos países da África lusófona. Depois, compartilhe os seus resultados com seus/suas colegas.

Aprendendo a aprender

Tomando notas

1   Leia sobre diferentes tipos de organização em notas. Depois, relacione as vantagens e desvantagens ao tipo de nota a que se referem.

Tipo de nota	Características
a Método Cornell	Papel dividido em duas colunas; a da esquerda (mais estreita) é usada para anotar palavras-chaves; a da direita, informações principais (deixando espaço para completar mais tarde)
b Linhas gerais	Anotações em pontos com travessões e margens; informações específicas aparecem com indentações
c Mapeamento	Representações gráficas mostrando relações entre informações
d Quadros	Disposição de informações em tabelas (quadros) com divisões por categorias
e Frases	Anotação de cada ideia, fato ou tópico em uma linha separada e numerada

Referência: "Taking notes", The Center for Teaching and Learning, Stanford University, http://web.stanford.edu/dept/CTL/Student/studyskills/taking_notes.pdf. Data de acesso: 27/2/2018.

Vantagens
( ) Lista toda a informação.
( ) Ajuda a visualizar as relações entre os conteúdos.
( ) As indentações mostram a relação entre as informações.
( ) Sistematiza as anotações; formato simples para revisão economiza tempo.
( ) Reduz a escrita; fácil de estudar.

Desvantagens
( ) Nenhuma.
( ) É necessário aprender a usar o sistema e determinar as categorias apropriadas.
( ) Não se diferencia entre informação principal e secundária.
( ) Nem sempre se capta a mudança de um ponto a outro.
( ) Exige bastante concentração para que a organização seja adequada.

2   Em grupos, discutam.

a   Vocês já produziram notas semelhantes às descritas na atividade 1? Se sim, deem detalhes (quando, para quê, em que idioma, como as notas foram retomadas).

b   Que outras vantagens e desvantagens vocês atribuiriam a cada um dos tipos de notas?

c   O que vocês acham das ideias relacionadas na ficha a seguir? Adicionem outras ideias que achem relevantes.

Aspectos a serem considerados ao tomar notas

▶   *Usar abreviaturas e abreviações*

▶   *Usar recursos visuais (por exemplo, setas ou sinais de igual ou diferente para estabelecer relações; sublinhado para ressaltar)*

▶   *Usar elementos que diferenciem o que é conteúdo e o que é opinião (por exemplo, usar as margens ou cores diferentes para os dois assuntos)*

▶   *Usar letra legível se a nota for manuscrita*

▶   *Usar linguagem concisa sem se preocupar com correção gramatical e ortográfica*

▶   _____

▶   _____

---

3   Partindo das reflexões e lista anteriores, escolha um texto (oral ou escrito) e tome notas. Depois, relate o texto a um/a colega, utilizando as suas notas como referência.

417

Autoavaliação

1   Como você avalia a sua aprendizagem e o seu desempenho nessas áreas?

		Muito bem. ☺	Bem. ☺	Preciso melhorar. ☹
VOCABULÁRIO	Usar vocabulário sobre doenças e males			
	Distinguir usos de **bem** e **então**			
	Usar vocabulário relativo a alimentos			
	Consultar corpora para pesquisar colocações e interpretar os resultados da pesquisa			
	Compreender vocabulário relativo a embalagens			
	Compreender e usar expressões com **fazer**			
	Compreender e usar vocabulário relativo a risos e gargalhadas			
GRAMÁTICA	Usar o imperfeito do subjuntivo em várias situações no passado e para indicar condições e comparações hipotéticas			
	Usar o condicional para indicar desejos, formular pedidos, dar sugestões e descrever situações de baixa probabilidade			
PRONÚNCIA	Identificar e produzir os sons [ɲ] e [ʎ]			
ESCUTA	Ouvir uma aula formal, prestando atenção a conectivos			
	Tomar notas do que ouve			
LEITURA	Ler um informe publicitário			
	Identificar e distinguir fatos e opiniões			
FALA	Gerar ideias em um brainstorm			
	Desenvolver um argumento			
	Selecionar estratégias adequadas ao falar			
ESCRITA	Escrever uma carta de reclamação			
	Usar e monitorar colocações			

(Continua)

		Muito bem. ☺	Bem. ☺	Preciso melhorar. ☹
CULTURA	Compreender o efeito de comportamentos e processos relacionados ao estilo de vida na saúde do indivíduo e da sociedade			
	Analisar a presença de fast-food, entregas a domicílio e produção de alimentos transgênicos em países lusófonos			
APRENDIZAGEM AUTÔNOMA	Considerar e aplicar procedimentos para tomada de notas			

2 Elabore um plano de ação para lidar com as áreas que precisam de mais prática, listando o que você vai fazer (coluna da esquerda) e em que prazo (coluna do meio). Depois de cumprir o seu plano, avalie os novos resultados (coluna da direita).

O que vou fazer?	Prazo	Nova avaliação sobre a minha aprendizagem e desempenho

3 Folheie a próxima unidade do livro e responda.

    a   Quais são os assuntos principais na próxima unidade?

    b   Como você pode praticar as áreas listadas na atividade 1 na próxima unidade?

10 | Comunicação e Mídia

NESTA UNIDADE VOCÊ VAI

▶ Ouvir uma reportagem, analisando a correspondência entre o que ouve e o que lê e identificando a autoria de diferentes pontos de vista

▶ Distinguir e praticar o uso de **ver** e **vir** e derivados

▶ Aprender a identificar e produzir títulos impactantes

▶ Analisar a frequência de verbos em diferentes gêneros textuais

continua

420

▶ Compreender e praticar usos do futuro do subjuntivo

▶ Ler anúncios publicitários, considerando o que pode e o que não pode ser inferido

▶ Aprender e praticar expressões com nomes de animais

▶ Aprender e praticar adjetivos para descrever objetos

▶ Identificar e praticar construções impessoais

▶ Aprender sobre sons nasais em português e a sua pronúncia

▶ Produzir e apresentar um comercial, considerando a modalidade mais adequada

▶ Escrever um folheto para um museu, fazendo uma revisão sistemática do texto

▶ Examinar razões que levam à popularidade de reality shows no mundo em geral e em países lusófonos

▶ Considerar fatores associados à prática de compartilhamento de vídeos no mundo contemporâneo

▶ Utilizar técnicas de memorização

PRIMEIRAS IMPRESSÕES

1   De que forma a imagem na página anterior se relaciona ao título desta unidade?

2   Se você tivesse que escolher uma imagem para ilustrar o tema "Comunicação e mídia", que imagem escolheria? Por quê?

3   De que forma a sua vida pessoal está inserida no contexto das comunicações e da mídia? E a sua vida profissional? Dê detalhes.

 Para sugestões de material adicional sobre o assunto desta unidade, visite www.routledge.com/cw/santos.

 À escuta

Preparando-se para escutar

1   Use as opções do quadro para marcar a frequência com que você costuma ver ou ouvir reportagens em cada um dos aparelhos ou dispositivos.

	Nunca	*Raramente*	*Às vezes*	*Frequentemente*	*Sempre*
Televisão	O	O	O	O	O
Rádio	O	O	O	O	O
Telefone celular	O	O	O	O	O

(Continua)

421

	Nunca	Raramente	Às vezes	Frequentemente	Sempre
Tablet	○	○	○	○	○
Computador	○	○	○	○	○

2   Em duplas, compartilhem e comparem as suas respostas na atividade 1. Em seguida, discutam.

a   Quais são as vantagens de se ver ou ouvir reportagens em cada um dos aparelhos e dispositivos listados? E as desvantagens?

b   Qual foi a última reportagem que você viu ou ouviu? Que tipo de aparelho ou dispositivo você utilizou? De que forma a reportagem teria sido diferente se tivesse sido apresentada em outro tipo de dispositivo? De que forma tais diferenças afetariam o seu entendimento sobre o assunto tratado na reportagem?

VOCÊ SABIA?

A notícia e a reportagem são dois gêneros textuais diferentes. A notícia contém informação sobre fatos, utiliza principalmente o discurso indireto e tende a ser objetiva e imparcial. O gênero notícia é abordado na Unidade 11. A reportagem, por outro lado, vai além da notícia e trata de acontecimentos sociais ou políticos, usando entrevistas e dando voz aos entrevistados, além do/a próprio/a repórter. Além disso, enquanto o/a repórter assina a reportagem, o/a autor/a da notícia não é divulgado/a, mantendo a ideia de objetivismo. Nos meios de comunicação impressos, a reportagem aparece mais comumente em revistas ou em edições de fim de semana de jornais, devido à sua estrutura textual complexa.

Referência: "Diferenças entre os gêneros reportagem e mídia", https://goo.gl/WVnfUZ. Data de acesso: 1/3/2018.

Escutando

1   Ouça a reportagem e identifique o vídeo a que ela se refere. Ao ouvir, preste atenção na correspondência entre o que você ouve e o que lê.

ESTRATÉGIA: REFLETINDO SOBRE A CORRESPONDÊNCIA ENTRE O QUE SE OUVE E O QUE SE LÊ

Muitas vezes conhecemos a forma escrita de uma palavra mas não conhecemos necessariamente a sua forma oral. Quando isso acontece, pode haver uma dificuldade ao se ouvir tal palavra, já que ela pode soar "desconhecida". Uma forma de evitar tal problema é conhecer

continua

as correspondências entre os sons do português e as suas possíveis representações gráficas: por exemplo, o som [s] pode corresponder às grafias **s**, **ss**, **ç** ou **c**. Então, ouve-se a mesma cadeia de sons em **cem** e **sem** ou em **sessão**, **cessão** e **seção**. A aprendizagem dessas correspondências pode facilitar a aplicação de outras estratégias como a vocalização seguida de visualização (Unidade 4), a identificação de fronteiras entre palavras (Unidade 8) e o monitoramento da escuta (Unidade 7) de um modo mais geral.

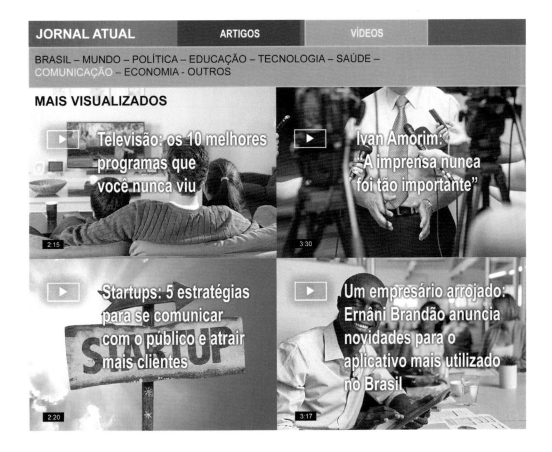

JORNAL ATUAL   ARTIGOS   VÍDEOS

BRASIL – MUNDO – POLÍTICA – EDUCAÇÃO – TECNOLOGIA – SAÚDE – COMUNICAÇÃO – ECONOMIA - OUTROS

MAIS VISUALIZADOS

Televisão: os 10 melhores programas que você nunca viu
2:15

Ivan Amorim: "A imprensa nunca foi tão importante"
3:30

Startups: 5 estratégias para se comunicar com o público e atrair mais clientes
2:20

Um empresário arrojado: Ernâni Brandão anuncia novidades para o aplicativo mais utilizado no Brasil
3:17

2   Ouça a reportagem mais uma vez e identifique exemplos que possam ilustrar as seguintes características de reportagens.

Características de reportagens	Exemplos
a Assunto de interesse público	
b Informações sobre o assunto	
c Opiniões sobre o assunto	
d "Vozes" de várias pessoas	

2   Liste as pessoas que falam na reportagem.

a   _____

b   _____

c   _____

d   _____

3   Relacione os pontos de vista a seguir aos nomes listados na atividade 2. Um dos pontos de vista não é apresentado na reportagem.

ESTRATÉGIA: IDENTIFICANDO DIFERENTES PONTOS DE VISTA

As estratégias utilizadas para identificar diferentes pontos de vista ao ler (como discutido na Unidade 8) também são aplicáveis durante a escuta. Ao ouvir, pergunte-se: quem é o/a autor/a do ponto de vista apresentado? E qual é o posicionamento dessa pessoa, isto é, "de que posição" essa pessoa percebe o que diz? Lembre sempre que um mesmo assunto pode ser percebido sob vários pontos de vista e alguns gêneros textuais como reportagens, por definição, devem apresentar essa diversidade.

( ) Os usuários de redes sociais devem usar bom senso ao repassar mensagens.

( ) A imprensa deve usar as redes sociais para divulgar informações legítimas.

( ) A imprensa foi substituída pelo cidadão jornalista e perdeu a sua função.

( ) É desagradável receber mensagens que são repassadas como se fossem notícias.

( ) A divulgação de mensagens como se fossem fatos pode ter efeitos negativos.

4   Em duplas, respondam oralmente.

a   Se vocês fossem escolher uma das reportagens apresentadas na imagem da atividade 1 para ouvir online, qual escolheriam? Por quê?

b   De que forma as reportagens se relacionam ao tema "comunicação"?

Refletindo sobre a escuta

1 Em grupos, discutam.

 a Que palavras ou grupos de palavras costumam lhes causar dificuldades quando vocês tentam associar o que ouvem ao que leem? Quais são, na opinião de vocês, as causas dessas dificuldades? O que pode ser feito para minimizar tais dificuldades?

 b Se vocês tivessem que dar uma recomendação sobre o que pode ser feito para facilitar a identificação de pontos de vista ao ouvir em português, o que recomendariam?

 c De que forma as imagens podem apoiar a escuta de reportagens que incluem vídeos?

Palavras etc.

Ver, vir e derivados

1 Ouça novamente a reportagem (seção *Escutando*) e complete os trechos a seguir. Depois, responda: as palavras que você escreveu ilustram o verbo **ver** ou o verbo **vir**? Como você sabe?

▶ "Mas com essa onipresença das redes sociais também se _____ um aumento de desinformação."

▶ "Em 2017, um ônibus que _____ para a capital foi interditado por cidadãos que queriam atacar o motorista por causa de um boato numa rede social."

▶ "Por sorte, dois policiais _____ o que aconteceu e impediram o pior."

▶ "Quando eles _____ algum boato em relação ao Estado, agem imediata-mente e divulgam a informação certa."

PALAVRAS QUE CAUSAM CONFUSÃO

Ver e vir

▶ Os verbos **ver** e **vir** podem ocasionar dificuldades porque algumas das conjugações são bastante parecidas ou até mesmo iguais.

▶ A forma **vimos** é o presente do indicativo do verbo **vir**: "Nós vimos ao cinema todo domingo", dito por alguém que está no cinema.

continua

425

▶ **Vimos** também é o pretérito perfeito do verbo **ver**: "Nós vimos um filme muito bom ontem".

▶ Note que o pretérito perfeito de **vir** na 1ª pessoa do plural é **viemos**: "Nós viemos ao cinema ontem".

▶ Outras formas desses dois verbos, como o imperfeito do subjuntivo, também são muito parecidas: "Se ele visse o documentário, saberia a opinião dos entrevistados" traz o verbo **ver**; "Se eu viesse ao cinema durante a semana, pagaria menos", o verbo **vir**.

▶ O futuro do subjuntivo, tempo verbal abordado mais adiante nesta unidade, pode apresentar desafios especiais, como nos exemplos a seguir: em (a), temos o verbo **ver**; em (b), o verbo **vir**:

    (a) Se você vir aquele filme, vai mudar de ideia.

    (b) Se você vier ao cinema na quarta-feira, vai pagar menos.

▶ Os verbos derivados de **ver** e **vir** são conjugados como eles.

2   Leia os trechos da reportagem (faixa 32) e repare os verbos destacados. Depois complete o quadro escrevendo o infinitivo do verbo e escolhendo um sentido para cada um.

a   "Todos hão de **convir** que é muito fácil reenviar uma mensagem sem verificar se o conteúdo é verdadeiro ou não."

b   "Recentemente nós **revimos** a nossa presença nessas redes [. . .]."

c   "Então, criei um grupo que **intervém** quando alguém recebe uma mensagem destas."

	Infinitivo do verbo	*Sentido do verbo no exemplo*
a convir		( ) vir com alguém
		( ) concordar
		( ) reunir-se
b revimos		( ) retornar
		( ) vir de novo
		( ) ver de novo
c intervém		( ) interceder
		( ) ir além
		( ) pressentir

3   Use os elementos a seguir para completar o quadro, listando verbos derivados de **ver** e **vir**.

ad-   ante-   con-   entre-   inter-   pre-   pro-   re-   sobre-

Derivados de **ver**	Derivados de **vir**
_____ver: voltar a ver _____ver: ver antes, ver com antecipação _____ver: pressentir; ver indistintamente _____ver: presumir, adivinhar	_____vir: ocorrer como consequência _____vir: interferir _____vir: acontecer depois ou de imprevisto _____vir: estar de acordo _____vir: originar-se

VOCÊ SABIA?

O verbo **convir** também significa "ser adequado" ou "ser conveniente": "Aquele linguajar não convém a um repórter"; "O diretor do jornal vai decidir o que lhe convém".

4   Complete o feed de notícias escolhendo entre os verbos dados e conjugando-os no presente do indicativo.

Notícias

15h41   Governo _____ lei de radiodifusão (advir/entrever/rever)

15h23   Filme premiado _____ de experiência pessoal, diz cineasta (advir/convir/ prever)

15h08   Empresas de internet _____ que alguns usuários podem ter sido prejudicados (convir/entrever/sobrevir)

14h51   Documentário _____ futuro sombrio para o planeta (antever/rever/provir)

14h32   Cidadão filma assalto mas não _____ (antever/intervir/sobrevir)

14h14   "Notícias _____ de fontes confiáveis", diz CEO de rede social (intervir/prever/ provir)

14h05   Ataques coordenados a provedores _____ em todo o mundo (antever/ rever/sobrevir)

13h50   Público _____ tensão entre atores de novela do horário nobre (advir/entrever/ provir)

13h37   Presidente de sindicato _____ aumento de notícias sobre violações a leis trabalhistas (convir/intervir/prever)

 Para mais prática sobre **ver**, **vir** e derivados, visite www.routledge.com/cw/santos.

Títulos impactantes

1   Leia novamente os títulos das reportagens apresentadas na seção *Escutando*, atividade 1. Escreva o título que você considera mais impactante.

2 Leia o seguinte texto e reflita: quais das características mencionadas estão presentes no título que você escolheu na atividade 1? Compartilhe as suas reflexões com um/a ou mais colegas.

Como escrever um bom título

O título de um texto (seja um livro, uma notícia, uma reportagem ou outro) é a primeira conexão do texto com seus leitores. Assim, um título precisa ser elaborado de forma que atraia os leitores e faça com que eles queiram saber mais a respeito do assunto. A técnica AIDA é essencial para criar um título que cause impacto. Essa técnica contém quatro elementos: Atenção, Interesse, Desejo, Ação. Um bom título usa palavras que atraem a atenção do leitor e despertam o seu interesse, mencionando o benefício que o texto traz. Além disso, o título deve despertar o desejo de conhecer o texto e levar os leitores à ação (ler ou ouvir o texto). O uso de listas (p. ex., "10 dicas para . . .") é sempre atraente e quase infalível. Expressar o benefício claramente no título (p. ex., "Como fazer . . .") desperta interesse imediato. O uso de palavras-chaves chama a atenção e leva os leitores a se interessarem pelo texto. No registro jornalístico, alguns dos verbos mais utilizados são **afirmar, garantir, prever, anunciar, acusar, informar** e **confirmar**. O uso desses verbos nos títulos de notícias e reportagens atrai a atenção dos leitores e os conduz a conhecer o assunto mais a fundo.

Referências: Davies, Mark e Preto-Bay, Ana Maria Raposo (2008). *A frequency dictionary of Portuguese*. Nova York/Londres: Routledge;
"6 passos garantidos para criar os melhores títulos e atrair leitores", https://goo.gl/V58iag. Data de acesso: 1/3/2018.

VOCÊ SABIA?

Um título é um exemplo de texto persuasivo, cuja função é convencer os/as leitores/as ou ouvintes a fazer alguma coisa (no caso, ler um texto). Para atingir o seu objetivo, esses textos precisam ser atraentes e utilizar recursos que causem impacto nas emoções dos ouvintes ou leitores. Além de títulos, outros exemplos de textos persuasivos são anúncios publicitários, classificados, cartazes e folhetos de campanhas.

3 Dê títulos para as notícias a seguir e compartilhe-os com seus/suas colegas. Em seguida, a turma pode votar nos melhores títulos para cada notícia.

O novo documentário de Vânia Assunção conta a história dos meios de comunicação e mostra como a sociedade mudou com eles e por causa deles. Começando pela criação da imprensa no século XV, o filme retrata os esforços da humanidade para se comunicar – e também como a comunicação foi e é reprimida por certos regimes. A diretora afirma que o filme não pretende ser político, mas não podia deixar de abordar a censura aos meios de comunicação, que continua existindo em vários cantos do mundo. O documentário levou o prêmio na sua categoria no Festival de Guimarães e estreia esta semana em várias capitais brasileiras.

Aquele rádio a pilha que o seu avô usava para ouvir os jogos de futebol pode ser o aparelho de comunicação mais importante das residências, mas as pessoas não sabem disso. Um estudo mostra que os residentes de 20 capitais mundiais parecem nem lembrar que o rádio a pilha ainda existe, até serem confrontados com possíveis situações em que outros aparelhos de comunicação, inclusive o celular, não funcionariam. Em um mundo onde tudo o que fazemos parece depender da conexão com a internet, aquele velho rádio é o aparelho mais confiável que há em situações de emergência, tais como um apagão ou, muito mais trágico, um conflito armado. Se você achava que o rádio do seu avô já não tinha mais utilidade, reconsidere a sua posição. Talvez seja a hora de comprar pilhas novas.

4   Pesquise notícias sobre um mesmo assunto em jornais online de diferentes países lusófonos. Escreva os títulos das notícias e compare-os em uma discussão com seus/suas colegas. Na discussão, troque ideias sobre o efeito dos diferentes títulos nos leitores que leem essas notícias.

Vocabulário frequentemente usado

1   Leia o trecho da reportagem (faixa 32) e repare o elemento destacado. Depois, responda oralmente com um/a colega.

> ▶ "Claro que anos atrás ninguém **previa** que as redes sociais tivessem esse tipo de impacto."

a   Qual é a forma base (infinitivo) do verbo destacado?

b   Vocês acham que esse verbo é frequente em textos jornalísticos? Por quê (não)?

CORPUS

A frequência com que uma mesma palavra ocorre pode variar de acordo com o gênero textual. Se compararmos os gêneros textuais, veremos que alguns verbos em português aparecem mais comumente em jornais do que em outros gêneros. O verbo **prever**, por exemplo, é o terceiro verbo mais frequente em textos de jornais, mas não aparece entre as palavras mais usadas em textos acadêmicos, textos de ficção ou em língua falada.

Referência: Davies, Mark e Preto-Bay, Ana Maria Raposo (2008). *A frequency dictionary of Portuguese*. Nova York/Londres: Routledge.

2   Com um/a colega, complete os verbos comumente usados em textos de jornais na lista do quadro e encontre-os no caça-palavras.

a_us_r	ad_an_ar	afi_m_r	a_un_iar	ap_ov_r	a_ur_r	_ob_ar
co_fir_ar	c_iti_ar	di_put_r	e_cer_ar	_sclare_er	g_ra_tir	
_nfo_mar	ne_oc_ar	o_t_r	_rev_r	u_trapa_sar	_ot_r	

R	A	R	B	O	C	D	A	N	U	N	C	I	A	R
R	B	A	B	E	W	N	F	E	C	D	Z	I	N	P
E	K	F	R	A	R	R	E	C	N	E	Z	Y	S	G
V	Y	I	E	A	P	A	P	R	O	V	A	R	A	T
E	Z	R	G	V	K	D	N	Q	I	T	K	A	E	J
R	E	M	T	O	W	M	E	A	U	G	R	S	I	G
P	B	A	T	T	A	A	G	O	B	C	A	S	G	L
Y	R	R	R	A	M	R	O	F	N	I	C	A	O	R
A	A	A	S	R	E	S	C	Y	D	A	I	P	N	A
C	T	T	Z	T	A	D	I	A	H	H	T	A	C	R
U	N	P	R	I	T	N	A	R	A	G	I	R	I	U
S	A	O	S	R	Z	Z	R	U	B	I	R	T	S	P
A	I	S	R	A	M	R	I	F	N	O	C	L	I	A
R	D	R	E	C	E	R	A	L	C	S	E	U	W	H
X	A	G	U	P	D	I	S	P	U	T	A	R	W	G

3   Em duplas, escrevam uma notícia de jornal relacionada à imagem, usando o maior número possível de verbos da atividade 2. Lembrem-se de dar um título à notícia.

Descobrindo a gramática

Futuro do subjuntivo

> Mais informações na seção Referência Gramatical

1   Leia novamente e contraste os seguintes trechos da reportagem (seção *Escutando*). Em seguida, relacione os elementos destacados às suas descrições.

a   "[. . .] se a imprensa **tiver** uma presença mais definitiva nas redes sociais, esses boatos vão diminuir."

b   "Quando eles **veem** algum boato em relação ao Estado, agem imediatamente e divulgam a informação certa."

c   "Se a imprensa **monitorasse** esses boatos e divulgasse a informação legítima, os boatos desapareceriam mais rapidamente."

d   "Quando todos nós **entendermos** essas consequências, as redes sociais vão ter uma função ainda mais relevante na nossa sociedade."

( ) O verbo indica uma situação hipotética pouco provável de acontecer.

( ) O verbo indica uma situação que vai ocorrer no futuro e da qual depende outra situação.

( ) O verbo indica uma situação habitual.

( ) O verbo indica que há uma hipótese e uma situação que é possível de acontecer.

VOCÊ SABIA?

Os exemplos (a) e (d) da atividade 1 contêm verbos no futuro do subjuntivo. Este tempo verbal expressa condições futuras, seja em um futuro próximo ou distante. Essas condições podem ocorrer no presente e continuar no futuro (como em "Enquanto houver jornais impressos, eu vou ler o jornal em papel"). Apesar de ainda existir em espanhol e em galego, o futuro do subjuntivo é usado raramente nessas línguas hoje em dia; porém, em português é ainda uma forma verbal que ocorre com frequência.

2   Sublinhe os exemplos do futuro do subjuntivo no quadro da atividade 1. Em seguida observe os usos do futuro do subjuntivo nos trechos sublinhados a seguir. Finalmente, descreva a formação desse tempo verbal escolhendo as opções adequadas no parágrafo e completando o quadro.

O futuro do subjuntivo é formado a partir da (3ª pessoa do plural / 3ª pessoa do singular) do (pretérito perfeito/pretérito imperfeito) do indicativo, tirando-se -**am**. A esta base adicionam-se as formas abaixo. Não há exceções.

eu	(nenhuma adição)
tu	-es
você, ele/ela	
nós	
vocês, eles/elas	

3   Complete as ideias a seguir usando os verbos entre parênteses no futuro do subjuntivo. Depois, escolha duas ou três ideias e converse sobre elas com um/a colega.

    a   Quando os jornais _____ (trazer) notícias boas, as pessoas vão ser menos negativas.

    b   Enquanto as pessoas _____ (consumir) fofocas sobre os famosos, a mídia vai continuar publicando e transmitindo esse assunto.

    c   As pessoas vão pagar pelas notícias na internet se não _____ (ter) acesso a fontes gratuitas.

    d   Assim que nós nos _____ (cansar) de receber informações 24 horas por dia, os meios de comunicação vão divulgar notícias realmente relevantes.

    e   Quando as pessoas _____ (usar) mais o seu senso crítico, vão deixar de acreditar na maioria das coisas que aparecem na internet.

    f   Assim que as informações _____ (ser) mais minuciosas, todos vão saber o que acontece.

    g   A verdade só vai ser revelada se os repórteres _____ (ir) buscá-la.

VOCÊ SABIA?

Os verbos **ir** e **ser** têm a mesma forma no futuro do subjuntivo, já que as formas do pretérito perfeito do indicativo desses dois verbos são idênticas.

4   Leia as frases e sublinhe os verbos que estão no futuro do subjuntivo, escrevendo o infinitivo de cada um. Depois, circule os outros verbos que aparecem em cada frase. Com um/a colega, responda: os verbos circulados se referem a situações no presente, no passado ou no futuro?

    a   Vou me mudar para uma casa nova e assim que receber as chaves vou instalar a internet.

    b   Se você souber de um provedor de internet com preço razoável nessa área, me avise.

    c   Eu já cancelei a minha internet antiga, mas aonde eu for vou estar com o celular.

    d   Já disse aos meus amigos que estou sem internet, mas quem quiser pode me ligar.

    e   Enquanto eu estiver sem internet vai ser mais fácil falar por telefone.

    f   Logo que eu tiver tempo, vou entrar em contato com todo mundo para dar o novo endereço.

    g   Se os meus novos vizinhos forem simpáticos, vou convidá-los para ver uns filmes no meu home theater.

    h   Assim que você puder, venha ver um filme comigo.

    i   Aconteça o que acontecer, os meus amigos serão sempre bem-vindos!

5   Relacione as frases da atividade 4 às justificativas de uso do futuro do subjuntivo.

Usa-se o futuro do subjuntivo . . .	Frase(s)
a . . . depois de certas palavras que expressam ação no futuro, por exemplo, **assim que**, **logo que**, **sempre que**, **quando**, **enquanto.**	
b . . . depois de **que**, **onde**, **quem** quando essas palavras se referem a ações no futuro.	
c . . . depois de **se** para indicar hipótese ou situação possível no futuro.	
d . . . em expressões situadas no futuro em que aparecem dois verbos e o primeiro está no presente do subjuntivo.	

6   Nomeie os meios de comunicação que aparecem na imagem. Depois, complete as frases usando esse vocabulário.

a   A secretária vai efetuar a compra logo que ela receber o seu [__ __ __ __ __].

b   Eu vou me emocionar todas as vezes que eu ler a [__ __ __ __ __] que a minha avó escreveu quando eu nasci.

c   Ele não vai atender o [__ __ __ __ __ __ __ __] fixo, não importa de quem for a chamada.

d   Se o seu [__ __ __ __ __ __ __] tiver memória suficiente, não deixe de baixar esse aplicativo.

7   Leia os pensamentos e relacione cada um deles à descrição da ideia a que eles se referem.

| Possibilidade no futuro | Hábito | Situação improvável |

8   Em duplas, escrevam frases com hipóteses ou possibilidades futuras sobre os meios de comunicação. Usem **se**, **quando**, **sempre que**, **assim que** e verbos diferentes. Em seguida, comentem sobre a relação entre o que escreveram e os seus hábitos no contexto das comunicações.

9   Em duplas, completem as frases sobre os meios de comunicação e a mídia.

   a   Se todas as pessoas do planeta tiverem um celular, _____ .

   b   Enquanto _____, não vai haver privacidade na internet.

   c   O mundo só vai estar realmente conectado quando _____ .

   d   Assim que a televisão for substituída por outro aparelho, _____ .

   e   Vamos escolher as notícias quando _____ .

10 Em duplas, imaginem uma hipótese (afirmativa ou negativa) para cada uma das seguintes situações. Sigam o exemplo. Depois, compartilhem as suas hipóteses com a turma.

Exemplo:

os jornalistas/noticiar o que acontece

Se os jornalistas noticiarem o que acontece, vamos ficar informados.

Se os jornalistas não noticiarem o que acontece, o público vai estar às escuras.

    a   o público/saber as notícias

    b   nós/ver novelas

    c   você/ler os jornais dos países lusófonos

    d   os meus amigos/ser bem informados

    e   os executivos/vir ao congresso sobre comunicação em massa

Para prática adicional do futuro do subjuntivo, vá a www.routledge.com/cw/santos.

Nas entrelinhas

Preparando-se para ler

1   Observe a imagem e responda oralmente em duplas.

a   O que a imagem ilustra?

b   Onde vocês acham que a foto foi tirada?

c   Qual é o objetivo do texto escrito? Na sua opinião, ele atinge o seu objetivo? Tome notas das suas respostas.

2   Leia a descrição de técnicas de persuasão frequentemente utilizadas em anúncios. Analise de que forma as técnicas se relacionam com as suas respostas na atividade 1c.

Os anúncios publicitários almejam criar um desejo nos consumidores e fornecer informação sobre como satisfazer esse desejo. Para isso, é possível usar várias técnicas, tais como as descritas a seguir.

▶ Repetição: é uma técnica simples que ajuda os consumidores a se lembrarem do produto. Basta repetir o nome do produto, possivelmente misturando os meios (p. ex., em um anúncio de televisão, o nome do produto é falado e também escrito na tela).

▶ Associação: o anúncio associa um produto a uma pessoa famosa ou a um modo de ser desejado por muitos e, assim, estabelece uma conexão psicológica entre o produto e o que se quer ser. Essa ligação leva a uma reação emocional por parte dos consumidores, e o produto passa a ser atraente por associação.

▶ Fatos: o anúncio chama a atenção a características do produto e fornece informação sobre ele. Algumas dessas características podem ser exageradas ou generalizadas, o que pode levar à chamada "propaganda enganosa".

▶ Efeito manada (ou efeito bandwagon): o anúncio projeta a ideia que outras pessoas consomem o produto, portanto você também deve ser como os outros e consumi-lo.

▶ Promoções: prêmios com compras ("Compre este produto e ganhe um CD!") e descontos associados a uma compra levam os consumidores a crer que estão ganhando alguma coisa, o que causa uma sensação de satisfação e bem-estar.

Referência: "5 most common advertising techniques", http://smallbusiness.chron.com/5-common-advertising-techniques-15273.html. Data de acesso: 1/3/2018.

VOCÊ SABIA?

A palavra **anúncio** tem mais de um significado. Pode se referir a um aviso ou notícia ("Você leu o anúncio do chefe sobre uso de e-mail?"), a um indício ou sinal de algo que pode acontecer ("Esse calor é anúncio de tempestade") ou a uma mensagem comercial destinada a persuadir as pessoas a comprar ou fazer alguma coisa. A mensagem comercial também pode ser chamada de **comercial** ou **propaganda**. A palavra **marketing** refere-se às estratégias

continua

e aos recursos publicitários. A expressão **fazer propaganda** (de alguma coisa) é usada não apenas em termos comerciais, mas também quando se pretende promover alguém ou alguma coisa em geral.

Lendo

1   Leia os anúncios publicitários e dê detalhes sobre algumas das suas características no quadro. Depois, compare as suas respostas com as de um/a colega.

Anúncio 1

SuperSmartPhone 326

Se você ainda não conhece o SuperSmartPhone 326 da Comunicarse, não sabe o que está perdendo! O SuperSmartPhone 326 é o melhor de todos. Um celular de última geração que não é apenas inteligente, mas também bonito, resistente, inquebrável, funcional, prático, leve, fino, colorido, rápido e muito cobiçado. Com o SuperSmartPhone 326, ouve-se música com muito mais clareza. Os vídeos também aparecem com muito mais nitidez. Além disso, o inimitável SuperSmartPhone 326 vai ajudar a organizar a sua vida. Dizem que não se pode mais viver sem um celular, mas agora é impossível viver sem o SuperSmartPhone 326 da Comunicarse. Às vezes a gente acha que falta alguma coisa na vida da gente. Agora não falta mais. Finalmente criaram um celular que todo mundo quer.

Anúncio 2

O celular que vai salvar a sua vida

Chegou o Seg 1200, o novo celular da TechNome. O Seg 1200 tem uma bela tela feita de material resistente a rachaduras. Tem também uma câmera camarada com 20 megapixels para você registrar momentos e paisagens com fotos nítidas. Lindo, leve e linear, o Seg 1200 tem memória interna de 320 gigabytes para você guardar tudo: fotos, música e o que mais você quiser. Você não precisa mais deletar aquele vídeo engraçado do seu amigo! Com uma espessura de apenas 0,60 cm, o Seg 1200 é o mais fino da série Seg. Mas ele não é só elegante: também é muito fácil de usar. Você estava esperando este celular? Pois é, todo mundo estava! O Seg 1200 é tão bom que até o dinossauro prefere ficar com ele a pegar você. Procure o seu hoje mesmo!

Você não pode escapar do Seg 1200 da TechNome. Se correr o bicho pega, se ficar o bicho come. O celular.

	Anúncio 1	*Anúncio 2*

Que produto está sendo anunciado?
Quem é o público-alvo do anúncio?
Há um título impactante no anúncio? O título é longo ou curto?
Há elementos visuais chamativos? Dê detalhes.
O uso de linguagem verbal é criativo? Dê detalhes.
Há técnicas de persuasão sendo utilizadas? Dê detalhes.
Há informação para contato do anunciante?
Há informação sobre os/as autores/as do texto?

VOCÊ SABIA?

A rima é um recurso estilístico através do qual se repetem sons semelhantes no final das palavras. Esse recurso é bastante utilizado em versos, que podem terminar em sons semelhantes, como vimos na Unidade 5. Pode-se rimar, por exemplo, **celular** com **adular**, **popular** ou mesmo **mar** ("Ela não queria mais o celular/Apesar de ser popular/E acabou jogando no mar"). Outro recurso estilístico que pode ser usado em anúncios, poemas e outros textos é a aliteração, que consiste na repetição de sons em uma frase, como em "Lindo, leve e linear", em que o som [l] está presente no início das três palavras. Outros exemplos são "bela tela" e "câmera camarada", nos quais mais de um som é repetido em palavras contíguas.

2   Leia algumas informações sobre o tipo de linguagem frequentemente usada em anúncios publicitários. Depois, com um/a colega, discuta: quais das características listadas a seguir podem ser encontradas nos anúncios da atividade 1?

▷   Frases curtas

▷   Adjetivos que causam impacto nas emoções dos leitores

▷   Imagens vívidas

▷   Cores e fontes diversas

▷   Linguagem impactante (repetições, exageros, rimas, aliterações, metáforas etc.)

▷   Perguntas

▷   Foco no leitor (uso de você(s), seu(s)/sua(s), verbos no imperativo etc.)

▷   Criatividade

3   Leia os anúncios da atividade 1 novamente e indique se as alternativas sobre eles são verdadeiras (V) ou falsas (F). Para as verdadeiras adicionar E (se a informação for explícita) ou I (se for implícita e pode ser inferida). Finalmente, para as informações VI, discuta em grupos: com base em que as inferências puderam ser feitas?

ESTRATÉGIA: CONSIDERANDO O QUE PODE E O QUE NÃO PODE SER INFERIDO

Leitores/as competentes sabem distinguir entendimentos que derivam de informação explícita em um texto ou de inferências feitas ao ler. Isso é importante por vários motivos. Por exemplo, muitas vezes os/as autores/as de um texto omitem informações propositalmente (por exemplo, a comparação com um concorrente em um anúncio publicitário), mas possibilitam entendimentos dessas informações por inferência. Inferências são também necessárias

continua

> para se aplicar outras estratégias já apresentadas, como a identificação do gênero textual (Unidade 4), de detalhes (Unidade 6), de pontos principais (Unidade 7), de pontos de vista (Unidade 8) e distinção entre fatos e opiniões (Unidade 9). As inferências precisam sempre ser fundamentadas em experiência ou conhecimento prévio.

Anúncio 1

a ( ) Contém o nome do produto.

b ( ) Menciona o nome da companhia.

c ( ) Compara o produto aos concorrentes.

d ( ) Menciona um ou mais concorrente(s).

e ( ) Especifica qualidades do produto.

f ( ) Menciona diferentes usos do produto.

g ( ) Especifica o público-alvo a que o produto se destina.

Anúncio 2

a ( ) Menciona o nome do produto.

b ( ) Estabelece comparação com outros modelos.

c ( ) Fala de traços físicos do produto.

d ( ) Menciona diferentes usos do produto.

e ( ) Sugere que o produto é ou vai ser muito popular.

f ( ) Parte da premissa de que memória é um requisito importante na seleção do celular a ser comprado.

g ( ) Refere-se a dinossauros para criar uma imagem impactante na leitura.

4 Os adjetivos da coluna da esquerda são derivados de verbos. Complete o quadro com o(s) elemento(s) que forma(m) cada adjetivo, o verbo que dá origem a cada um deles, um sinônimo para o verbo (se não souber um sinônimo, procure em um dicionário) e, se possível, um novo adjetivo a partir dos verbos sinônimos. Consulte um dicionário para verificar se o novo adjetivo existe. Siga o exemplo dado na primeira linha.

Adjetivo	Partícula(s)	Verbo original	Verbo sinônimo	Novo adjetivo?
inimitável	in-; -vel	imitar	reproduzir	reproduzível
cobiçado				
colorido				
inquebrável				
resistente				

5 Em duplas, comparem os smartphones que vocês conhecem com os aparelhos dos anúncios 1 e 2, listando e analisando as semelhanças e diferenças e usando o vocabulário da atividade 4. Depois, concluam: vocês comprariam um dos aparelhos anunciados? Por quê (não)?

Refletindo sobre a leitura

1   Em grupos, discutam. Tomem notas de pontos principais durante a discussão.

   a   Que tipos de informações são normalmente apresentados explicitamente em anúncios publicitários? Que tipos de informações são normalmente apresentados implicitamente?

   b   Como vocês qualificariam a importância de saber fazer inferências ao ler anúncios publicitários? Justifiquem as suas respostas.

←	Extremamente importante	Muito importante	Mais ou menos importante	Nada importante	→

2   Em conjunto com a turma, compartilhem as ideias discutidas durante a atividade 1 e deem continuidade à discussão com os novos elementos trazidos pelos outros grupos. Na discussão, comentem sobre informações que os anúncios não costumam apresentar.

A B C Palavras etc.

Expressões com nomes de animais

1   Leia e repare a expressão destacada. Depois, escolha a opção que melhor descreve o sentido da expressão.

> "Você não pode escapar do Seg 1200 da TechNome. **Se correr o bicho pega, se ficar o bicho come**. O celular."

   a   ( ) É preciso fugir dos animais predadores.

   b   ( ) Não há como evitar a situação e/ou o resultado.

   c   ( ) Não é possível escapar de animais velozes.

 Em www.routledge.com/cw/santos você encontra mais atividades com expressões que usam o futuro do subjuntivo.

2   Em duplas, relacionem as colunas para formar expressões que têm nomes de animais. Depois, discutam: o que vocês acham que tais expressões significam? Há expressões seme-lhantes na(s) sua(s) língua(s) materna(s)?

a	Não gosto de engolir	( ) atrás da orelha
b	Ele é a **ovelha**	( ) fora d'água
c	Mais vale um **pássaro** na mão	( ) mas não sabe onde
d	Está na hora de a **onça**	( ) **peixinho** é
e	Não ponha o carro	( ) **sapo**
f	Ela está com a **pulga**	( ) na frente dos **bois**
g	Ela parece uma **barata**	( ) negra da família
h	Ele ouviu o **galo** cantar	( ) caça com **gato**
i	Filho de **peixe**	( ) tonta
j	De grão em grão	( ) beber água
k	Em boca fechada	( ) a **galinha** enche o papo
l	Quem não tem **cão**	( ) não entra **mosca**
m	Estou me sentindo um **peixe**	( ) do que dois voando

3   Em duplas, completem os diálogos usando as expressões da atividade 2. Não repitam expressões.

Diálogo 1

Davi: Esses jovens de hoje em dia sabem tudo sobre as tecnologias digitais, né?

Eli: Pois é. Cada vez que eu troco de telefone, tenho que pedir ajuda ao meu filho. O meu neto, então, nem se fala. Com cinco anos já mexe em tudo com a maior naturalidade!

Davi: A minha neta também é assim. Eu é que não sei nada mesmo. Com essas coisas tecnológicas, eu me sinto _____.

Diálogo 2

Eva: Você não acha que a mídia influencia demais a sociedade?

Léo: Até certo ponto, acho que sim. Com relação a padrão de beleza, por exem-plo, não resta dúvida que a mídia determina o que é ideal.

Eva: Não só isso, né? Tem comportamento também. O que se aceita, o que pode e o que não fica bem, tudo isso é reflexo do que a mídia estabelece.

Léo: Pode ser, mas aí também entra muito a influência da própria família, né? Você vê o meu primo, por exemplo. Ele só compra roupa de marca, a vida toda foi assim. Agora o filho dele é a mesma coisa.

Eva: Aí é como diz o ditado: _____. Dá vontade de dizer pras pessoas que isso é uma tremenda bobagem.

Léo: Ah, dá, mas é melhor ficar calado. Afinal de contas, _____ _____.

Diálogo 3

Fred: Outro dia eu li num blogue que tinha uma relação entre o aumento nos índices de depressão e a falta de autoestima nas pessoas.

Nara: Faz sentido, mas o que causou o aumento da depressão?

Fred: Dizia que era a mídia, que impõe padrões de beleza e de sucesso quase inalcançáveis.

Nara: Não sei não . . . Será que isso chega a causar depressão? A internet está cheia de opiniões sem fundamento. Eu fico sempre _____ _____ quando leio essas coisas. Não confio muito, não.

Fred: Ah, eu acho que alguns casos de depressão podem ser por causa disso, sim.

Nara: Eu sempre desconfio. Muita gente que posta coisas em blogue não é especialista e não sabe do que está falando. Essa gente ouve _____ _____.

Diálogo 4

Rosa: O meu filho está me deixando louca!

Laís: Por quê?

Rosa: Ele quer porque quer aquele robô que estão anunciando toda hora na televisão. Eu não consigo encontrar em loja nenhuma. Na internet também está completamente esgotado. Eu pareço _____ procurando o robô em todo lugar!

Laís: Olha, tem um que é parecido e faz as mesmas coisas, mas é muito mais barato. Só não é a mesma marca. Eu comprei pro meu filho. Ele reclamou no início mas agora está brincando com o tal robô. Sabe como é, quem não tem _____.

Rosa: Me diz onde você comprou isso! O aniversário do Paulinho está chegando, e eu preciso de um robô, qualquer robô, e parece que antes disso não vai chegar o tal que ele quer. Afinal, mais _____.

Diálogo 5

Jair: Já sabe da última? O meu irmão resolveu levar o filho mais novo a um psicólogo pra evitar problemas de autoestima.

Ione: Ele não está pondo _____?

Jair: É o que eu acho. Mas ele protege demais aquele menino. Diz que não tem como evitar os efeitos da mídia, que é melhor prevenir.

Ione: Mas não é o filho mais velho dele que sempre se mete em confusão?

Jair: É, sim. Aquele rapaz é a _____. Só o meu irmão é que não vê. . . . Eu já disse isso pra ele, mas ele se ofendeu e chegou a me dizer uns palavrões. Como eu não gosto _____, tivemos uma briga por causa disso. Eu não falo mais nada.

Em www.routledge.com/cw/santos você encontra mais atividades sobre expressões com nomes de animais.

Adjetivos para descrever objetos

1 Complete o quadro de acordo com o conteúdo dos anúncios 1 e 2 na seção *Lendo*.

	Objeto sendo anunciado	Adjetivos usados para descrever o objeto
Anúncio 1		
Anúncio 2		

2 Escreva os adjetivos listados na atividade 1 de acordo com as características que descrevem. Nem todas as características terão exemplos.

a	Forma	_____
b	Material	_____
c	Tamanho	_____
d	Peso	_____
e	Sabor	_____
f	Funcionalidade	_____
g	Qualidade	_____
h	Tempo de existência	_____
i	Cheiro	_____
j	Textura	_____
k	Velocidade	_____
l	Aparência	_____
m	Cor	_____
n	Espessura	_____
o	Características subjetivas	_____

3   Complete o quadro com os adjetivos a seguir, fazendo a correspondência entre adjetivos e características descritas. Em seguida, realize uma busca na internet para adicionar um adjetivo a cada característica.

> amargo anil áspero atraente cheiroso desejado doce duro enorme especial espesso excelente fácil fedorento feio formoso frágil horroroso lento liso longo pequeno pesado prateado quadrado redondo ruim salgado sólido útil velho veloz

Área	Adjetivo(s)	Área	Adjetivo(s)
Forma		Cheiro	
Tempo de existência		Textura	
Tamanho		Velocidade	
Peso		Aparência	
Sabor		Cor	
Funcionalidade		Espessura	
Qualidade		Características subjetivas	

4   Descreva os objetos com o maior número de adjetivos possível, fazendo referência a várias áreas de descrição diferentes.

a

b

c

d

e

f

5 Pense em um objeto que você tem e faça um desenho desse objeto, mas não deixe que ninguém veja o que você desenhou. Em seguida, descreva o seu objeto para a turma usando o
maior número possível de adjetivos, sem dizer o que é. A turma vai adivinhar que objeto é.
A sua descrição pode incluir informação sobre cor, tamanho, forma, espessura, peso, textura,
som, cheiro, para que serve, de que material é feito, como é usado etc.

Descobrindo a gramática

Construções impessoais

> Mais informações na seção Referência Gramatical

1 Leia atentamente os trechos a seguir, extraídos das seções *Escutando* e *Lendo*. Em seguida,
selecione a alternativa que indica os exemplos de construções impessoais, isto é, construções
em que não se especifica quem realiza a ação.

> i   "Mas com essa onipresença das redes sociais também se vê um aumento de
> desinformação."
>
> ii "Finalmente criaram um celular que todo mundo quer."
>
> iii "Você lê aquelas coisas e percebe o que é notícia e o que não é."

a   ( ) Exemplos (i) e (ii) apenas

b   ( ) Exemplos (ii) e (iii) apenas

c   ( ) Exemplos (i), (ii) e (iii)

2 Nos exemplos da atividade 1, sublinhe os elementos que fazem com que o agente (ou seja,
quem ou o que realiza a ação) seja inespecífico. Em seguida, relacione os exemplos com a
sua descrição.

a   ( ) Pronome pessoal (**tu**, **você**, **a gente**) com valor indeterminado

b   ( ) Pronome **se**

c   ( ) Verbo na 3ª pessoa do plural, sem sujeito explícito

VOCÊ SABIA?

▶ Quando não podemos ou não queremos identificar quem (ou o que) realiza uma ação,
não explicitamos o agente, ou seja, quem (ou o que) faz alguma coisa. Como vimos na
Unidade 5, uma maneira possível de se fazer isso é usar a voz passiva e omitir o agente.

continua

▶ Em português, há outros recursos, além da voz passiva, usados para omitir quem ou o que faz a ação. Esses recursos são conhecidos como **construções impessoais**.

▶ As construções impessoais são formadas com:

a   o pronome **se** com o verbo na 3ª pessoa no singular;

b   verbo sem sujeito na 3ª pessoa do plural;

c   pronomes pessoais (especificamente, **tu**, **você** ou **a gente**) com valor indeterminado.

▶ Quando um/a falante usa um pronome com valor indeterminado, não se refere especificamente a ninguém.

▶ Pode-se usar **as pessoas** (principalmente no Brasil) e **toda a gente** (principalmente em Portugal e na África lusófona) para tecer generalizações sobre outras pessoas. Essas afirmativas podem constituir generalizações indevidas.

3   Nos exemplos a seguir, determine se **tu/você/a gente** é usado com sentido pessoal (P) ou indeterminado (I).

a   ( ) Hoje em dia, se você não está presente nas mídias sociais, você praticamente não existe.

b   ( ) Você viu o que está circulando sobre aquele deputado?

c   ( ) Se tu não sabes a tua palavra-passe, como é que eu posso saber?

d   ( ) Se tu estás conectado, sabes de tudo que se passa.

e   ( ) A gente vê muita coisa na mídia que não é verdade.

f   ( ) Lá em casa a gente raramente vê televisão.

g   ( ) Muitos comentários são cruéis; a gente não pode se importar com isso.

4   Reescreva as frases usando verbos na 3ª pessoa do plural, como no exemplo.

Exemplo: Você sabe quando o telefone celular foi inventado?

Você sabe quando inventaram o telefone celular?

a   O telegrama era muito usado antes da popularização do telefone.

b   O declínio dos jornais é debatido em todo o mundo.

c   Hoje em dia as notícias são divulgadas nas redes sociais.

d   Eu não sei porque aquele site foi bloqueado.

e   Nem sempre a liberdade de imprensa é respeitada.

5   Faça o que se pede.

a   Leia a frase que aparece na Foto 1 e, com um/a colega, responda: o que a frase comunica? Sabemos quem realiza a ação? Onde poderíamos ler frases como a da foto?

b   Desembaralhe as letras ao lado da Foto 2 para completar o conteúdo da placa na foto. Depois, responda: sabemos quem realiza a ação? Onde poderíamos encontrar uma placa semelhante à da foto e por que ela seria necessária?

Foto 1

Foto 2

GAL
FAS
ROU
UTP

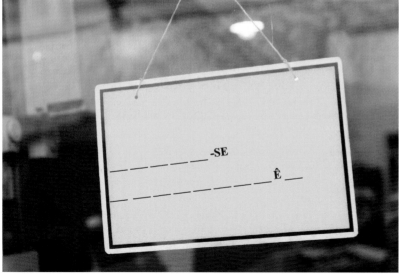

c   Em duplas, conversem sobre o tema "Mídia digital e não digital no dia a dia", usando as perguntas do quadro como ponto de partida. Elaborem outras duas perguntas usando construções impessoais.

Na sua opinião, usa-se demais a mídia digital no dia a dia?

A gente pode encontrar espaço para a mídia não digital? Em que situações?

Em que contextos se pode consumir a mídia não digital regularmente?

É possível você se viciar em mídia digital?

A comunicação vai melhorar se criarem mais tipos de mídia digital? Por quê (não)?

_____

_____ ?

_____

_____ ?

Em www.routledge.com/cw/santos você encontra mais atividades sobre construções impessoais.

Tomando a palavra

Como se diz?

 1   Você vai ouvir dois áudios sobre uma câmera fotográfica. Depois de ouvir, responda: qual dos áudios apresenta um comercial da câmera? Como você sabe?

 2   Ouça os áudios novamente e, para cada par de palavras, marque a que é dita.

   a   não/nau

   b   mundo/ mudo

   c   logo/longo

   d   me/mim

   e   são/sal

   f   cedo/sendo

   g   tato/tanto

   h   sem/sei

SONS DO PORTUGUÊS

▶ Os sons nasais são produzidos quando a corrente de ar passa pelo nariz. Em português, temos vogais nasais e ditongos nasais.

▶ As palavras **tanto**, **lenço**, **sinto**, **longo** e **mundo** contêm vogais nasais nas sílabas tônicas (ou seja, nas sílabas "fortes" das palavras; nesses exemplos, a sílaba tônica é a primeira sílaba).

▶ Os ditongos nasais são exemplificados pelas palavras **mãe**, **são**, **sem**, **põe**, **muito**, **quando** e **frequência**. Nesses exemplos, os sons nasais também aparecem nas sílabas tônicas.

▶ É possível haver vogais e ditongos nasais em sílabas átonas (isto é, "fracas"), como em **comprei** (vogal nasal na primeira sílaba) e **falam** (ditongo nasal na segunda sílaba).

▶ Certos pares de palavras, conhecidos como pares mínimos, distinguem-se apenas por um som. Em certos pares mínimos, uma palavra contém um som nasal e outra não (e todos os outros sons são iguais), como **cito/cinto**, **preço/prenso** e **mau/mão**. Note que em alguns casos há um par mínimo em uma variedade da língua portuguesa mas não necessariamente em outra. Por exemplo, em PB as palavras **sal/são** formam um par mínimo, já que **sal** é comumente pronunciada com um ditongo. Em outras variedades da língua, no entanto, a palavra **sal** não contém um ditongo, e, portanto, não forma par mínimo com **são**.

3 Ouça os slogans de alguns produtos. Para cada um deles, escreva a(s) palavra(s) que contém(êm) um som nasal.

VOCÊ SABIA?

Um slogan é uma frase ou expressão curta usada em campanhas de publicidade, campanhas políticas e outras. Um bom slogan chama a atenção e é de fácil memorização. Dessa maneira o público pode se lembrar, sem esforço, de um produto ou de uma pessoa. Para se criar um slogan, pode-se lançar mão de vários recursos, entre eles a rima ("Revista Roberta, a informação certa"), figuras de linguagem como a metáfora ("A Livraria Celeste é o paraíso da sua mente"), a personificação ("Rádio Amanhã FM: os seus ouvidos agradecem", em que os ouvidos agem como se fossem pessoas), a aliteração ("Conte com o Canal Camila, sempre com você"), o jogo de palavras ("O seu dia começa melhor com *O Mundo* nas mãos") e uma promessa pessoal ("As Câmeras Image retratam a sua felicidade").

3   Escreva slogans para os produtos ilustrados a seguir. Use pelo menos uma palavra que con-
    tenha som nasal em cada slogan.

a

_____

_____

b

_____

_____

_____

c

_____

_____

_____

 Em www.routledge.com/cw/santos você encontra mais atividades sobre sons nasais em português.

Preparando-se para falar

1   Em conjunto com a turma, troquem experiências sobre comerciais impactantes que vocês ouviram ou viram recentemente. Comentem porque o comercial chamou a sua atenção.

2   Em duplas, façam uma lista de "boas ideias" e "más ideias" com relação à produção de um comercial eficaz.

Falando

1   Em grupos de três, criem um comercial para um produto da sua escolha. O produto deve estar relacionado ao tema "Comunicações". Sigam os passos a seguir.

   a   Nos seus grupos, definam o produto que vai ser anunciado: pode ser algo que já exista (do passado ou do presente) ou algo que vocês inventem.

   b   Troquem ideias sobre os benefícios do seu produto e porque vocês querem anunciá-lo. Tomem notas e respondam à pergunta: se vocês quisessem que os seus ouvintes ou espectadores se lembrassem de uma única coisa sobre o seu produto, que coisa seria essa? Escrevam a resposta: ela deve ser o fio condutor do seu comercial.

   c   Decidam se o comercial incluirá áudio apenas ou se terá também recursos visuais. Esta decisão afetará decisões nas próximas etapas.

   d   Componham uma pequena narrativa que inclua o seu produto. Usem o esquema abaixo para resumir os elementos de cada etapa da narrativa. Resolvam como a narrativa será contada: o que será dito oralmente, o que será dito por escrito e quais elementos visuais serão utilizados.

ESTRATÉGIA: CONSIDERANDO A MODALIDADE (VERBAL, VISUAL, VERBO-VISUAL) MAIS ADEQUADA

Ao falar temos ao nosso dispor várias modalidades de expressão: podemos nos expressar linguisticamente (ou verbalmente); podemos mostrar objetos, fazer gestos e expressões faciais, e comunicar por meio de cores e outros símbolos, explorando a percepção visual de nossos interlocutores. Podemos, também, combinar recursos verbais e visuais ao mesmo tempo, por exemplo, mostrando uma foto e falando sobre ela ao mesmo tempo ou escrevendo algo e ressaltando trechos por meio de recursos tipográficos como itálico ou negrito. Ao produzir comunicação oral o importante é considerar a forma mais eficiente de comunicar – em outras palavras, o que é mais impactante, mais econômico e/ou mais adequado para atingir o objetivo da comunicação. Uma forma de tomar decisões fundamentadas é perguntar-se: como posso expressar isso verbalmente? E visualmente? Qual forma é melhor? Por quê? Posso combinar as duas formas? Tal combinação é eficaz?

Imagem	O que se vê ou lê	O que se ouve	Outros detalhes

Imagem	O que se vê ou lê	O que se ouve	Outros detalhes

Imagem	O que se vê ou lê	O que se ouve	Outros detalhes

Imagem	O que se vê ou lê	O que se ouve	Outros detalhes

e   Escrevam o roteiro do seu comercial. A busca dos termos "roteiro de comercial modelo" na internet pode apoiar a sua tarefa nesta etapa.

f   Gravem o comercial. Se necessário (e possível), editem-no.

g   Disseminem o comercial: se estiver em vídeo, façam o upload em um site de compartilhamento de vídeo; se estiver em áudio, façam o upload no site da turma (se houver) e/ou em um site de compartilhamento de áudio. Em seguida, seja em vídeo ou em áudio, enviem o link para o/a professor/a, para outras turmas e para outros aprendizes com quem vocês tenham contato.

Refletindo sobre a fala

1   Em conjunto com a turma, discutam.

a   O que vocês aprenderam sobre comerciais nesta unidade?

b   O que aprenderam sobre a importância de se considerar, ao escrevermos, o que será apresentado de forma verbal, visual ou verbo-visual?

c De que forma as aprendizagens ocorridas ao longo da unidade poderão ser aplicadas no futuro?

Mãos à obra

Preparando-se para escrever

1 Quais dos gêneros textuais listados a seguir são comumente apresentados em folhetos com quatro páginas como ilustrado na imagem?

cartas de reclamação	anúncios publicitários	cartões de aniversário
folhetos de visitação em museus	convites	

2 Em grupos, respondam oralmente: vocês já leram algum texto em português apresentado em forma de folheto com quatro páginas? Se sim, sobre o que era o texto? Que gênero textual ele representava?

3 Leiam o texto e respondam oralmente em duplas.

Páginas externas do folheto

INFORMAÇÕES

Programas educacionais

A Casa das Comunicações promove programas educacionais para diversos públicos, de crianças a cidadãos na terceira idade. Para obter mais informações, visite casadascomunicacoes.br/educacao

Clube Casa Plus

O Clube Casa Plus é o programa de sócios da Casa das Comunicações. Todos os associados têm direito a entrada gratuita à exposição permanente e acesso exclusivo a vários eventos, além de descontos em todos os programas e outras exposições da Casa. Para saber mais e para se associar, visite casadascomunicacoes.br/clubecasaplus

Fale conosco
Administração
(55) (63) 4790–5787
Programas e eventos
(55) (63) 4790–5788
Clube Casa Plus
(55) (63) 4790–5789

CASA DAS COMUNICAÇÕES
Guia d@ Visitante

Horário de funcionamento
De terça a sábado, 11h às 20h
Domingos e feriados, 12h às 19h
Fechada às segundas
CASA DAS COMUNICAÇÕES
Avenida da Constituição, 90
Palmas, TO
Brasil
77020–000

Páginas internas do folheto

Bem-vind@s à Casa das Comunicações!
A Casa das Comunicações dedica-se a narrar a história das comunicações no Brasil desde o século XVI até os dias de hoje. Na sua exposição permanente, a Casa dispõe de um acervo significativo de artefatos relacionados à comunicação entre as sociedades que habitam e habitaram o território brasileiro. A Casa também organiza exposições temporárias em torno de diversos temas relacionados às comunicações no Brasil, no mundo e para além do nosso planeta.
Sejam bem-vind@s à nossa Casa!

Térreo – Século XVI
A comunicação antes da chegada dos europeus
Os europeus no Brasil: cartas e livros

Primeiro andar – Séculos XVII-XIX
Entre a Europa, a África, a Ásia e a América
Jornais portugueses
O início do serviço postal
Jornais brasileiros

Segundo andar – Séculos XX-XXI
A evolução da imprensa no Brasil
Os serviços de correios e telégrafo
A telefonia

Rádio e televisão
A internet
A comunicação digital

Terceiro andar
Exposições temporárias

Terraço
Bar e Restaurante da Casa

a Vocês já viram textos semelhantes a esse? Se sim, onde? Em que idioma o texto era escrito? Que informações continha?

b Qual(is) é (são) o(s) objetivo(s) de textos como esse?

( ) apresentar diferentes pontos de vista

( ) convencer o/a leitor/a a fazer algo

( ) informar o/a leitor/a sobre algo

( ) instruir o/a leitor/a sobre como fazer algo

( ) narrar uma história ou evento

VOCÊ SABIA?

Os folhetos de museus e de outros tipos de instituições têm por objetivo informar e, ao mesmo tempo, persuadir o/a leitor/a a fazer algo. Para isso, usa-se a linguagem informativa e a linguagem persuasiva. No folheto da Casa das Comunicações a função informativa está presente nos textos sobre horário, endereço, telefones para contato e localização das exposições e do bar-restaurante. A linguagem persuasiva, por outro lado, pode ser localizada nos textos sobre os programas educacionais e sobre o Clube Casa Plus. Esses textos contêm descrições que têm por objetivo levar o/a leitor/a ao site da instituição, onde seria possível encontrar informações sobre como participar desses programas. O uso do imperativo ("[. . .] visite [. . .]") e de títulos ou nomes expressivos (como "Clube Casa Plus") visam convencer o/a leitor/a a agir favoravelmente, ou seja, a visitar o site e a se associar. Caso o/a leitor/a tenha acesso ao folheto antes de visitar a Casa das Comunicações, a mensagem de boas--vindas almeja persuadir o/a potencial visitante a se deslocar e realizar a visita, fornecendo informações gerais sobre o acervo e sobre exposições temporárias.

Escrevendo

1 Você vai produzir um folheto de museu. Siga as etapas a seguir.

a Escolha um museu no mundo lusófono que expõe aspectos do mundo das comunicações. Algumas sugestões são:

▶ Museu da Imagem e do Som (São Paulo, Brasil), www.mis-sp.org.br

▶ Centro Português de Fotografia (Porto, Portugal), www.cpf.pt

▶ Museu das comunicações (Macau, China), http://macao.communications.museum/por/main.html

b Busque informações sobre o acervo do museu escolhido.

c   Pesquise folhetos de museus e observe a sua organização e conteúdo: quantas páginas tem o folheto? Que conteúdo é incluído em cada página? Que informações são dadas visualmente e de que forma (fotos, desenhos, símbolos, outros)? Que recursos de linguagem persuasiva são utilizados?

d   Considere quais informações você gostaria de incluir no seu folheto, e qual é a modalidade (verbal, visual, verbo-visual) mais adequada a cada tipo de informação.

e   Com base nas observações anteriores, escreva o primeiro rascunho do seu folheto. Não se esqueça de monitorar a sua escrita durante esta etapa. Ao terminar o rascunho, faça uma revisão sistemática do seu texto. A lista a seguir pode orientar a sua revisão.

ESTRATÉGIA: FAZENDO UMA REVISÃO SISTEMÁTICA DO TEXTO

Na Unidade 7 você aprendeu sobre monitoramento da sua escrita: revisões são um tipo de monitoramento feito após escrever. Uma boa revisão deve abarcar aspectos do conteúdo (o que é escrito) e da forma de um texto (como é escrito). O uso de listas para verificação (também chamadas de checklists) pode ajudar a revisão, mas é importante lembrar que diferentes textos podem necessitar itens variados dependendo dos seus objetivos e de outras características do gênero textual.

O meu folheto . . .

[   ]   tem título e subtítulos?

[   ]   apresenta as informações em uma sequência lógica?

[   ]   contém imagens relevantes e atraentes?

[   ]   faz bom uso de recursos tipográficos (tamanho e tipo de fonte, negrito, sublinhado etc.)?

[   ]   procura convencer o leitor a visitar o museu?

[   ]   segue convenções ortográficas (isto é, as palavras estão escritas corretamente)?

[   ]   contém pontuação adequada?

[   ]   segue regras gramaticais (por exemplo, os verbos estão conjugados corretamente; há concordância entre substantivos e adjetivos correspondentes etc.)?

f   Peça a outras pessoas (colegas, professores/as, familiares) para lerem o seu rascunho e dar sugestões de melhora para o seu folheto.

g   Escreva a versão final do seu folheto e compartilhe-a com seus/suas colegas.

Refletindo sobre a escrita

1 Complete o quadro. Depois, compare as suas respostas com as de seus/suas colegas.

▶ Uma coisa que aprendi sobre folhetos nesta atividade: _____

▶ Um detalhe importante sobre informações dadas visualmente em folhetos: _____

▶ Um detalhe importante sobre informações dadas verbalmente em folhetos: _____

▶ Um aspecto de linguagem persuasiva que é importante lembrar ao escrever folhetos: _____

Diálogos multiculturais

Culturalmente falando

1 Responda.

   a Você costuma assistir a reality shows? Justifique a sua resposta.

   b Na sua opinião, qual é o perfil do público que assiste a reality shows?

   c Nas últimas décadas, os reality shows têm sido muito populares em diversos lugares do mundo, inclusive os países lusófonos. A que você atribuiria o sucesso global desses programas? Liste três possíveis motivos para esse sucesso.

   d Você já assistiu a reality shows produzidos em países lusófonos? Se sim, descreva como foi a experiência. Se não assistiu, pesquise sobre reality shows brasileiros ou portugueses na internet e assista a um episódio. Em seguida, anote os aspectos que mais o/a surpreenderam e prepare-se para descrever a experiência na próxima aula.

2 Em grupos, compartilhem as respostas da atividade 1.

Dialogando com a imagem

1 Em duplas, observem as imagens e descrevam qual seria o perfil do público alvo de cada um destes programas de TV.

 a

Consultoria de moda para os participantes

 b

Competição de cozinheiros amadores

2 As imagens na atividade 1 são inspiradas, respectivamente, nos reality shows britânicos "What Not to Wear" (adaptado no Brasil com o nome "Esquadrão da Moda") e "MasterChef" (adaptado no Brasil com o mesmo nome do original). Pesquise sobre esses programas nas suas versões originais e adaptadas. Depois, responda: que mudanças teriam sido necessárias na adaptação dos programas de TV da atividade 1 ao público brasileiro? Como você as justificaria?

3 Na sua opinião, além de gravar o programa no país em que ele será exibido e fazer adaptações linguísticas (dublagem ou inserção de legendas), que outras mudanças podem ser feitas para que as adaptações de reality shows sejam bem aceitas em outras culturas?

4 Escolha um programa da TV de um país lusófono que você gostaria de adaptar para o seu país de origem. Anote o porquê da sua escolha e liste algumas mudanças necessárias na sua adaptação, justificando-as.

5 Compartilhe as suas respostas às atividades 1, 2, 3 e 4 com o resto da sua turma.

Em contexto

1 Leia o texto e utilize as palavras do quadro para escrever perguntas sobre o assunto. Depois, use as suas perguntas para encaminhar uma discussão em grupos sobre o papel dos reality shows na sociedade moderna.

Um reality show é, antes de mais nada, uma tendência global do mercado audiovisual, um gênero televisivo que, mesmo construído através das contradições entre realidade e espetáculo apresentadas no seu título, se popularizou mundialmente. Este tipo de programa tem sido um fenômeno de audiência em dezenas de países e tem atendido à demanda de espectadores ávidos por aspectos supostamente reais de interações entre as pessoas. Com isso, esses programas pretendem refletir o cotidiano e espetacularizar o comum, permitindo que os participantes atuem como interlocutores para espectadores que acreditam participar ativamente das aventuras vividas na tela da TV.

Argumenta-se que essa interação com o público é uma das características mais relevantes deste tipo de programa. Ao interagir com os reality shows, os espectadores têm oportunidade de fazer parte do programa quando opinam sobre temáticas variadas como ética, relacionamentos, padrão de beleza e comportamento, e ajudam a determinar o futuro dos participantes. Com mais de 20 anos de sucesso, os reality shows não se limitam ao confinamento de grupos de pessoas desconhecidas. A sua lista diversificada é formada por competição de cozinheiros amadores, aventuras em selvas, desfile e consultoria de moda, show de talentos (dança e música), empreendedorismo e muito mais.

| comunicação | imperialismo cultural | individualismo | jogo de poder | privacidade |

2 Em duplas, respondam oralmente.

    a De acordo com o texto da atividade 1, por que a interação é uma grande vantagem de reality shows?

    b Além do desejo de testemunhar a interação entre pessoas "comuns" (ou seja, que não são atores) e da oportunidade de interação com o programa, que outros motivos, na sua opinião, levam o público a assistir e participar dos reality shows? Que aspectos (país de origem, nível de educação, profissão etc.) podem levar à variação desses motivos?

    c Vocês concordam com o seguinte argumento: a linha que separa reality shows de documentários é muito tênue? Justifiquem as suas respostas.

Lendo e interpretando

1   Leia as informações a seguir sobre a audiência dos reality shows no Brasil. Depois, busque informações sobre a audiência desse tipo de programa em Angola e Portugal. Apresente os resultados da sua pesquisa tecendo comparações entre os dados encontrados e os do quadro a seguir.

> O perfil das pessoas que assistem aos reality shows no Brasil
>
> **Classe econômica** – 52% têm renda familiar de R$1,7 mil a R$7,4 mil
>
> **Faixa etária** – 49% têm entre 24 e 35 anos; 35% tem entre 10 e 17 anos
>
> **Gênero** – 61% são mulheres; 39% são homens
>
> **O que os espectadores querem ver**: amizades, conflitos, panelinhas, competição, inveja, ciúmes, desejo, família e fama.
>
> **Curiosidade:** Entre as espectadoras, cerca de 90% também assistem a novelas.
>
> Referência: "Pesquisa revela o perfil das pessoas viciadas em reality show", www.correiodeuber landia.com.br/entretenimento/pesquisa-revela-o-perfil-dos-viciados-em-reality-shows/.   Data   de acesso: 1/3/2018.

Extrapolando

1   Leia o texto e responda.

> A cada minuto são colocadas cerca de 300 horas de vídeo na maior plataforma de compartilhamento de vídeos digitais do mundo. Canais com um grande número de seguidores, "curtidas" e comentários dão aos seus criadores um status especial. Para que um/a criador/a de canal que obtém o status especial consiga uma renda mensal aceitável, o seu canal precisa ter pelo menos meio milhão de acessos por mês. Esse número parece absurdo, mas a ocupação se popularizou tanto que já é possível encontrar treinamento para quem quer viver de postagem de vídeos na maior plataforma de compartilhamento da internet.
>
> Referência: "Um milhão já ganha dinheiro no YouTube", https://goo.gl/ddrey1. Data de acesso: 1/3/2018.

a   Você assiste a vídeos na internet? Se assiste, cite os seus favoritos. Se não assiste, que recursos você utiliza para ver vídeos?

b   Você é membro de canais de compartilhamento digital de vídeos? Dê detalhes.

c   Você possui um canal em um site de compartilhamento de vídeos? Caso possua, que tipo de vídeos você grava e compartilha? Caso não possua, você já pensou em criar um? Se sim, que tipos de vídeos você criaria para o seu canal e por quê?

2 Faça uma pesquisa para saber quais são os canais de vídeos de internet mais populares no mundo lusófono. Em seguida, prepare uma breve apresentação sobre os canais de que você mais gostou para compartilhar com o seu grupo.

3 Na sua opinião, quais são as diferenças e as semelhanças entre os participantes de reality shows e os criadores de canais de vídeos na internet?

4 Em grupos, compartilhem as respostas das atividades 1, 2 e 3.

Aprendendo a aprender

Usando técnicas de memorização

1 Qual(is) das seguintes áreas da sua aprendizagem de português poderia(m) ser beneficiada(s) pela memorização?

( ) conjugação de verbos

( ) irregularidades (p. ex., quais verbos são irregulares em um tempo verbal)

( ) regras de acentuação

( ) pronúncia de sons ou palavras que costumam causar dificuldade

( ) uso de palavras que causam confusão (p. ex., tudo e todo/a; bom/bem e mau/mal; tão/tanto; muito/muita)

( ) outro(s): Especifique: _____

2 Discuta as respostas da atividade 1 com um/a colega, dando detalhes. Se necessário, modifique as suas respostas.

3 Leia na ficha algumas ideias para memorizar fatos ou ideias. Converse com colegas e adicione outras ideias à lista.

Técnicas de memorização

▶ *Criação de recursos mnemônicos (p. ex., "O Pretérito Imperfeito é Para Toda Sua Vida", para lembrar as iniciais dos quatro verbos irregulares nesse tempo: pôr, ter, ser, vir)*

▶ *Visualizações (p. ex., imaginar a representação escrita de uma palavra com acento)*

▶ *Repetições (p. ex., de pronúncia de uma palavra "difícil")*

▶ *Criação de histórias (p. ex., usando palavras que causam confusão em contexto) e leitura periódica dessas histórias*

▶ *Recitação (p. ex., das conjugações de um verbo em todas as pessoas)*

continua

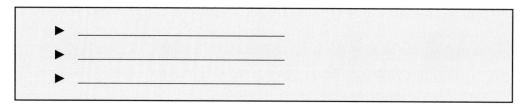

4 Ponha em prática uma ou mais ideias listadas na atividade 3 e faça anotações sobre a experiência. Posteriormente, converse sobre a sua experiência com colegas.

Autoavaliação

1 Como você avalia a sua aprendizagem e o seu desempenho nessas áreas?

		Muito bem. ☺	*Bem.* ☺	*Preciso melhorar.* ☹
VOCABULÁRIO	Usar **ver** e **vir**			
	Usar verbos derivados de **ver** e **vir**			
	Produzir títulos impactantes			
	Identificar e usar verbos que aparecem com frequência em textos jornalísticos			
	Usar expressões com nomes de animais			
	Utilizar adjetivos para descrever objetos			
GRAMÁTICA	Usar o futuro do subjuntivo			
	Compreender e usar construções impessoais			
PRONÚNCIA	Identificar e produzir vogais e ditongos nasais			
ESCUTA	Ouvir uma reportagem			
	Analisar correspondência entre o que se ouve e o que se lê			
	Identificar autores de diferentes pontos de vista			
LEITURA	Ler anúncios publicitários			
	Determinar o que pode e o que não pode ser inferido			

(Continua)

		Muito bem. ☺	Bem. ☺	Preciso melhorar. ☹
FALA	Criar e apresentar um comercial			
	Identificar e usar a modalidade mais adequada			
ESCRITA	Escrever um folheto para um museu			
	Revisar sistematicamente o texto escrito			
CULTURA	Compreender razões que levam à popularidade de reality shows no mundo em geral e em países lusófonos			
	Identificar fatores associados à prática de compartilhamento de vídeos no mundo contemporâneo			
APRENDIZAGEM AUTÔNOMA	Usar técnicas de memorização			

2 Elabore um plano de ação para lidar com as áreas que precisam de mais prática, listando o que você vai fazer (coluna da esquerda) e em que prazo (coluna do meio). Depois de cumprir o seu plano, avalie os novos resultados (coluna da direita).

O que vou fazer?	Prazo	Nova avaliação sobre a minha aprendizagem e desempenho

3 Folheie a próxima unidade do livro e responda.

a   Quais são os assuntos principais na próxima unidade?

b   Como você pode praticar as áreas listadas na atividade 1 na próxima unidade?

467

11 | Desafios

▶ Ouvir uma enquete, lidando com barulhos ao fundo

▶ Refletir sobre potenciais dificuldades ao ouvir e contemplar soluções para essas dificuldades

continua

▷ Aprender e usar vocabulário relativo a sons e barulhos

▷ Compreender e praticar vocabulário relativo a sentimentos e atitudes

▷ Aprender sobre adjetivos frequentes após **estar**, **ficar** e **sentir-se**

▷ Aprender e praticar usos do gerúndio

▷ Ler uma notícia de jornal, identificando e distinguindo causas, consequências e implicações

▷ Ampliar o seu conhecimento sobre o verbo **passar** e expressões com esse verbo

▷ Contrastar e praticar vocabulário que descreve aumento, diminuição e estabilidade

▷ Aprender e praticar uso de preposições

▷ Identificar e usar pronomes relativos

▷ Compreender e praticar os sons correspondentes à letra **x**

▷ Participar de uma entrevista, lidando com quebras na comunicação

▷ Escrever uma proposta para o enfrentamento de um desafio, selecionando e avaliando estratégias

▷ Considerar desafios enfrentados pelo Brasil e relacioná-los a desafios mundiais

▷ Considerar e pôr em prática procedimentos recomendáveis ao resumir um texto

PRIMEIRAS IMPRESSÕES

1 Quando você pensa na ideia "desafios", o que vem à sua mente?

2 Na sua opinião, quais são os principais desafios enfrentados pelas pessoas que vivem no século XXI? De que forma esses desafios se materializam na sua vida pessoal? Tome notas.

3 Quais foram os principais desafios enfrentados pela geração anterior à sua? Como ela lidou com esses desafios? Que lições podem ser trazidas para a geração atual a partir da experiência do passado?

 Para sugestões de material adicional sobre o assunto desta unidade, visite www.routledge.com/cw/santos.

À escuta

Preparando-se para escutar

1   Em duplas, observem as imagens e respondam oralmente.

   a   Que tipos de poluição elas ilustram?

   b   Há problemas similares na cidade ou região onde vocês moram? Em caso afirmativo, deem detalhes.

Imagem 1

Imagem 2

Imagem 3

 Em www.routledge.com/cw/santos você encontra mais atividades sobre vocabulário relativo a poluição.

Escutando

 1   Ouça o áudio e complete o quadro.

	Resposta	*Justificativa*
a A qual imagem da seção *Preparando-se para escutar* o áudio se refere?		
b Que gênero textual é ilustrado no áudio?		

 2   Ouça o áudio e complete as lacunas. Depois, converse com a turma: que característica os trechos completados têm em comum no contexto da enquete? O que vocês fizeram para lidar com a dificuldade de compreender o que foi dito?

ESTRATÉGIA: LIDANDO COM BARULHOS AO FUNDO AO OUVIR

Situações de escuta às vezes envolvem quebras na percepção auditiva devido a barulhos no fundo (buzinas, outras pessoas falando, cachorros latindo, máquinas em operação, entre outros). Uma forma de lidar com essas quebras é pedir repetição do que foi dito, mas não podemos fazer isso continuamente se o barulho é constante. Nessas ocasiões é possível "preencher" as lacunas de compreensão apoiando-se no "texto vizinho", no nosso conhecimento de mundo sobre o assunto ou o gênero textual, em pistas paralinguísticas (tom de voz, gestos etc.), em repetições do que é dito feitas espontaneamente pelo/a falante, entre outros.

a "[. . .] Essa barulheira me deixa muito _____!"

b "Seu Expedito, o _____ aqui na rua causa _____?"

c "Você pode repetir _____?"

d "O que é que a senhora acha que se pode fazer _____, pra reduzir o barulho nessa rua?"

3 Ouça a enquete de novo e numere as alternativas de acordo com o/a entrevistado/a a que se referem (1, 2 ou 3).

1. Ximena	2. Expedito	3. Clarissa

a ( ) Esta pessoa tem uma atitude de resignação perante a situação.

b ( ) Esta pessoa considera que o trânsito é o maior causador de ruídos.

c ( ) Esta pessoa mora em frente a um canteiro de obras.

d ( ) Este/a entrevistado/a não está satisfeito/a com a atitude dos governantes.

e ( ) Esta pessoa sobressaltou-se por causa de um barulho muito forte.

4 Um dos entrevistados menciona um problema de saúde decorrente da poluição sonora. Que problema é esse?

5 Em grupos, discutam.

a Vocês têm ou já tiveram (ou conhecem alguém que tenha ou tenha tido) algum dos seguintes problemas de saúde decorrentes da poluição sonora?

agressividade   cansaço   dores de cabeça   estresse   insônia   perda de audição
perda de memória

b O que pode ser feito para tratar esses problemas? O que pode ser feito para evitá-los?

Refletindo sobre a escuta

1 Nesta seção exploramos um aspecto que pode causar dificuldades ao ouvir: barulhos ao fundo. Em pequenos grupos, discutam: vocês já vivenciaram dificuldade em ouvir em português devido a barulho? Deem detalhes (onde, quando, o que foi feito para lidar com o problema).

2   Reflita e converse em duplas.

   a   Quais das áreas listadas costumam trazer dificuldades para você ao ouvir em português?

sotaque não familiar assunto desconhecido fala rápida

fronteira entre as palavras identificação de palavras-chaves

distinção entre perguntas e afirmativas vocabulário desconhecido

identificação de diferentes pontos de vista outra(s) _____

   b   O que você fez no passado para lidar com essas dificuldades? Você teve êxito? Dê detalhes.

ESTRATÉGIA: REFLETINDO SOBRE POTENCIAIS DIFICULDADES AO OUVIR E CONTEMPLANDO SOLUÇÕES PARA ESSAS DIFICULDADES

Bons/boas ouvintes sabem identificar as áreas que lhes causam mais dificuldade ao ouvir. Sabem, também, delinear e implementar planos de ação para lidar com tais dificuldades, por exemplo, usando estratégias de escuta, evitando se possível as áreas de dificuldade, conversando com outras pessoas para troca de experiências e dicas sobre como lidar com as dificuldades, entre outros.

3   Em conjunto com a turma, discutam: o que pode ser feito para lidar de forma bem-sucedida com cada uma das dificuldades listadas na atividade 2a?

Palavras etc.

Barulhos e sons

1   Complete os trechos com os elementos do quadro. Depois, ouça novamente a enquete da seção *Escutando* (faixa 36) e verifique as suas respostas.

barulheira barulhentos barulho buzinas decibéis ensurdecedor estardalhaço estrondo ruído silêncio volume

   a   "Como se não bastasse o _____ dos ônibus e dos caminhões, tem as _____!"

   b   "[. . .] eu fiquei até um pouco zonzo com o _____ e com a confusão . . ."

continua

c   "Ontem mesmo eu ouvi um _____, levei um susto enorme."

d   "No outro dia um vizinho meu mediu 120 _____ aqui."

e   "Esse tipo de ruído o dia inteiro é _____."

f   "É uma pena que não se tenha mais _____ [. . .]."

g   "Olha, essa _____ incomoda demais a gente."

h   "Os ônibus e os caminhões são muito _____."

i   "[. . .] e mal se consegue ver televisão, o _____ tem que estar no máximo."

j   "[. . .] que fazem um _____ e ainda poluem tanto o ar."

PALAVRAS QUE CAUSAM CONFUSÃO

Ouvir e escutar

▶ **Ouvir** está relacionado à audição, ou seja, à habilidade física de se perceber através do ouvido: "Eu não ouço muito bem, por isso uso um aparelho auditivo".

▶ **Escutar** relaciona-se à capacidade de atenção: "O repórter escutou o que os entrevistados disseram e resumiu tudo para os espectadores".

▶ **Ouvir** também é usado no contexto de atenção: "O prefeito não ouve os moradores". E **escutar** pode fazer referência à habilidade física também: "Ele está um pouco surdo e não escuta muito bem".

▶ O verbo **ouvir** é usado mais frequentemente do que **escutar** na língua portuguesa de acordo com um dicionário de frequência de palavras (Davies e Preto-Bay, 2008).

2   Respondam oralmente em duplas.

a   Há um ou mais lugares na cidade onde vocês moram que seja(m) especialmente **barulhento**(s)?

b   Qual é a cidade mais **barulhenta** que vocês conhecem? Que tipo de **barulho** há lá?

c   Que tipo de **ruído** mais incomoda vocês? Por quê?

d   Qual foi a última vez em que vocês ouviram um **estrondo**? O que causou esse tipo de **barulho**?

e   Dizem que o **silêncio** às vezes fala mais alto. Vocês concordam? Justifiquem a sua resposta.

3   Junte-se a um/a colega. Cada um/a de vocês descreve oralmente um dos selos a seguir, comentando também a que eles se referem. Depois, com o/a colega, analise os selos respondendo às perguntas sugeridas. O vocabulário do quadro da atividade 1 deve ser usado nas suas respostas.

Selo 1

Selo 2

a   Vocês acham que a representação visual do tema é eficaz? Por quê (não)?

b   Na opinião de vocês, o slogan da campanha é apropriado? Justifiquem a sua resposta.

c   Que selo vocês criariam para ilustrar uma campanha contra a poluição sonora? Refiram-se às informações a respeito de textos publicitários na Unidade 10.

Sentimentos e atitudes

1   Ouça mais uma vez a enquete da seção *Escutando*. Quais dos adjetivos do quadro você usaria para descrever os sentimentos de cada um dos entrevistados a seguir com relação à poluição sonora?

> aborrecido/a   aflito/a   cansado/a   chateado/a   comovido/a   desesperado/a
> envergonhado/a   furioso/a   incapaz   irado/a   irritado/a   nervoso/a
> perplexo/a   preocupado/a   resignado/a   surpreso/a   triste   zangado/a

Ximena

Expedito

Clarissa

 Vá a www.routledge.com/cw/santos para praticar outros adjetivos que descrevem sentimentos e atitudes.

2   Em duplas, comparem as suas respostas na atividade 1, justificando-as. Comentem também se as suas decisões foram tomadas a partir de elementos linguísticos (palavras ou expressões ouvidas) ou paralinguísticos (tom de voz, altura da fala, ênfase em certos trechos).

3   Ainda em duplas, relacionem as seguintes fotos às suas descrições. Depois, respondam oralmente: que desafios para a sociedade e para os indivíduos as fotos retratam? Como vocês acham que as pessoas retratadas estão se sentindo? O que vocês sentem ao ver as fotos? Justifiquem as suas respostas e usem o vocabulário do quadro da atividade 1 para descrever os sentimentos.

a   ( ) Crianças em Casimiro de Abreu (localidade brasileira) procurando comida em casa.

b   ( ) Criança em Maputo, capital de Moçambique, procurando comida no lixo.

c   ( ) Idosa pobre em frente à Catedral da Sé em Lisboa.

Foto 1

Foto 2

Foto 3

4   Leia novamente os trechos da enquete (faixa 36) prestando atenção aos elementos destacados. Depois, relacione tais elementos à sua definição.

> "Isso acaba com os nervos da gente, é **irritante** demais! "
> "Essa barulheira me deixa muito **irritada!**"

a   irritante   ( ) algo ou alguém que sofre irritação; raivoso/a

b   irritado/a   ( ) algo ou alguém que irrita

5   Selecione as imagens que ilustram situações que você acha **irritantes**. Converse sobre elas com um/a ou mais colegas, explicando porque essas situações o/a deixam **irritado/a.** Use o vocabulário destacado aqui e o vocabulário do quadro da atividade 1.

6   Complete as frases escolhendo uma das opções dadas. Consulte um dicionário em caso de dúvida.

a

▶   O meu irmão ficou (surpreso/surpreendente) com a poluição marinha.
▶   A poluição marinha atingiu níveis (surpresos/surpreendentes).

b

▶   O excesso de barulho pode chegar a ser (doloroso/dolorido) para os que sofrem de enxaqueca.
▶   Os meus pés estão (dolorosos/doloridos) de andar nessas ruas com buracos.

c

▶   Parece que o prefeito não está (preocupado/preocupante) com a poluição sonora naquela parte da cidade.
▶   A poluição sonora ali é (preocupada/preocupante), com ruídos que atingem mais de 120 decibéis.

VOCÊ SABIA?

▶   Os adjetivos formados pelo sufixo **-nte** referem-se a algo ou alguém que faz ou causa alguma coisa: "uma situação preocupante" é algo que causa preocupação.

▶   O sufixo **-oso/a** também indica causa: "uma lembrança dolorosa" causa dor a quem lembra.

▶   Os adjetivos formados pelos sufixos **-ado/a** e **-ido/a** exprimem um estado e frequentemente têm a mesma forma do particípio passado do verbo (p. ex., **preocupar – preocupado**).

▶   No caso de verbos com mais de um particípio (veja a Unidade 5), o adjetivo assume a forma do particípio usado com os verbos **ser** e **estar** (p. ex., "Ele ficou confuso").

▶   Os adjetivos **surpreso/a** e **surpreendido/a** podem ser usados como sinônimos.

7   Escolha um dos pares de palavras no quadro e prepare duas frases, seguindo os exemplos da atividade 6, para um/a colega completar. Realize quaisquer modificações de gênero e/ou número necessárias no adjetivo.

apavorante/apavorado	comovente/comovido
emocionante/emocionado	impressionante/impressionado

Vocabulário frequentemente usado

1   Em cinco minutos, escreva todos os adjetivos que você lembrar que podem completar a "fórmula" a seguir.

PESSOA + ficar/estar/sentir-se + ADJETIVO

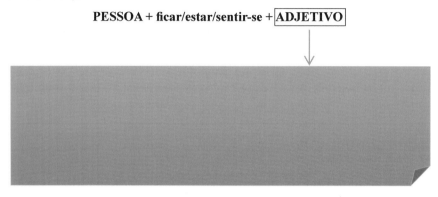

2   Em duplas, compartilhem a lista de adjetivos escritos na atividade 1 e respondam oralmente.

   a   Há adjetivos que apareceram na sua lista e na de seu/sua colega? Se sim, circule-os.

   b   Os adjetivos escritos são predominantemente positivos, negativos ou neutros, isto é, descrevem um estado positivo, negativo ou neutro?

3   A seguir há uma lista com adjetivos frequentemente usados em estruturas "pessoa + ficar/ estar/sentir-se + adjetivo". Os adjetivos estão divididos em três grupos (negativos, positivos e neutros), e as primeiras letras de cada adjetivo já são dadas. Complete os adjetivos usando as letras embaralhadas ao lado de cada grupo.

Negativos	
doe □ □ □ soz □ □ □□ pre □ □ □ □ □ □ □ can □ □ □ □	dudhotneosicaponao

Positivos	
fe □ □ □ con □ □ □ □ □ sati □ □ □ □ □□ li □ □ □	tlieervzonitteefs

Neutros	
disp □ □ □ □ conv □ □ □ □ □ □ inte □ □ □ □ □ □ □ cal □ □ □	odeotedscandsosoraio

CORPUS

Os resultados sobre a frequência de uma palavra podem variar em função da forma como é feita a busca a essa palavra. A palavra **ausente**, por exemplo, ocorre mais vezes do que a palavra **doente** na construção "pessoa + estar + adjetivo"; no entanto, a palavra **doente** é mais frequente na língua portuguesa do que a palavra **ausente**.

Referência: Davies, Mark e Preto-Bay, Ana Maria Raposo (2008). *A frequency dictionary of Portuguese*. Nova York/Londres: Routledge.

4 Liste coisas ou situações que o/a fazem ficar: (a) feliz, (b) emocionado/a, (c) impressionado/a, (d) surpreso/a, (e) tenso/a, (f) preocupado/a, (g) triste e (h) zangado/a. Em seguida, leia as coisas ou situações fora de ordem para um/a colega, que vai adivinhar o adjetivo.

(a) feliz:_____

(b) emocionado/a: _____

(c) impressionado/a: _____

(d) surpreso/a: _____

(e) tenso/a: _____

(f) preocupado/a: _____

(g) triste: _____

(h) zangado/a: _____

Descobrindo a gramática

Gerúndio

Mais informações na seção Referência Gramatical

1 Leia os trechos da enquete (seção *Escutando*) e repare os elementos destacados. Depois responda: o que esses elementos têm em comum? Como eles são formados?

i   "Estamos aqui **falando** com moradores da rua Doutor Maximiliano Peixoto [. . .]."

ii   "A gente tem que falar **gritando!**"

iii "Hoje de manhã, **saindo** de casa, eu fiquei até um pouco zonzo [. . .]."

iv   "[. . .] a gente vai **vivendo** como dá."

v   "**Tendo** um pouco de vontade, a prefeitura pode criar incentivos [. . .]."

483

2   Relacione os exemplos da atividade 1 com as descrições de usos do gerúndio em português.

a   ( ) com o verbo **ir** para indicar uma ação gradual

b   ( ) com verbo **estar** para indicar ação em progresso

c   ( ) para sinalizar uma condição da qual depende alguma coisa

d   ( ) para indicar uma relação de tempo entre o processo expresso pelo gerúndio e o que é expresso pelo verbo principal

e   ( ) para sinalizar a maneira como algo acontece

VOCÊ SABIA?

▶   O gerúndio é uma forma bastante frequente em PB, mas não tanto em PE.

▶   PB: "Estamos solucionando o problema"; "Eles vêm lutando contra a poluição" (= "Eles têm lutado contra a poluição").

▶   PE: "Estamos a solucionar o problema"; "Eles têm lutado contra a poluição".

---

3   Complete o texto usando o gerúndio dos verbos dados. Use cada verbo apenas uma vez. Em seguida, discuta com um/a colega porque o gerúndio é usado em cada caso.

adoecer   chorar   dormir   tomar   ver

Como outros países, o Brasil sofre com desastres ambientais. Embora nem todas as agressões ao meio ambiente sejam divulgadas, alguns acidentes chamam a atenção. Um vazamento de gasolina em uma refinaria na década de 1980, por exemplo, causou um incêndio que destruiu quase toda uma comunidade. Como o incêndio ocorreu à noite, muitos moradores estavam _____ e não puderam escapar das chamas. Em um caso famoso relacionado a um elemento radioativo, ainda nos anos 1980, as pessoas afetadas foram _____ uma a uma. Em 2015, outro acidente de grande repercussão envolveu o rompimento de uma barragem de rejeitos de uma mineradora e transformou parte de uma cidade em um lamaçal. _____ a lama tomar conta das suas casas, muitos moradores escaparam, mas não puderam salvar os seus pertences. Várias pessoas, _____, disseram mal poder acreditar que algo tão devastador pudesse acontecer.

Provavelmente haverá outros acidentes ambientais no futuro. No entanto, _____ as devidas precauções, muitos acidentes desse tipo podem ser evitados.

4   Leia as mensagens instantâneas e sublinhe os gerúndios. Em seguida, identifique a função de cada um deles, justificando como chegou às conclusões.

5   Imagine que você está na terceira idade e está conversando com um jovem sobre o futuro. Dê conselhos ao jovem sobre os temas listados usando a construção **ir** + gerúndio, como no exemplo.

Exemplo: aposentadoria

Vai juntando dinheiro para a aposentadoria.

    a   atividade física

    b   cuidados médicos

    c   autonomia

    d   projetos e metas

    e   vida social

6   Complete as frases, relacionando os trechos à esquerda com a melhor opção à direita.

a	Falando com os moradores . . .	( ) não deixe de trancar todas as portas.
b	Saindo de casa . . .	( ) vi uma multidão na esquina.
c	Procurando um plano de aposentadoria . . .	( ) percebi que eles estavam insatisfeitos.
d	Chegando à rua hoje de manhã . . .	( ) descubra quanto você vai receber mensalmente.

VOCÊ SABIA?

O gerúndio usado para indicar uma relação de tempo pode ser substituído por **ao** + verbo no infinitivo: "Hoje de manhã, saindo de casa [. . .]" = "Hoje de manhã, ao sair de casa [. . .]".

7   Reescreva as frases usando o gerúndio, como no exemplo.

Exemplo:

Se os políticos tiverem determinação, podem tomar medidas em relação à saúde pública.

Tendo determinação, os políticos podem tomar medidas em relação à saúde pública.

a   Se as empresas quiserem, podem adotar medidas para evitar acidentes ambientais.
b   Se a população exercer pressão, pode obter resultados positivos.
c   Se as empresas automobilísticas investirem em pesquisa, podem produzir veículos que poluem menos.
d   Se todos fizermos a nossa parte, vamos contribuir para preservar o meio ambiente.
e   Se houver mais idosos do que jovens, é importante ter um bom planejamento.

8   Em duplas, visitem o site brasileiro da ONU (www.onu.org.br/) e cliquem em um dos links da página inicial. Identifiquem o assunto principal do texto: a que tipo de desafio se refere? Em seguida, localizem as palavras que terminam em **-ndo** e determinem quais delas são exemplos do gerúndio. Finalmente, discutam qual é a função de cada exemplo de gerúndio identificado.

Nas entrelinhas

Preparando-se para ler

1   Observe os componentes da notícia da seção *Lendo* e relacione-os aos seus nomes na coluna "Como se chama". Depois, relacione o número de cada componente à sua descrição.

Como se chama
( ) Manchete ou título principal
( ) Olho ou título auxiliar
( ) Lide
( ) Corpo
( ) Legenda

Descrição
( ) Descrição dos fatos contendo detalhes relevantes
( ) Descreve a foto que acompanha a notícia
( ) Frases curtas que revelam o assunto principal da notícia
( ) Introdução da notícia, em geral no primeiro parágrafo; responde a perguntas como "O quê?", "Quem?", "Quando?", "Onde?", "Por quê?".
( ) Complementação da manchete com alguma informação a mais

VOCÊ SABIA?

As notícias são textos relativamente curtos que têm função informativa e são veiculados nos meios de comunicação. Os títulos, sempre presentes, chamam a atenção dos leitores ou espectadores ao conteúdo do texto, que utiliza linguagem formal e objetiva (portanto, impessoal). Esses textos descritivos normalmente utilizam o discurso indireto para relatar fatos reais, atuais e cotidianos.

Referência: "Gênero textual notícia", www.todamateria.com.br/genero-textual-noticia/. Data de acesso: 2/3/2018.

2   Leia a lide da notícia e identifique os seguintes elementos.

a   Quem: _____

b   O quê: _____

c   Quando: _____

d   Por quê: _____

Lendo

1   Leia a notícia e marque a resposta para cada pergunta.

a   De acordo com a notícia, por que as populações estão envelhecendo?

( ) Porque os casais só têm um filho.

( ) Porque as pessoas estão vivendo mais.

( ) Porque não há mais doenças fatais.

(1)

As populações de Portugal e do Brasil vão envelhecer e diminuir

(2)

A população portuguesa está envelhecendo e vai regredir em mais de 25% até o fim do século. A população brasileira também vai sofrer decréscimo. Envelhecimento populacional afeta recursos previdenciários.

(3)

A população portuguesa, cuja idade média é hoje 44 anos, vai ter em média 50,2 anos de idade em 2030. Portugal vai passar a Alemanha, que é atualmente o país mais velho da Europa, e ser o terceiro país mais velho do mundo, depois do Japão e da Itália. Dos cerca de 10 milhões de habitantes atuais, Portugal vai passar a ter 9,8 milhões em 2030, 9,2 milhões em 2050 e 7,4 milhões em 2100. A população brasileira também vai envelhecer durante o século XXI e passar de uma média atual de 31,3 anos de idade a 44,8 anos em 2050. O aumento da longevidade é uma das principais razões para o envelhecimento da população.

(4)

Esses números são baseados em projeções feitas por vários estudiosos e foram divulgados pela Organização das Nações Unidas (ONU). As projeções também mostram que a população brasileira vai começar a encolher na segunda metade do século XXI. Depois de se manter relativamente estável durante duas décadas na metade do século, com cerca de 240 milhões de habitantes, a população brasileira deve regressar ao mesmo número da primeira década do século – 200 milhões – até 2100. Por outro lado, muitos países africanos, cujas populações são ainda bastante jovens, traçam o caminho oposto. Moçambique, onde a idade média atual é 17 anos, vai ter um avanço demográfico de quatro vezes até o final do século. O crescimento populacional projetado para Angola é ainda maior: mais de cinco vezes a população atual.

Enquanto países mais jovens dispõem de ampla força laboral que contribui para os sistemas previdenciários, o mesmo não acontece com uma população que envelhece. Um dos efeitos desse envelhecimento é a necessidade de mais estruturas de apoio aos idosos, não apenas em relação a aspectos clínicos mas também a questões sociais e psicológicas, além de aposentadorias. Os relatórios da ONU discutem idades de aposentadoria e mostram que essas idades têm aumentado em vários países. O envelhecimento da população afeta a geração de verbas necessárias, que derivam de impostos pagos pela população ativa. Em Portugal, a lei atual, que passou em 2014, prevê o aumento gradual da idade da aposentadoria de modo que as contribuições continuem por mais tempo. Os trabalhadores a quem a lei menos agrada estavam perto de se aposentar e consideram que a lei podia permanecer como estava. Apesar de ainda ser um país relativamente jovem, o Brasil também já considera alterações no seu sistema de previdência social.

Os governantes alegam que tais alterações permitiriam que as finanças públicas se mantivessem equilibradas. No entanto, nem todos creem que as mudanças são positivas. "As mudanças propostas passam por cima de várias questões importantes", diz José Martinho, servidor público que decidiu se aposentar assim que soube da possibilidade de reforma da lei. "Eu pretendia continuar trabalhando, mas preferi parar por medo de perder dinheiro mais tarde. Todo mundo tem muitas dúvidas sobre essa reforma", explica Martinho, que considera também que as reformas seriam "um atentado contra o trabalhador".

Os relatórios da ONU mostram ainda que o incentivo à imigração é outro efeito possível do envelhecimento demográfico projetado. Ao buscar uma força de trabalho mais jovem, alguns países consideram que vão estar aptos a compensar, pelo menos em parte, o avanço da idade da população e garantir o funcionamento dos seus sistemas previdenciários através da geração de impostos.

Cerca de 41% da população portuguesa vai ter mais de 60 anos em 2050

(5)

b   Qual é a projeção para a população brasileira?

( ) Vai aumentar até o final do século XXI.

( ) Vai se manter mais ou menos a mesma até 2100.

( ) Vai aumentar até a metade do século e depois diminuir.

c   Por que o envelhecimento da população pode ser um desafio?

( ) Porque há menos pessoas trabalhando e, portanto, contribuindo para o sistema de previdência social.

( ) Porque os hospitais não podem acomodar todos os idosos que necessitam cuidados.

( ) Porque não há pessoal qualificado para tratar de questões relativas à terceira idade.

d   Segundo a notícia, que medida tem sido tomada por alguns países para lidar com o envelhecimento da população?

( ) Os governos passam leis que aumentam os impostos.

( ) Os trabalhadores se aposentam mais cedo do que antes.

( ) Tem havido alterações nas leis referentes à aposentadoria.

e   Por que a imigração pode ser considerada positiva por países que envelhecem?

( ) Por razões humanitárias, já que esses países podem acolher imigrantes.

( ) Porque os imigrantes aumentam a força de trabalho e geram impostos.

( ) Porque os imigrantes podem trabalhar no sistema previdenciário.

VOCÊ SABIA?

No Brasil, o direito dos trabalhadores de ficarem isentos do serviço depois de certa idade é conhecido como **aposentadoria** (verbo **aposentar-se**, adjetivo **aposentado/a**). Em Portugal e no restante dos países lusófonos faz-se referência à **reforma** (**reformar-se**, **reformado/a**).

2   Encontre o que se pede no corpo da notícia.

a   No primeiro parágrafo:

▶ Palavra para "nos dias de hoje, correntemente": _____

▶ Sinônimo de "aproximadamente": _____

▶ Oposto de "diminuição": _____

b   No segundo parágrafo:

▶ Um exemplo de voz passiva: _____

▶ Uma expressão que estabelece contraste: _____

▶ Um particípio verbal usado como adjetivo: _____

c   No terceiro parágrafo:

▶ Uma palavra para "pessoas com idade avançada": _____

▶ Dois desafios para países que envelhecem: _____

▶ Um verbo no presente do subjuntivo: _____

d No quarto parágrafo:

▶ Sinônimo de "estímulo": _____

▶ Sinônimo de "procurar": _____

▶ Sinônimo de "por meio de": _____

3 Leia novamente a notícia de jornal da seção *Lendo* e indique se as alternativas descrevem **causas**, **consequências** ou **implicações** do envelhecimento populacional. Justifique as suas respostas com elementos do texto. Diga, também, se esses elementos foram apresentados verbal ou visualmente na notícia.

ESTRATÉGIA: DISTINGUINDO CAUSAS, CONSEQUÊNCIAS E IMPLICAÇÕES

Bons/boas leitores/as sabem identificar relações de causalidade (o que causa o quê, o que pode ser descrito como consequência de algo) nos textos que leem. Essas relações podem ser indicadas, por exemplo, por meio de verbos (p. ex., "causar", "gerar", "ocasionar"), substantivos (p. ex., "consequência", "resultado") e conjunções (p. ex., "devido a", "portanto"). Lembre-se que falamos de implicações quando descrevemos possíveis efeitos de algo, ou seja, "ideias" que derivam de outras ideias ou de situações e fatos já estabelecidos.

	Causa, consequência ou implicação?	*Justificativa*	*Verbal ou visual?*
a	A maior longevidade.		
b	A necessidade de benefícios e cuidados apropriados.		
c	A necessidade do aumento do número de residências para idosos em um futuro próximo.		
d	O aumento de pedidos de aposentadoria no Brasil.		

4 Em grupos, encaminhem uma breve discussão sobre a questão do envelhecimento populacional em Portugal, no Brasil ou em outros países que vocês conhecem. Completem o quadro com o maior número de ideias possível.

ENVELHECIMENTO POPULACIONAL		
Causas	Consequências	Implicações
_____ _____ _____ _____	_____ _____ _____ _____	_____ _____ _____ _____

5 Escreva outra manchete para a notícia da seção *Lendo*. Compartilhe as suas manchetes com três ou quatro colegas e discuta: as novas manchetes afetariam possíveis interpretações sobre as causas, consequências ou implicações sobre o envelhecimento populacional em Portugal e no Brasil?

6   Para cada uma das fotos a seguir, respondam em grupos: o uso desta foto na notícia da seção *Lendo*, em substituição à foto lá apresentada, afetaria as possíveis inferências sobre as implicações do assunto da notícia? Justifiquem as suas respostas.

a

b

7   Escolha uma das fotos da atividade anterior e escreva uma notícia de jornal em que a foto seja incluída. Não se esqueça de incluir os elementos listados na seção *Preparando-se para ler*, atividade 1.

Refletindo sobre a leitura

1   Complete com V (verdadeiro) ou F (falso).

a   ( ) A escolha da imagem afeta a interpretação do texto.

b   ( ) É importante saber distinguir causas de consequências ao lermos.

c   ( ) É importante saber distinguir consequências de implicações ao lermos.

2   Compare as suas respostas na atividade 1 com as de um/a colega, justificando-as.

A B C Palavras etc.

Verbo passar e expressões

1 Leia e repare os verbos destacados. Em seguida, identifique o sentido de cada um.

   a "Portugal vai **passar** a Alemanha, [. . .]."

   b "Em Portugal, a lei atual, que **passou** em 2014, [. . .]."

      ( ) ir além de; deixar atrás

      ( ) ser aprovado/a ou sancionado/a

VOCÊ SABIA?

▶ O verbo **passar** tem muitos sentidos e pode ocorrer como verbo transitivo ou intransitivo (para relembrar transitividade verbal, veja a Unidade 6).

▶ Alguns exemplos de **passar** como verbo transitivo são:

   ▶ deixar a roupa lisa com um ferro de engomar: "Ele passou duas camisas";

   ▶ fazer movimentar: "Ela passou as páginas do livro rapidamente";

   ▶ ir além de um ponto no espaço: "Você vai passar um restaurante e virar à esquerda";

   ▶ aplicar algo a uma superfície: "Ele passa tinta no cabelo".

▶ Alguns exemplos de **passar** como verbo intransitivo são:

   ▶ acabar: "Eu estava com dor de cabeça, mas já passou";

   ▶ vivenciar uma condição, geralmente física: "Ela não vai trabalhar porque não está passando bem";

   ▶ ser exibido: "Ontem passou um documentário sobre os desafios do próximo século";

   ▶ chegar ao fim de um período: "Agora que o Natal passou, vou fazer compras".

 Em www.routledge.com/cw/santos você encontra mais atividades sobre o verbo **passar**.

2 Leia e repare a expressão destacada. Em seguida, escolha o seu significado.

> "As mudanças propostas **passam por cima de** várias questões importantes."

   a ( ) considerar cuidadosamente   c ( ) ser relevante para

   b ( ) ignorar; atropelar   d ( ) concluir; finalizar

3   Reescreva as frases usando uma das expressões do quadro. Faça as alterações necessárias (conjugação verbal, colocação de objetos etc.) de acordo com cada caso. Se necessário, faça uma pesquisa para verificar o sentido das expressões.

não passar de	passar adiante	passar a limpo	passar em claro
passar o tempo	passar para trás	passar por	passar por alto

a   O Joaquim enganou o melhor amigo dele.

b   Eu sofro de insônia e não durmo durante a noite.

c   Você não deve menosprezar os desafios de escalar aquela montanha.

d   A espera é longa, então vou fazer uns quebra-cabeças para me distrair.

e   O Rui não terminou a faculdade mas gosta de fingir que é advogado.

f   Ele é somente um charlatão.

g   Você tem que copiar este texto para a forma definitiva.

h   Ela transmitiu o que aprendeu com os desafios que enfrentou.

Vocabulário que indica aumento, diminuição e estabilidade

1   Leia os trechos da notícia da seção *Lendo* e sublinhe os termos que indicam aumento, diminuição ou estabilidade. Depois, marque-os, respectivamente, com +, – ou =.

> ▶ "As projeções também mostram que a população brasileira vai começar a encolher na segunda metade do século XXI."
>
> ▶ "Depois de se manter relativamente estável durante duas décadas na metade do século [. . .]."
>
> ▶ "[. . .] Moçambique [. . .] vai ter um avanço demográfico de quatro vezes até o final do século."
>
> ▶ "O crescimento populacional projetado para Angola é ainda maior [. . .]."
>
> ▶ "Os governantes alegam que tais alterações permitiriam que as finanças públicas se mantivessem equilibradas."

2   Leia as manchetes e realize o mesmo tipo de identificação e classificação utilizado na atividade 1.

Nível do mar vai subir cerca de 1 metro até 2100

Taxa de criminalidade permanece a mesma

Poder aquisitivo médio tem queda real nos últimos 20 anos

Acréscimo em tarifa previsto para o próximo ano

Redução de serviços hospitalares deixa moradores sem opção

3   Complete o quadro com o vocabulário das atividades 1 e 2.

Verbo	Substantivo ou Adjetivo
acrescentar	_____
avançar	_____
cair	_____
crescer	_____
estabilizar	_____
_____	encolhimento
equilibrar	_____
_____	permanência
reduzir	_____
_____	subida

4   Em duplas, conversem sobre desafios da atualidade usando o vocabulário da atividade 3.

Desafios

Poluição sonora   Envelhecimento populacional

Segurança alimentar   Desigualdade social

Educação para meninas   Intolerância para com diferenças

Mudanças climáticas   Água potável e saneamento básico

Descobrindo a gramática

Preposições após substantivos e adjetivos

Mais informações na seção Referência Gramatical

1 Complete os trechos da notícia de jornal (seção *Lendo*) com as palavras do quadro. Depois, verifique as suas respostas na notícia.

a contra de em sobre

a "Esses números são baseados _____ projeções feitas por vários estudiosos [. . .]."

b "O envelhecimento da população afeta a geração _____ verbas necessárias [. . .]."

c "[. . .] mas preferi parar por medo _____ perder dinheiro mais tarde."

d "Todo mundo tem muitas dúvidas _____ essa reforma [. . .]."

e "[. . .] considera também que as reformas seriam 'um atentado _____ o trabalhador'."

f "[. . .] alguns países consideram que vão estar aptos _____ compensar [. . .] o avanço da idade da população [. . .]."

VOCÊ SABIA?

A relação entre substantivos e adjetivos e os seus complementos é conhecida como **regência nominal**. Essa relação é estabelecida por meio de preposições, que são usadas de acordo com o substantivo ou adjetivo em cada caso. Por exemplo, a preposição **a** sempre aparece entre o adjetivo **equivalente** e o seu complemento ("Este número é equivalente ao resultado anterior"). Entre os substantivos, um exemplo é **paciência**, que ocorre seguido da preposição **com** quando o seu complemento é outro substantivo: "É preciso ter paciência com os idosos".

2 Complete as manchetes de jornal escolhendo a opção adequada entre parênteses. Depois, converse com uma/a colega: se vocês fossem escolher uma das notícias para ler, qual escolheriam e por quê?

  i Governo brasileiro almeja redução (da/à) desigualdade social e mais respostas (com/a) serviços básicos

  ii Angola destaca dimensão política inerente (a/para) processos de desenvolvimento iii São Tomé e Príncipe mostra necessidade (por/de) se insistir no desenvolvimento sustentável

iv Combate (contra a/à) discriminação deve ser prioridade em Portugal

v Cabo Verde aposta em oportunidades compatíveis (com/para) a sua visão de desenvolvimento

vi Timor-Leste: visão coletiva é essencial (para/com) o desenvolvimento do país

vii Guiné-Bissau: mais um dia de protestos (da/contra a) crise política

viii Preço do petróleo responsável (por/para) desvalorização (entre a/da) moeda em Moçambique

3 Expresse a sua opinião sobre uma ou mais manchetes da atividade 2 completando as frases. Para cada frase, indique o número da manchete escolhida nos parênteses.

a ( ) Tenho certeza _____

b ( ) Precisamos de respostas _____

c ( ) Espero que _____

d ( ) É muito importante _____

e ( ) O maior desafio nesse caso _____

 Em www.routledge.com/cw/santos você encontra mais atividades sobre regência nominal.

Pronomes relativos que, quem, onde, cujo

Mais informações na seção Referência Gramatical

1 Leia os trechos da notícia da seção *Lendo*. Repare as palavras destacadas e escolha a alternativa que indica a que cada uma delas se refere.

> "Enquanto países mais jovens dispõem de ampla força laboral **que** contribui para os sistemas previdenciários [. . .]".

a países mais jovens   b sistemas previdenciários   c força laboral

> "'As mudanças propostas passam por cima de várias questões importantes', diz José Martinho, servidor público **que** decidiu se aposentar assim que soube da possibilidade de reforma da lei."

a   as mudanças propostas   b   José Martinho   c   questões importantes

> "Os trabalhadores a **quem** a lei menos agrada estavam perto de se aposentar [...]."

a   os trabalhadores   b   a lei   c   a aposentadoria

> "Moçambique, **onde** a idade média atual é 17 anos, vai ter um avanço demográfico de quatro vezes até o final do século."

a   17 anos   b   Moçambique   c   final do século

2   Sublinhe a opção entre parênteses que melhor completa as descrições dos pronomes relativos.

   a   Os pronomes relativos se referem a termos que aparecem (antes/depois) do próprio pronome.

   b   Esses pronomes são usados em relação a (somente pessoas/pessoas, coisas e lugares).

3   Complete as frases usando **que** ou **quem** e indique a qual termo se referem.

Que ou **quem**?	A que(m) se refere?
a Os moradores com _____ o repórter conversou estavam insatisfeitos com o excesso de ruído.	
b Os países _____ se preparam agora vão enfrentar melhor as mudanças demográficas.	
c Os brasileiros não esperavam o envelhecimento populacional _____ o relatório prevê.	
d Os servidores _____ vão ser afetados pelas mudanças na lei têm várias opções.	
e O presidente, a _____ muitos admiram, quer propor mudanças mais profundas.	

4 Leia e repare os pronomes relativos. Sublinhe os termos a que se referem os pronomes. Em seguida, circule a melhor opção para completar a frase do quadro.

    a   As idosas a **quem** me refiro vivem em um lar para idosos.

    b   O lugar **onde** elas vivem tem assistência especializada.

    c   O diretor com **quem** conversei confia nos serviços.

    d   São muitos os desafios **que** os países vão enfrentar.

    e   Cada país vai adotar as medidas **que** puder.

    f   A população **que** envelhece precisa de apoios.

    g   Nos países **onde** há estrutura os idosos recebem assistência.

> Os pronomes relativos **que**, **quem** e **onde** (variam/não variam) de acordo com o termo a que se referem.

5 Leia novamente os exemplos das atividades 1, 3 e 4 e repare a classe de palavras que aparece imediatamente antes dos pronomes relativos. Depois, complete as frases usando **que** ou **quem**. Finalmente, responda: que classe de palavras aparece antes do pronome relativo **quem**?

    a   Os trabalhadores _____ se aposentam têm direito a benefícios.

    b   Os trabalhadores de _____ falo contribuem há mais de 30 anos.

    c   O diretor para _____ telefonei não confirmou mudanças na lei.

    d   O meu pai, _____ se aposentou há um ano, está satisfeito.

    e   A minha mãe, com _____ conversei ontem, continua trabalhando.

VOCÊ SABIA?

▶ O pronome relativo **quem** aparece depois de preposições: "Essa é a pessoa com quem eu falei".

▶ O pronome relativo **que** pode ocorrer com ou sem preposição, dependendo da função sintática (ou seja, se é sujeito, objeto indireto etc.): "Os países que se preparam enfrentam menos desafios"; "Os países de que falamos enfrentam muitos desafios".

▶ É importante lembrar que em português não é possível terminar frases com preposições.

6 Ligue as frases usando os elementos do quadro. Siga o exemplo.

    Exemplo: O estado enfrenta desafios. Eles moram no estado.

        O estado onde eles moram enfrenta desafios.

a que	com quem	em quem	onde	que

a   Nós lidamos com o barulho. O barulho vem do trânsito e das obras.

b   A rua é barulhenta. Eu caminho na rua.

c   O especialista tinha soluções. O repórter conversou com o especialista.

d   O problema tem solução. Eu me refiro ao problema.

e   A deputada apresentou um projeto de lei. Eu votei na deputada.

7   Leia os trechos da notícia da seção *Lendo*. Repare as palavras destacadas e escolha a alternativa que indica o(s) elemento(s) a que cada uma delas se refere.

"A população portuguesa, **cuja** idade média é hoje 44 anos, vai ter em média 50,2 anos de idade em 2030."

a   idade   b   população   c   hoje

"[. . .] muitos países africanos, **cujas** populações são ainda bastante jovens, traçam o caminho oposto."

a   países africanos   b   populações   c   caminho

8   Sublinhe as alternativas que melhor completam as descrições do pronome relativo destacado na atividade 7.

a   O pronome relativo **cujo(s)/a(s)** equivale a um possessivo e (concorda/não concorda) com a coisa possuída em gênero e número.

b   O pronome relativo **cujo(s)/a(s)** refere-se a um elemento que ocorre (antes/depois) dele na frase.

9   Complete as frases usando **cujo, cuja, cujos** ou **cujas**.

a   Os idosos _____ saúde é delicada precisam de cuidados especiais.

b   Os servidores públicos, _____ salário está atrasado, fizeram uma manifestação em frente à sede do governo.

c   O relatório menciona as dificuldades das crianças _____ pais faleceram devido ao contato com material radioativo.

d   O trabalhador _____ atividades envolvem risco tem direito a benefícios adicionais.

10 Complete o texto usando **que**, **quem**, **onde**, **cujo/a** ou **cujos/as**.

No século XXI o mundo ainda enfrenta muitos desafios _____ não têm soluções fáceis. As guerras ainda afetam vários povos para _____ a mera sobrevivência é um desafio. Guerras e outros fatores ocasionam migrações de pessoas _____ países de origem oferecem poucas oportunidades. Diferentes tipos de poluição ameaçam várias espécies vegetais e animais _____ não estão protegidas. A globalização traz invasões à privacidade de consumidores, _____ dados são roubados periodicamente. Os hackers, de _____ se sabe pouco ou nada, conseguem acesso às informações mais sensíveis. Mesmo com todos os desafios, o século XXI traz muitas esperanças para a população mundial, _____ futuro pode ainda ser repleto de boas novas. O mundo _____ vivemos ainda é a nossa única casa.

 Vá a www.routledge.com/cw/santos para encontrar mais atividades sobre pronomes relativos.

 ## Tomando a palavra

Como se diz?

 1 Ouça o áudio e complete a transcrição da entrevista. Uma dica: a letra **x** aparece em todas as palavras que você deve escrever.

Repórter: A Rádio Popular entrevista agora o senhor _____ Teixeira, diretor da ONG portuguesa Água de Beber, a respeito do relatório da ONU sobre o acesso à água. Dois relatores das Nações Unidas _____ o impacto da crise econômica e das medidas de austeridade sobre os direitos de acesso à água, ao saneamento e à habitação e _____ preocupação, especialmente no que toca às populações mais vulneráveis. Sr. _____ Teixeira, o que pode ser feito para garantir esse direito humano a toda a população?

FT. Bem, a situação em Portugal é _____, como refere o relatório. É importante que o governo adote legislação sobre os direitos humanos à água e ao saneamento, como sugerem os relatores, e que _____ que as autoridades locais garantam esse direito aos cidadãos.

Repórter: Éee . . . Mas o que precisa ser feito pelos governantes?

FT: Bem, nós sabemos que a política é um jogo de _____ . . . e não uma ciência _____, mas esperamos que os políticos _____ a importância dessa legislação.

Repórter: O relatório menciona que Portugal fez progresso nas últimas décadas. O senhor está de acordo com essa afirmação?

FT: Sim, é verdade, mas o chamado "milagre português" não inclui os setores menos privilegiados da população, inclusive os reformados, portanto é preciso prestar _____ a essas pessoas. A nossa ONG trabalha não apenas com a água que entra nas casas mas também com os resíduos que escoam para o _____ e espalham-se nas ruas onde as pessoas transitam. E a isso adicione-se o _____ que já _____. Entre a população de _____ rendimentos a urgência é _____. Há uma _____ clara entre saúde física e saúde económica, não apenas dos indivíduos, mas da sociedade. O que está em _____, portanto, é o bem-estar económico de todos.

2 Liste as palavras que você escreveu na atividade 1 na coluna adequada.

O som correspondente à letra **x** é idêntico ao som que corresponde a . . .			
<u>z</u>ebra [z]	<u>ch</u>ave [ʃ]	fi<u>cc</u>ão [ks]	<u>s</u>ala [s]

3 Observe a posição da letra **x** nas palavras listadas na atividade 2 e, com base nas suas observações, complete as alternativas escrevendo [z], [ʃ], [ks] ou [s].

a Em posição inicial na palavra, a letra **x** tem som correspondente a _____.

b Em posição final na palavra, a letra **x** tem som correspondente a _____.

c Quando aparece antes de **p** ou **t**, a letra **x** pode ter som correspondente a _____.

d Quando aparece entre vogais, a letra **x** pode corresponder aos sons _____.

e Depois da sílaba inicial **en-**, a letra **x** tem som correspondente a _____.

SONS DO PORTUGUÊS

▶ Os sons correspondentes à letra **x**, conforme conclusões na atividade 3, podem também corresponder a outras letras ou grupos de letras, como **c, ç, s, ss, z** (veja a Unidade 3) e **ch** (veja a Unidade 8). Lembre-se que o dígrafo **ch** sempre corresponde ao som [ʃ].

▶ Quando ocorre antes de **p** ou **t,** a letra **x** corresponde a [s] ou [ʃ] (dependendo do sotaque de quem fala).

continua

> ▶ Os dígrafos **xc** (p. ex., **exc**eção, **exc**elente) e **xs** (p. ex., **exs**udação) soam como [s] em PB e como [ʃs] em PE.
>
> ▶ No prefixo **ex-**, a letra **x** corresponde ao som [z] quando aparece antes de um som vocálico: **ex**-advogada, **ex**-hoteleiro.
>
> ▶ A letra **x** no prefixo **ex-** corresponde a [s] ou [ʃ] (dependendo do sotaque do/a falante) quando aparece antes de uma consoante surda (p. ex., **ex**-cantor). Antes de uma consoante sonora, a letra **x** de **ex-** soa como [z] ou [ʒ] (dependendo do sotaque de quem fala): **ex**-bancário. Vale lembrar que [ʒ] representa, por exemplo, o som correspondente à letra **j** em **já**.

4   Leia um dos trechos para um/a colega, que vai ouvir e prestar atenção às ocorrências da letra **x**, sublinhando as palavras que foram pronunciadas de maneira adequada e circulando as que não foram. O/A colega lê o outro trecho, e você anota a pronúncia dele/a da mesma maneira. Em caso de dúvida, é possível verificar um dicionário que contenha a transcrição fonética das palavras.

Trecho 1

A América Latina, inclusive o Brasil, pode melhorar a sua infraestrutura, que é um reflexo das suas prioridades. Esse tipo de melhora exige prioridades bem definidas. O saneamento básico é apontado com uma das possíveis áreas prioritárias de acordo com o texto de um relatório do Banco Mundial. É preciso explorar novas maneiras de melhorar a infraestrutura para que todas as populações de baixa renda possam ter acesso a saneamento básico em um futuro próximo.

Referência: "América Latina precisa melhorar eficiência de gastos em infraestrutura, diz Banco Mundial", https://goo.gl/cbTYBd. Data de acesso: 3/2/2018.

Trecho 2

Em uma conferência da Organização Mundial da Saúde (OMS) sobre as doenças tropicais negligenciadas, a presidente da Fundação Oswaldo Cruz (Fiocruz) explicou que investir em saneamento é essencial para erradicar essas doenças. Para ela, é clara a conexão entre a falta de redes de esgoto e propagação desses males. Entre outros fatores, a erradicação dessas doenças requer o auxílio das autoridades. A embaixadora do Brasil junto à ONU

continua

também participou do encontro e afirmou que o Brasil quer mostrar que tem experiência, por exemplo, como vítima de surtos de dengue e febre amarela que conseguiu atacar esses problemas.

Referência: "Saneamento é fundamental para acabar com doenças tropicais negligenciadas, diz presidente da Fiocruz", https://goo.gl/oTS9RJ. Data de acesso: 5/2/2018.

 Vá a www.routledge.com/cw/santos para encontrar mais atividades sobre sons correspondentes à letra **x**.

Preparando-se para falar

1 Em duplas, observem a imagem e descrevam-na oralmente, respondendo à pergunta: o que se pode ver na imagem?

2 Complete o quadro. Compare as suas respostas com as de um/a colega.

Problema apresentado na imagem	
Justificativa do problema	
Solução possível para o problema	

3 Responda ao questionário.

   a   Você deixa a torneira aberta enquanto escova os dentes?

   ( ) sim   ( ) não

   b   Você deixa a torneira aberta o tempo todo enquanto lava a louça?

   ( ) sim   ( ) não

   c   Você gasta mais de dez minutos no chuveiro?

   ( ) sim   ( ) não

d   Você fecha o chuveiro enquanto se ensaboa ou lava os cabelos?

( ) sim   ( ) não

e   Você põe mais gelo no copo do que precisa e acaba jogando gelo fora?

( ) sim   ( ) não

f   Você usa água da chuva para regar as suas plantas?

( ) sim   ( ) não

g   Você lava roupa mais de duas vezes por semana?

( ) sim   ( ) não

4   Conte os seus pontos e leia o resultado correspondente. Depois, avalie se você desperdiça água.

Pontos:

Nas perguntas a, b, c, e, g marque 0 para "sim" e 2 para "não".

Nas perguntas d, f marque 2 para "sim" e 0 para "não".

Resultados:

10–14 pontos: Parabéns! Você é especialista em economizar água! O meio ambiente agradece.

4–8 pontos: Você faz algum esforço para poupar água mas ainda pode melhorar. Procure mudar alguns hábitos e economizar e/ou reutilizar mais água.

0–2 pontos: Você precisa aprender a economizar água! Cerca de 80% da água que usamos regressa à natureza, poluindo o meio ambiente. É importante economizar e reutilizar a água.

5   Em pequenos grupos, façam o que se pede.

a   Compartilhem as suas respostas no questionário da atividade 3, ilustrando-as com situações vividas ou observadas no passado.

b   Troquem ideias sobre os seus resultados do questionário, comentando: vocês concordam com o diagnóstico dado? Que informações vocês já conheciam e que informações desconheciam?

Falando

1   Você vai participar de uma entrevista sobre saneamento em um país lusófono. Siga os passos sugeridos.

a   Escolha um país e um ou mais aspectos que lhe interessam. Faça uma pesquisa sobre o(s) assunto(s) escolhido(s). Tome notas de informações importantes.

( ) Angola ( ) Brasil ( ) Cabo Verde ( ) Guiné-Bissau ( ) Moçambique ( ) Portugal ( ) São Tomé e Príncipe ( ) Timor-Leste	( ) consumo ( ) coleta ( ) tratamento ( ) abastecimento ( ) perda ( ) problemas de saúde relacionados a falta de saneamento

b   Forme grupos em que todos os membros tenham pesquisado sobre o mesmo país. Com os/as colegas, decida quem será o/a entrevistador/a e quem serão os/as entrevistados/as.

c   Prepare-se para a entrevista.

▶   Todos/as os/as entrevistadores/as da turma podem se agrupar para listar perguntas possíveis. Enquanto isso, os/as entrevistados/as, individualmente ou em grupos, podem rever as suas anotações.

▶   Tanto entrevistadores/as quanto entrevistados/as reveem estratégias de fala que podem ser úteis na entrevista. Cada aluno/a compila uma lista de estratégias que considera potencialmente úteis para a entrevista.

d   Retomem os grupos formados na etapa (b) e encaminhem a entrevista. Tenham à sua frente as suas anotações sobre o assunto pesquisado e também a sua lista sobre estratégias de fala potencialmente úteis. Quando houver alguma quebra na comunicação, procurem lidar com ela.

ESTRATÉGIA: LIDANDO COM QUEBRAS NA COMUNICAÇÃO

Quebras na comunicação podem envolver falhas no entendimento por causa de, por exemplo, ambiguidades, barulho ao fundo, diferentes pontos de vista entre os interlocutores, falta de conhecimento prévio sobre o assunto. Podem envolver, também, dificuldades do falante que levam a hesitações (ver Unidade 7) ou pausas demasiadamente longas. Cabe aos interlocutores avaliarem se (e como) devem preencher essas pausas: fazendo perguntas? Retomando o que foi dito antes? Trazendo as suas próprias ideias?

Refletindo sobre a fala

1 Em grupos, discutam.

a O que vocês aprenderam sobre aspectos relacionados à agua ao longo da seção *Tomando a palavra?* Dos problemas discutidos, quais são relevantes no seu dia a dia? Justifiquem.

b Em que situações de fala no futuro vocês podem se deparar com silêncios ou outras quebras na comunicação? A que sinais vocês devem ficar atentos/as nessas interações para perceber tais quebras e como vocês poderão lidar com elas?

Mãos à obra

Preparando-se para escrever

1 Você vai escrever uma proposta de ação para enfrentamento de um desafio na sua cidade, país ou mesmo no mundo mais amplamente. Quais das estratégias podem ser úteis durante a escrita?

ESTRATÉGIA: SELECIONANDO E AVALIANDO ESTRATÉGIAS

Na Unidade 9 você aprendeu que é importante saber selecionar as estratégias que podem auxiliar na fala. O mesmo ocorre com relação às outras habilidades (ouvir, ler e escrever). As pesquisas na área ressaltam, também, que bons/boas aprendizes de língua sabem avaliar as estratégias escolhidas, bem como a sua aplicação: foi bem-sucedida? Se sim, por quê? Se não, o que poderia ter sido feito para otimizar o uso da estratégia e o que pode ser feito no futuro para que a sua aplicação seja mais eficiente? Nesta unidade você vai praticar essas questões com relação à sua escrita.

---

a ( ) Preparar-se para escrever (Unidade 1)

b ( ) Gerar ideias (Unidade 2)

c ( ) Considerar as características do gênero textual (Unidade 3)

d ( ) Considerar o suporte do texto ao escrever (Unidade 4)

e ( ) Pensar nos leitores potenciais (Unidade 4)

f ( ) Considerar se o registro é formal ou informal (Unidade 4)

g ( ) Considerar o conteúdo e a organização do texto (Unidade 5)

h ( ) Considerar modificações ao escrever (Unidade 6)

i ( ) Refletir sobre o processo de formulação (Unidade 6)

j ( ) Monitorar a escrita (Unidade 7)

k ( ) Considerar a modalidade a ser usada (Unidade 8)

l ( ) Usar e monitorar colocações (Unidade 9)

m ( ) Fazer uma revisão sistemática do texto (Unidade 10)

2 Compartilhe as suas respostas na atividade 1 com um/a colega, justificando-as. Se necessário, modifique as suas respostas.

Escrevendo

1 Defina o desafio sobre o qual você vai escrever.

2 Em poucas palavras, responda: por que o assunto escolhido na atividade 1 é um desafio?

3 Pesquise soluções encontradas em diferentes locais para desafios semelhantes e registre os resultados da sua pesquisa no quadro.

LOCAL	SOLUÇÃO
1.	
2.	
3.	

4 Com base nos resultados da sua pesquisa e no seu conhecimento sobre as peculiaridades do seu contexto, descreva uma possível solução para o desafio da sua escolha. Ao terminar a sua descrição, pergunte-se: ela realmente propõe uma solução para o desafio que você explicitou na atividade 2?

5 Agora que você já definiu a solução a ser proposta para o desafio, complete o quadro para registrar outras decisões sobre a proposta que você vai escrever.

a	Para quem a proposta vai ser escrita?	
b	Quais são os benefícios trazidos pela solução? (Considere indivíduos e a sociedade de um modo geral)	
c	De que forma o/a destinatário/a da proposta pode contribuir para a implementação da solução?	
d	Que desvantagens ou dificuldades a solução proposta apresenta? Como se pode minimizá-las?	

6 Escreva a sua proposta. Siga o esquema abaixo e lembre-se de consultar o seu plano estratégico (*Preparando-se para escrever*, atividade 1) durante a escrita.

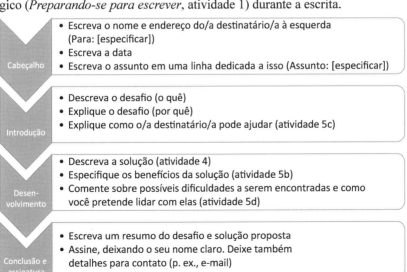

Cabeçalho
- Escreva o nome e endereço do/a destinatário/a à esquerda (Para: [especificar])
- Escreva a data
- Escreva o assunto em uma linha dedicada a isso (Assunto: [especificar])

Introdução
- Descreva o desafio (o quê)
- Explique o desafio (por quê)
- Explique como o/a destinatário/a pode ajudar (atividade 5c)

Desenvolvimento
- Descreva a solução (atividade 4)
- Especifique os benefícios da solução (atividade 5b)
- Comente sobre possíveis dificuldades a serem encontradas e como você pretende lidar com elas (atividade 5d)

Conclusão e assinatura
- Escreva um resumo do desafio e solução proposta
- Assine, deixando o seu nome claro. Deixe também detalhes para contato (p. ex., e-mail)

Refletindo sobre a escrita

1 Reveja o plano estratégico que você produziu na seção *Preparando-se para escrever*, atividade 1. Responda em duplas.

    a Vocês utilizaram as estratégias previamente selecionadas? Se sim, de que forma vocês as utilizaram e quais foram os benefícios obtidos? Se não, por que não?

    b Vocês tiveram alguma dificuldade ao escrever que poderia ter sido minimizada pelo uso de alguma estratégia não selecionada? Deem detalhes.

    c De que forma as suas conclusões em 1a e 1b podem facilitar as suas situações de escrita no futuro?

Diálogos multiculturais

Culturalmente falando

1 Responda.

    a Quais são os três maiores problemas enfrentados pelo seu país de origem atualmente? Na sua opinião, esses problemas têm recebido a devida atenção? Que desafios as pessoas enfrentam ao tentar sanar esses problemas?

    b Você acredita que os três maiores problemas do seu país se comparam aos problemas do Brasil? Justifique.

2 Selecione um problema que o seu país de origem e o Brasil têm em comum e compare as ações criadas para resolvê-los e os desafios encontrados em cada lugar ao enfrentar tais desafios.

3 Em duplas, discutam as respostas nas atividades 1 e 2.

Dialogando com a imagem

1 Use as opções do quadro para escrever legendas para as imagens. Depois, classifique as imagens como DB (desafio brasileiro) ou DM (desafio mundial).

Desmatamento para criação de gado	Imigração
Produção e coleta de lixo	Seca

a ( )

b ( )

c ( )

d ( )

2 Em grupos, façam o que se pede.

a Compartilhem e discutam as respostas da atividade 1.

b Classifiquem os quatro desafios da atividade 1 como mais ou menos desafiadores.

c Discutam: algum(ns) dos desafios apresentados na atividade 1 afeta o(s) seu(s) país(es) de origem? Se sim, o que se faz para enfrentar tais desafios e quais são os resultados dessas ações? Se não, o que tem sido feito para evitar a presença desses desafios?

3 Ordene os desafios da coluna A para demonstrar o que você acha que mais preocupa as pessoas no seu país de origem (1 = mais preocupante; 8 = menos preocupante). Faça o mesmo na coluna B sobre as preocupações dos/as brasileiros/as.

Coluna A	Coluna B
O que mais preocupa as pessoas no meu país de origem?	O que mais preocupa as pessoas no Brasil?
( ) Desmatamento	( ) Desmatamento
( ) Drogas	( ) Drogas
( ) Estabilidade econômica	( ) Estabilidade econômica
( ) Guerras	( ) Guerras
( ) Imigração	( ) Imigração
( ) Falta de coleta de lixo	( ) Falta de coleta de lixo
( ) Seca/falta de água	( ) Seca/falta de água
( ) Terrorismo	( ) Terrorismo

4 Complete os trechos com base em conclusões tiradas na atividade 3.

    a   _____ é o desafio que eu acho que mais preocupa as pessoas no meu país de origem porque _____.

    b   _____ é o desafio que eu acho que mais preocupa as pessoas no Brasil porque _____.

5 Em grupos, compartilhem as suas respostas nas atividades 3 e 4 e em seguida respondam.

    a   Que aspectos culturais podem influenciar as prioridades identificadas na atividade 3?

    b   O que faz com o que os problemas de um país sejam também problemas do mundo?

    c   Que outras imagens o seu grupo incluiria nas categorias DB e DM da atividade 1 desta seção? Escolham duas imagens novas para as categorias DB e DM para apresentar na próxima aula.

Em contexto

1 Leia o gráfico e responda.

Principais problemas do Brasil em 2016 (% de citações)

Referência: *Retratos da sociedade brasileira: Problemas e prioridades*, nº 36, janeiro de 2017, https://goo.gl/WjKmw2. Data de acesso: 3/2/2018.

    a   Que fatores você acha que podem ter determinado os resultados apresentados no gráfico?

    b   Na sua opinião, se esta mesma pesquisa fosse conduzida no seu país de origem, quais dos desafios apareceriam, e em que posição? Justifique a sua resposta.

c   Faça uma pesquisa para ver se houve mudanças recentes no que a sociedade brasileira percebe como principais desafios e prioridades do país. Prepare uma breve apresentação com os resultados mais interessantes da sua busca.

2   A tabela mostra que os resultados da pesquisa sobre o que mais preocupa os brasileiros, ilustrados no gráfico da atividade 1, exibem divergências entre a opinião de homens e mulheres ao determinar qual é o segundo maior problema do brasileiro. Observe a tabela e tente explicar essa disparidade.

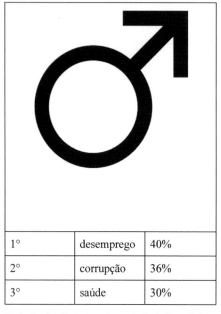

1°	desemprego	40%
2°	corrupção	36%
3°	saúde	30%

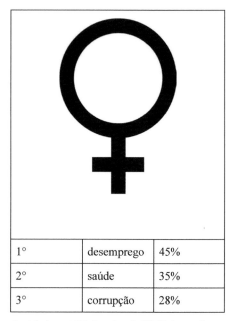

1°	desemprego	45%
2°	saúde	35%
3°	corrupção	28%

Referência: *Retratos da sociedade brasileira: Problemas e prioridades*, n° 36, janeiro de 2017, https://goo.gl/WjKmw2. Data de acesso: 3/2/2018.

3   Além das diferenças de opinião entre as mulheres e os homens, que outras diferenças podem ter influenciado os resultados dessa pesquisa? Escolha duas das características dos/as entrevistados/as que podem ter influenciado esses resultados.

( ) origem (área urbana)

( ) origem (área rural)

( ) grau de escolaridade

( ) idade

4   Em grupos, compartilhem e discutam as respostas das atividades 1, 2 e 3 e preparem-se para apresentar as respostas do grupo para o restante da turma.

Lendo e interpretando

1   Faça uma busca na internet para encontrar a música *O rei da garapa* e a sua letra. Ouça a canção e acompanhe a letra enquanto ouve.

2   Na sua opinião, a que se referem os seguintes versos da canção *O rei da garapa*?

   a   "Brasil gigante sai de cima desse muro"

   b   "Cana de açúcar vai ser tua companheira"

   c   "Misture tudo ganhe o mapa/Vamos ser rei da garapa/Na ressaca americana"

3   Que outro título você daria para a música *O rei da garapa*? Por quê?

4   Em grupos, compartilhem as respostas das atividades 1, 2 e 3.

5   Com um/a colega, escolham, ouçam e leiam duas das músicas listadas abaixo. Preencham o quadro com as informações das músicas escolhidas. Em seguida, compare uma delas à música *O rei da garapa*.

   a   *Herdeiros do futuro* (Toquinho)

   b   *Mundo em confusão* (Tribo de Jah)

   c   *Saga da Amazônia* (Vital Farias)

   d   *Planeta água* (Guilherme Arantes)

Música escolhida:	
Ano de lançamento:	
Tema(s):	

Extrapolando

1   Leia o texto e responda.

> Aconteceu em novembro de 2016, no Marrocos, a 22ª edição da Conferência das Nações Unidas sobre Mudança do Clima. O grande objetivo do evento era fazer valer o Acordo de Paris, que é o acordo universal para a luta contra as mudanças climáticas concluído no final de 2015 e assinado por 194 países-membros da ONU, além da União Europeia. Em Marrakech, os países integrantes se comprometeram a manter o aquecimento do planeta abaixo de 2º C até o final do século. Para alcançar esta meta as contribuições voluntárias de cada país deverão ser revisitadas a cada cinco anos, e as nações mais desenvolvidas mobilizarão um total de US$100 bilhões por ano em projetos climáticos até 2020.
>
> Referência: "Em declaração final da COP 22, países prometem avançar na implementação do Acordo de Paris", https://goo.gl/6jDPl6. Data de acesso: 5/2/2018.

513

a   Além do Acordo de Paris, que outros acordos internacionais visam mitigar problemas mundiais? Dê dois exemplos.

b   Na sua opinião, que desafios a comunidade internacional deve encontrar para cumprir a meta proposta no Acordo de Paris? Dê três exemplos.

c   Que outras metas você adicionaria ao Acordo de Paris?

d   Faça uma pesquisa para saber como alguns países vão contribuir para o enfrentamento das mudanças climáticas. Use os dados da sua pesquisa para completar o quadro abaixo.

Países	*Compromissos*
Angola	
Brasil	
Cabo Verde	
Portugal	
O seu país de origem: _____	

e   Na sua opinião, se a comunidade internacional não cumprir os compromissos do Acordo de Paris, que desafios a próxima geração enfrentará?

Aprendendo a aprender

Resumindo um texto

1   As alternativas a seguir descrevem ideias a serem implementadas ao escrever um resumo. Escreva B para as boas ideias; escreva M para as más ideias.

a   ( ) Ler o texto a ser resumido sem prestar muita atenção nele.

b   ( ) Identificar os pontos principais do texto.

c   ( ) Anotar as palavras-chaves do texto.

d   ( ) Anotar trechos copiados e textos parafraseados, sem distingui-los.

e   ( ) Fazer um esquema visual do texto antes de escrever o resumo.

f   ( ) Usar as próprias palavras para escrever o resumo a partir das anotações durante a leitura.

g   ( ) Incluir análises e comentários pessoais no resumo.

h   ( ) Escrever de forma concisa e objetiva.

i   ( ) Incluir muitos exemplos e detalhes.

2 Leia a lista e faça um X perto dos itens que trazem informações previamente desconhecidas para você.

> *O que precisa ser lembrado ao fazer um resumo de um texto*
>
> ► *Resumos devem incluir o conteúdo do texto original e não a opinião do/a autor/a do resumo*
>
> ► *As anotações devem distinguir o que está registrado como no original (esses elementos devem vir entre aspas) e o que está escrito com as palavras do/a autor/a do resumo*
>
> ► *Se houver erros gramaticais nos trechos copiados (entre aspas) do original, acrescentar "(sic)" após o erro*
>
> ► *Se houver omissões do original nos trechos copiados, registrá-las com reticências entre colchetes: [...]*
>
> ► _____

3 Leia e resuma um texto sobre algum desafio da contemporaneidade. Ponha em prática os procedimentos marcados com B na atividade 1, bem como os itens listados na atividade 2. Ao escrever o seu resumo, anote as dificuldades encontradas. Ao final da escrita, compartilhe o seu resumo e as suas anotações com um/a ou mais colegas.

Autoavaliação

1 Como você avalia a sua aprendizagem e o seu desempenho nessas áreas?

		Muito bem. ☺	Bem. 😐	Preciso melhorar. ☹
VOCABULÁRIO	Reconhecer e usar vocabulário relativo a sons e barulhos			
	Compreender vocabulário relativo a sentimentos e atitudes			
	Usar adjetivos frequentes após **estar**, **ficar** e **sentir-se**			
	Identificar usos do verbo **passar** e expressões com esse verbo			
	Distinguir e usar vocabulário que descreve aumento, diminuição e estabilidade			
GRAMÁTICA	Compreender usos do gerúndio			
	Usar preposições após substantivos e adjetivos			
	Distinguir e usar os pronomes relativos **que**, **quem**, **onde** e **cujo(s)/cuja(s)**			

(Continua)

		Muito bem. ☺	Bem. ☺	Preciso melhorar. ☹
PRONÚNCIA	Identificar e produzir os sons correspondentes à letra **x**			
ESCUTA	Ouvir uma enquete Lidar com barulhos ao fundo Identificar potenciais dificuldades ao ouvir e contemplar soluções para essas dificuldades			
LEITURA	Ler uma notícia de jornal Identificar e distinguir causas, consequências e implicações			
FALA	Participar de uma entrevista Lidar com quebras na comunicação			
ESCRITA	Escrever uma proposta Selecionar e avaliar estratégias			
CULTURA	Avaliar desafios enfrentados pelo Brasil Relacionar desafios brasileiros a desafios mundiais			
APRENDIZAGEM AUTÔNOMA	Resumir um texto			

2 Elabore um plano de ação para lidar com as áreas que precisam de mais prática, listando o que você vai fazer (coluna da esquerda) e em que prazo (coluna do meio). Depois de cumprir o seu plano, avalie os novos resultados (coluna da direita).

O que vou fazer?	Prazo	Nova avaliação sobre a minha aprendizagem e desempenho

3 Folheie a próxima unidade do livro e responda.

   a Quais são os assuntos principais na próxima unidade?

   b Como você pode praticar as áreas listadas na atividade 1 na próxima unidade?

12 | Aprendizagem Contínua

▶ Ouvir um discurso, avaliando as estratégias escolhidas e usadas ao ouvir

▶ Distinguir e usar **meio/a, médio/a** e **metade**

▶ Ampliar o seu conhecimento sobre o uso de numerais

▶ Rever conceitos e ferramentas para a pesquisa de corpus, investigando usos de **cem**, **centena** e **cento**

▶ Aprender sobre o infinitivo pessoal e impessoal

▶ Ler um editorial, selecionando estratégias e avaliando a seleção e implementação

▶ Aprender e usar vocabulário relativo a aprendizagem

▶ Compreender usos do futuro do presente

▶ Compreender e praticar os sons correspondentes à letra **r**

continua

517

> Fazer uma apresentação oral, usando diferentes formas para apresentar ideias potencialmente difíceis de serem compreendidas

> Produzir um texto criativo, consultando fontes para informação e inspiração

> Refletir sobre a relação entre aspectos políticos e aspectos educacionais

> Considerar causas e consequências do analfabetismo no mundo lusófono

> Delinear planos de curto e médio prazo para aprendizagem contínua da língua portuguesa

PRIMEIRAS IMPRESSÕES

1 O que você acha que está acontecendo na imagem da página anterior? Qual é a relação entre as duas mulheres? O que elas estão fazendo e como estão se sentindo? De que forma os atos de ensinar e aprender se manifestam na cena?

2 O que você gosta de aprender? Como você gosta de aprender? Em que situações da vida aprendemos e quem ou o que nos ensina? Por que e para que aprendemos?

3 Na sua opinião, é possível parar de aprender na vida? Justifique.

 Para sugestões de material adicional sobre o assunto desta unidade, visite www.routledge.com/cw/santos.

 À escuta

Preparando-se para escutar

1 Observe as imagens e complete o quadro descrevendo o evento comunicativo que elas ilustram.

Imagem 1

Imagem 2

Imagem 3

	Imagem 1	Imagem 2	Imagem 3
Quem fala?/Para quem?			
Onde a pessoa que fala está?			
Qual é o objetivo da fala?			
A fala é espontânea ou preparada?			
É formal ou informal?			

2   Em duplas, façam o que se pede.

    a   Compartilhem as suas respostas na atividade 1, justificando-as.

    b   Discutam: o que os eventos retratados na imagem têm em comum? Em que diferem?

3 Na seção *Escutando* você vai ouvir um áudio que corresponde a um dos eventos ilustrados na atividade 1 anterior. Selecione as estratégias de escuta que você acha que poderão ser úteis para a realização das atividades de escuta.

a ( ) Previsões antes de ouvir (Unidade 1)

b ( ) Identificação de sotaques (Unidade 2)

c ( ) Identificação de detalhes (Unidade 2)

d ( ) Identificação do assunto e da ideia geral (Unidade 3)

e ( ) Atenção ao tom de voz de quem fala (Unidade 4)

f ( ) Atenção a grupos de palavras (Unidade 4)

g ( ) Vocalização do que se ouve (Unidade 4)

h ( ) Identificação de palavras-chaves (Unidade 5)

i ( ) Atenção a palavras negativas (Unidade 5)

j ( ) Atenção a tempos verbais (Unidade 5)

k ( ) Vocalização ou visualização de vocabulário desconhecido (Unidade 6)

l ( ) Hipóteses sobre vocabulário desconhecido a partir de palavras vizinhas, partes da palavra ou conhecimento do mundo (Unidade 6)

m ( ) Monitoramento da escuta (Unidade 7)

n ( ) Identificação de troca de turnos (Unidade 8)

o ( ) Identificação de fronteiras entre palavras (Unidade 8)

p ( ) Atenção a conectivos (Unidade 9)

q ( ) Notas do que se ouve (Unidade 9)

r ( ) Reflexões sobre a correspondência entre o que se ouve e o que se lê (Unidade 10)

s ( ) Identificação de pontos de vista (Unidade 10)

t ( ) Preenchimento de lacunas de compreensão (Unidade 11)

u ( ) Reflexões sobre potenciais dificuldades e soluções para elas (Unidade 11)

Escutando

1 Ouça o áudio e responda: ele corresponde a qual imagem da seção *Preparando-se para escutar*? Justifique a sua resposta com base em elementos do áudio e no seu conhecimento prévio.

a ( ) Imagem 1

b ( ) Imagem 2

c ( ) Imagem 3

2   Ouça o áudio mais uma vez e decida se as frases são verdadeiras (V) ou falsas (F).

   a   (   ) Pode-se identificar mais de um/a falante.

   b   (   ) A pessoa fala para uma plateia.

   c   (   ) O tema é orientação para alunos de faculdade.

   d   (   ) Alguns familiares estão ouvindo.

   e   (   ) É um dia importante para a pessoa que fala.

   f   (   ) A pessoa que fala oferece conselhos.

3   Escolha as alternativas que completam as frases com base no conteúdo do áudio.

   a   _____ serão logo contratados em empregos na carreira escolhida.

      (   ) Menos de 20 formandos
      (   ) Cerca de 30 formandos
      (   ) Mais de 50 formandos

   b   Entre os que iniciam a carreira, _____ receberá o salário médio no início.

      (   ) apenas cerca de 20%
      (   ) mais da metade
      (   ) quase todo mundo

   c   No futuro, _____ vai trabalhar na carreira escolhida.

      (   ) menos de 10% da turma
      (   ) 100% da turma
      (   ) quase toda a turma

   d   Os formandos vão trabalhar em _____.

      (   ) entre 100 e 999 escolas.
      (   ) 100 escolas.
      (   ) entre 10 e 99 escolas.

   e   Os _____ que não vão trabalhar na área desejada também poderão aplicar os conhecimentos adquiridos na faculdade.

      (   ) menos de 10%
      (   ) 104
      (   ) 12 alunos

4   Complete o trecho com as palavras do quadro. Depois, ouça o áudio (faixa 38) para verificar as suas respostas.

aprender continuada criatividade desafios escassos infantil insistirem surdos

> "Obrigada à Professora Tânia e ao Professor Flávio por abrirem os nossos olhos para os verdadeiros _____ da educação _____.
> Agradecemos à Professora Vanda e à Professora Carla por _____ que, com imaginação e _____, é possível alcançar objetivos mesmo quando os recursos são _____. Obrigada ao professor Ivo e à Professora Lígia por nos mostrarem as possibilidades da educação _____. Professora Nilza e Professor Eduardo, sem vocês não poderíamos _____ sobre Libras e o ensino para _____."

VOCÊ SABIA?

A Língua Brasileira de Sinais, ou Libras, é a segunda língua oficial do Brasil. Em Portugal, a Língua Gestual Portuguesa (LGP) é também uma das línguas reconhecidas oficialmente no país (além do português e do mirandês). A Língua Gestual Angolana tem um dicionário elaborado pelo Ministério da Educação e, em 2016, foi reconhecida como meio legal de comunicação e expressão. A Língua de Sinais de Moçambique (ou Língua de Sinais Moçambicana) também conta com um dicionário.

5   A seguir você encontra uma lista de características do gênero textual ilustrado no áudio. Dê um título para a lista, escrevendo o nome do gênero textual em foco. Depois, ouça o áudio mais uma vez e marque com um X as características nele presentes.

Gênero textual: _____

a   (   ) Há agradecimentos às pessoas presentes.

b   (   ) Há agradecimentos a professores do passado.

c   (   ) Há agradecimentos a familiares e/ou amigos.

d   (   ) Há menção de eventos divertidos e/ou peculiares que ocorreram no passado.

e   (   ) Há menção à situação do país e do mundo, e como as pessoas presentes podem contribuir para a melhora do cenário nacional e global.

e   (   ) Há menção sobre expectativas com relação ao futuro.

f   (   ) Há inclusão de justificativas e/ou exemplos para os pontos defendidos.

g   (   ) Há um fechamento que causa impacto.

6   Em grupos, discutam.

   a   Vocês já participaram (como ouvintes ou como falantes) de um evento comunicativo semelhante ao ilustrado no áudio? Deem detalhes (onde foi, como foi, os pontos principais, como as pessoas se sentiam etc.).

   b   Se vocês tivessem que produzir um texto semelhante ao do áudio, como começariam? Como terminariam? O que mencionariam? Justifiquem as suas respostas.

Refletindo sobre a escuta

1   Retome a lista de estratégias selecionadas na seção *Preparando-se para escutar*, atividade 3, e reflita, tomando notas se necessário.

   a   Você utilizou as estratégias selecionadas? A utilização dessas estratégias facilitou a escuta? Se sim, de que forma? Se não, por que não?

   b   Você utilizou estratégias não previamente selecionadas? Quais e por quê? Qual foi o resultado da implementação dessas estratégias?

ESTRATÉGIA: AVALIANDO A SELEÇÃO E O USO DE ESTRATÉGIAS

Bons/Boas ouvintes sabem identificar quais estratégias de escuta podem ajudar a ouvir em português. Tal identificação pode ser iniciada antes da escuta, e deve ser continuamente avaliada durante o processo de escutar: se uma estratégia não é útil, outra(s) pode(m) substituí-la. Após a escuta a avaliação pode continuar, por exemplo, por meio de reflexões como as realizadas nas atividades desta seção. Lembre-se que o objetivo dessas avaliações é ajudar você a se tornar um/a ouvinte cada vez melhor, e cada situação de escuta deve trazer novas aprendizagens sobre como ouvir melhor em português.

---

2   Junte-se a um/a ou mais colegas e faça o que se pede a seguir.

   a   Compartilhem as suas reflexões na atividade anterior.

   b   Comentem se vocês concordam com as ideias a seguir ou se discordam delas. Justifiquem os seus posicionamentos.

Ao longo do trabalho neste livro eu pude aumentar o meu repertório de estratégias de escuta.

O uso de estratégias facilita a minha escuta em português.

Eu gostaria de melhorar o meu uso de estratégias ao ouvir em português.

A B C Palavras etc.

Meio/a, médio/a e metade

1 Relacione os seguintes trechos do áudio (faixa 38) com as descrições correspondentes às palavras destacadas em cada um.

a "Sabemos que daqui a um mês e **meio** vamos ter algum emprego."

b "[. . .] mais da **metade** dos 104 formandos da nossa turma [. . .]."

c "[. . .] somente cerca de 20 por cento da nossa turma vai receber o salário **médio** nos primeiros cinco anos de carreira."

( ) Cada uma das duas partes iguais de um todo.

( ) Que ocupa situação intermediária; cujo nível é comum, esperado.

( ) Que indica a metade de um todo.

PALAVRAS QUE CAUSAM CONFUSÃO

Meio/a, médio/a e metade

▶ A palavra **metade** é um substantivo que indica uma de duas partes iguais ou um ponto que fica à mesma distância do começo e do fim ("Vamos estudar até a metade do ano").

▶ Usada como adjetivo, a palavra **médio/a** indica uma dimensão ou valor central: "Eu ganho um salário médio"; "A nota média da turma foi 6". Como substantivo, a palavra **média** pode se referir a um termo matemático: a soma de quantidades diferentes dividida pelo número delas. A expressão "em média" significa "regra geral".

▶ A palavra **meio/a** pode indicar a metade de alguma coisa e, sendo adjetivo (neste caso), concorda com o substantivo a que se refere: "É meio-dia e meia (hora)"; "Só li uma página e meia"; "Estudante paga meia (entrada) no cinema"; "Eu me formei em quatro anos e meio".

▶ A palavra **meio** também pode funcionar como advérbio, significando "mais ou menos": "A Graça está meio decepcionada com a nota final". Nesse caso, **meio** é invariável.

▶ **Meio** pode ser também um substantivo, indicando o ponto que fica à mesma distância do princípio e do fim ("Ele está no meio da carreira acadêmica") ou uma posição

continua

> intermediária ("Está vendo aqueles três formandos? O do meio é o meu filho"), entre outros significados.
>
> ► A palavra **meio** também aparece em expressões como "meio de comunicação", "meio de transporte" e "meio ambiente", entre outras.

2 Complete usando **meio** ou **meia**.

a A aluna ficou _____ nervosa durante a prova.

b A aula de Geografia termina ao _____-dia e _____ (12h30).

c Eu não vou me sair bem na aula de Educação Física. Não consigo correr mais de _____ quilômetro.

d Você acha que a professora está _____ irritada?

e Estou com muita dificuldade para fazer este trabalho. Até agora só escrevi _____ página.

f Eu vou de bicicleta para a faculdade, então ela serve como _____ de transporte e como maneira de fazer exercício.

g Esta aula está muito chata. Eu preciso de pelo menos _____ xícara de café para não dormir.

3 Complete usando **meio** ou **metade** e selecione a opção entre parênteses para fazer a concordância adequada quando necessário.

a Eu estudo aqui há dois anos e _____.

b Já completei (a/o) _____ do curso.

c A professora está (na/no) _____ da sala.

d Este livro pesa _____ quilo.

e O professor é novo aqui e só conhece (o/a) _____ dos alunos.

f Vamos estudar essa matéria (no/na) (segundo/a) _____ do semestre.

g Está vendo aqueles três prédios? A biblioteca é o (do/da) _____.

h Na minha escola, _____ das salas de aula são equipadas com computadores.

4   Responda. Compare as suas respostas com as de um/a colega.

| Qual é | a metade

a média | de 23 + 76 + 249? | _____

_____ |

5   Faça perguntas e peça a um/a colega para respondê-las.

a   Qual é o meio _____?

b   Qual é a média _____?

c   Qual é a metade _____?

6   Preencha as lacunas usando **metade, meio(s)** ou **médio/a**.

Uma pesquisa realizada no Brasil revelou que mais da _____ dos entrevistados pensa que o ensino _____ não é atraente para os jovens. Em _____, as pessoas acham que o currículo deve mudar para se adequar melhor à realidade atual. No entanto, menos da _____ dos entrevistados sabia da reforma proposta pelo governo para o ensino _____. A pesquisa, divulgada através de vários _____ de comunicação, envolveu mais de 2000 pessoas das cinco regiões do país.

Referência: "Ensino médio não é atraente para os jovens, revela pesquisa CNT", https://goo.gl/WVIk8b. Data de acesso: 4/2/2018.

VOCÊ SABIA?

No Brasil, o ensino médio corresponde aos últimos três anos da educação básica e é a etapa acadêmica realizada imediatamente antes do nível universitário. Em Portugal, a etapa pré-universitária é conhecida como ensino secundário e equivale também a três anos. Em Moçambique, o ensino secundário equivale a cinco anos, divididos em dois ciclos: o 1º ciclo vai da 8ª à 10ª classe, enquanto o 2º ciclo é composto pelas classes 11ª e 12ª. Em Cabo Verde, o ensino secundário destina-se a jovens entre 12 e 18 anos e está organizado em três ciclos com duração de dois anos cada.

 Vá a www.routledge.com/cw/santos para encontrar mais atividades para praticar **meio/a**, **médio/a** e **metade**.

Vocabulário relacionado a numerais

1   Leia os trechos do áudio (faixa 38) e repare as palavras destacadas. Em seguida, relacione-as ao sentido apropriado.

a   "Jamais vamos esquecer o **primeiro** dia de aulas [. . .]."

b   "[. . .] e **um terço** de nós vai ser promovido mais de uma vez [. . .]."

c   "[. . .] cerca de 20 **por cento** da nossa turma vai receber o salário médio nos primeiros quatro anos de carreira."

d   "Vamos contribuir para **duplicar** as boas ações diariamente [. . .]."

e   "[. . .] vamos ajudar a **triplicar** os atos de generosidade [. . .]."

f   "[. . .] vamos agir para **multiplicar** por mil as ações em prol da justiça."

g   "Vamos construir um futuro em que os crimes de corrupção não passem de uma **fração** do que vemos atualmente [. . .]."

h   "Vamos **somar** princípios [. . .]."

i   "[. . .] e **diminuir** abusos."

(   ) tornar menor

(   ) em relação a 100

(   ) tornar três vezes maior

(   ) parte de um todo; fragmento

(   ) que vem antes dos outros em uma ordem

(   ) cada uma de três partes de um todo

(   ) tornar duas vezes maior

(   ) realizar adição

(   ) aumentar em número de vezes

VOCÊ SABIA?

▶   Os numerais podem ser classificados em **cardinais** (p. ex., cinco, dez, cem, mil etc.) e **ordinais** (p. ex., quinto, décimo, centésimo, milésimo etc.). Os numerais ordinais sempre concordam em número e gênero com o substantivo que modificam: primeiros dias, segundo ano, terceira classe etc.

continua

▶ Em português, os numerais cardinais que variam em gênero são **um/uma, dois/duas** e os que indicam centenas a partir de 200 (duzentos/as, trezentos/as etc.). Os numerais como **milhão, bilhão** etc. variam em número: dois milhões, três bilhões etc. Os numerais fracionários são flexionados em gênero e número (uma quinta parte, dois terços etc.).

▶ Podemos nos referir a **múltiplos** de alguma coisa: o dobro das aulas, o triplo dos alunos etc. Também falamos de **partes de uma unidade**: um terço da turma, dois quintos dos formandos etc.

▶ Os numerais **coletivos** fazem referência à quantidade exata em um dado conjunto: uma dúzia de lápis (=12 lápis), meia dúzia de alunos (=6 alunos), uma centena de livros (=100 livros).

▶ A designação de reis, papas, imperadores e séculos é feita com numerais ordinais para os dez primeiros. A partir daí, usam-se numerais cardinais (todos escritos em números romanos). Assim, temos a Rainha Elizabeth II (segunda), D. Pedro I (primeiro) e o século V (quinto), mas nos referimos ao século XXI (vinte e um) e ao Papa João XXIII (vinte e três).

▶ Os dias do mês são cardinais (dois de março, treze de maio, vinte e um de agosto) com exceção do primeiro dia do mês: 1º (primeiro) de junho.

▶ As porcentagens (ou percentagens) são representadas pelo símbolo %, lido "por cento". Os numerais porcentuais (ou percentuais) aparecem no masculino mesmo quando se referem a substantivos femininos: dois por cento (2%) das alunas, trinta e um por cento (31%) das professoras.

2 Sublinhe o numeral em cada frase. Em seguida, escolha a alternativa que se refere corretamente ao numeral.

a Eu aprendi que o último imperador do Brasil, D. Pedro II, morreu no exílio em Portugal.

( ) dois   ( ) segundo   ( ) dobro

b O professor passou uma dezena de tarefas para esta semana.

( ) doze   ( ) duas   ( ) dez

c Eu só conheço meia dúzia de pessoas na minha turma.

( ) seis   ( ) cinco   ( ) três

c Eu ensino um curso que tem mais de 200 pessoas inscritas.

( ) duzentos   ( ) duzentas   ( ) dois centos

e   Somente 1/5 dos alunos matriculados vão regularmente às aulas.

   ( ) um quinto   ( ) quinto   ( ) uma quinzena

f   A Universidade de Coimbra foi criada no século XIII.

   ( ) décimo-segundo   ( ) décimo-terceiro   ( ) treze

3   Trabalhando com um/a colega, um/a de vocês vai ler o Texto A prestando atenção aos nume-
    rais, enquanto a outra pessoa vai corrigir qualquer deslize. Em seguida, troquem de papéis e
    façam o mesmo para o Texto B.

Texto A

A Universidade de São Paulo, ou USP, é a maior universidade pública brasileira, com mais
de 93.000 alunos matriculados (cerca de 2/3 na graduação e 1/3 na pós-graduação). A USP
foi criada em 1934 e em 2016 ocupava a 9ª posição em uma classificação das melhores universidades em países de economias emergentes. A USP conta com 42 unidades de ensino e
pesquisa distribuídas em 11 campi. No século XXI, tem sido considerada a melhor universidade da América Latina em vários índices.

Texto B

A maior universidade portuguesa, a Universidade de Lisboa, é composta por 18 Escolas e
mais de 100 Unidades de Investigação. A Universidade de Lisboa foi criada no começo do
século XX, em 1911, e em 2013 uniu-se à Universidade Técnica de Lisboa. A universidade
tem cerca de 50.000 estudantes, dos quais 18% cursam mestrado e aproximadamente 8%
estão inscritos em programas de doutoramento. Em 2017, foram oferecidas 7.651 vagas no
Concurso Nacional de Acesso.

4   Qual é o seu conhecimento de fatos sobre o mundo lusófono? Escolha a resposta para cada
    pergunta e depois confira as suas respostas com as de um/a colega. Em caso de dúvidas, faça
    uma pesquisa na internet.

a   O Reino de Portugal foi fundado:

   ( ) no século IX.
   ( ) no século X.
   ( ) no século XII.

b   O povoamento do arquipélago de Cabo Verde iniciou-se:

( ) no século V.

( ) no século XV.

( ) no século XVIII.

c   O que aconteceu no dia 22 de abril de 1500?

( ) O Brasil se tornou independente.

( ) Pedro Álvares Cabral aportou em terras brasileiras.

( ) Vasco da Gama percorreu toda a costa brasileira.

d   Quem foi D. Pedro IV?

( ) O quarto rei de Portugal e Algarves.

( ) Rei de Portugal e Algarves no século XVII.

( ) Rei de Portugal e Algarves entre 10 de março e 2 de maio de 1826.

Estátua de D. Pedro IV

e   No Brasil, D. Pedro IV era conhecido como:

( ) D. Pedro I.

( ) D. Pedro II.

( ) D. Pedro III.

f   O movimento independentista conhecido como Inconfidência Mineira, cujo lema está inscrito na bandeira de Minas Gerais, ocorreu:

( ) no século XVII.

( ) no século XVIII.

( ) no século XIX.

Bandeira do estado de Minas Gerais

g   A população de Moçambique _____ desde 1960.

( ) duplicou

( ) triplicou

( ) quadruplicou

h   Angola produz _____ de petróleo por dia.

( ) um milhão de barris

( ) quase dois milhões de barris

( ) seiscentos mil barris

i   Qual é a área de Timor-Leste?

( ) Quase 1.500 km².

( ) Quase 15.000 km².

( ) Quase 150.000 km².

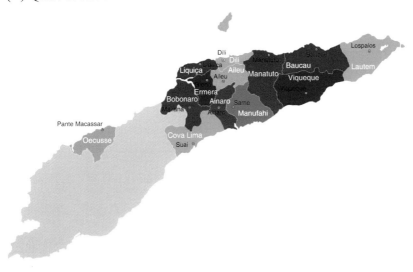

Mapa de Timor-Leste

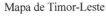 Em www.routledge.com/cw/santos você encontra mais atividades sobre numerais.

Vocabulário frequentemente usado

1   Leia os seguintes trechos do discurso (faixa 38) e complete usando **cem**, **cento** ou **centenas**. Depois, ouça o áudio para conferir as suas respostas.

> ▶ "Estatisticamente, mais da metade dos _____ e quatro formandos da nossa turma conseguirá imediatamente um emprego na carreira escolhida [. . .]."
>
> ▶ "Serão _____ de escolas e milhares de alunos [. . .]."
>
> ▶ "Todos nós detestamos preencher formulários, mas vamos lidar com mais de _____ por ano [. . .]."

PALAVRAS QUE CAUSAM CONFUSÃO

Cem, cento e centena(s)

▶ **Cem** refere-se apenas ao número 100. Os números seguintes (entre 101 e 199) envolvem o uso da palavra **cento**: "Cento e uma pessoas passaram no vestibular".

▶ Também usa-se **cento** em porcentagens: "Vinte por cento dos formandos vão receber o salário médio".

▶ **Centena** refere-se a um conjunto de cem unidades: "A turma encomendou três centenas de convites". Essa palavra é comumente usada no plural para fazer referência a um número inespecífico: "Eu visitei centenas de escolas".

2   Use a sua intuição e relacione as palavras às suas ordens de frequência.

Palavras	*Ordem de frequência*
a cem	( ) 661
b cento	( ) 1222
c centena	( ) 1711

Referência: Davies, Mark e Preto-Bay, Ana Maria Raposo (2008). *A frequency dictionary of Portuguese*. Nova York/ Londres: Routledge.

CORPUS

Como vimos ao longo das unidades estudadas, uma pesquisa em um corpus linguístico pode revelar vários aspectos a respeito de uma palavra ou conjunto de palavras, começando

continua

pela frequência com que a palavra pesquisada ocorre. Esse tipo de informação ajuda a determinar se estamos usando uma palavra que é mais ou é menos frequentemente usada. Além disso, pesquisas em corpora permitem identificar as colocações, como visto na Unidade 2, e verificar o uso das palavras de acordo com certos critérios, tais como época ou variedade linguística, como discutido na Unidade 3. O contexto de uso das palavras pode ser verificado através de ferramentas de busca, como vimos na Unidade 4. O contexto de uso foi abordado também na Unidade 8, na qual estudamos as linhas de concordância. Na Unidade 9 vimos que a análise de colocados revela que palavras ocorrem juntas mais frequentemente, enquanto na Unidade 10 notamos que a frequência das palavras varia de acordo com o gênero textual.

3   Pesquise o uso de uma das três palavras (**cem**, **cento** ou **centena**) em um corpus eletrônico e complete a tabela com as informações pedidas. Em seguida, compare os seus resultados com os de um/a colega.

Palavra: _____

Colocações	
Exemplos de uso. Inclua informação sobre época, variedade linguística (PE ou PB), registro (oral ou escrito) e gênero textual	

Descobrindo a gramática

Infinitivo impessoal

Mais informações na seção Referência Gramatical

1 Leia os exemplos, repare as palavras destacadas e responda: o que elas têm em comum? Em seguida, escolha a melhor alternativa para completar a descrição dessas formas verbais.

i	"[. . .] agradeço à minha turma a honra de **falar** em nome de todos nós."
ii	"Jamais vamos **esquecer** o primeiro dia de aulas [. . .]."
iii	"Esperávamos **obter** respostas para todas as nossas perguntas [. . .]."
iv	"Mas podem **ficar** tranquilos [. . .]."
v	"Todos nós detestamos **preencher** formulários [. . .]."
vi	"[. . .] devemos **manter** o sorriso que temos hoje [. . .]."
vii	"Temos que **sorrir** mesmo nos momentos difíceis."
viii	"Não vai ser fácil **fazer** esse futuro [. . .]."
ix	"[. . .] é preciso **agradecer** às pessoas [. . .]."
x	"Os lanchinhos para **trazer** para a faculdade [. . .]."
xi	"Foi com o apoio de vocês que pudemos **concluir** esta etapa [. . .]."
xii	"Antes de **encerrar** [. . .]."
xiii	"[. . .] quero **lembrar** as palavras de Sócrates [. . .]."

O infinitivo impessoal:

( ) contém informação sobre tempo (presente, passado ou futuro).

( ) é a forma mais básica de qualquer verbo e termina em -**r**.

( ) pode ter terminações diferentes dependendo da pessoa (eu, você etc.).

VOCÊ SABIA

▶ O uso do infinitivo não é igual em todas as línguas. Em algumas línguas pode haver uma partícula que (às vezes) acompanha o infinitivo, como "to" na língua inglesa. Em outras, pode não haver infinitivos e sim algo como "formas de dicionário" (os dicionários da língua portuguesa trazem os verbos no infinitivo). Além disso, há casos em que se usa o infinitivo em português, mas não em outras línguas.

▶ A língua portuguesa é uma das poucas que possuem um infinitivo pessoal, ou seja, um infinitivo em que existe uma marcação de pessoa. Essa marcação aparece quando o sujeito é **tu** ou está no plural (**nós, vocês, eles/as**); nas outras pessoas, não há marcação alguma e o infinitivo pessoal tem a mesma forma que o impessoal. O infinitivo pessoal é o tópico da próxima subseção.

2   Relacione os exemplos da atividade 1 com os usos do infinitivo impessoal.

Usos	*Exemplos*
a	Depois de preposições
b	Depois de verbos como **querer**, **desejar**, **esperar**, **detestar**
c	Depois de verbos como **poder**, **procurar**, **dever**, **tentar**, **precisar**
d	Para formar o futuro com **ir**
e	Com expressões impessoais como **é fácil**, **é difícil**, **é preciso**, **é melhor** etc.
f	Com a expressão **ter que**

3   Sublinhe os exemplos de infinitivo impessoal e justifique os seus usos de acordo com as categorias listadas na atividade 2.

É necessário fazer pesquisa para ter êxito na pós-graduação. Se você ainda não sabe que área deseja pesquisar, deve conversar com os seus professores. É bom definir o seu campo de pesquisa logo. Desse modo, você pode começar a pesquisa no início dos seus estudos e não tem que esperar até completar os cursos. Depois de terminar os cursos, você vai fazer os exames de qualificação. Para passar no exame você precisa apresentar um trabalho escrito que possa ser aceito para publicação. Depois disso, é fácil escrever a tese porque o campo de pesquisa vai estar definido.

VOCÊ SABIA?

Verbos de sentimento, dúvida e desejo (como **querer**, **desejar**, **detestar**, **esperar** e outros) são seguidos de verbos no infinitivo quando os dois verbos formam uma locução verbal (ou seja, a pessoa ou coisa que realiza as duas ações é a mesma): "Ele quer terminar a faculdade em quatro anos". Quando os sujeitos dos verbos são diferentes, é preciso usar **que** seguido de verbo no subjuntivo, como vimos na Unidade 7: "O pai dele quer que ele termine a faculdade em quatro anos".

4   Faça frases usando os elementos do quadro seguidos de infinitivo impessoal.

detestar	é melhor	querer	é essencial	é fácil	tentar	é necessário	poder

5   Sublinhe o infinitivo impessoal na foto e explique o seu uso. Em seguida, explique a ambiguidade e o humor na imagem.

Infinitivo pessoal

Mais informações na seção Referência Gramatical

1   Leia os exemplos e repare os verbos destacados. Depois, responda: em que tipos de construções (isto é, depois de quê) o infinitivo pessoal é usado?

a   "[. . .] em que estávamos tão contentes por **podermos** finalmente estudar o que queríamos.

b   "[. . .] os nossos salários vão melhorar antes de **chegarmos** à metade da nossa vida profissional."

c   "Mesmo ouvindo os alunos se **queixarem** da quantidade de trabalho [. . .]."

d   "[. . .] vários professores faziam esses mesmos alunos **reescreverem** sempre [. . .]."

e   "Mesmo quando era difícil **termos** um dia livre sequer [. . .]."

2   Relacione os exemplos da atividade 1 aos usos do infinitivo pessoal.

(   ) Depois de verbos de percepção (**ver, ouvir, sentir**)

(   ) Depois de preposições

(   ) Depois de expressões impessoais

(   ) Depois de verbos causativos (**deixar, fazer, mandar**)

VOCÊ SABIA?

O infinitivo pessoal é usado quando há um sujeito com o qual o verbo precise (ou possa) concordar. Se houver um sujeito explícito antes do infinitivo, é necessário usar o infinitivo pessoal. No entanto, o infinitivo pessoal pode ser usado mesmo quando o sujeito é omitido: "A professora pediu para fazermos silêncio". Neste caso, o sujeito "nós" é omitido antes de "fazermos".

3   Complete os trechos de "Oração aos moços", discurso de formatura escrito por Rui Barbosa em 1920. Se ainda não conhece algum verbo, procure o seu significado em um dicionário monolíngue.

averiguarmos	madrugarem	reconciliarmos	sermos

Rui Barbosa

Mas, senhores, os que madrugam no ler, convém _____ também no pensar. [. . .]

   Moços, [. . .] para _____ fiéis no muito, o devemos ser no pouco. [. . .]

   Não culpemos o estrangeiro das nossas decepções políticas no exterior, antes de _____ se os culpados não se achariam aqui mesmo [. . .].

continua

Mãos à obra da reivindicação de nossa perdida autonomia; mãos à obra da nossa reconstituição interior; mãos à obra de _____ a vida nacional com as instituições nacionais.

Referência: Barbosa, Rui (1999). *Oração aos moços*. Rio de Janeiro: Edições Casa de Rui Barbosa. www.casaruibarbosa.gov.br/dados/DOC/artigos/rui_barbosa/FCRB_RuiBarbosa_Oracao_aos_mocos.pdf. Data de acesso: 4/2/2018.

VOCÊ SABIA?

Rui Barbosa (1849–1923) foi um intelectual brasileiro que se destacou em várias áreas do conhecimento, tendo ganhado prestígio como orador, jurista e jornalista. Foi também escritor, tradutor, diplomata e político. Atuou na defesa da abolição da escravatura e foi um dos organizadores da República. Foi membro fundador da Academia Brasileira de Letras, que presidiu depois da morte de Machado de Assis em 1908.

Referência: *Fundação Casa de Rui Barbosa*, www.casaruibarbosa.gov.br/. Data de acesso: 4/2/2018.

4 Relacione as colunas para completar as frases. Em seguida, complete o quadro com a regra de formação do infinitivo pessoal e com exemplos usando o verbo **fazer**.

a	Os meus pais me ajudaram	( ) para leres antes do exame.
b	O professor deixou	( ) prestarem atenção na aula.
c	É melhor vocês	( ) aprendermos a matéria.
d	É bom nós	( ) para eu completar os meus estudos.
e	Eu vou devolver o seu livro	( ) ter boas notas.
f	Seria fácil ela	( ) os alunos saírem cedo.
g	Ele emprestou-te o texto	( ) antes de você viajar.

	Infinitivo pessoal: formação	Exemplo
eu	Infinitivo	fazer
tu	Infinitivo + _____	fazer_____
você/ele/ela	Infinitivo	fazer

nós	Infinitivo + _____	fazer_____
vocês/eles/elas	Infinitivo + _____	fazer_____

5   Complete o texto sobre as metas para o ensino pré-escolar em São Tomé e Príncipe usando o infinitivo pessoal dos verbos dados.

adaptar   adotar   estimular   frequentar   ser   ter

O governo de São Tomé e Príncipe está ciente que é importante as crianças _____ estabelecimentos pré-escolares, pois estes ajudam a desenvolver aptidões para as crianças se _____ melhor ao ensino básico. No entanto, as dificuldades do período pós-independência em São Tomé e Príncipe fizeram este ensino _____ relegado a segundo plano durante muito tempo. O objetivo do Ministério de Educação, Cultura e Ciência é proporcionar a todas as crianças entre três e cinco anos de idade o acesso ao ensino pré-escolar gratuito. Segundo o ministro, "é importante nós _____ medidas que garantam a universalização e gratuidade do ensino pré-escolar. É preciso nós _____ a procura da educação para todas as crianças _____ acesso a esse ensino".

Referência: "Educação pré-escolar", http://mecc.gov.st/index.php/visao-2022/politicas-e-estrategias/educacao-pre-escolar. Data de acesso: 28/2/2018.

6   Ligue as frases usando as palavras entre parênteses, fazendo as modificações que forem necessárias. Siga o exemplo.

Exemplo:

Eles vão apresentar a pesquisa em um congresso. Primeiro vão terminar a pesquisa. (depois de)

Depois de terminarem a pesquisa, vão apresentá-la em um congresso.

a   Elas ainda estão na faculdade, mas já conseguiram emprego. (apesar de)

b   Primeiro, vocês têm que terminar a tarefa. Depois jogam videogames. (antes de)

c   Nós terminamos a tarefa. Depois vamos brincar. (depois de)

d   Eles não podem ir à aula. Precisam avisar aos professores. (no caso de)

e   Vocês estudam literatura moderna. Primeiro deviam estudar a clássica. (antes de)

539

7 Complete as frases com as palavras do quadro e com os verbos dados no infinitivo pessoal.

até	para	por	sem

a O professor passou um trabalho _____ nós _____ (entregar) na semana que vem.

b A Eliana e a Júlia não foram à escola _____ _____ (estar) gripadas.

c Os alunos estavam contentes _____ _____ (ver) as notas dos testes, que não foram boas.

d Os professores se reuniram _____ as diretoras _____ (saber). Elas ficaram surpresas quando souberam.

8 Em duplas, conversem sobre os tópicos do quadro. Usem os trechos nos balões durante a conversa.

▶ A importância do acesso ao ensino pré-escolar

▶ As possibilidades da educação continuada

▶ Ferramentas para educação no futuro

▶ Como estimular a frequência escolar

É importante nós...

Isso deve existir para as crianças terem...

Eu já ouvi os políticos dizerem....

Seria essencial sabermos....

As escolas fazem os alunos serem....

Por estarem...

 Em www.routledge.com/cw/santos você encontra atividades adicionais para praticar o infinitivo pessoal e impessoal.

Nas entrelinhas

Preparando-se para ler

1   Use as opções do quadro e complete a descrição de um editorial.

apresenta	contrárias	expressar	informação	internacional	objetivo	órgão

Sendo um texto argumentativo, o editorial tem o _____ de apresentar a opinião de um veículo de _____ (seja jornal, revista, rede de televisão ou outro) sobre assuntos e eventos de importância nacional ou _____. Por _____ o ponto de vista do próprio _____ de comunicação, e não de um indivíduo, o editorial não é assinado. O texto, que não é longo, _____ argumentos e pode resumir opiniões _____, que são refutadas.

2   Em duplas, respondam: vocês costumam ler editoriais? Se não, por que não? Se sim, em que jornais? Sobre que assuntos?

Lendo

1   Use o quadro abaixo para registrar a sua seleção, uso e avaliação de estratégias. Faça as modificações e acréscimos que achar necessários.

ESTRATÉGIA: SELECIONANDO ESTRATÉGIAS E AVALIANDO A SELEÇÃO E IMPLEMENTAÇÃO

Ao longo deste livro você teve a oportunidade de praticar a seleção de estratégias para falar (Unidade 9) e escrever (Unidade 11). Você praticou, também, a avaliação das estratégias usadas ao escrever (Unidade 11) e ouvir (nesta Unidade 12). Agora, você vai pôr em prática o seu conhecimento sobre estratégias para selecionar e avaliar o uso de estratégias de leitura. Lembre que o que você sabe sobre estratégias em uma habilidade pode ajudar o seu desempenho em outra habilidade.

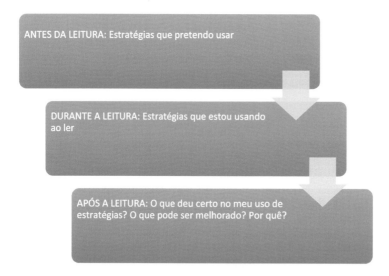

ANTES DA LEITURA: Estratégias que pretendo usar

DURANTE A LEITURA: Estratégias que estou usando ao ler

APÓS A LEITURA: O que deu certo no meu uso de estratégias? O que pode ser melhorado? Por quê?

2   Leia o editorial e responda: ele se encaixa na definição e características mencionadas em *Preparando-se para ler*, atividade 1? Justifique a sua resposta com elementos do editorial.

Cursos híbridos serão a solução

O ensino online apareceu no século XXI como a solução para todos os problemas educacionais. Os cursos online para massas (conhecidos pela sigla inglesa MOOC) viraram moda em pouco tempo, mas logo ficou evidente que havia problemas com esses cursos porque é impossível prestar atendimento personalizado, o que leva a uma taxa de evasão muito grande. O ambiente puramente virtual dificilmente oferecerá a

continua

interação e o comprometimento com os professores e com outros alunos. Os cursos híbridos, porém, integram os ambientes virtual e presencial, proporcionando aos alunos diferentes formas de aprendizagem. Assim, os estudantes podem tirar proveito dos modos de aprender que melhor se adequam ao seu estilo. Pesquisas mostram que os alunos em cursos híbridos se saem tão bem quanto os alunos em cursos tradicionais, mas tudo leva a crer que o desempenho em cursos híbridos subirá. A adoção do ensino híbrido levará os professores a aproveitarem melhor o seu tempo com os alunos porque poderão reservar as explicações detalhadas e as atividades mecânicas para o ambiente virtual. No ambiente online, os alunos aprenderão individualmente mas também farão atividades em duplas ou em grupos. No ambiente presencial, o/a professor/a fornecerá apoio imediato aos alunos e ampliará o potencial das suas intervenções. Na sala de aula, os alunos aprenderão juntos e colocarão em prática o que estudaram online. As formas de avaliação serão diversificadas: os alunos farão testes e provas online, o que permitirá melhor aproveitamento dos dias de aula. As pesquisas guiadas ou independentes também poderão ser avaliadas online. Presencialmente, haverá apresentações, debates e jogos que servirão como avaliação formativa. Os cursos híbridos proporcionarão maior engajamento por parte dos alunos e serão a resposta para o ensino do século XXI.

3   Selecione a alternativa que melhor descreve a opinião do/a autor/a do editorial.

   a   ( ) Os cursos tradicionais são os mais eficientes para o aprendizado.

   b   ( ) Os cursos online têm muitas vantagens e são o ensino do futuro.

   c   ( ) Os cursos que combinam diferentes ambientes serão os mais viáveis.

   d   ( ) Os cursos realmente inovadores utilizam todas as tecnologias disponíveis.

4   Qual opção descreve uma ideia que o/a autor/a do texto não endossa?

   a   ( ) Pode haver múltiplas formas de avaliação em cursos híbridos.

   b   ( ) Os cursos híbridos podem envolver os alunos de modo eficaz.

   c   ( ) Falta nos cursos em massa a atenção individual.

   d   ( ) O ensino online solucionará os problemas educacionais.

5 Que argumento o/a autor/a usa para refutar a ideia selecionada na atividade 4?

a ( ) Os alunos não interagem presencialmente e portanto não demonstram comprometimento com o curso.

b ( ) É possível combinar o ambiente virtual ao presencial e oferecer oportunidades de interação.

c ( ) Os alunos em cursos híbridos têm desempenho tão bom quanto os alunos em cursos presenciais.

d ( ) Os cursos online para massas são muito populares hoje em dia.

6 Relacione os trechos do editorial às ideias que eles indicam. Nas suas respostas, use as ideias do quadro.

Consequência	Exemplo	Finalidade	Implicação	Justificativa

a "[. . .] porque é impossível prestar atendimento personalizado [. . .]." _____

b "[. . .] o que leva a uma taxa de evasão muito grande." _____

c "[. . .] os estudantes podem tirar proveito dos modos de aprender que melhor se adequam ao seu estilo." _____

d "[. . .] os alunos farão testes e provas online [. . .]." _____

e "[. . .] que servirão como avaliação formativa." _____

7 Escolha a opção que melhor corresponde ao significado dos elementos destacados.

a "[. . .] é impossível **prestar** atendimento personalizado [. . .]."

( ) servir   ( ) aceitar   ( ) dar

b "[. . .] o que leva a **uma taxa** de evasão muito grande."

( ) uma tarifa   ( ) um índice   ( ) um imposto

c "O ambiente puramente virtual dificilmente oferecerá a interação e **o comprometimento** com os professores [. . .]."

( ) a obrigação   ( ) a vergonha   ( ) a dívida

d "[. . .] os alunos em cursos híbridos **se saem tão bem** quanto os alunos em cursos tradicionais [. . .]."

( ) parecem tão bons   ( ) têm resultados tão bons   ( ) partem tão cedo

e "Os cursos híbridos proporcionarão maior **engajamento** por parte dos alunos [. . .]."

( ) recrutamento   ( ) participação   ( ) pacto

8   Selecione uma imagem e crie uma pequena história por ela inspirada, relatando-a oralmente a um/a colega. Na sua história use vocabulário presente no editorial. O/A seu/sua colega vai adivinhar qual imagem inspirou a história, justificando a escolha.

Imagem A

Imagem B

Imagem C

9   Em duplas, discutam.

    a   O que vocês acham do ponto de vista defendido pelo/a autor/a do editorial? Por quê?

    b   Vocês já participaram de alguma situação de aprendizagem híbrida? Deem detalhes.

    c   Vocês saberiam listar outras vantagens de aprendizagem híbrida que não tenham sido mencionadas no editorial? Se sim, comentem sobre elas.

    d   Que desvantagens ou dificuldades podem existir em situações de aprendizagem híbrida?

Refletindo sobre a leitura

1   Use os emojis sugeridos para indicar como você reage a cada uma das etapas do trabalho de leitura do editorial.

	Desenhe o seu emoji aqui
Seleção de estratégias antes da leitura	
Seleção de estratégias durante a leitura	
Uso de estratégias durante a leitura	
Avaliação de estratégias durante a leitura	
Avaliação de estratégias após a leitura	

2   Em pequenos grupos, façam o que se pede.

a   Compartilhem as suas respostas na atividade 1, justificando-as e ilustrando-as com exemplos.

b   Comparem as suas respostas, tirando conclusões: há aspectos cujas reações são iguais no grupo? Há diferenças? O que vocês acham que leva a essas semelhanças e diferenças? De que forma as reações estão relacionadas com leituras mais bem-sucedidas do que outras?

B C Palavras etc.

Vocabulário relacionado à educação e aprendizagem

1   Ouça mais uma vez o discurso de formatura da seção *Escutando* e circule o vocabulário do quadro que é usado no discurso.

aluno/a	aprender	aprendiz	aprendizagem	atividades	aula
carga	horária	desempenho	ensinar	ensino	estudar
matrícula	matricular	prática	prova	recursos	revisão

VOCÊ SABIA?

▶ **Aluno/a** = pessoa que frequenta aulas; **estudante** = pessoa que estuda, podendo ou não estar em cursos ou em uma escola.

▶ Um/a **aprendiz** é uma pessoa que aprende. O/A **aprendiz** pode aprender um ofício, mas, por extensão, pode-se usar a palavra no Brasil para fazer referência a estudantes e alunos (que são pessoas que, em princípio, aprendem). Em Portugal, costuma-se usar **aprendente** como equivalente a **aluno**.

▶ O ato ou efeito de aprender é **o aprendizado** ou **a aprendizagem**, que em geral são sinônimos.

▶ **Escolaridade** = período de estudos escolares: "Certos empregos exigem nível de escolaridade alto".

▶ O termo **educação** tem vários significados e pode se referir a:

   ▶ ensino e normas pedagógicas: "O relatório apresenta o panorama da educação no Brasil";

continua

> ▶ prática de usos considerados socialmente aceitáveis. Neste sentido, remete a noções de cortesia e polidez: "Ele não tem educação, nunca diz 'obrigado'".
>
> ▶ Note-se a necessidade de clareza em certos contextos. Uma frase como "Isto é uma questão de educação" remete a mais de um sentido da palavra e precisa ser esclarecida.

2   Desembaralhe as letras e forme as palavras a serem usadas para completar os trechos do editorial. Verifique as suas respostas no texto da seção *Lendo*, atividade 2.

snauol _____	sennoi _____
erdnamzaipge _____	idhsorbí _____
idsatvdiae _____	sqaupssei _____
luaa _____	elnipcarse _____
lçaoaiãav _____	vorpas _____
cnoeudsaiiac _____	tilarvu _____

a   "O _____ online apareceu no século XXI como a solução para todos os problemas _____."

b   "O ambiente puramente _____ dificilmente oferecerá a interação e o comprometimento com os professores e com outros _____."

c   "Os cursos _____, porém, [. . .] proporciona[m] aos alunos diferentes formas de _____."

d   "[. . .] os professores [. . .] poderão reservar as explicações detalhadas e as _____ _____ mecânicas [. . .]."

e   "No ambiente_____, o/a professor/a fornecerá apoio imediato aos alunos [. . .]."

f   "Na sala de _____, os alunos aprenderão juntos e colocarão em prática o que estudaram online."

g   "[. . .] os alunos farão testes e _____online [. . .]."

h   "As _____ guiadas ou independentes também poderão ser avaliadas online."

i   "Presencialmente, haverá apresentações, debates e jogos que servirão como _____ formativa."

3   Respondam em duplas. Criem outras perguntas para a conversa retomando o vocabulário das atividades 1 e 2.

> Como você se sente quando **faz uma prova**?

> Quando você tinha 10 anos, você **estudava em uma escola** pública ou particular?

> Qual era a sua matéria preferida no ensino médio? Quem **dava aula** dessa matéria?

> Você costumava **matar aula** quando era mais jovem?

> Você já **fez algum curso** online? O que você achou?

> Você costuma **tirar** boas **notas**?

4   Selecione a opção que *não* pode completar as frases a seguir.

   a   Eu nunca gostei de _____ aulas de matemática.

   (atender) (assistir a) (frequentar) (matar)

   b   Ao final de alguns cursos os alunos têm que _____ uma prova escrita.

   (fazer) (realizar) (sentar em) (prestar)

   c   Eu _____ uma escola internacional por quatro anos quando morei no Brasil.

   (estudei em) (frequentei) (fui aluno de) (fui a)

   d   A minha irmã _____ três matérias este semestre.

   (cursa) (faz) (toma) (ensina)

   e   Ela não estudava muito e não _____ notas boas.

   (sacava) (tinha) (tirava) (conseguia)

5   Coloque em ordem o texto sobre a Universidade de Coimbra. Depois, responda oralmente às perguntas, conversando com um/a colega.

1

A Universidade de Coimbra (UC) é uma das mais antigas do mundo, tendo sido criada em 1290.

2

Ao mesmo tempo que mantém tradições, a UC acompanha as inovações educacionais e oferece recursos da era digital, como por exemplo o ensino à distância. Além disso, a UC presta vários serviços online aos seus alunos, ex-alunos e candidatos.

3

Os estudantes também observam as suas tradições, como a "Latada" (ou Festa das Latas), a primeira festa acadêmica dos novos estudantes, e a Queima das Fitas, realizada pelos alunos que estão se formando. Esta festa, que dura uma semana, começa com um ritual em que se queimam fitas coloridas.

4

Por ser tão antiga e tão importante, foi declarada Patrimônio Mundial pela UNESCO em 2013. A UC tem atualmente cerca de 23 mil alunos em cursos de graduação e pós--graduação. Os professores e alunos mantêm vivas várias tradições acadêmicas.

5

Esses serviços incluem a autenticação de documentos e um portal para gestão curricular.

6

Os professores usam o traje acadêmico tradicional em várias ocasiões, tais como a Abertura Solene das Aulas e as Provas de Doutoramento.

Referência: *Universidade de Coimbra*, www.uc.pt. Data de acesso: 28/2/2018.

a   Na sua opinião, quais são as vantagens de estudar em uma instituição acadêmica muito antiga?

b   Pode haver alguma desvantagem em frequentar instituições de ensino antigas? Se sim, quais? Se não, por que não?

c   Você gostaria de estudar em uma faculdade ou universidade criada recentemente (digamos, nas últimas duas décadas)? Se sim, por quê? Se não, por que não?

d   Na sua opinião, pode haver desvantagens em estudar em uma instituição criada recentemente? Se sim, quais seriam elas?

6   Faça uma pesquisa sobre outras universidades lusófonas e preencha o quadro.

Nome	País	Ano de criação	Alguns cursos oferecidos	Cursos online ou híbridos? (sim/não)
U. Eduardo Mondlane				
Unicamp				
	São Tomé e Príncipe			
UniCV				
	Angola			
U. Nacional Timor Lorosa'e				

 Em www.routledge.com/cw/santos há atividades suplementares sobre vocabulário relacionado à educação e a aprendizagem.

Descobrindo a gramática

Futuro do indicativo

> Mais informações na seção Referência Gramatical

1   Leia e repare os trechos do editorial. Em seguida, determine se os verbos destacados se referem ao passado, ao presente ou ao futuro, fornecendo uma justificativa para a sua escolha.

> ▶ "Os cursos online para massas [. . .] **viraram** moda em pouco tempo [. . .]."
>
> ▶ "[. . .] que **havia** problemas com esses cursos [. . .]."
>
> ▶ "[. . .] o que **leva** a uma taxa de evasão muito grande."
>
> ▶ "O ambiente puramente virtual dificilmente **oferecerá** a interação e o comprometimento com os professores e com outros alunos."
>
> ▶ "Os cursos híbridos, porém, **integram** os ambientes virtual e presencial [. . .]."
>
> ▶ "A adoção do ensino híbrido **levará** os professores [. . .]."
>
> ▶ "[. . .] porque **poderão** reservar as explicações detalhadas [. . .]."
>
> ▶ "[. . .] mas também **farão** atividades em duplas ou em grupos."
>
> ▶ "[. . .] o/a professor/a **fornecerá** apoio imediato [. . .]."
>
> ▶ "Na sala de aula, os alunos **aprenderão** juntos [. . .]."
>
> ▶ "[. . .] o que **estudaram** online."
>
> ▶ "As formas de avaliação **serão** diversificadas [. . .]."
>
> ▶ "[. . .] **haverá** apresentações, debates e jogos [. . .]."
>
> ▶ "Os cursos híbridos **proporcionarão** maior engajamento por parte dos alunos [. . .]."

		Presente	Passado	Futuro	Justificativa
a	viraram				
b	havia				
c	leva				
d	oferecerá				
e	integram				
f	levará				
g	poderão				
h	farão				
i	fornecerá				
j	aprenderão				
k	estudaram				
l	serão				
m	haverá				
n	proporcionarão				

VOCÊ SABIA?

▶ O futuro do indicativo pode ser chamado **futuro do presente** (B) ou **futuro imperfeito** (P) do indicativo.

▶ Em geral, esta forma verbal é usada em contextos formais (seja em modalidade oral ou escrita). Alguns exemplos de gêneros textuais em que o futuro do indicativo aparece são:

  ▶ o discurso, por ser um gênero formal;

  ▶ parlendas, p. ex.: "Boca de forno/Forno/Tira um bolo/Bolo/Se o mestre mandar?/ Faremos todos!";

  ▶ provérbios, como: "Diz-me com quem andas e te direi quem és"; "Nunca diga desta água não beberei"; "Os últimos serão os primeiros"; "Quem viver verá".

▶ Além da grafia distinta, existe uma diferença de pronúncia entre os verbos na 3ª pessoa do plural no pretérito perfeito e no futuro do indicativo. Em **estudaram** (pretérito perfeito) a sílaba tônica é **-da-**, a penúltima sílaba. Em **estudarão** (futuro do presente) a sílaba tônica é a última, **-rão**.

2   Leia as manchetes sobre educação e sublinhe os verbos que estão no futuro. Em seguida, complete o quadro sobre a formação do futuro do indicativo. Confira as suas respostas com um/a colega.

Diz-me onde estudas e te direi quem és: os perfis de alunos de cinco universidades da capital

Ministro fará pronunciamento sobre mudanças no sistema educacional

Reitor: "Ofereceremos cursos híbridos e online"

Alunos de escolas públicas terão refeições diversificadas

Professores recém-formados trarão novas abordagens

Mensagem ao prefeito em sonho: "Construirás mais escolas".

Governo estadual contratará 200 professores

"Seremos referência na área de Educação", diz Ministra

	Terminações
Infinitivo +	-*ei* (eu)
	-_____ (tu)
	-_____ (você/ele/ela)
	-_____ (nós)
	-_____ (vocês/eles/elas)

Verbos que são exceção
d_____
f_____
t_____

3   Complete o texto com os verbos dados no futuro do indicativo.

contar	fazer	haver	ser	ter	trazer

As escolas do estado do Espírito Santo vão adotar a modalidade semipresencial para facilitar a educação de jovens e adultos. Os alunos _____ aulas presencias três dias por semana e _____ atividades em uma plataforma digital. De acordo com o secretário de Estado de Educação, a educação de jovens e adultos (EJA) híbrida _____ flexibilidade para que os estudantes possam concluir o curso. Essa oferta, segundo o secretário, _____ compatível com a realidade das pessoas. Além da modalidade EJA semipresencial, o secretário anunciou que sete municípios _____ com Núcleos Estaduais de Educação de Jovens e Adultos (Neeja). Assim, _____ um total de 11 unidades de atendimento à EJA.

Referência: "Mais oportunidades para jovens e adultos: modalidade será semipresencial e digital", https://goo.gl/8ydx5z. Data de acesso: 4/2/2018.

4   Relacione os usos do futuro do indicativo na cena com as suas funções.

Exemplo	Função
	Expressão idiomática indicando questionamento
	Provérbio que alude a mudanças no futuro
	Previsão

VOCÊ SABIA?

O futuro do indicativo pode ser usado metaforicamente no lugar do presente para atenuar um enunciado e/ou indicar incerteza: "O livro será fácil de ler"; "Quanto custará o livro?" Em interrogativas, pode-se usar **será que** + verbo no presente: "Quanto será que custa o livro?"

5   Em duplas, leiam os provérbios e respondam oralmente: o que esses provérbios significam? Depois, selecionem a alternativa em que o verbo destacado *não* ilustra um verbo no futuro do indicativo.

a   ( ) Diz-me com quem andas, e eu te **direi** quem és.

b   ( ) Nunca diga desta água não **beberei.**

c   ( ) Os últimos **serão** os primeiros.

d   ( ) Uma andorinha não faz **verão.**

6 Use ou o futuro do indicativo ou o futuro do subjuntivo para completar o trecho. Consulte a Unidade 10 para rever os usos do futuro do subjuntivo.

A modalidade semipresencial _____ (dar) aos alunos flexibilidade em termos de horário. Se os estudantes _____ (saber) usar bem o seu tempo, _____ (terminar) o curso sem problemas. No entanto, se eles não _____ (fazer) o trabalho online a tempo, não _____ (conseguir) cumprir todos os requisitos para o término do curso. Quando os cursos completamente online _____ (ser) implementados, vai ser ainda mais crucial manter a disciplina e a motivação: sem as aulas presenciais, os professores não _____ (ter) oportunidade de conversar com os estudantes face a face para incentivá-los a realizar as tarefas online.

Em www.routledge.com/cw/santos você pode encontrar mais atividades sobre o futuro do indicativo.

Tomando a palavra

Como se diz?

1 Ouça e identifique no áudio um ou mais exemplos para ilustrar os casos listados.

a	Letra **r** em posição inicial de palavra	
b	Letra **r** em final de palavra	
c	Letra **r** no meio de palavra, entre vogais	
d	Letra **r** no meio de palavra, após uma consoante na mesma sílaba	
e	Letra **r** no meio de palavra, em final de sílaba (depois de uma vogal e antes de uma consoante)	
f	Letra **r** no meio de palavra, em começo de sílaba (depois de uma consoante e antes de uma vogal)	
g	Duas letras **r** juntas	

2 Em duplas, compartilhem as suas respostas na atividade 1 e tirem conclusões sobre a pronúncia correspondente à(s) letra(s) **r** em cada uma das situações listadas.

a _____

b _____

c _____

d _____

e _____

f _____

g _____

SONS DO PORTUGUÊS

▶ A letra **r** corresponde a vários sons em português. Além disso, há variações dialetais em relação a alguns desses sons.

▶ Quando aparece entre vogais (p. ex., **para**) ou depois de uma consoante que inicia a sílaba (p. ex., **próprio**), a letra **r** corresponde a um som produzido com a ponta da língua tocando os alvéolos (a parte atrás dos dentes superiores) apenas uma vez.

▶ Em início de palavra (p. ex., **riso**) ou de sílaba (p. ex., hon**r**a, ca**rr**o) o som de **r/rr** pode ser:

    ▶ um som semelhante ao som do **r** em francês e em alemão;

    ▶ um som aspirado como o da letra **h** em posição inicial em inglês;

    ▶ um som como o da letra **j** em espanhol;

    ▶ um som em que a ponta da língua toca os alvéolos múltiplas vezes rapidamente, como na palavra "ca**rr**o" em espanhol.

▶ Em posição final de sílaba, o som da letra **r** pode ser:

    ▶ o mesmo som do **r** entre vogais;

    ▶ um som aspirado (similar ao **h** inicial em inglês);

    ▶ um som como o da letra **j** em espanhol;

    ▶ um som retroflexo, semelhante ao som do **r** em muitos dialetos de inglês norte-americano.

▶ Em posição final de palavra, quando não há ressilabificação, o som da letra **r** é o mesmo que em posição final de sílaba (mas veja o próximo ponto). Quando há ressilabificação (veja a Unidade 8), o som da letra **r** é o mesmo som que ocorre entre vogais.

▶ Em muitos dialetos brasileiros, é comum omitir o **r** em infinitivos (p. ex., estuda**r**, aprende**r**, instrui**r**), especialmente em linguagem informal.

3 Entreviste falantes nativos/as de português oriundos/as de regiões diferentes. Transcreva as palavras com **r** e tire conclusões a respeito das pronúncias dessas pessoas.

4 Faça uma pesquisa sobre a estrutura de ensino em um dos países lusófonos e apresente os seus resultados para a turma. Ao realizar a sua pequena apresentação, preste atenção à sua pronúncia, especialmente à pronúncia de palavras que contêm **r**. Ao final da apresentação, a turma fará comentários sobre o conteúdo e sobre a pronúncia das palavras com **r**.

Preparando-se para falar

1   Observe a cena e selecione a opção que completa cada alternativa.

a   A cena ilustra (um discurso) (uma apresentação oral) (uma conversa informal).

b   A pessoa que fala (pensou) (não pensou) previamente sobre o conteúdo da fala.

c   A plateia (está) (não está) interessada.

2   Em duplas, compartilhem as suas respostas na atividade 1, justificando-as com base em elementos da cena e no seu conhecimento prévio sobre o gênero textual ilustrado.

3   Ainda em duplas, agrupem as ideias a seguir na coluna adequada. Se possível, adicionem outras boas e más ideias ao quadro.

a	Preparar-se previamente
b	Informar sobre a organização da apresentação no início da fala
c	Mudar de um assunto para o outro abruptamente
d	Manter contato visual com os/as ouvintes
e	Usar termos técnicos ou complicados
f	Incluir o maior número de informações possível em cada slide

Boas ideias	Más ideias

 Vá a www.routledge.com/cw/santos para aprender e praticar vocabulário potencialmente útil em apresentações orais.

Falando

1   Você vai fazer uma apresentação oral com slides sobre um assunto relacionado à educação. Siga os passos sugeridos.

a   Escolha um dos assuntos a seguir para ser o tema da sua apresentação.

Educação para crianças	Educação para adolescentes
Educação para adultos	Processos de seleção em universidades
Cursos técnicos e profissionalizantes	Treinamento profissional

b   Decida se você vai falar sobre o tema escolhido de forma aprofundada sobre um país ou se vai fazer comparações sobre o tema considerando diferentes países.

c   Pesquise sobre o tema, tomando notas das informações principais.

d   Liste o conteúdo da apresentação e defina a sua estrutura (isto é, a sequência em que as informações serão apresentadas).

e   Prepare a primeira versão dos seus slides, definindo o que será incluído em cada slide (considere elementos verbais e visuais).

f   Defina o que vai falar com relação a cada slide (por exemplo, usando o recurso "Notas" normalmente encontrado em aplicativos de slides digitais).

g   Treine a sua apresentação, mas lembre-se: você não deve memorizar o que vai dizer, mas apenas referir-se aos slides e/ou às notas para lembrar o que precisa ser comunicado. Nesta etapa você pode:

▶   pedir a um/a colega para fazer comentários e dar sugestões para a melhora da apresentação;

▶   selecionar as estratégias de fala que já conhece que podem ser úteis durante a apresentação;

▶   considerar diferentes formas de apresentar ideias potencialmente complicadas para os/as seus/suas ouvintes de forma que todos/as possam compreender.

ESTRATÉGIA: USANDO DIFERENTES FORMAS PARA APRESENTAR IDEIAS POTENCIALMENTE DIFÍCEIS DE SEREM COMPREENDIDAS

Ao tratar de assuntos não familiares ou usar vocabulário que pode ser desconhecido pelas pessoas com quem falamos é importante considerar maneiras que possam facilitar a compreensão do que dizemos. Algumas ideias para tal fim são: **gestos ou imagens** ilustrativas; expressões como "quer dizer" ou "em outras palavras"; **circunlóquio** (uso de várias palavras para esclarecer um conceito ou ideia: "exame que algumas universidades aplicam como processo de seleção" ao invés de "vestibular"); **comparações** com o mundo do ouvinte ("O Ensino Médio no Brasil corresponde aos três anos finais da escolaridade antes da universidade, quando os alunos têm em média de 16 a 18 anos, algo parecido com a high school nos Estados Unidos").

h   Faça a sua apresentação.

Refletindo sobre a fala

1   Preencha o quadro com as suas reflexões.

Pontos fortes da minha apresentação	
Pontos que podem ser melhorados nas minhas futuras apresentações orais	
Ideias que tive a partir das apresentações de colegas que podem contribuir para a melhora dos pontos listados na linha acima	

2   Em conjunto com a turma, façam o que se pede.

a   Discutam os pontos e ideias escritos na atividade 1.

b   Respondam: o que pode ser feito por cada um para sempre continuar aprendendo a melhorar a fala em português?

559

Mãos à obra

Preparando-se para escrever

1 Relacione os gêneros textuais à esquerda com as descrições à direita. Depois desembaralhe as letras para dar nome ao tipo de escrita que abarca todos os gêneros textuais listados.

a	blogue	( ) narrativa breve, com enredo e personagens, escrita em prosa
b	canção	( ) narrativa literária longa, em prosa, com personagens definidos
c	conto	( ) narrativa que conta uma história e é organizada em plano, sequência e cenas, a ser utilizada no teatro
d	diário	( ) texto escrito em versos livres ou rimados, estruturados de maneira harmoniosa
e	discurso	( ) texto veiculado na internet que pode ser de qualquer tipo, de diário a ferramenta educacional
f	ensaio	( ) texto escrito para ser lido diante de um público em um evento
g	peça	( ) texto poético composto para ser musicado
h	poema	( ) narrativa que conta uma história e é organizada em plano, sequência e cenas, a ser utilizada para cinema ou televisão
i	romance	( ) escrita geralmente em prosa que expressa o ponto de vista do/a autor/a sobre determinado tema
j	roteiro	( ) registro pessoal periódico, realizado diariamente ou não

A I C C I R T E S A T V A I R

							■							

VOCÊ SABIA?

De modo geral, a escrita criativa é qualquer tipo de escrita que é original, atrai leitores e pode ser considerada uma forma de autoexpressão. Através da escrita criativa é possível compartilhar experiências e, ao mesmo tempo, entreter, educar ou informar os leitores. Vários gêneros caracterizados por escrita criativa (embora não todos) contêm enredo, personagens, cenas, diálogos e descrevem acontecimentos que se passam em certos locais e épocas.

2 Compartilhe as suas respostas na atividade 1 com as de um/a colega, justificando-as. Se necessário, modifique as suas respostas.

3 Em grupos, façam o que se pede.

   a Compartilhem experiências de leitura em português de textos representativos de um ou mais dos gêneros textuais listados na atividade 1. Comentem, dando exemplos: que elementos de escrita criativa vocês saberiam identificar nesses textos?

   b Na opinião de vocês, o que torna um texto criativo?

Escrevendo

1 Você vai produzir escrita criativa sobre a sua aprendizagem de português. Siga os procedimentos sugeridos.

   a Tome decisões sobre o gênero textual e as suas características.

O que vou escrever: _____

Quem serão os/as meus/minhas leitores/as potenciais: _____

Que suporte vou utilizar: _____

Onde vou disseminar o meu texto: _____

   b Liste alguns exemplos de escrita criativa que você aprecia, dando detalhes.

Referência do texto (p. ex., título, autor/a, URL)	Porque você aprecia o texto	Em que aspecto(s) o texto pode ajudar a sua escrita (p. ex., mesmo gênero textual, uso criativo de linguagem, linguagem visual etc.)

   c Reflita e tome notas: que outras fontes de inspiração e informação, além dos textos que você aprecia, podem ajudar no seu processo de escrita?

ESTRATÉGIA: CONSULTANDO FONTES PARA INFORMAÇÃO E INSPIRAÇÃO

A consulta de outras fontes pode tornar o nosso texto mais sólido e cativante. As consultas podem objetivar aspectos de conteúdo (o que escrevemos) e forma (como escrevemos).

continua

> Podem envolver recursos convencionais como enciclopédias, relatórios, textos representativos do mesmo gênero textual etc.; podem, também, envolver fontes mais inusitadas como pinturas, comentários ouvidos na rua, fotos antigas etc.

d   Pense em um/a escritor/a cujo texto você considera criativo. Tome notas, listando aspectos da obra desse/a escritor/a marcados por criatividade. Troque ideias com colegas sobre as suas notas.

e   Escreva o seu texto, retomando as decisões, notas e reflexões encaminhadas ao longo desta seção. Revise o seu texto antes de disseminá-lo.

Refletindo sobre a escrita

1   Em cada alternativa escolha os elementos que completam frases sobre você.

a   Eu (uso/não uso) muitas estratégias ao escrever.

b   Eu (acho/não acho) importante consultar fontes que possam me dar informações sobre o gênero textual que escrevo.

c   (É/Não é) uma boa ideia procurar inspiração em textos que aprecio.

d   Escrever criativamente (ajuda/não ajuda) na minha aprendizagem do português.

2   Em grupos, compartilhem as suas respostas na atividade 1, justificando-as e ilustrando-as com exemplos.

Diálogos multiculturais

Culturalmente falando

1   Complete as frases.

Na minha opinião:

a   Aprendizado formal se dá quando _____.

b   Aprendizagem não é possível sem _____.

c   Aprendizagem na minha comunidade (não) se difere de aprendizagem no Brasil porque

_____.

d   Aprendizagem sem leitura é _____.

2   Compartilhe e discuta as suas respostas na atividade 1 com um/a colega. Em seguida, junte-se a outra dupla e, junto com o/a colega, descreva as semelhanças e diferenças entre as respostas de vocês dois/duas.

3   Em grupos, comentem se vocês concordam com as ideias seguintes ou se discordam delas. Justifiquem as suas respostas.

    a   Aspectos culturais e políticos determinam o que ensinar.

    b   Pode existir uma relação entre educação e opressão.

    c   Pode existir uma relação entre educação e liberdade.

Dialogando com a imagem

1   Observe a imagem abaixo e converse com um/a colega sobre a sua reação inicial ao vê-la, e como você a interpreta.

2   Dê um título para a imagem da atividade 1 e compartilhe o seu título com três colegas.

3   Em conjunto com a turma, discuta: a imagem da atividade 1 é adequada para ilustrar questões de ensino e aprendizagem no(s) seu(s) país(es) de origem? E em países lusófonos?

Em contexto

1   Responda individualmente e, em seguida, compartilhe as suas respostas com um/a colega.

    a   De que forma aspectos políticos e práticas pedagógicas se relacionam?

    b   Na sua opinião, por que um livro na área de educação receberia o título de *Pedagogia do oprimido*?

2   Leia e responda.

Paulo Freire, patrono da educação brasileira, é considerado um dos maiores pensadores da área de Educação no mundo, tendo sido agraciado com mais de 40 títulos de doutor *honoris*

continua

causa de renomadas instituições de ensino ao longo da sua carreira. O início do seu trabalho se deu através da criação de um método de alfabetização de adultos, na década de 1950, no nordeste brasileiro. No livro *Educação como prática da liberdade* (1967), o pensador propõe uma teoria pedagógica que se opõe ao modelo de educação formal, burguês, alienante, burocrático e impositivo. Para Paulo Freire, aprendizado se dá em conjunto e o professor deve exercer o papel de mediador ao invés de se colocar como um mero transmissor do saber. Para o célebre educador, a cultura que todo aluno leva consigo para o ambiente escolar deve ser valorizada e utilizada como parte indispensável para a construção do seu pensamento crítico.

Referências: "Paulo Freire, patrono da educação brasileira", https://goo.gl/7f4KhA; "Paulo Freire, o mentor da educação para a consciência", https://goo.gl/Uw1zd4. Data de acesso: 4/2/2018.

a   O que você entende por "modelo de educação burguês, alienante e impositivo"?

b   Há um ou mais aspectos das ideias de Paulo Freire que chamam a sua atenção? Se sim, dê detalhes.

3   Na sua opinião, de que forma um sistema de educação formal, burguês, alienante e impositivo poderia afetar o processo de aprendizado?

4   Você conhece algum projeto em educação da atualidade semelhante ao proposto por Freire? Se sim, dê detalhes.

5   Faça uma pesquisa sobre a adoção da proposta educativa freiriana no Brasil e em outros países lusófonos. Anote os dados mais relevantes para compartilhar com a turma.

Lendo e interpretando

1   Leia e responda.

Concepçoes de educação consideradas opressoras e alienantes constituem o foco do livro *Pedagogia do oprimido*, de Paulo Freire, escrito em 1968, publicado no Brasil em 1974 e traduzido para mais de 20 línguas. Além de fazer parte da lista dos 100 livros mais solicitados em universidades de língua inglesa, a obra aparece em terceiro lugar no ranking das mais citadas em trabalhos sobre educação no mundo.

     As ideias de Paulo Freire são relevantes para vários estudiosos porque ultrapassam as fronteiras das disciplinas e mostram que conhecimento legítimo vem da prática. O modelo

continua

de educação freiriano é reconhecido e exaltado em diversos países do mundo, mas não encontra ampla aceitação no Brasil.

Referência: "O fracasso da educação brasileira é justamente porque nunca se aplicou Paulo Freire", https://goo.gl/NQYvJE. Data de acesso: 4/2/2018.

a   De acordo com o texto, a obra de Paulo Freire é lida por estudiosos de várias partes do mundo. A que você atribuiria a popularidade da obra do educador brasileiro?

b   Na sua opinião, por que o modelo pedagógico de Freire não teria no Brasil, o seu país de origem, o mesmo reconhecimento que tem em outros países?

2   Como você explicaria e exemplificaria o seguinte trecho: "As ideias de Freire [. . .] ultrapassam as fronteiras das disciplinas e mostram que conhecimento legítimo vem da prática"?

Extrapolando

1   Faça uma pesquisa para encontrar dados estatísticos sobre o analfabetismo no Brasil e anote os resultados.

2   Leia e responda.

O Programa Brasil Alfabetizado (PBA) foi lançado em 2003 com o intuito de erradicar o analfabetismo entre jovens com mais de 15 anos, adultos e idosos. Este programa reconhece a educação pública como direito humano e a alfabetização como o primeiro passo para a cidadania. Um relatório do MEC (Ministério da Educação e Cultura) mostrou que 167.971 brasileiros estavam aprendendo a ler e escrever no ciclo do programa que começou em 2015. Através do PBA os aprendizes são incentivados a continuarem a sua formação em cursos de EJA (Educação de Jovens e Adultos).

Referência: "Governo apoia alfabetização de 167 mil jovens e adultos", https://goo.gl/xSSqjW. Data de acesso: 4/2/2018.

a   Que aspectos culturais e políticos podem estar relacionados aos dados do MEC (167.971 brasileiros sendo alfabetizados em 2015)?

b   Na sua opinião, por que a alfabetização é considerada um direito humano?

c   Na sua opinião, quais seriam as possíveis causas e consequências do analfabetismo no Brasil? Liste-as abaixo. Em seguida, faça uma pesquisa para constatar o que pode ser mantido na sua lista.

ANALFABETISMO NO BRASIL	
possíveis causas	**possíveis consequências**

Aprendendo a aprender

Delineando planos de curto e médio prazo para aprendizagem contínua da língua portuguesa

1   Leia no quadro uma lista das maneiras de aprender que você praticou ao longo deste livro. Se necessário, reveja o conteúdo relacionado a cada item na seção *Aprendendo a aprender* da unidade correspondente. Depois, converse em duplas.

Como aprender novo vocabulário (Unidade 1)
Como usar dicionários (Unidade 2)
Como usar erros como fonte de reflexão e aprendizagem (Unidade 3)
Como reparar linguagem em uso ao ler ou ouvir (Unidade 4)
Como ouvir músicas para aprender português (Unidade 5)
Como avaliar traduções automáticas (Unidade 6)
Como identificar e solucionar as suas dificuldades (Unidade 7)
Como identificar fontes confiáveis de aprendizagem (Unidade 8)
Como tomar notas (Unidade 9)
Como usar técnicas de memorização (Unidade 10)
Como resumir um texto (Unidade 11)

a   Qual(is) das maneiras listadas no quadro mais tem(têm) auxiliado a sua aprendizagem ultimamente? Dê detalhes.

b   Qual(is) das maneiras de aprender acima você pretende continuar usando? Por quê e para quê?

2 A seguir você encontra uma lista de ideias que pode implementar para garantir a aprendizagem contínua da língua portuguesa. Escreva X perto dos itens que trazem ideias que você gostaria de experimentar no seu tempo livre.

Como continuar aprendendo português

▶ *Inscrever-se em um novo curso*

▶ *Jogar jogos disponíveis em aplicativos no celular ou outro dispositivo eletrônico*

▶ *Ler e/ou ouvir português na internet diariamente*

▶ *Conversar com pessoas que falam português*

▶ *Ler livros ou outros recursos impressos em português*

▶ *Escrever diários ou outros textos escritos com frequência*

▶ *Ver filmes, documentários ou vídeos*

▶ _____

▶ _____

---

3 Delineie um plano de ação de curto prazo (um a dois meses) para a sua aprendizagem contínua da língua portuguesa. Depois, ponha o seu plano em prática.

O que vou fazer	*Detalhes*

4 Delineie um plano de ação de médio prazo (um a dois anos) para a sua aprendizagem contínua da língua portuguesa. Depois, ponha o seu plano em prática.

O que vou fazer	*Detalhes*

Autoavaliação

1 Como você avalia a sua aprendizagem e o seu desempenho nessas áreas?

		Muito bem. ☺	Bem. ☺	Preciso melhorar. ☹
VOCABULÁRIO	Distinguir e usar **meio/a**, **médio/a** e **metade**			
	Reconhecer e usar vocabulário relativo a numerais			
	Aplicar conceitos e ferramentas para a pesquisa de corpus, investigando usos de **cem**, **centena** e **cento**			
	Compreender e usar vocabulário relativo a aprendizagem			
GRAMÁTICA	Compreender e usar o infinitivo pessoal e impessoal			
	Compreender usos do futuro do indicativo			
PRONÚNCIA	Identificar e produzir os sons correspondentes à letra **r**			
ESCUTA	Ouvir um discurso			
	Avaliar as estratégias escolhidas e usadas ao ouvir			
LEITURA	Ler um editorial			
	Selecionar e avaliar seleção e uso de estratégias			
FALA	Fazer uma apresentação oral com slides			
	Usar diferentes formas para apresentar ideias potencialmente difíceis de serem compreendidas			
ESCRITA	Produzir um texto criativo			
	Identificar e consultar fontes de informação e inspiração			
CULTURA	Compreender a relação entre aspectos políticos e aspectos educacionais			
	Avaliar causas e consequências do analfabetismo no mundo lusófono			

(Continua)

		Muito bem. ☺	Bem. ☺	Preciso melhorar. ☹
APRENDIZAGEM AUTÔNOMA	Delinear planos de curto e médio prazo para aprendizagem contínua da língua portuguesa			

2 Elabore um plano de ação para lidar com as áreas que precisam de mais prática, listando o que você vai fazer (coluna da esquerda) e em que prazo (coluna do meio). Depois de cumprir o seu plano, avalie os novos resultados (coluna da direita).

O que vou fazer?	Prazo	Nova avaliação sobre a minha aprendizagem e desempenho

Referência Gramatical

Unidade 1

Ser/Estar

Ser: é usado em casos de definição. Uma pessoa pode ser definida, por exemplo, em relação à sua profissão ou ocupação atual: "A Carla é dentista, e o Nuno é estudante". Ao definir coisas ou pessoas, podemos nos referir a lugar de origem (p. ex., "Ela é de Belo Horizonte"), características inerentes (p. ex., "Ele é baixo"), pertencimento a um grupo (p. ex., "Eles são torcedores do Flamengo"), localização permanente (p. ex., "A livraria é perto daqui"), entre outros. Nesses casos, usa-se o verbo **ser**. Quando usado com adjetivos, o verbo **ser** define alguma coisa ou pessoa: "Ele é muito nervoso" (ou seja, o nervosismo é uma característica inerente a ele).

Estar: é usado para situar coisas e pessoas no tempo (p. ex., "A aula está interessante hoje") ou no espaço (p. ex., "O José está em Angola"). O verbo **estar** também situa algo ou alguém no decurso de um processo (p. ex., "Ele está fazendo uma temporada da peça em Luanda"). Ao usar **estar** seguido de um adjetivo, situamos uma coisa ou pessoa (e não a definimos): "Ele está muito nervoso por causa da avaliação" (o nervosismo é uma qualidade temporária).

Exemplos:

(1) Eu fui aluna de um dos maiores mestres da língua portuguesa. Atualmente, sou professora.

(2) A nossa aula é na biblioteca, que é ao lado da livraria. O professor já está na sala.

(3) O Paulo está na segunda semana de treinamento.

(4) A Ana é pessimista, mas até ela está otimista em relação à viagem ao Timor-Leste.

(5) Essa maçã ainda está verde, melhor não colher ainda.

Estar com

Em certos casos, expressa-se um estado usando **estar com** + substantivo: "A aula foi sobre pratos típicos e agora eu **estou com** fome!" A lista a seguir contém substantivos usados frequentemente nessa expressão.

Estar com   calor

fome

frio

medo

pressa

sede

sono

Acentuação

Em português, a maioria das palavras são paroxítonas (ou seja, a penúltima sílaba é a sílaba tônica). A acentuação gráfica é usada quando a falta de acento pode levar a um erro na pronúncia. Assim, a palavra **água** leva acento gráfico para indicar que a segunda sílaba é um ditongo, pois sem o acento a palavra seria lida com três sílabas. Note que as palavras terminadas em **i** e **u** que são oxítonas (ou seja, apresentam tonicidade na última sílaba) não têm acento: Iguaç**u**, pit**u**, sac**i** e caqu**i** (que no Brasil designa uma fruta e é diferente de "cáqui", que é uma cor).

O acento agudo (´), quando usado com **a**, **e**, **o** indica uma vogal "aberta": l**á**, p**é**, av**ó**. Quando usado com **a**, **e**, **o**, o acento circunflexo (ˆ) indica uma vogal "fechada": T**â**nia, ip**ê**, av**ô**. Com as letras **i** e **u** só se usa o acento agudo.

O acento grave (`) não está relacionado à pronúncia e é usado apenas para indicar a crase, ou seja, a contração da preposição **a** com o artigo **a(s)** e com os pronomes e adjetivos demonstrativos **aquilo**, **aquele(s)**, **aquela(s)**: "Eu vou **à** biblioteca"; "A presidente concedeu benefícios **à**queles cidadãos".

O til (˜) é usado para sinalizar nasalização. O uso do til não exclui o uso de um acento que marca a sílaba tônica: **órg**ã**o**. No entanto, em português não há palavras com dois acentos agudos ou circunflexos, nem com um de cada.

Unidade 2

Presente do indicativo

Em português, o presente do indicativo pode expressar:

▶ Um evento habitual ou uma qualidade ou estado permanente:

(1)   O Flávio passa o carnaval no Rio todos os anos.

(2)   Eles estudam português.

(3)   A Ana trabalha naquela escola.

(4)   A Luci fala tétum e português.

(5)   Aquele menino é tímido.

(6)   Eles têm dupla cidadania.

▶ Uma verdade absoluta:

(7)   A água ferve a 100°C.

(8)   A Terra gira em torno do Sol.

(9)   O dia segue a noite.

▶ Um evento que ocorre no momento da fala:

(10)   Chove muito neste momento.

(11)   Você não entende. Não é disso que falo agora.

(12)   Olha só quem vem ali! O tio Juca!

▶ Uma situação futura:

(13)   O Hugo viaja para Luanda daqui a dois dias.

(14)   No ano que vem eu vou a Díli.

(15)   Eu te ligo amanhã e a gente conversa.

▶ Uma situação que começa no passado e vem até o presente:

(16)   Eles estudam português há dois anos.

(17)   Eu vivo em Angola desde 2017.

(18)   Tem muito tempo que a gente se conhece.

▶ Uma situação no passado (uso conhecido como presente histórico ou presente narrativo):

(19)   Nos séculos XV e XVI, os portugueses chegam aos quatro cantos do mundo.

(20)   Ontem eu entro em casa e o que vejo? O meu filho limpando a casa! Quase morro de alegria!

(21)   A Revolução dos Cravos acontece a 25 de abril de 1974 e, assim, acaba a ditadura em Portugal.

Em relação à conjugação, alguns verbos apresentam uma irregularidade somente na 1ª pessoa do singular (**eu**) do presente do indicativo. A mudança pode afetar uma vogal ou uma consoante, como exemplificado nos verbos do quadro. Os verbos derivados daqueles apresentados no quadro (p. ex., **conseguir, descobrir**) apresentam as mesmas alterações (p. ex., consigo, descubro).

Mudanças em vogal (*1ª pessoa*)	Mudanças em consoante (*1ª pessoa*)
agredir – eu agrido	**medir** – eu meço
cobrir – eu cubro	**ouvir** – eu ouço
competir – eu compito	**pedir** – eu peço
dormir – eu durmo	**perder** – eu perco
mentir – eu minto	
preferir – eu prefiro	
refletir – eu reflito	
repetir – eu repito	
seguir – eu sigo	
sentir – eu sinto	
servir – eu sirvo	
sugerir – eu sugiro	
tossir – eu tusso	
vestir – eu visto	

Os verbos do quadro são conjugados de maneira regular nos outros tempos do indicativo, mas a irregularidade está presente também em todo o presente do subjuntivo, que deriva da 1ª pessoa do singular do presente do indicativo (p. ex., que nós peçamos).

Há verbos que, no presente do indicativo, não apresentam mudanças na 1ª pessoa, mas nas outras sim. Os verbos **acudir, sacudir** e **subir,** por exemplo, mantêm a vogal **u** na 1ª pessoa do singular e do plural, mas apresentam mudança vocálica nas outras: eu subo, tu sobes, você/ele/ela sobe, nós subimos, vocês/eles/elas sobem. Os verbos **construir** e **destruir** também apresentam alterações apenas em 2ª e 3ª pessoas (singular e plural): eu construo, tu constróis, você/ele/ela constrói, nós construímos, vocês/eles/elas constroem.

Existem verbos que apresentam alterações em quase todas as pessoas no presente do indicativo, com exceção da 1ª pessoa do plural. É o caso de **odiar**: eu odeio, tu odeias, você/ele/ela odeia, nós odiamos, vocês/eles/elas odeiam.

Outros verbos apresentam uma mudança ortográfica na 1ª pessoa do singular do presente do indicativo (e também em todas as pessoas do presente do subjuntivo) para que se mantenha a pronúncia. Nesses casos, não existe irregularidade. Alguns exemplos desses verbos são: **agir** (eu ajo), **conhecer** (eu conheço), **extinguir** (eu extingo).

Unidade 3

Pretérito perfeito

O pretérito perfeito descreve situações ou estados no passado sobre os quais se percebe um limite temporal, isto é, entende-se um ponto inicial e/ou final. Ao usar o pretérito perfeito, o foco está no começo e/ou no fim de um evento. Assim, muitas vezes o pretérito perfeito é usado com advérbios de tempo que sugerem limites temporais, tais como **ontem**, **(no) ano passado**, **há dois meses** etc., como nos seguintes exemplos:

(1) Eles estiveram na Amazônia há três anos.

(2) Ontem eu decidi aprender mais uma língua.

Mesmo sem um advérbio que sugira limite de tempo, o pretérito perfeito indica que se percebe o início e/ou o final de um evento. Ao dizer, por exemplo, "Eu fui um homem muito indeciso", a pessoa sinaliza que percebe essa fase da sua vida como pontual, com um fim determinado (o ponto onde deixou de mostrar indecisão).

Sobre a forma do pretérito perfeito, na 1ª pessoa do plural (**nós**), este tempo verbal e o presente do indicativo são idênticos em português brasileiro: **optamos, escolhemos, decidimos**. O contexto esclarece se se trata de uma situação no presente ou no passado. Em português europeu existe uma diferença em verbos de 1ª conjugação: no presente do indicativo, temos, por exemplo, **optamos**, enquanto no pretérito perfeito a forma é **optámos**.

Ainda em relação à forma, note que alguns verbos regulares apresentam uma alteração na 1ª pessoa do singular (**eu**) no pretérito perfeito para que se possa manter o som de uma dada consoante. É o caso, por exemplo, dos verbos **almoçar** (eu almo**c**ei), **ficar** (eu fi**qu**ei) e **pagar** (eu pa**gu**ei). Note-se também que os verbos **ir** e **ser** apresentam as mesmas formas no pretérito perfeito.

Discurso direto e indireto

O discurso direto reflete exatamente o que uma pessoa diz. Há convenções gráficas que sinalizam o discurso direto, como as aspas (". . ."). Ao se transcrever um diálogo em português, pode-se usar travessões (–) para indicar a fala de cada pessoa. Uma entrevista pode ser transcrita com o nome de cada falante (ou do/a repórter e do/a entrevistado/a).

Exemplos de discurso direto:

(1) Marina parou e afirmou: "Escolhi aquele!"

(2) Marina parou e afirmou:

 – Escolhi aquele!

(3) – Escolhi aquele, afirmou Marina.

Nos exemplos dados, o uso das aspas e do travessão mostra que "Escolhi aquele!" foi examente o que a pessoa disse. O discurso direto ocorre com verbos como **dizer**, **afirmar**, **perguntar**, **responder** e outros, conhecidos como verbos de elocução. Esses verbos podem aparecer antes da fala, como no exemplo (2), ou depois da fala, como no exemplo (3).

No discurso indireto a fala de alguém é reproduzida por quem narra o evento. O exemplo a seguir ilustra o discurso indireto:

(4) Marina parou e afirmou que tinha escolhido aquele.

No exemplo de discurso indireto, vemos que não há aspas ou travessão; em vez disso, temos a conjunção **que** depois do verbo de elocução ("afirmou"). Além disso, indica-se que a situação de escolher ocorreu antes da própria narração. Isso é feito através do uso de "tinha escolhido", ou seja, o pretérito-mais-que-perfeito composto.

Unidade 4

Pretérito imperfeito

O pretérito imperfeito descreve uma situação no passado sem fazer referência ao início ou ao fim do evento. Portanto, o uso do pretérito imperfeito indica que não se percebem os limites temporais do evento em questão. Por isso, utiliza-se o pretérito imperfeito para expressar eventos habituais ou rotinas no passado (exemplo (1)), bem como para sinalizar continuidade (exemplo (2)) e descrever características (exemplo (3)). Com o pretérito imperfeito, pode-se usar advérbios relativos à recorrência de situações, tais como **geralmente**, **normalmente**, **às vezes**.

(1) Antes de me mudar, eu ia ao cinema todo domingo.

(2) O vilão estava atacando o herói do filme naquela cena.

(3) O herói do filme não parecia muito perspicaz.

(4) Às vezes esses filmes não eram muito bem escritos.

O pretérito imperfeito também é usado para dizer horas e relatar idades no passado:

(5) Eram 8 horas em ponto quando a peça começou.

(6) A atriz principal tinha só 21 anos na época.

Em português, o pretérito imperfeito pode ser usado no lugar do condicional/futuro do pretérito em situações hipotéticas:

(7) Eu ia mais ao teatro se não fosse tão difícil estacionar.

Voltando ao exemplo (2), note que a construção **estar** + gerúndio é usada no Brasil. Na maioria dos dialetos portugueses e africanos, usa-se a construção **estar** + a + infinitivo.

(8) O vilão estava a atacar o herói do filme naquela cena.

A formação do pretérito imperfeito para verbos regulares é exemplificada a seguir.

	ensaiar	*parecer*	*seguir*
eu	ensai**ava**	parec**ia**	segu**ia**
tu	ensai**avas**	parec**ias**	segu**ias**
você, ele/ela	ensai**ava**	parec**ia**	segu**ia**
nós	ensai**ávamos**	parec**íamos**	segu**íamos**
vocês, eles/elas	ensai**avam**	parec**iam**	segu**iam**

O verbos irregulares no pretérito imperfeito são **pôr**, **ser**, **ter**, **vir** e os seus derivados.

	pôr	*ser*	*ter*	*vir*
eu	punha	era	tinha	vinha
tu	punhas	eras	tinhas	vinhas
você, ele/ela	punha	era	tinha	vinha
nós	púnhamos	éramos	tínhamos	vínhamos
vocês, eles/elas	punham	eram	tinham	vinham

Pretérito perfeito e imperfeito: interfaces e contrastes

O pretérito perfeito e o pretérito imperfeito do indicativo sinalizam diferentes pontos de vista. Se uma situação no passado é percebida como completa (ou seja, se se delimita o começo ou o final de um evento, o que inclui eventos pontuais), utiliza-se o pretérito perfeito. Por outro lado, se um evento no passado é percebido de maneira aberta, isto é, sem que se focalize o início ou o final, usa-se o pretérito imperfeito.

Em uma narrativa, usa-se o pretérito perfeito para descrever o primeiro plano, ou seja, a linha principal da narração, com os acontecimentos e a sua sequência. Por outro lado, por não indicar o começo nem o fim de uma situação, o pretérito imperfeito é usado para descrever o segundo plano, como se pode observar no exemplo a seguir.

(1) Eu combinei com um amigo de ver uma estreia no cinema ontem. A estreia era à meia-noite. O tempo não estava bom, mas era só uma chuva. Eram 11 e meia quando eu recebi um telefonema do meu amigo, que disse que não podia ir. O carro dele estava na oficina, e ele não conseguiu um táxi com a chuva. Fiquei com pena porque eu queria ir à estreia, mas decidi ficar em casa e ver o filme outro dia.

Os exemplos do quadro ilustram usos das duas formas verbais.

Pretérito perfeito do indicativo	*Pretérito imperfeito do indicativo*
► Eventos que aconteceram um certo número de vezes "Nós só fomos àquele teatro duas vezes". ► Eventos percebidos como completos (ou seja, em que se percebe o ponto inicial e/ou final) "Eu liguei para duas amigas ontem para irmos ao cinema". ► Série de eventos, como no primeiro plano de uma narrativa. "Eu cheguei ao cinema, comprei um saco de pipoca e entrei. Encontrei um bom lugar".	► Hábitos ou rotinas "Às vezes eu via novela, mas nem sempre". ► Progressividade/continuidade "Eles estavam ensaiando a peça". ► Descrição de características "O personagem tinha barba e cabelo longo". ► Em substuição ao condicional "No lugar dele, eu, como ator, não assinava aquele contrato". ► No segundo plano de uma narrativa "Eram 6 horas da tarde mas fazia muito calor. As pessoas entravam no cinema para aproveitar o ar condicionado".

576

O presente e os pretéritos

Como visto anteriormente, o presente do indicativo pode ser usado para narrar algo que aconteceu no passado. O presente histórico (ou presente narrativo) é um recurso estilístico usado para realçar os acontecimentos descritos, como se quem narra estivesse próximo do que se passou, presenciando as cenas. Assim, não é incomum encontrar o presente narrativo ao se descrever um filme ou um capítulo de novela, seja na escrita ou na fala, como no exemplo a seguir.

(1) Quando vê a criança, o homem percebe que ela se parece demais com ele. Fica imaginando que a menina é mesmo filha dele.

O uso dos pretéritos na narrativa é muito comum por se tratarem de fatos já ocorridos. Com os pretéritos, mantém-se uma certa "distância" dos acontecimentos. Nesse caso, porém, é importante prestar atenção ao contraste entre o pretérito perfeito do indicativo, usado para narrar a sequência do ocorrido (ou seja, usado no primeiro plano para "levar adiante" a narrativa), e o pretérito imperfeito do indicativo, usado para descrever características (ou seja, o pano de fundo da ação).

(2) Quando viu a criança, o homem percebeu que ela se parecia demais com ele. Ficou imaginando que a menina era mesmo filha dele.

Unidade 5

Particípio passado

O particípio passado é usado na voz ativa (p. ex., "Eu tenho ouvido as composições de Villa-Lobos") e na voz passiva (p. ex., "Aquela música não é apreciada por muita gente"). Os particípios regulares dos verbos de 1ª conjugação terminam em **-ado**, enquanto os particípios regulares dos verbos de 2ª e 3ª conjugação terminam em **-ido**. Todos os verbos da 1ª conjugação têm particípios regulares, mas alguns têm também um particípio irregular. Esses são casos de particípios duplos, como vemos adiante. Alguns verbos da 2ª e da 3ª conjugação têm particípios irregulares, como exemplificado a seguir.

Infinitivo	*Particípio*
abrir	aberto
cobrir	coberto
dizer	dito
escrever	escrito
fazer	feito
pôr	posto
ver	visto
vir	vindo

Alguns verbos apresentam dois particípios: um regular, usado na voz ativa, e outro irregular, usado na voz passiva e como adjetivo. A seguir encontra-se uma lista com alguns verbos com particípios duplos.

Infinitivo	Particípio regular (usado com ter)	Particípio irregular (usado na voz passiva e como adjetivo)
absorver	absorvido	absorto/a
aceitar	aceitado	aceito/a (B)/aceite (P)
acender	acendido	aceso/a
confundir	confundido	confuso/a
eleger	elegido	eleito/a
entregar	entregado	entregue
exprimir	exprimido	expresso/a
ganhar	ganhado	ganho/a
gastar	gastado	gasto/a
imprimir	imprimido	impresso/a
isentar	isentado	isento/a
limpar	limpado	limpo/a
matar	matado	morto/a
pagar	pagado	pago/a
prender	prendido	preso/a
salvar	salvado	salvo/a
soltar	soltado	solto/a
suspender	suspendido	suspenso

Ter + particípio passado

A estrutura **ter** + particípio passado pode situar eventos temporalmente de maneiras distintas, dependendo do tempo verbal do verbo **ter**.

▶ Com **ter** no presente do indicativo (p. ex., "Tenho tocado violão com os meus amigos"), a construção, conhecida como pretérito perfeito composto, se refere a uma situação que começa no passado e continua até o presente.

▶ Com **ter** no pretérito imperfeito do indicativo, faz-se referência a uma situação que começou e terminou no passado, antes de outro ponto em um passado mais próximo ao presente: "Antes daquele show no teatro, a banda só tinha tocado em bares". Esta construção é conhecida como pretérito mais-que-perfeito composto e pode ser representada esquematicamente da seguinte maneira:

tocar em bares →   show no teatro →   . . .

(passado mais distante)   (passado mais recente)   (presente)

▶ O pretérito mais-que-perfeito composto também pode ser formado com o verbo **haver**: "Eu havia estudado esta música antes de estudar as outras".

▶ Com o pretérito perfeito composto e o pretérito mais-que-perfeito composto, os pronomes reflexivos e de objeto direto e indireto (**me**, **te**, **se**, **nos**, **o(s)**, **a(s)**, **lhe(s)**) aparecem imediatamente antes ou depois do verbo auxiliar (**ter**, **haver**).

▶ No Brasil, os pronomes de 1ª e 2ª pessoas ocorrem frequentemente depois do verbo auxiliar (p. ex., "Nós temos nos informado sobre os ritmos africanos").

▶ Os pronomes **o(s)** e **a(s)** costumam ser usados antes do verbo auxiliar em PB, pelo menos em linguagem (semi-)formal: "A Olga samba muito bem. Os dirigentes da escola a têm observado".

▶ Em PE, seguem-se as regras de colocação de pronomes átonos: em geral, esses pronomes aparecem ligados ao verbo auxiliar: "Temo-nos informado sobre os ritmos africanos"; "Os dirigentes têm-na observado".

▶ Em PE, certos advérbios, palavras negativas, palavras interrogativas, entre outras, "atraem" o pronome átono, que passa a ocorrer antes do verbo auxiliar: "Ele não se tem interessado pelo samba". Em PB, a preferência nesse caso seria: "Ele não tem se interessado pelo samba".

Voz ativa e passiva

Em português, a ordem básica dos elementos de uma frase com um verbo transitivo é sujeito-verbo-complemento (veja a Unidade 7 para mais informações sobre transitividade verbal). Na voz ativa, o sujeito exerce o papel de agente, ou seja, quem ou o que faz alguma coisa, como no exemplo a seguir.

(1) O maestro famoso regeu os músicos.

No exemplo (1), a pessoa que regeu os músicos é também o sujeito sintático da frase, isto é, o elemento com que o verbo concorda. O complemento do verbo, ou seja, o elemento que recebe a ação, é "os músicos". Se o complemento do verbo passa a ser o sujeito da frase, temos a voz passiva.

(2) Os músicos foram regidos pelo maestro famoso.

No exemplo (2), o sujeito é "os músicos" e o agente – ou seja, quem realiza a ação de reger – é "o maestro famoso", que aparece depois da preposição **por** (neste caso, contraída com o artigo **o**, formando **pelo**). A voz passiva pode ser usada quando não se quer ou não se pode identificar (ou destacar) quem ou o que realiza uma ação. Nesse caso, omite-se o agente.

(3) Os músicos foram regidos muito bem.

No exemplo (3), não se destaca quem regeu os músicos; em vez disso, opta-se por qualificar a maneira como eles foram regidos.

Para formar a voz passiva, usa-se o verbo **ser** (em qualquer tempo verbal) e o particípio passado do verbo principal. O sujeito da voz passiva concorda em número e pessoa com o verbo **ser,** e também em número e gênero com o particípio passado, como se observa no exemplo a seguir.

(4) As cantoras foram aplaudidas de pé.

Unidade 6

Imperativo

O imperativo, que engloba as formas verbais usadas para dar ordens ou dizer a outras pessoas o que elas devem fazer, varia de acordo com o nível de formalidade. Em situações formais, usa-se a forma que corresponde à 3ª pessoal (singular ou plural) do presente do subjuntivo. Lembre-se que essa forma verbal é derivada da 1ª pessoa do singular do presente do indicativo, como ilustrado a seguir.

andar	→	ando	→	ande**(m)**
correr	→	corro	→	corra**(m)**
partir	→	parto	→	parta**(m)**

Muitos verbos irregulares mantêm a regra de formação do imperativo formal, como exemplificado a seguir.

dizer	→	digo	→	diga**(m)**
ouvir	→	ouço	→	ouça**(m)**
pôr	→	ponho	→	ponha**(m)**

Para o imperativo formal, há seis verbos que não seguem a regra de formação mencionada, a saber:

Infinitivo	*Imperativo formal*
dar	dê/deem
estar	esteja(m)
ir	vá/vão
querer	queira(m)
saber	saiba(m)
ser	seja(m)

Em situações informais (por exemplo, entre amigos ou familiares), a forma plural do imperativo é a mesma que a forma usada em situações formais (p. ex., "Saiam daqui!", "Tirem a mesa!"). No singular, o imperativo informal pode diferir entre as variedades da língua portuguesa.

▶ Na afirmativa, o imperativo informal pode ter a mesma forma que a 3ª pessoal do singular do presente do indicativo: "Põe os brinquedos no lugar". Essa forma é usada em PE e em muitos dialetos brasileiros.

▶ Na negativa, o imperativo informal em PE corresponde à forma de **tu** no presente do subjuntivo: "Não ponhas os brinquedos aí".

▶ Nas variedades brasileiras em que se usa o imperativo informal, apenas coloca-se **não** antes do verbo: "Não põe os brinquedos aí".

▶ Em vários dialetos brasileiros, usa-se apenas uma forma para o imperativo, seja em situações formais ou informais: "(Não) Saia na chuva".

Pontuação

A seguir encontram-se as funções principais dos sinais de pontuação em português.

Vírgula [,]

▶ Marca uma pausa de pequena duração, como antes de certas conjunções: "Eu não fui ao baile, mas ela foi".

▶ Separa elementos de valor explicativo: "A minha amiga, cansada, quis ir embora".

▶ Isola o vocativo, ou seja, o termo que nomeia o interlocutor: "Olá, Marta"; "Zé, vem cá".

▶ Nos discursos direto e indireto, pode isolar o verbo de elocução: "Será que ela vem?", perguntou-se.

Ponto [.]

▶ Indica o final de uma declarativa (isto é, uma frase que não é nem uma interrogativa nem uma exclamação).

▶ Seguido de um novo parágrafo, marca a passagem de um grupo de ideias a outro.

Ponto e vírgula [;]

▶ Separa partes de um período que tenha pelo menos uma parte subdividida por vírgula: "Eram só 9 horas da manhã; mas, mesmo assim, muitos já estavam na rua iniciando os festejos de Momo".

▶ Separa itens de enunciados enumerativos, tais como em lei, regulamentos etc.

Dois pontos [:]

▶ Anuncia uma citação (discurso direto):

A amiga perguntou:

—Você não vem comigo?

▶ Sinaliza uma enumeração explicativa: "A escola de samba tinha vários carros alegóricos: o da floresta, o dos mares, o dos rios, o do firmamento".

▶ Anuncia um esclarecimento: "A razão para eu não gostar de carnaval é simples: não suporto algazarra".

Ponto de interrogação [?]

▶ Indica uma pergunta direta: "O que você sabe sobre as tradições lusófonas?"

Ponto de exclamação [!]

▶ Sinaliza uma interjeição por entusiasmo, supresa etc.:

—Que maravilha! exclamou ao ver o desfile.

▶ Indica uma ordem: "Saia já daqui!"

Reticências [. . .]

▶ Sinalizam a interrupção de uma ideia: "As tradições . . . claro, algumas são mais populares . . . Todas são importantes".

▶ Indicam hesitação: "Não sei . . . Fico na dúvida . . ."

▶ Em um diálogo, evidenciam o corte de uma fala por outra pessoa:

—Mas você disse que . . .

—Eu não disse nada!

Aspas [" "]

▶ Distinguem uma citação do resto do texto:

Ao final da festa, ele decretou que "nunca mais, nunca mesmo" voltava lá.

▶ Podem marcar termos como estrangeirismos, neologismos etc.:

A palavra "parça" faz referência a um amigo.

▶ Realçam uma palavra ou expressão, seja pelo seu valor significativo, seja por intenção irônica:

Você também vai à "festa" do Mário?

Parênteses [( )]

▶ Apresentam uma explicação ou um comentário paralelo: "As festas juninas (que podem ser em julho também) são muito populares no Brasil".

Travessão [–]

▶ Indica alternância de falas de personagens:

—Você não vem comigo?

—Ficou louco? De jeito nenhum!

—Eu não te entendo . . .

▶ Isola palavras ou frases, como acontece com o uso de parênteses: "As festas juninas – que podem ser em julho também – são muito populares no Brasil".

Complementos pronominais

Os complementos pronominais substituem elementos que já estão claros no contexto. Os complementos pronominais podem ser:

► complementos diretos (veja *Regência verbal* na Unidade 7): "Eu fui à festa, mas ele não **me** viu lá".

► complementos indiretos (veja *Regência verbal* na Unidade 7): "Eu fiz aniversário, e ela **me** deu um presente".

► reflexivos: "Eu **me** olhei no espelho e fiquei satisfeito".

Os pronomes de complemento direto e indireto são listados a seguir.

Pronomes de complemento direto	Pronomes de complemento indireto
me	me
te	te
o/a (-lo/-la, -no/-na)	lhe
nos	nos
vos	vos
os/as (-los/-las, -nos/-nas)	lhes

O pronome **vos**, referente a **vocês** (historicamente relacionado ao pronome **vós**) é usado em PE, mas não em PB. O pronome **te** é usado nas duas variedades; em PB, é frequentemente usado por falantes que utilizam **você** (em vez de **tu**), além dos falantes que usam **tu**.

Quando aparecem depois de verbos terminados em **-r**, **-s** ou **-z**, os pronomes de complemento direto de 3ª pessoa têm a forma **-lo(s)/ -la(s)**, e a última letra do verbo é eliminada (p. ex., fazê-lo, fizemo-lo, fi-lo). Quando aparecem depois de verbos terminados em sons nasais, esses pronomes adquirem a forma **-no(s)/ -na(s)** (p. ex., põe-no, fazem-na).

A colocação dos complementos pronominais varia bastante entre o português europeu e o brasileiro.

► Em PB há uma preferência pela próclise, ou seja, o pronome colocado antes do verbo: "Ele me viu no casamento".

► Em PE a tendência é a ênclise, isto é, o pronome colocado depois do verbo: "Ele viu-me no casamento".

► Usa-se a próclise em PE quando há certos elementos presentes, como conjunções, palavras interrogativas, algumas preposições e certos advérbios: "Ele não me viu no casamento".

► Em PB, a posição preferencial do pronome pode depender de qual pronome se usa:

  ► "Ele vai vê-la", "Ele vai vê-los", mas "Ele vai me/te/nos ver";

  ► "Ele tinha me/te/nos visto", mas "Ele o tinha visto", "Ele as tinha visto".

Na língua falada informalmente no Brasil, é possível usar os pronomes **ele(s)/ela(s)** com função de complemento direto: "Os meus amigos vieram, e eu levei eles pra festa junina". Esse uso não é normalmente encontrado na escrita, a menos que esta tente reproduzir a fala informal. Em situações formais de fala também existe a preferência pelos pronomes de complemento **-o(s)/ -a(s)** e as suas variantes. No caso do complemento indireto, o uso da preposição seguida dos pronomes **ele(s)/ela(s)** é aceito no Brasil tanto na fala quanto na escrita: "Nós demos os chapéus a eles".

Em certas variedades brasileiras, é possível usar **lhe** em referência a **você** (em contextos informais) tanto como complemento direto quanto como complemento indireto: "Você quer ir à festa? Eu posso lhe levar. Também posso lhe dar uma carona na volta".

Unidade 7

Presente do subjuntivo: alguns usos

O modo subjuntivo é usado quando não se quer ou não se pode afirmar alguma coisa. Por isso, é o modo utilizado em situações em que há dúvida, situações hipotéticas ou para fazer referência a situações ainda não realizadas.

▶ Dúvida: "É improvável que ele goste daquele emprego".

▶ Situação hipotética: "Caso você seja entrevistado por telefone, vista-se bem".

▶ Situação não realizada: "Eu espero que ela consiga a promoção".

O presente do subjuntivo é formado a partir da 1ª pessoa do singular do presente do indicativo.

	trabalhar	*merecer*	*decidir*
eu	trabal**he**	mere**ça**	decid**a**
tu	trabal**hes**	mere**ças**	decid**as**
você, ele/ela	trabal**he**	mere**ça**	decid**a**
nós	trabal**hemos**	mere**çamos**	decid**amos**
vocês, eles/elas	trabal**hem**	mere**çam**	decid**am**

Os verbos que não seguem a regra de formação do presente do subjuntivo são dados a seguir.

	dar	*estar*	*ir*	*querer*	*saber*	*ser*
eu	dê	esteja	vá	queira	saiba	seja
tu	dês	estejam	vás	queiras	saibas	sejas
você, ele/ela	dê	esteja	vá	queira	saiba	seja
nós	demos	estejamos	vamos	queiramos	saibamos	sejamos
vocês, eles/elas	deem	estejam	vão	queiram	saibam	sejam

haver → haja

O presente do subjuntivo aparece depois de vários verbos e expressões. A seguir encontram-se alguns usos do presente do subjuntivo.

Expressões impessoais	convém que é bom que é essencial que é fundamental que é importante que é melhor que é necessário que é possível que é preciso que	+ subjuntivo
Conjunções	a fim de que ainda que a menos que a não ser que antes de que caso desde que embora mesmo que nem que para que por mais que	
Verbos (desejo, dúvida, sentimento)	desejar que esperar que duvidar que exigir que lamentar que pedir que precisar que preferir que querer que	
Orações relativas (expressando situação ainda não ocorrida)	verbo no presente do indicativo + antecedente indefinido + **que**	

Regência verbal

A regência verbal é a relação que existe entre um verbo e os seus complementos.

▶ Um verbo transitivo direto tem uma relação direta com os seus complementos, isto é, não há uma preposição entre o verbo e o complemento: "Ele prepara as receitas".

▶ Com um verbo transitivo indireto, há uma preposição entre o verbo e o complemento: "A médica respondeu às perguntas do paciente".

▶ Alguns verbos necessitam de dois complementos. Nesse caso, temos um verbo transitivo direto e indireto (também chamado "bitransitivo"): "O funcionário entregou o relatório ao gerente".

▶ Os verbos **atender** e **assistir** podem ter regências diferentes. Esses verbos podem ter complementos diretos ("Ele atende muito bem os fregueses"; "Ela assiste o supervisor quando é necessário") ou complementos indiretos ("Eu atendi ao requerimento do cliente"; "Nós assistimos a um vídeo sobre as leis trabalhistas").

A seguir encontram-se mais alguns verbos que podem ter complementos diretos ou indiretos.

Verbo	Transitivo direto	Transitivo indireto
esquecer	"Esqueci a reunião."	"Ele (se) esqueceu da reunião."
interessar	captar a atenção: "As regras o interessaram."	importar: "O relatório lhe interessa." empenhar-se, ter interesse em: "Eu me interesso em conseguir uma promoção"; "Eu me interesso pela medicina."
lembrar	parecer com: "Ela lembra o tio Artur" trazer à memória: "Esse escritório lembra o antigo diretor."	vir à memória: "Eu (me) lembrei do prazo para o projeto."
perdoar	coisa: "O chefe é bondoso e perdoa os erros dos funcionários."	pessoa: "O chefe perdoa aos funcionários"; "Ele perdoa-lhes os erros."

Unidade 8

Presente do subjuntivo: outros usos

O modo subjuntivo, como vimos, é usado em casos de não afirmação. Entre esses estão as situações em que se expressa uma incerteza ou um desejo (ou seja, uma situação ainda não realizada). Assim, usamos o subjuntivo depois de **talvez**, que indica falta de certeza, e de **tomara que**, que sinaliza um desejo.

(1) Talvez os novos celulares tenham câmeras melhores.

(2) Tomara que os novos celulares tenham câmeras melhores.

Em geral, o subjuntivo ocorre em orações subordinadas, isto é, em partes de um período que dependem de outras partes (chamadas orações principais e nas quais normalmente há um verbo no indicativo ou no imperativo). Há algumas exceções, entre elas o subjuntivo usado com **talvez**, que aparece na oração principal.

O subjuntivo também pode ser usado em hipóteses, como mencionado antes. As expressões **por mais que, por menos que, por muito que, por pouco que** introduzem uma situação contrária a outra (que aparece no indicativo). Essas expressões sinalizam um limite ou grau hipotético, que pode ou não ser alcançado. Assim, são seguidas de verbos no subjuntivo.

(3) Por mais que ele insista, não vou comprar um computador novo agora.

(4) Até eu lido com esse programa, por menos que entenda de informática.

(5) Por muito que use a plataforma, nunca sei como funciona.

(6) Por pouco que use a plataforma, sei sempre como funciona.

Por expressar uma não afirmação, o subjuntivo é usado para fazer referência ao que não está identificado. Assim, as orações iniciadas por **(a)onde quer que**, **como quer que**, **o que quer que**, **qualquer que**, **quando quer que**, **quem quer que** usam o subjuntivo.

(7) Ela está sempre olhando o celular, onde quer que esteja.

(8) Muita gente vai comprar o último tablet, qualquer que seja o preço.

(9) Quando quer que lancem o novo modelo, vou trocar o meu celular.

O presente do subjuntivo e o presente do indicativo

Quando fazemos referência a pessoas, coisas e lugares que conhecemos ou sabemos existir, usamos o modo indicativo:

(1) Ela precisa de um computador que pode se conectar ao projetor.

No exemplo (1), sabe-se que há um computador que pode, de fato, ser conectado ao projetor. Por isso o presente do indicativo é usado. Por outro lado, usamos o subjuntivo para fazer referência a entidades que não sabemos existir com certeza.

(2) Ela precisa de um computador que possa se conectar ao projetor.

Através do uso do subjuntivo, o exemplo (2) sinaliza que não se sabe se é possível encontrar um computador compatível com o projetor. Da mesma maneira, usamos o subjuntivo quando há referência a coisas, pessoas, lugares não específicos, como no exemplo (3), enquanto o indicativo é usado para referência a entidades específicas, como no exemplo (4).

(3) Eu preciso de um anti-vírus que elimine todos os tipos de ameaças.

(4) Eu tenho um anti-vírus que elimina todos os tipos de ameaças.

Expressões como **é verdade que**, **é certo que** e outras que indicam certeza são seguidas do modo indicativo. O indicativo também é usado depois de **há alguém/algo que** (na afirmativa), já que se indica existir a pessoa ou coisa em questão. Por outro lado, expressões como **não é verdade que**, **não está/é claro que**, **não há ninguém que** são acompanhadas do subjuntivo, por indicarem falta de certeza.

(5) É certo que muitos têm dificuldade com esse aplicativo.

(6) Mas também é verdade que outros o consideram muito fácil de usar.

(7) Não está claro que o problema seja com o código.

(8) Eu não conheço ninguém que escreva código de maneira perfeita.

Os exemplos (5) e (6) afirmam certezas e utilizam o indicativo, enquanto as frases em (7) e (8) exprimem incerteza e não existência, e por isso contêm modo subjuntivo.

Unidade 9

Imperfeito do subjuntivo: alguns casos

O imperfeito do subjuntivo é formado a partir da 3ª pessoa do plural do pretérito perfeito. O quadro exemplifica o imperfeito do subjuntivo de verbos regulares na 1ª pessoa do singular.

	Pretérito perfeito (3ª p. pl.)	Imperfeito subjuntivo (1ª p. sing.)
cuidar	cuidaram	cuidasse
socorrer	socorreram	socorresse
prevenir	preveniram	prevenisse

Os verbos irregulares no pretérito perfeito apresentam a mesma irregularidade no imperfeito do subjuntivo; não há exceções à regra de formação do imperfeito do subjuntivo. A seguir encontram-se alguns exemplos de verbos irregulares.

	Pretérito perfeito (3ª p. pl.)	Imperfeito subjuntivo (1ª p. sing.)
dar	deram	desse
pôr	puseram	pusesse
trazer	trouxeram	trouxesse
vir	vieram	viesse

O imperfeito do subjuntivo é usado em situações no passado, nos mesmos tipos de contextos em que se usa o presente do subjuntivo.

(1) Antes de haver vacinas, era comum que as pessoas ficassem imunizadas só depois de contrair certas doenças.

(2) Caso alguém tivesse caxumba na infância, não correria o risco de ter a doença mais tarde.

(3) O diretor do hospital exigiu que todos os funcionários se vacinassem contra a febre amarela.

(4) Por mais que se controlasse a doença, ainda havia focos em diversos lugares.

(5) Aonde quer que os enfermeiros voluntários chegassem, eram recebidos com palmas.

(6) Eu nunca conheci ninguém que fosse tão saudável como o José.

Condicional/Futuro do pretérito

Forma-se o condicional a partir do infinitivo dos verbos, como exemplificado a seguir.

	curar	*viver*	*dormir*	*estar*	*ser*
eu	cura**ria**	vive**ria**	dormi**ria**	esta**ria**	se**ria**
tu	cura**rias**	vive**rias**	dormi**rias**	esta**rias**	se**rias**
você, ele/ela	cura**ria**	vive**ria**	dormi**ria**	esta**ria**	se**ria**
nós	cura**ríamos**	vive**ríamos**	dormi**ríamos**	esta**ríamos**	se**ríamos**
vocês, eles/elas	cura**riam**	vive**riam**	dormi**riam**	esta**riam**	se**riam**

Há apenas três verbos que não seguem a regra de formação do condicional: **dizer**, **fazer**, **trazer**.

	dizer	*fazer*	*trazer*
eu	di**ria**	fa**ria**	tra**ria**
tu	di**rias**	fa**rias**	tra**rias**
você, ele/ela	di**ria**	fa**ria**	tra**ria**
nós	di**ríamos**	fa**ríamos**	tra**ríamos**
vocês, eles/elas	di**riam**	fa**riam**	tra**riam**

O condicional é usado para expressar uma probabilidade baixa de que algo ocorra (ou ocorresse), como no exemplo (1). O condicional também pode ser usado para suavizar uma sugestão ou um pedido, entre outros atos de comunicação, como no exemplo (2). Além disso, o condicional pode sinalizar que uma situação aconteceu depois de outra no passado, exemplificado em (3).

(1) Oswaldo Cruz não imaginaria que, no século XXI, o Brasil ainda lutasse contra a febre amarela.

(2) Você poderia fazer caminhadas comigo.

(3) Depois de estudar em Paris, o famoso sanitarista regressaria ao Brasil.

Como mencionado previamente (Unidade 4), o condicional pode ser substituído pelo imperfeito do indicativo em muitas situações.

(4) Vocês deveriam fumar menos./Vocês deviam fumar menos.

Imperfeito do subjuntivo: mais casos

O imperfeito do subjuntivo é usado em hipóteses. Pode ser usado para sinalizar uma situação improvável (em uma condição hipotética) ou uma situação irreal, fazendo-se uma comparação impossível de se concretizar (em uma comparação hipotética). Os dois usos são exemplificados a seguir.

(1) Eu faria mais atividades físicas se saísse do escritório mais cedo.

(2) A alimentação saudável atua como se fosse um medicamento, mas sem efeitos colaterais.

Unidade 10

Futuro do subjuntivo

O futuro do subjuntivo é formado a partir da 3ª pessoa do plural do pretérito perfeito. O quadro exemplifica o futuro do subjuntivo de verbos regulares na 1ª pessoa do plural.

	Pretérito perfeito (3ª p. pl.)	*Imperfeito subjuntivo (1ª p. pl.)*
comunicar	comunicaram	comunica**rmos**
escrever	escreveram	escreve**rmos**
surgir	surgiram	surgi**rmos**

Os verbos irregulares no pretérito perfeito apresentam a mesma irregularidade no futuro do subjuntivo (como no imperfeito do subjuntivo). A seguir encontram-se alguns exemplos de verbos irregulares.

	Pretérito perfeito (3ª p. pl.)	*Imperfeito subjuntivo (1ª p. pl.)*
dar	deram	der**mos**
poder	puderam	puder**mos**
querer	quiseram	quiser**mos**
vir	vieram	vier**mos**

O futuro do subjuntivo pode ser usado para fazer referência a possibilidades no futuro. Essa forma verbal pode aparecer depois de certas conjunções quando fazem referência ao futuro: **à medida que, assim que, como, conforme, depois que, enquanto, logo que, onde, quando, quem, se, sempre que**.

(1) Os técnicos vão instalar a internet à medida que os clientes solicitarem.

(2) Vocês vão entender o problema assim que lerem as notícias.

(3) Quando você puder, me liga.

(4) Se eu não atender, me manda uma mensagem.

(5) Quem não souber de nada vai ficar surpreso.

(6) Sempre que nós viermos aqui, vamos ver um filme com você.

O futuro do subjuntivo também é usado em expressões que contêm outro verbo no presente do subjuntivo, como nos exemplos a seguir.

(7) Seja como for, é preciso estar informado.

(8) Venha quem vier, a comunicação não pode ser interrompida.

É importante notar a diferença entre o uso do futuro do subjuntivo e do presente do indicativo em certas construções. Enquanto o futuro do subjuntivo expressa possibilidade futura, o presente do indicativo sinaliza uma situação habitual. Essa diferença é ilustrada a seguir.

(9) Sempre que eu estiver lá, vou lembrar de você.

(10) Sempre que eu estou lá, lembro de você.

Construções impessoais

Vimos anteriormente (Unidade 5) que a voz passiva pode ser usada para não incluir informação sobre quem ou o que realiza uma ação (ou seja, o agente). Além da voz passiva, há outros recursos usados com o mesmo fim: as construções impessoais. As construções impessoais podem ser formadas:

▶ com o pronome **se** e um verbo na 3ª pessoa do singular;

▶ com um verbo sem sujeito conjugado na 3ª pessoa do plural;

▶ usando **tu**, **você**, ou **a gente** com valor indeterminado (ou seja, sem fazer referência a pessoas específicas).

A seguir encontramos exemplos de construções impessoais.

(1) Hoje em dia, diz-se qualquer coisa na internet.

(2) Escrevem barbaridades por causa do anonimato da rede.

(3) Você se esconde por trás de um nome de usuário.

(4) A gente vê cada coisa que é difícil de acreditar no que lê.

Unidade 11

Gerúndio

O gerúndio, formado com o acréscimo de **-ndo** ao tema do verbo (isto é, o infinitivo sem **-r**), pode ser usado nos seguintes casos:

▶ Sinalizar a progressividade de uma situação (com o verbo **estar**): "Eles estão lutando pelos seus direitos".

▶ Indicar como alguma coisa acontece: "Por causa do acidente, ela andava arrastando o pé".

▶ Indicar uma condição para que algo se realize: "Havendo engarrafamento, eu vou pegar o metrô".

▶ Indicar a realização gradual de alguma coisa (com o verbo **ir**): "Vai atendendo os clientes enquanto eu resolvo essa pendência".

▶ Exprimir uma relação de tempo entre dois processos: "Chegando ao trabalho, percebi que tinha deixado a carteira em casa".

A relação de tempo entre processos também pode ser expressa com a conjunção **quando** ("Quando cheguei ao trabalho, . . .") e substituindo-se o gerúndio por **ao** seguido de infinitivo ("Ao chegar ao trabalho, . . .").

Existe atualmente um uso linguístico no Brasil conhecido como "gerundismo", que envolve o gerúndio para indicar um evento futuro em que não existe progressividade: "Vamos estar enviando alguém para solucionar o problema" (ou seja, a ação não vai acontecer ao longo de um certo período de tempo: uma pessoa será enviada em um dado momento). Esse uso é controverso e não é bem aceito por todos. Nesses casos, recomenda-se usar o verbo sem o gerúndio: "Vamos enviar alguém para solucionar o problema".

Preposições após substantivos e adjetivos

A relação entre substantivos/adjetivos e os seus complementos é intermediada por preposições. A seguir temos uma lista com alguns adjetivos/substantivos e as preposições que os acompanham.

Adjetivos	Substantivos
apto/a a; para	admiração por
baseado/a em	atentado a; contra
compatível com	certeza de
contrário/a a	cuidado com
essencial para	dúvida sobre
firme em	geração de
impróprio/a para	horror a
preferível a	impaciência com
responsável por	interesse em
semelhante a	medo de
sensível a	obrigação de
zangado/a com	sonho de

Pronomes relativos que, quem, onde, cujo

Um pronome relativo corresponde a um termo que ocorre antes do próprio pronome em um dado contexto.

(1) Os desafios que enfrentamos não são insuperáveis. (os desafios → que)

(2) Os adolescentes com quem conversei são otimistas. (os adolescentes → quem)

(3) A cidade onde eu nasci está crescendo muito. (a cidade → onde)

(4) A minha cidade, cujo prefeito foi eleito recentemente, precisa de obras de infraestrutura. (a minha cidade → cujo)

Vale lembrar:

▶ O pronome relativo **quem** aparece depois de preposições: "Essa é a pessoa com quem eu falei".

▶ O pronome interrogativo **quem** pode ocorrer sem preposição ("Quem já se aposentou?") ou após uma preposição ("Para quem o relatório foi entregue?").

▶ O pronome relativo **que** pode ocorrer com ou sem preposição, dependendo da função sintática exercida (ou seja, se é sujeito, objeto indireto etc.): "Os países que se preparam enfrentam menos desafios"; "Os países de que falamos enfrentam muitos desafios".

▶ Em português não é possível terminar frases com preposições.

Unidade 12

Infinitivo impessoal

O infinitivo impessoal é a forma mais básica de um verbo. Essa forma não apresenta terminações relacionadas a tempo, modo ou pessoa. O infinitivo impessoal (ou não flexionado) aparece em vários contextos, como os exemplificados a seguir. O infinitivo impessoal é utilizado porque ou não se identifica o sujeito do verbo no infinitivo, ou esse sujeito é o mesmo do verbo conjugado.

▶ Depois de preposições: "Eu voltei para a faculdade para aprender português".

▶ Depois de **desejar**, **detestar**, **esperar**, **querer** e outros verbos de sentimento, dúvida e desejo: "Os adultos esperam tirar proveito das aulas".

▶ Depois de verbos como **dever**, **poder**, **precisar**, **procurar**, **tentar**: "Eles procuram aprender o máximo possível".

▶ No futuro com **ir**: "Esse curso vai atrair muitos alunos".

▶ Com expressões impessoais (**é difícil**, **é fácil**, **é importante**, **é preciso**, **é melhor**, entre outras): "É preciso fornecer oportunidades de aprendizagem".

▶ Depois de **ter que**: "Nós temos que continuar os nossos estudos".

Infinitivo pessoal

O infinitivo pessoal é uma forma de infinitivo que tem desinência pessoal, ou seja, concorda com o sujeito (que pode ser explícito ou não). As formas da 1ª e da 3ª pessoas do singular são idênticas ao infinitivo impessoal. Para as outras pessoas, acrescenta-se ao infinitivo as terminações correspondentes. Não há exceção à formação do infinitivo pessoal.

	dar
eu	dar
tu	da**res**
você, ele/ela	dar
nós	dar**mos**
vocês, eles/elas	dar**em**

Em linhas gerais, o infinitivo pessoal é usado quando há um sujeito com o qual o verbo precise (ou possa) concordar. Se houver um sujeito explícito antes do infinitivo, por exemplo, é necessário usar o infinitivo pessoal.

O infinitivo pessoal aparece frequentemente nos seguintes contextos.

▶ Depois de certas preposições, tais como **até**, **antes de**, **para**, **por**, **sem**: "Este livro é para vocês usarem na aula".

▶ Depois de expressões impessoais: "É importante continuarmos os nossos estudos".

▶ Depois de verbos causativos (**deixar**, **fazer**, **mandar**): "A professora fez os alunos entregarem o teste".

▶ Depois de verbos de percepção (**ouvir**, **ver**): "Eu ouvi os meus colegas fazerem uma pergunta importante".

Com expressões impessoais, é possível também usar o subjuntivo, como exemplificado a seguir.

(1) É essencial nós aprendermos esse ponto.

(2) É essencial que nós aprendamos esse ponto.

Futuro do indicativo

A formação do futuro do indicativo segue o mesmo processo que a do condicional (Unidade 9), com as terminações apropriadas.

	estudar	*aprender*	*seguir*
eu	estudar**ei**	aprender**ei**	seguir**ei**
tu	estudar**ás**	aprender**ás**	seguir**ás**
você, ele/ela	estudar**á**	aprender**á**	seguir**á**
nós	estudar**emos**	aprender**emos**	seguir**emos**
vocês, eles/elas	estudar**ão**	aprender**ão**	seguir**ão**

Assim como o condicional, o futuro do indicativo apresenta somente três verbos irregulares.

	dizer	*fazer*	*trazer*
eu	dir**ei**	far**ei**	trar**ei**
tu	dir**ás**	far**ás**	trar**ás**
você, ele/ela	dir**á**	far**á**	trar**á**
nós	dir**emos**	far**emos**	trar**emos**
vocês, eles/elas	dir**ão**	far**ão**	trar**ão**

O futuro do indicativo costuma ser reservado a contextos formais (orais ou escritos). Em contextos informais, o futuro com **ir** (p. ex., "Vou estudar hoje") costuma ser preferido. No entanto, o futuro do indicativo aparece em:

▶ Provérbios: "Os últimos serão os primeiros"; "Quem viver verá"

▶ Expressões como "Será?", indicando questionamento de algo afirmado por outra pessoa, e "Será que . . .?", indicando uma pergunta para a qual não se tem necessariamente uma resposta: "Será que muita gente vai querer fazer esse curso?"

Conjugações verbais

Verbos regulares

Infinitivo Gerúndio Particípio	Indicativo					Condicional	Subjuntivo				Infinitivo pessoal
	Presente	Pretérito perfeito	Pretérito imperfeito	Futuro			Presente	Imperfeito	Futuro		
pensar	penso	pensei	pensava	pensarei	pensaria	pense	pensasse	pensar	pensar
pensando	pensas	pensaste	pensavas	pensarás	pensarias	penses	pensasses	pensares	pensares
pensado	pensa	pensou	pensava	pensará	pensaria	pense	pensasse	pensar	pensar
	pensamos	pensamos	pensávamos	pensaremos	pensaríamos	pensemos	pensássemos	pensarmos	pensarmos
	pensam	pensaram	pensavam	pensarão	pensariam	pensem	pensassem	pensarem	pensarem
viver	vivo	vivi	vivia	viverei	viveria	viva	vivesse	viver	viver
vivendo	vives	viveste	vivias	viverás	viverias	vivas	vivesses	viveres	viveres
vivido	vive	viveu	vivia	viverá	viveria	viva	vivesse	viver	viver
	vivemos	vivemos	vivíamos	viveremos	viveríamos	vivamos	vivéssemos	vivermos	vivermos
	vivem	viveram	viviam	viverão	viveriam	vivam	vivessem	viverem	viverem
partir	parto	parti	partia	partirei	partiria	parta	partisse	partir	partir
partindo	partes	partiste	partias	partirás	partirias	partas	partisses	partires	partires
partido	parte	partiu	partia	partirá	partiria	parta	partisse	partir	partir
	partimos	partimos	partíamos	partiremos	partiríamos	partamos	partíssemos	partirmos	partirmos
	partem	partiram	partiam	partirão	partiram	partam	partissem	partirem	partirem

Alguns verbos irregulares

Infinitivo / Gerúndio / Particípio	Indicativo Presente	Pretérito perfeito	Pretérito imperfeito	Futuro	Condicional	Subjuntivo Presente	Imperfeito	Futuro	Infinitivo pessoal
caber	caibo	coube	cabia	caberei	caberia	caiba	coubesse	couber	caber
cabendo	cabes	coubeste	cabias	caberás	caberias	caibas	coubesses	couberes	caberes
cabido	cabe	coube	cabia	caberá	caberia	caiba	coubesse	couber	caber
	cabemos	coubemos	cabíamos	caberemos	caberíamos	caibamos	coubéssemos	coubermos	cabermos
	cabem	couberam	cabiam	caberão	caberiam	caibam	coubessem	couberem	caberem
dar	dou	dei	dava	darei	daria	dê	desse	der	dar
dando	dás	deste	davas	darás	darias	dês	desses	deres	dares
dado	dá	deu	dava	dará	daria	dê	desse	der	dar
	damos	demos	dávamos	daremos	daríamos	demos	déssemos	dermos	darmos
	dão	deram	davam	darão	dariam	deem	dessem	derem	darem
dizer	digo	disse	dizia	direi	diria	diga	dissesse	disser	dizer
dizendo	dizes	disseste	dizias	dirás	dirias	digas	dissesses	disseres	dizeres
dito	diz	disse	dizia	dirá	diria	diga	dissesse	disser	dizer
	dizemos	dissemos	dizíamos	diremos	diríamos	digamos	disséssemos	dissermos	dizermos
	dizem	disseram	diziam	dirão	diriam	digam	dissessem	disserem	dizerem
estar	estou	estive	estava	estarei	estaria	esteja	estivesse	estiver	estar
estando	estás	estiveste	estavas	estarás	estarias	estejas	estivesses	estiveres	estares
estado	está	esteve	estava	estará	estaria	esteja	estivesse	estiver	estar
	estamos	estivemos	estávamos	estaremos	estaríamos	estejamos	estivéssemos	estivermos	estarmos
	estão	estiveram	estavam	estarão	estariam	estejam	estivessem	estiverem	estarem
fazer	faço	fiz	fazia	farei	faria	faça	fizesse	fizer	fazer
fazendo	fazes	fizeste	fazias	farás	farias	faças	fizesses	fizeres	fazeres
feito	faz	fez	fazia	fará	faria	faça	fizesse	fizer	fazer
	fazemos	fizemos	fazíamos	faremos	faríamos	façamos	fizéssemos	fizermos	fazermos
	fazem	fizeram	faziam	farão	fariam	façam	fizessem	fizerem	fazerem
ir	vou	fui	ia	irei	iria	vá	fosse	for	ir
indo	vais	foste	ias	irás	irias	vás	fosses	fores	ires
ido	vai	foi	ia	irá	iria	vá	fosse	for	ir
	vamos	fomos	íamos	iremos	iríamos	vamos	fôssemos	formos	irmos
	vão	foram	iam	irão	iriam	vão	fossem	forem	irem

ler	leio	li	lia	lerei	leria	leia	lesse	ler	ler
lendo	lês	leste	lias	lerás	lerias	leias	lesses	leres	leres
lido	lê	leu	lia	lerá	leria	leia	lesse	ler	ler
	lemos	limos	líamos	leremos	leríamos	leiamos	lêssemos	lermos	lermos
	leem	leram	liam	lerão	leriam	leiam	lessem	lerem	lerem
poder	posso	pude	podia	poderei	poderia	possa	pudesse	puder	poder
podendo	podes	pudeste	podias	poderás	poderias	possas	pudesses	puderes	poderes
podido	pode	pôde	podia	poderá	poderia	possa	pudesse	puder	poder
	podemos	pudemos	podíamos	poderemos	poderíamos	possamos	pudéssemos	pudermos	podermos
	podem	puderam	podiam	poderão	poderiam	possam	pudessem	puderem	poderem
pôr	ponho	pus	punha	porei	poria	ponha	pusesse	puser	pôr
pondo	pões	puseste	punhas	porás	porias	ponhas	pusesses	puseres	pores
posto	põe	pôs	punha	porá	poria	ponha	pusesse	puser	pôr
	pomos	pusemos	púnhamos	poremos	poríamos	ponhamos	puséssemos	pusermos	pormos
	poem	puseram	punham	porão	poriam	ponham	pusessem	puserem	porem
querer	quero	quis	queria	quererei	quereria	queira	quisesse	quiser	querer
querendo	queres	quiseste	querias	quererás	quererias	queiras	quisesses	quiseres	quereres
querido	quer	quis	queria	quererá	quereria	queira	quisesse	quiser	querer
	queremos	quisemos	queríamos	quereremos	quereríamos	queiramos	quiséssemos	quisermos	querermos
	querem	quiseram	queriam	quererão	quereriam	queiram	quisessem	quiserem	quererem
rir	rio	ri	ria	rirei	riria	ria	risse	rir	rir
rindo	ris	riste	rias	rirás	ririas	rias	risses	rires	rires
rido	ri	riu	ria	rirá	riria	ria	risse	rir	rir
	rimos	rimos	ríamos	riremos	riríamos	riamos	ríssemos	rirmos	rirmos
	riem	riram	riam	rirão	ririam	riam	rissem	rirem	rirem
saber	sei	soube	sabia	saberei	saberia	saiba	soubesse	souber	saber
sabendo	sabes	soubeste	sabias	saberás	saberias	saibas	soubesses	souberes	saberes
sabido	sabe	soube	sabia	saberá	saberia	saiba	soubesse	souber	saber
	sabemos	soubemos	sabíamos	saberemos	saberíamos	saibamos	soubéssemos	soubermos	sabermos
	sabem	souberam	sabiam	saberão	saberiam	saibam	soubessem	souberem	saberem
ser	sou	fui	era	serei	seria	seja	fosse	for	ser
sendo	és	foste	eras	serás	serias	sejas	fosses	fores	seres
sido	é	foi	era	será	seria	seja	fosse	for	ser
	somos	fomos	éramos	seremos	seríamos	sejamos	fôssemos	formos	sermos
	são	foram	eram	serão	seriam	sejam	fossem	forem	serem

(Continua)

(Continuação)

Infinitivo Gerúndio Particípio	Indicativo Presente	Pretérito perfeito	Pretérito imperfeito	Futuro	Condicional	Subjuntivo Presente	Imperfeito	Futuro	Infinitivo pessoal
ter	tenho	tive	tinha	terei	teria	tenha	tivesse	tiver	ter
tendo	tens	tiveste	tinhas	terás	terias	tenhas	tivesses	tiveres	teres
tido	tem	teve	tinha	terá	teria	tenha	tivesse	tiver	ter
	temos	tivemos	tínhamos	teremos	teríamos	tenhamos	tivéssemos	tivermos	termos
	têm	tiveram	tinham	terão	teriam	tenham	tivessem	tiverem	terem
trazer	trago	trouxe	trazia	trarei	traria	traga	trouxesse	trouxer	trazer
trazendo	trazes	trouxeste	trazias	trarás	trarias	tragas	trouxesses	trouxeres	trazeres
trazido	traz	trouxe	trazia	trará	traria	traga	trouxesse	trouxer	trazer
	trazemos	trouxemos	trazíamos	traremos	traríamos	tragamos	trouxéssemos	trouxermos	trazermos
	trazem	trouxeram	traziam	trarão	trariam	tragam	trouxessem	trouxerem	trazerem
ver	vejo	vi	via	verei	veria	veja	visse	vir	ver
vendo	vês	viste	vias	verás	verias	vejas	visses	vires	veres
visto	vê	viu	via	verá	veria	veja	visse	vir	ver
	vemos	vimos	víamos	veremos	veríamos	vejamos	víssemos	virmos	vermos
	veem	viram	viam	verão	veriam	vejam	vissem	virem	verem
vir	venho	vim	vinha	virei	viria	venha	viesse	vier	vir
vindo	vens	vieste	vinhas	virás	virias	venhas	viesses	vieres	vires
vindo	vem	veio	vinha	virá	viria	venha	viesse	vier	vir
	vimos	viemos	vínhamos	viremos	viríamos	venhamos	viéssemos	viermos	virmos
	vêm	vieram	vinham	virão	viriam	venham	viessem	vierem	virem

Índice Remissivo